Le Nigeria et la Suisse, des affaires d'indépendance

AF801791

STEVE PAGE

# Le Nigeria et la Suisse, des affaires d'indépendance

## Commerce, diplomatie et coopération 1930–1980

PETER LANG
Bern · Berlin · Bruxelles · Frankfurt am Main · New York · Oxford · Wien

**Information bibliographique publiée par «Die Deutsche Nationalbibliothek»**
«Die Deutsche Nationalbibliothek» répertorie cette publication dans la «Deutsche Nationalbibliografie»; les données bibliographiques détaillées sont disponibles sur Internet sous ‹http://dnb.d-nb.de›.

Publié avec le soutien du Fonds national suisse de la recherche scientifique dans le cadre du projet pilote OAPEN-CH.

Légende de la couverture : Inauguration du centre UTC de formation pour mécaniciens, à Enugu, 8.1.1955. De gauche à droite : un étudiant, le manager UTC Hans Willy, le ministre de l'Education de la région Est G.E. Okeke. Fotogr. Trainingcenter Enugu. AMB 10397/PS01-D05-09.

Ce livre est également disponible en Open Access sur www.oapen.org et www.peterlang.com.

(cc) BY-NC-ND

It is distributed under the terms of the Creative Commons Attribution Noncommercial, No Derivatives (CC-BY-NC-ND) License, which permits any non-commercial use, and distribution, provided no modifi cations are made and the original author(s) and source are credited.

ISBN 978-3-0343-2038-2 br.

ISBN 978-3-0351-0905-4 eBook

Cette publication a fait l'objet d'une évaluation par les pairs.

© Peter Lang SA, Editions scientifiques internationales, Berne 2016
Hochfeldstrasse 32, CH-3012 Berne, Suisse
info@peterlang.com, www.peterlang.com

Tous droits réservés.
Cette publication est protégée dans sa totalité par copyright.
Toute utilisation en dehors des strictes limites de la loi sur le copyright est interdite et punissable sans le consentement explicite de la maison d'édition. Ceci s'applique en particulier pour les reproductions, traductions, microfilms, ainsi que le stockage et le traitement sous forme électronique.

Imprimé en Suisse

# Remerciements

Mes remerciements s'adressent d'abord à mon directeur de thèse Françis Python, pour son encadrement régulier, ses conseils, sa patience et son soutien en général.

D'autres ont aussi eu l'amabilité de partager leur savoir, expérience et passion pour l'histoire: je pense notamment à Jean-Luc Martineau, Marjolaine Paris, Sarah Stockwell, Olakunle Lawal, Femi Adelusi, Bola Akinterinwa, Osuolale Joseph Ayodokun, Sébastien Guex, Mathieu Humbert, Isabelle Lucas, Matthias Schulz, Marie-Luce Desgrandchamps, Olivier Longchamp, Antoine Fleury, Marc Perrenoud, Sacha Zala, Toyin Falola, Susann Baller, Stephanie Decker, Adrian Knöpfli, Claus Kjersgaard Nielsen, Patrick Fridenson, Thomas Kadelbach.

Mes entretiens constituant une source d'histoire orale sont cités en bibliographie, mais je ne peux oublier dans mes remerciements ceux qui m'ont reçu à leur domicile ou donné du temps de quelque façon pour répondre à mes questions: Rufus Olatona Omotoye, Blessing Akporode Clark, Oluyemi Adeniji, Abu Binta, Joseph Oloukoi, Michael Molokwu, Victor Olunloyo, Heinz W. Frech, Andreas Tischhauser, Max Locher, Carl Fingerhuth, Erdhart Fränkl.

Deux institutions m'ont apporté un précieux soutien financier ou encadrement: l'Institut français de recherche en Afrique m'a généreusement offert le logement durant six mois au Nigeria, tandis que le Fonds national suisse pour la recherche scientifique m'a octroyé une bourse pour un séjour de six mois au Royaume-Uni, puis a financé la présente publication. De plus, lorsque je fus assistant au Département d'histoire contemporaine de l'Université de Fribourg, on m'a laissé l'occasion de diviser équitablement mon emploi du temps entre enseignement et recherche.

Plusieurs collègues et amis m'ont aidé à me sentir moins seul dans cette longue entreprise qu'est la thèse de doctorat: Ivo Rogic, Ivan Mariano, Michèle Steiner, Mari Carmen Rodriguez, Oleksandra Kunovska, Thomas Metzger, David Luginbühl, Irma Gadient, Caroline Rusterholz, Alexandre Elsig, Patrick Bondallaz, Lorenzo Planzi, Saffia Elisa Shaukat,

Clément Boutillier, Regan Buck Bardeen, Matthew Brown, Timothy Livsey, Eva Kovacheva, Patrick Chieze, Sina Oyedeji. Je dois aussi remercier Precious, Monique et Daniel Page pour leur soutien indéfectible en de multiples occasions.

# Table des matières

# Liste des abréviations et symboles

| | |
|---|---|
| $ | Dollar des Etats-Unis |
| £ | Livre britannique |
| £N | Livre nigériane |
| ABC | A. Brunnschweiler & Co |
| ACA | Archives du Canton d'Argovie |
| AFS | Archives fédérales suisses |
| AHN | Archives historiques Nestlé |
| AWAM | Association of West African Merchants |
| BBC | Brown Bovery Company |
| BIRD | Banque internationale pour la reconstruction et le développement |
| BIT | Bureau international du travail |
| BNS | Banque nationale suisse |
| CBM | Church of the Brethren Mission |
| CEDEAO | Communauté économique des Etats de l'Afrique de l'Ouest |
| CEE | Communauté économique européenne |
| CFAO | Compagnie française de l'Afrique occidentale |
| CICR | Comité international de la Croix-Rouge |
| CMS | Church Missionary Society |
| CRN | Croix-Rouge nigériane |
| CT | Service de coopération technique (Suisse) |
| DMF | Département militaire fédéral (Suisse) |
| DPF | Département politique fédéral (Suisse. En 1979, devient Département fédéral des affaires étrangères [DFAE]) |
| ECN | Electricity Corporation of Nigeria |
| EMPA | Laboratoire fédéral pour l'essai des matériaux et institut de recherche pour l'industrie, la construction et les arts et métiers (Suisse) |
| ENDC | Eastern Nigeria Development Corporation |
| FADT | Fondation suisse d'assistance au développement technique |
| FAO | Organisation des Nations Unies pour l'alimentation et l'agriculture |
| FH | Fédération horlogère (Suisse) |

| | |
|---|---|
| FSN | Food Specialities Nigeria (filiale Nestlé) |
| GRE | Garantie contre les risques à l'exportation |
| IUHEI | Institut de hautes études internationales et du développement |
| Mio | Million |
| MZ | Mouvement zikiste |
| NAI | Archives nationales du Nigeria, Ibadan |
| NAUK | Archives nationales du Royaume-Uni |
| NCNC | National Council of Nigeria and the Cameroons |
| NIIA | Nigerian Institute of International Affairs |
| NNDC | Northern Nigeria Development Corporation |
| NOP | Net Operating Profit |
| NYM | Nigerian Youth Movement |
| NZZ | Neue Zürcher Zeitung |
| OCDE | Organisation de coopération et de développement économiques |
| OFIAMT | Office fédéral de l'industrie, des arts et métiers et du travail (Suisse) |
| OSEC | Office suisse d'expansion commerciale |
| PAN | Partnership Aargau-Nigeria |
| RNC | Royal Niger Company |
| SCOA | Société commerciale de l'Ouest africain |
| Sfr | Francs suisses |
| Stat. DFD | Statistiques de la Direction générale des douanes (Suisse) |
| SUM | Church of Christ in the Sudan |
| UAC | United Africa Company |
| UNECA | Commission économique des Nations Unies pour l'Afrique |
| UNICEF | Fonds des Nations Unies pour l'enfance |
| UTC | Union Trading Company |
| Vorort | Directoire de l'Union suisse du commerce et de l'industrie |
| WAFF | West African Frontier Force |

# Liste des tableaux et illustrations

# 1. Introduction

Aujourd'hui, parmi les Nigérians pour qui la Suisse évoque quelque chose, beaucoup la rattachent à la broderie qui en est importée et reste prisée pour la confection d'habits au fil des années. Ne sont pas rares non plus, ceux qui la désignent spontanément par «l'endroit où ils cachent tout l'argent volé». Le pronom «ils» se réfère aux politiciens nigérians ayant confondu les caisses de l'Etat avec leur compte en banque personnel. Bien que le gouvernement déclare sa lutte contre les détournements de fonds et toute forme de corruption, la portée concrète de cette intention peine à se faire sentir.[1] D'autre part, le secret bancaire, pratiqué en Suisse et dans d'autres pays[2], facilite les détournements de fonds en général. Ce fut le cas sous la dictature du général Sani Abacha, dont le clan parvint à placer en Suisse en tout cas 660 mio $.[3]

Dans l'opinion publique suisse, *Nigeria* s'associe avant tout à la secte islamiste Boko Haram, ou encore à une catégorie de requérants d'asile, que le directeur de l'Office fédéral des migrations Alard du Bois-Reymond, en 2010, déclare à 99.5% criminels et pour qui la Confédération prévoit des «vols spéciaux» de rapatriement.[4]

---

1 Suite au retour à la démocratie en 1999, le gouvernement Obasanjo met sur pieds deux organes anti-corruption – EFCC et ICPC. Daniel Jordan Smith: *A Culture of Corruption. Everyday Deception and Popular Discontent in Nigeria*. Princeton 2007, pp. 114-117.

2 Voir: <financialsecrecyindex.com/index.html>. Consulté le 19.2.2013.

3 Voir: Daniel Ammann: «Fluchtgelder. Die heilsame Wirkung von Skandalen». In: Peter Röthlisberger (Hg.): *Skandale: was die Schweiz in den letzten zwanzig Jahren bewegte*. Orell Füssli, Zürich 2005, pp. 99-103. Site de la Chambre de commerce internationale: <icc-ccs.org/home/news/118-leading-cases/697-abacha-case>, consulté le 18.1.2013.

4 *NZZ am Sonntag*, 11.4.2010. Francesca Falk: «Eine postkoloniale Perspektive auf die illegalisierte Immigration in der Schweiz». In: Patricia Purtschert, Barbara Lüthi, Francesca Falk (Hg.): *Postkoloniale Schweiz. Formen und Folgen eines Kolonialismus ohne Kolonien*. Transcript, Bielefeld 2012, p. 210.

Ces regards croisés datent du 21e siècle et sont portés sur des événements récents. Auparavant, les «Nigérians» n'ont pas leur place dans le débat sur l'immigration en Suisse, bien qu'en 1981, 303 résidents y sont enregistrés. Et si le scandale des fonds Abacha éclate en 1999, ils ont été placés en Suisse graduellement au cours des années précédentes. En 2005, le rapatriement de ces sommes a lieu suite à quelques échanges de vues sur le plan diplomatique, notamment par le biais de l'ambassade de Suisse au Nigeria, ouverte en 1960, et celle du Nigeria à Berne, établie six ans plus tard. Ceci révèle des relations bilatérales un peu plus anciennes que le tournant du millénaire. On peut donc s'interroger sur leur nature, vu qu'elles ne se sont pas toujours posées en termes de broderie, de fraudes financières et d'asile.

Pour beaucoup de Nigérians, l'image de la Suisse dépasse celle d'un producteur de broderie et refuge pour fonds détournés, pour autant qu'on précise le lien entre elle et des noms tels UTC ou Maggi. Les initiales UTC renvoient à une entreprise commerciale bâloise, arrivée à Lagos en 1930 et qui essaime supermarchés de luxe et garages à travers le pays. Quant au cube de bouillon Maggi, initialement fabriqué à Kemptthal, ce produit qui transforme la culture alimentaire nigériane à partir des années 1970 est actuellement vendu à chaque coin de rue et sur chaque place de village. Inversément, la plupart des Suisses portant un regard plus large sur le Nigeria sont nés avant 1968, année où la télévision diffusait les images d'agonie d'enfants squelettiques aux ventres gonflés, en conséquence de la Guerre civile, communément appelée Guerre du Biafra. Plus d'un Suisse se souvient d'avoir cassé sa première tirelire pour leur venir en aide.

Ces quelques points saillants dans l'opinion publique ne cachent pas le fait que les indices économiques globaux de la relation bilatérale Suisse – Nigeria demeurent peu signifiants, sachant la part du continent africain inférieure à 5% des échanges commerciaux de la Suisse. Mais pris isolément, 10% du pétrole brut qu'elle importait en 2009 provenaient du Nigeria.[5] Les deux pays ont tissé des liens peu visibles, mais solides et durables, contrastant avec des relations internationales plus tradition-

5 Lien *Business and economy in Nigeria* du site de l'ambassade de Suisse à Abuja. <eda.admin.ch/eda/en/home/reps/afri/vnga/ref_bufor/busnga.html>, consulté le 15.1.2013.

nelles qui s'établissent entre deux voisins, deux grandes puissances ou une métropole coloniale et un territoire de son empire. La Suisse est une petite nation officiellement neutre et non colonialiste, où un courant politique isolationniste se fait continuellement entendre. D'autre part, à plusieurs milliers de kilomètres de sa frontière, le Nigeria est issu de l'Empire britannique et acquiert son indépendance en 1960. Se pencher sur cette relation bilatérale revient à examiner un mécanisme-type de la globalisation, du moment que celle-ci entraine une multiplication des relations entre des pays qu'à priori rien ne rapproche. Pour mieux comprendre ce mécanisme, il convient de préciser non seulement la nature des liens, mais aussi les motivations, intérêts et perceptions mutuelles des parties.

### *Contexte historiographique et problématique*

Plus concrètement, à l'origine de mon intérêt pour ce sujet de recherche se trouve mon mémoire de licence à l'Université de Fribourg: *La Suisse et le Ghana de Nkrumah. Une présence économique et diplomatique à l'épreuve de la décolonisation (1950-1970).*[6] Ce sujet-même avait été inspiré par les travaux de deux collègues, qui s'étaient intéressés à l'aide au développement de la Suisse au Rwanda et en Guinée française. Puis, sous des angles d'approche similaires, d'autres se pencheront sur la Suisse et le Sénégal, puis la Suisse et le Burkina Faso.[7] Au cours de mes recherches sur le

---

6 Déposé en 2006, publié en 2010 aux Editions universitaires européennes à Saarebruck. Mathieu Humbert, doctorant en histoire contemporaine à l'Université de Lausanne, effectue actuellement une thèse sur les relations économiques entre la Suisse et le Ghana, 1859-1970.

7 Tommaso M.E. Gianella: *La Suisse et le Rwanda: les débuts de la Coopération technique dans le cadre de l'aide au développement de 1960 à 1965.* Université de Fribourg 2002. Jérôme Schuwey: *La Suisse et la Guinée de Sekou Touré. Les enjeux de la Coopération technique au lendemain de l'indépendance (1958-1974).* Université de Fribourg 2005. Alioune Dieng: *A l'ombre de la France: les relations entre le Sénégal et la Suisse au lendemain de l'indépendance (1960-1964).* Université de Neuchâtel 2008. Philippe Boeglin: *La coopération au développement entre la Suisse et le Burkina Faso: continuité en régime révolutionnaire (1983-1987).* Université de Fribourg 2010.

Ghana, ce qui m'orienta vers le Nigeria est l'hésitation de la Suisse entre ces deux pays, en 1960, pour ouvrir une ambassade dans cette partie du continent: le premier, abritant une communauté suisse considérable et dirigé par un gouvernement jugé susceptible; et le second, pays le plus peuplé d'Afrique, aux perspectives économiques prometteuses. A ce moment, je percevais, grossièrement, l'histoire des relations entre la Suisse et l'Afrique comme un grand puzzle qui avait été commencé et qu'il fallait compléter, alors que la pièce nigériane ne reflétait que l'intervention du Comité international de la Croix-Rouge durant la Guerre civile.[8]

Se pencher sur l'histoire des relations étrangères de la Suisse revient, en premier lieu, à rappeler qu'en dépit de ses idéaux officiels d'indépendance et de neutralité, il s'agit d'un pays ayant connu une forte émigration au 19e siècle, sans ressources minières ni accès maritime et qui n'a jamais connu l'autarcie.[9] L'ouvrage collectif *Suisse-Afrique (18e-20e siècles): De la traite des Noirs à la fin du régime de l'apartheid*, donne un aperçu de quelques champs explorés par les historiens suisses: histoire des migrations, des missions, histoire diplomatique, économique, culturelle.[10] On y remarque une prépondérance des thèmes liés à l'Afrique méditérannéenne et à l'Afrique du Sud, alors que la partie subsaharienne y est peu traitée, ce que les recensements rassemblés par Hans W. Debrunner peuvent expliquer: en 1961, les deux pays africains où résident le plus de Suisses sont, de loin, l'Union Sud-africaine et le Maroc, où on en compte 1'714 et 1'222.[11] Toutefois, en rédigeant des articles sur les pays africains

---

8 Thierry Hentsch: *Face au blocus. Histoire de l'intervention du Comité international de la Croix-Rouge dans le conflit du Nigéria, 1967-1970.* Genève 1973. Voir, aussi, le témoignage du coordinateur de cette intervention: August R. Lindt: *Generale hungern nie. Geschichte einer Hilfsaktion in Afrika.* Bern 1983.

9 Sur l'aspect économique de ces connexions, voir les contributions de Béatrice Veyrassat: «Weltoffenheit – Abhängigkeit – Interdependenz» et Margritt Müller: «Internationale Verflechtung», in: Patrick Halbeisen, Margrit Müller, Béatrice Veyrassat (Hg.): *Wirtschaftsgeschichte der Schweiz im 20. Jahrhundert.* Schwabe, Basel 2012, pp. 35-60, 339-466.

10 Sandra Bott; Thomas David; Claude Lützelschwab; Janick Marina Schaufelbuehl (éd.): *Suisse-Afrique (18e-20e siècles): De la traite des Noirs à la fin du régime de l'apartheid.* Lit, Münster 2005.

11 Hans Werner Debrunner: *Schweizer im kolonialen Afrika.* Basler Afrika Bibliographien, Basel 1991, p. 23. Cette ouvrage privilégie l'approche biographique.

pour le *Dictionnaire historique suisse*, Marc Perrenoud appelle à combler cette lacune. Mis à part le critère géographique, la variété thématique sous laquelle les historiens suisses abordent la relation de leur pays avec le continent africain suggère quelques pistes et éléments de contextualisation pour le Nigeria.

En histoire sociale des migrations, René Lenzin analyse le mode de vie des Suisses en Côte de l'Or – nom colonial du Ghana.[12] Aucune autre nationalité d'Europe n'y était aussi largement représentée, à part les Britanniques. Lenzin fait apparaître une forte tendance communautariste et une vie privée empreinte de ségrégation raciale, d'où le terme «société coloniale» dans le sous-titre de son étude. Il distingue deux groupes principaux de migrants suisses: les membres de la Mission de Bâle et les commerçants.

La Mission de Bâle arrive en Côte de l'Or en 1828, puis s'établit au Cameroun en 1885, et au Nigeria en 1957. Cette institution sera rebaptisée Mission 21, et ses archives accueillantes faciliteront de nombreuses recherches.[13] La société commerciale UTC en est directement issue, elle exerce un impact économique considérable en Côte de l'Or[14] et s'implante au Nigeria à partir de 1930.

---

12 René Lenzin: *Afrika macht oder bricht einen Mann. Soziales Verhalten und politische Einschätzung einer Kolonialgesellschaft am Beispiel der Schweizer in Ghana (1945-1966)*. Basler Afrika Bibliographien, Basel 1999. Quelques autres études de cas sur les migrants suisses en Afrique: Lyonel Kaufmann: «Guillaume Tell au Congo. L'expansion suisse au Congo belge (1930-1960)». In: Bouda Etemad, Thomas David (éd.): *La Suisse sur la ligne bleue de l'Outre-mer*. Les Annuelles n° 5, Lausanne 1994, pp. 43-94. Adolphe Linder: *Die Schweizer in Mosambik, 1721-1990*. A. Linder, Rondebosch 1998. Sandra Romer: *Eine neue Heimat in Südwestafrika? Die Schweizer Auswanderung nach Namibia, 1870-1946*. Basler Afrika Bibliographien, Basel 2003.

13 Pour une entrée en matière officielle et synthétique: Paul Jenkins: «Mission de Bâle». In: *Dictionnaire historique suisse*, vol. VIII, Hauterive 2009. <dhs.ch>. Sur sa présence en Côte de l'Or, voir, par exemple: Lenzin, *op. cit.* John Miller: *Missionary zeal and institutional control. Organizational contradictions in the Basel Mission on the Gold Coast, 1828-1917*. Routledge, London 2003. A propos de son activité au Cameroun, voir: Jonas N. Dah: *Missionary motivations and methods: a critical examination of the Basel Mission in the Cameroon 1886-1914*. Basel 1983.

14 Ernest A. Osafo: *Der Beitrag der Basler Mission zur wirtschaftlichen Entwicklung Ghanas von 1828 bis zum Ersten Weltkrieg*. Dissertation, Universität zu Köln, Köln 1972.

Le type d'histoire économique inspirant mon approche diffère de celle pratiquée par Claude Lützelschwab, qui analyse l'activité d'une compagnie genevoise acquérant un vaste domaine agricole en Algérie. L'ouvrage de Sandra Bott traitant du commerce de l'or entre l'Afrique du Sud sous l'apartheid et les banques suisses ne constitue pas non plus un modèle adéquat pour aborder le Nigeria.[15] C'est l'histoire des entreprises qui donne le meilleur angle d'approche. UTC constitue la pierre angulaire de la présence Suisse en Côte de l'Or, elle y écoule des produits européens manufacturés, et y acquiert surtout du cacao[16]; au Nigeria, elle s'intéressera aussi aux produits de palme. Ses activités se développent aux côtés d'autres négociants européens, dont elle intègre le cartel visant à écarter la concurrence levantine et indigène. Sarah Stockwell démontre que l'influence de ce groupe d'intérêt sur le processus de décolonisation en Côte de l'Or reste limitée. Du côté nigérian, Olakunle A. Lawal arrive aux mêmes conclusions.[17]

Sur la période post-coloniale, le champ de l'histoire diplomatique gagne en pertinence, car dès la fin de la décolonisation, la Suisse s'apprête à placer des ambassades dans les territoires africains qui auront acquis leur indépendance. Damien Carron explique l'évolution de l'attitude de la Suisse officielle face à la Guerre d'Algérie, et éclaire ainsi la genèse des Accords d'Evian. Construisant également sa recherche sur des sources

---

15 Claude Lützelschwab: *La Compagnie genevoise des Colonies suisses de Sétif (1853-1956). Un cas de colonisation privée en Algérie.* Peter Lang, Berne 2006. Sandra Bott: *La Suisse et l'Afrique du Sud. 1945-1990: marché de l'or, finance et commerce durant l'apartheid.* Chronos, Zurich 2013.

16 Voir: Andrea Franc: *Wie die Schweiz zur Schokolade kam. Der Kakaohandel der Basler Handelsgesellschaft mit der Kolonie Goldküste (1893-1960).* Schwabe, Basel 2008. Voir, aussi: Sébastien Guex: «The development of Swiss trading companies in the twentieth century». In: Geoffrey Jones: *The Multinational Traders.* Routledge, London 1998, pp. 162-164. Sébastien Guex: «Le négoce suisse en Afrique subsaharienne: Le cas da la société Union Trading Company (1859-1918)». In: Hubert Bonin et Michel Cahen (dir.): *Négoce blanc en Afrique noire.* Société française d'histoire d'outre-mer, Bordeaux 2001, pp. 225-253.

17 Sarah Stockwell: *The Business of Decolonization. British Business Strategies in the Gold Coast.* Oxford University Press, Oxford 2000. Olakunle A. Lawal: «British Commercial Interests and the Decolonization Process in Nigeria, 1950-60». In: *African Economic History*, n° 22, 1994, pp. 93-110.

gouvernementales, Marisa Birri montre comment le positionnement de la Suisse vis-à-vis de la Guerre du Congo reste guidé par des intérêts économiques et une idéologie anticommuniste.[18] Ces deux facteurs ne manquent pas de modeler la conception de ce qui devient une facette essentielle des relations Nord-Sud: l'aide au développement.[19] En règle générale, les contributions du Service de coopération technique se dirigent d'abord vers les pays moins prisés par les investisseurs suisses[20]: une tendance qui préfigure l'adoption officielle, en 1976, du principe de «concentration géographique» de l'aide, sur le critère de pauvreté essentiellement mesurée à l'aune du PNB. Les facteurs culturel, imaginaire et émotionnel peuvent aussi jouer un rôle déterminant, comme l'explique Lukas Zürcher au sujet du Rwanda, où le gouvernement suisse déploie et maintient une importante coopération.[21]

La question idéologique venant d'être évoquée mène à l'histoire culturelle, plus précisément celle qui traite des représentations, des imaginaires. Rassemblant un corpus de sources très diverses comprenant notamment des supports publicitaires et des caricatures de presse, Patrick Minder observe que les stéréotypes courants en Suisse à propos des Africains, de 1875 à 1939, ne divergent pas de ceux présents dans les pays voisins et participent pleinement à la mentalité coloniale.[22] On est tenté d'inscrire, dans le sillage de Minder, l'ouvrage collectif alémanique *Postkoloniale Schweiz*, qui ne se limite pas au thème africain et dont les

---

18 Damien Carron: *La Suisse officielle face à la guerre d'indépendance algérienne (1954-1962). Implications, perception, retombées.* Université de Fribourg 2010. Marisa Birri: «Der Kalte Krieg war in Afrika ein Heisser. Die Schweiz und der Kongokonflikt 1960-1963». In: Sandra Bott, Janick Marina Schaufelbuehl, Sacha Zala (Hg.): *Die internationale Schweiz in der Zeit des Kalten Krieges.* Schwabe, Basel 2011.

19 Marc Perrenoud: «Les relations de la Suisse avec l'Afrique lors de la décolonisation et des débuts de la coopération au développement». In: *Revue internationale de politique de développement*, n° 1, 2010.

20 C'est, du moins, ce qui ressort des études de cas sur le Rwanda (Gianella, *op. cit.*), la Guinée (Schuwey, *op. cit.*), le Ghana (Page, *op. cit.*), le Burkina Faso (Boeglin, *op. cit.*).

21 Voir: Lukas Zürcher: *Die Schweiz in Ruanda. Mission, Entwicklungshilfe und nationale Selbstbestätigung* Chronos, Zurich 2014.

22 Patrick Minder: *La Suisse coloniale. Les représentations de l'Afrique et des Africains en Suisse au temps des colonies (1880-1939).* Peter Lang, Berne 2011.

auteurs révèlent des continuités entre les stéréotypes de la période coloniale et la xénophobie contemporaine. Ici, est aussi examinée l'incidence de ces représentations mentales sur la politique migratoire.[23]

Au sein des domaines historiographiques passés en revue, de nombreuses études mettent en regard leurs résultats avec un mythe prétendant que la Suisse n'a rien à voir avec la traite esclavagiste transatlantique et le colonialisme. De cette contradiction émergent des concepts tels «empire secret», «impérialisme oblique» ou «complicité coloniale»: tous se recoupent en partie et revêtent une grande pertinence, bien que l'usage du terme «impérialisme» ouvre un débat sémantique[24] que je n'ai pas l'ambition de poursuivre dans mon introduction. Du moment qu'on distingue plusieurs groupes d'acteurs dont les intérêts peuvent diverger – par exemple: fonctionnaires, diplomates, commerçants – les relations internationales apparaissent sous des formes multiples, en dépit d'une profonde imbrication, en Suisse, entre la sphère politique et l'économie privée.[25] Pour tenir compte de cette multiformité, le qualificatif «transnational» s'avère souvent approprié, mais n'exclut pas pour autant un cadre d'analyse national. D'abord, la construction d'une nation repose aussi sur des phénomènes transnationaux[26]; ensuite, un cadre national, même adopté arbitrairement, facilite l'appréhension du contexte et permet une analyse plus profonde.

Comme indique le titre de ce livre, j'entends écrire l'histoire d'une *relation*, au-delà de l'histoire des Suisses du Nigeria et de l'attitude de leur gouvernement face aux autorités de leur pays de résidence. L'impact d'une immigration, d'un investissement ou d'une démarche diplomatique ne

23 Purtschert, Lüthi, Falk, *op. cit.*

24 Voir, entre autres: Béatrice Veyrassat: *Réseaux d'affaires internationaux, émigrations et exportations en Amérique latine au XIXe siècle. Le commerce suisse aux Amériques.* Droz, Genève 1993, pp. 21-33. Thomas David, Bouda Etemad: «Un impérialisme suisse? Introduction». In: Thomas David, Bouda Etemad, Claude Lützelschwab, Michela Trisconi (éd.): *Suisse-Tiers Monde. Des réseaux d'expansion aux formes de domination. Traverse, revue d'histoire*, 1998/2, pp. 7-27.

25 Voir: Thomas David, André Mach: «Des élites administratives sous influence?». In: *La Cité*, n° 2, 30.9.2011, p. 7.

26 Pierre Grosser: «L'histoire des relations internationales à l'épreuve des interactions transnationales». In: Robert Frank (dir.): *Pour l'histoire des relations internationales.* PUF, Paris 2012, pp. 281-282.

dépend pas seulement des intentions de leurs acteurs, mais également des réactions de l'hôte, du destinataire ou du partenaire, elles-mêmes déterminées par des attentes et perceptions. De plus, le Nigeria s'affirme en tant qu'acteur officiellement depuis son indépendance et concrètement, par exemple, lorsque ses ministres effectuent de fréquentes visites en Suisse, avant qu'une ambassade y soit ouverte.

Afin de saisir ce double regard, un sondage de l'historiographie nigériane est nécessaire et il convient, en premier lieu, d'évoquer la synthèse *A History of Nigeria* de Toyin Falola et Matthew Heaton, parue en 2008. Sur les relations étrangères, je retiens trois champs : l'histoire économique, l'histoire diplomatique, et des études de cas sur des relations bilatérales. Je n'inclue pas les rapports avec le colonisateur, car traités dans le premier chapitre.

Ayodeji Olukoju, en s'interrogeant sur les dynamiques et l'impact du commerce maritime à Lagos entre 1900 et 1950, commence par esquisser l'émergence d'une communauté d'affaires au début du siècle. En son sein, si les Britanniques se révèlent les plus puissants, la firme allemande G.L. Gaiser contrôle près de 25% des exportations de produits de palme et des marchands français et levantins ne sont pas en reste. Quelques commerçants africains importent directement, mais beaucoup se greffent sur les réseaux européens en tant qu'intermédiaires.[27] David K. Fieldhouse se concentre sur l'histoire de l'entreprise leader, United Africa Company [UAC] ; il fait état de discussions avec UTC, au lendemain de l'indépendance, en vue d'ouvrir une chaine d'assemblage d'automobiles près de Lagos, et du projet avorté de fabriquer localement la boisson suisse Ovaltine.[28] Beaucoup d'entrepreneurs nigérians, comme le remarque Tom Forrest, développent leurs affaires forts d'une expérience acquise dans les firmes européennes, alors qu'à partir des années 1970, un nombre croissant se lance suite à une formation universitaire.[29] Au-delà de l'indépendance politique, la persistante domination économique de l'étranger

27 Ayodeji Olukoju : *The Liverpool of West Africa. The Dynamics and Impact of Maritime Trade in Lagos 1900-1950*. Africa World Press, Trenton 2004, pp. 11-14.

28 David K. Fieldhouse : *Merchant Capital and Economic Decolonization. The United Africa Company 1929-1987*. Clarendon Press, Oxford 1994, pp. 534-537, 540-541.

29 Tom Forrest : *The Advance of African Capital : the Growth of Nigerian Private Enterprise*. Edinburgh University Press, London 1994, pp. 231-233.

incite les entrepreneurs indigènes à soutenir auprès du gouvernement un programme de «nigérianisation» du capital, et Thomas J. Biersteker observe que les multinationales usent de stratégies d'adaptation à même de rendre la transition acceptable par leur direction générale.[30]

Les orientations majeures de la politique étrangère nigériane sous les régimes militaires sont présentées dans un ouvrage d'Olayiwola Abegunrin. A travers la création de la CEDEAO, une politique active de boycott de l'Afrique du Sud, le soutien aux mouvements de libération en Angola et au Zimbabwe, les généraux entendent élever le Nigeria à un rang de leader continental. Il en résulte, avec l'appui des revenus du pétrole, une position renforcée vis-à-vis de l'ex-colonisateur britannique, et des liens étroits aussi bien avec les Etats-Unis que l'Union soviétique, sans que le système capitaliste ne soit remis en cause.[31] Ces tendances émergent durant la Guerre civile, période passée sous la loupe de John J. Stremlau, qui assoit son étude sur de nombreux témoignages de militaires, politiciens et fonctionnaires.[32] Sur le terrain institutionnel, Sola Ojo examine l'organisation du Ministère des affaires étrangères et des missions diplomatiques entre 1960 et 1980, en dénonçant un financement insuffisant, un manque général de coordination et un recrutement biaisé par des critères de représentativité régionale.[33] La thèse d'Okon E. Eminue se base sur une masse d'entretiens avec diplomates et fonctionnaires pour traiter du corps diplomatique nigérian. Lorsqu'il s'intéresse aux critères déterminant l'ouverture de représentations à l'étranger, il apparaît que l'ambassade à Berne se justifie par l'avancement industriel de la Suisse et la proximité de Genève, où siègent les Nations Unies.[34]

---

30 Thomas J. Biersteker: *Multinationals, the State, and Control of the Nigerian Economy.* Princeton 1987.

31 Olayiwola Abegunrin: *Nigerian Foreign Policy under Military Rule 1966-1999.* Praeger, Westport 2003.

32 John J. Stremlau: *The International Politics of the Nigerian Civil War 1967-1970.* Princeton University Press, Princeton 1977.

33 Sola Ojo: «The Administration of Nigeria's Foreign Service, 1960-80». In: Timothy M. Shaw, Olajide Aluko (ed.): *Nigerian foreign policy: alternative perceptions and projections.* Macmillan, London 1983, pp. 56-76.

34 Okon Effiong Eminue: *The Nigerian Diplomatic Corps and Foreign Policy Processes 1966-1979.* Doctoral thesis in the Department of Political Science, University of Ibadan, 1982. Conservée à la bibliothèque Kenneth Dike, Université d'Ibadan.

Dans une perspective bilatérale, Olajide Aluko se penche sur les changements d'attitude du Nigeria face à la Grande-Bretagne: la position de Lagos peut certes se raffermir sur des dossiers tels le colonialisme ou l'apartheid, mais les tensions ne débordent guère de quelques instants de crise et affectent peu une relation empreinte de continuité, ce que reflètent avant tout les échanges commerciaux et le système politique.[35] Par contre, Bola A. Akinterinwa estime que si les rapports économiques avec la France sont significatifs, la relation diplomatique évolue dans l'ombre d'une suspicion mutuelle d'impérialisme entre ce qu'il appelle un pouvoir africain et un pouvoir en Afrique. L'inimitié atteint son paroxysme lors des essais nucléaires dans le Sahara en 1960, le renvoi consécutif de l'ambassadeur français par Lagos, le soutien de la France aux sécessionnistes durant la Guerre civile; ensuite, ces événements nourrissent durablement la méfiance, bien que la relation connaisse un apaisement.[36] Autre puissance européenne, l'Allemagne attire l'attention d'Adeolu Durotoye, abordant les rapports avec le Nigeria sous l'angle de la culture politique. Le profil bas des liens politiques en dépit d'une relation économique importante s'expliquerait par une culture, du côté allemand, marquée par l'européocentrisme et la diplomatie économique, alors que le Nigeria, au-delà de ses idéaux afrocentristes, se verrait affecté d'une culture informelle de népotisme et de corruption.[37] Pour ce qui touche aux connexions entre le Nigeria et de petits pays d'Europe comme la Suède, la Norvège ou le Danemark, je n'ai trouvé aucune étude.[38] De toute évidence, il s'agit d'un domaine peu exploré.

---

35 En tout cas jusqu'en 1980, seuls les Etats-Unis, sur le critère national, viennent à dépasser la part de la Grande-Bretagne dans les échanges commerciaux du Nigeria. Olajide Aluko: *Essays on Nigerian Foreign Policy.* George Allen, London 1981, pp. 43-72. Les trois chapitres suivants traitent de la relation avec l'Espace économique européen, Israel et les *super-pouvoirs*, pp. 73-116.

36 Bola A. Akinterinwa: *Nigeria and France, 1960-1995: the dilemma of thirty-five years of relationship.* Vantage, Ibadan 1999.

37 Adeolu Durotoye: *Nigerian-German Relations. The Role of Political Culture.* Lit, Münster 2001.

38 Toutefois, j'ai trouvé cette petite publication: Lennart Wohlgemuth (ed.): *The Nordic Countries and Africa: Old and New Relations.* Uppsala, Nordic Africa Institute 2002.

En tant qu'aspect de la globalisation, la relation Suisse-Nigeria se construit selon des mécanismes que j'entends éclairer par un questionnement très simple inspiré de la méthode du sociologue Remi Hess, consistant à se demander: où est le pouvoir? qui prend les décisions? en fonction de quels intérêts, quelles nécessités?[39] En effet, le présent ouvrage s'efforce d'identifier les acteurs, afin de voir si chacun des deux pays connaît une solidarité organique entre ses diplomates, ses commerçants et autres émigrants, ou si une diversité d'intérêts rend le facteur national peu apparent. De là, ma problématique s'étend sur trois niveaux. Sur le premier, je cherche à identifier les motivations à tisser des liens avec l'étranger et avec ce pays plutôt qu'un autre, ce qui renvoie, notamment, aux intérêts, aux représentations, voire à l'imaginaire. Deuxièmement, quels moyens sont mis en œuvre? Pour réaliser un projet quelconque dans un pays éloigné de son lieu d'origine, tout individu doit faire preuve d'adaptation ou d'expérience, mettre en place une stratégie, disposer d'un bon carnet d'adresses, voire du soutien d'un réseau. Le troisième niveau s'assimile à un bilan, sous un double regard. D'un côté, celui de l'initiant, considérant son projet couronné de succès ou sanctionné d'un échec, ce qui, du côté du pays hôte, peut tour à tour être perçu comme une aide, une fructueuse coopération, une menace, une nuisance.

### *Sources*

Un dépouillement de la correspondance entre l'ambassade de Suisse à Lagos et la centrale du Département politique – ancêtre des Affaires étrangères, a permis d'établir un premier squelette de la relation bilatérale. Ces lettres, rapports et télégrammes sont conservés aux Archives fédérales à Berne, de même que les fonds de la Coopération technique et de la Division du commerce, dont les dossiers avec mention *Nigeria* ont été systématiquement consultés. Puis, dans le courant de mes recherches, la mise en service d'un catalogue électronique a facilité la localisation de dossiers plus résiduels, comme ceux de l'Office fédéral de l'air. Quant au fonds de

39 Remi Hess: *Centre et Périphérie*, 2e édition, Anthropos, Paris 2001, p. 25.

l'Office suisse d'expansion commerciale, qui éclaire les prémisses de la relation diplomatique, il a pu être consulté aux Archives du canton de Vaud. Et pour mieux contextualiser le projet de formation *Partnership Aargau-Nigeria*, celles du canton d'Argovie ont aussi été utiles.

Les diverses facettes de la présence suisse incite à consulter des fonds privés. Les Archives de la Mission de Bâle conservent d'épais rapports de ses membres postés au Nigeria, ainsi que le fonds UTC. Ce dernier laisse cerner la méthode d'implantation de l'entreprise sur la décennie 1930, mais se tarit ensuite. A propos du transporteur bâlois Panalpina, toute consultation d'archives m'a été refusée[40] et il a fallu me contenter de sa publication commémorative et de ses bulletins d'entreprise rassemblés aux Archives économiques suisses à Bâle. Alumaco, autre pilier de la présence suisse, est une filiale d'Alusuisse, dont les archives sont éparpillées et peu cataloguées. Sur ce point, j'ai eu recours à des entretiens avec des managers. Par contre, si Nestlé maintient les procès-verbaux de son Conseil de direction dans la confidentialité, elles m'a généreusement ouvert les dossiers de sa correspondance avec la filiale nigériane.

D'un point de vue quantitatif, les investissements représentent l'aspect économique le plus difficile à établir.[41] Pour ce qui touche au commerce de capitaux, quelques dossiers du Département politique retiennent les transactions enregistrées par celui des Finances et des douanes.[42] Les flux légaux de marchandises, en revanche, se laissent très précisément observer grâce aux statistiques de la Direction générale des douanes. Leurs données sont si détaillées qu'elles appellent à en former des agrégats: par exemple, j'ai choisi de regrouper les entrées «esters phosphoriques, etc.» et «composés à fonction amine» sous l'agrégat «chimie». Ces statistiques se présentent ventilées par pays, mais aussi par types de marchandises, permettant d'identifier rapidement les principaux lieux de débouchés et provenances. Je m'y suis intéressé pour évaluer l'importance du Nigeria dans l'approvisionnement de la Suisse en pétrole.

---

40 A noter que la demande a été formulée en décembre 2009, alors que Panalpina venait d'être reconnue coupable de corruption étendue dans le delta du Niger et, en conséquence, de se retirer du Nigeria. Voir: chapitre X.1.

41 Cela dit, quelques données ressortent d'une publication de l'OCDE de 1967. Voir: chapitre V.1.

42 Voir: chapitre X.1.

L'objectif initial de mes recherches au Nigeria consistait à établir un contre-poids aux sources suisses en poursuivant la même méthode, soit en commençant par dépouiller la correspondance entre les Affaires étrangères à Lagos et l'ambassade à Berne. Or, les Archives nationales à Ibadan, censées conserver les fonds du Gouvernement fédéral et de la région Ouest, n'ont pas reçu de livraison significative depuis 1962. Au Ministère des affaires étrangères à Abuja, on m'a assuré que tout document se situant en ses murs restait strictement confidentiel. Quant à l'ambassade à Berne, elle a signalé que ses archives s'étaient mal préservées, ce qui rendait les documents illisibles.

Malgré tout, les Archives nationales à Ibadan recèlent quelques dossiers de la période coloniale ayant retenu mon attention: par exemple, sur les activités de l'agence lagosienne de l'Office suisse d'expansion commerciale, ou les importations de montres suisses durant la Deuxième Guerre mondiale. En tant que ressource majeure de ces archives pour la période d'indépendance, la presse quotidienne a fait l'objet d'un sondage régulier sur les décennies 1960 et 1970. Le fait que plusieurs journaux soient financés par des membres du gouvernement leur donne un caractère semi-officiel. Dans leurs pages, mon attention s'est dirigée vers tout article traitant de la Suisse, y compris les annonces publicitaires de ses entreprises. Du côté suisse, le *Journal de Genève* et la *Gazette de Lausanne* ont été privilégiés, en raison de la facilité de recherche offerte par leurs archives en ligne. J'y ai eu recours, avant tout, pour montrer dans quelle mesure certains événements du Nigeria ou aspects de la relation atteignent la sphère publique.

Faute de matériel archivistique, l'histoire orale, au Nigeria, constitue une ressource incontournable. J'ai été tenté de retrouver des ministres de la Première République s'étant rendus en visite officielle en Suisse, mais plusieurs étaient décédés et ce fut en vain. En revanche, il a été possible d'entrer en contact avec trois anciens ambassadeurs postés à Berne de 1968 à 1981, qui m'ont accueillis pour des entretiens.

Aux Archives nationales du Royaume-Uni à Kew, le fonds du Conseil des ministres du Nigeria laisse apparaître quelques enjeux internationaux, ainsi que des motifs et bilans de visites à l'étranger, durant les années 1950. D'autre part, on y trouve des dossiers de l'ambassade à Berne concernant la propagande durant la Guerre civile du Nigeria. A Londres réside une communauté de chercheurs spécialisés en histoire de fin de l'Empire et du Commonwealth, avec lesquels de nombreux échanges ont aidé à préciser le contexte et la problématique de mon sujet.

*Articulation des chapitres*

1930 marque l'arrivée de UTC à Lagos, c'est pourquoi cette date ouvre ma période d'analyse, qui s'étend jusqu'en 1980, lorsque le Nigeria vient d'élire un gouvernement civil, après treize ans de régime militaire. Au cours de ces années, la Grande dépression, la Deuxième Guerre mondiale, la Guerre froide, la période de croissance économique communément appelée «trente glorieuses» et la hausse du prix du pétrole en 1973 concernent la Suisse et le Nigeria de plus ou moins près, mais l'histoire du second retient des événements le touchant autant, voire davantage que ces phénomènes globaux: l'accession à l'indépendance en 1960, la Guerre civile de 1967 à 1970 et les élections de 1979 en font partie. Considérant l'histoire nigériane plus susceptible de rythmer la relation bilatérale, j'y ai choisi les jalons chronologiques pour le découpage du plan.

La première partie commence par un cadre qui s'affranchit des bornes chronologiques annoncées, afin d'apporter quelques nuances et précisions sur la colonisation et décolonisation du Nigeria. Cette démarche aide à saisir le contexte dans lequel des Suisses s'y établissent et la relation bilatérale évoluera. Ensuite, le chapitre II analyse les facettes de la présence suisse sous la période coloniale, qui sont essentiellement commerciales et quelque peu missionnaires.

La deuxième partie débute en 1960, date de l'accession à l'indépendance, et montre comment la relation s'intensifie jusqu'en 1967, dans trois domaines: la diplomatie, la coopération au développement et l'économie. Le second se situe à la croisée des deux autres, mais prend une telle importance dans les rapports Nord-Sud à partir de cette décennie, qu'il mérite d'être traité à part.

La troisième partie couvre la Guerre civile. D'abord, le chapitre VI expose dans quelle mesure le conflit affecte non seulement les Suisses du Nigeria et les rapports diplomatiques, mais aussi l'opinion publique, qui peut exercer une influence sur les gouvernements. Puis, le chapitre VII approfondit les deux aspects les plus saillants de la relation à ce moment : la vente d'armes suisses au Nigeria malgré une apparente interdiction et l'aide humanitaire apportée aux victimes de la Guerre. Je m'intéresse surtout au soutien gouvernemental, admettant que l'intervention humanitaire constitue en elle-même un autre sujet de recherche.[43]

La quatrième partie reprend les trois domaines de la deuxième, sur la séquence 1970-1980. Elle s'intéresse à l'évolution de la relation diplomatique dès le lendemain de la Guerre civile, se penche sur la coopération au développement, largement reconceptualisée durant ces années, et analyse le nouvel élan donné aux rapports économiques par le boom pétrolier, ressenti comme un choc par les pays non-producteurs.

*Note à propos des devises monétaires*

Dans un premier temps, la devise monétaire du Nigeria est la livre nigériane [£N], qui connaît la parité avec la livre britannique [£]. La Naira [N] est introduite en janvier 1974 au taux de 1 N=1.52 dollar étasunien [$]. Puis, cette valeur fluctue et atteint en 1980 une moyenne annuelle de 1 N=1.83 $. En 1976, la valeur approximative en francs suisses [Sfr] est de 1 N=4 Sfr.[44]

43 Hentsch, *op. cit.* En ce moment, Marie-Luce Desgrandchamps de l'Unité d'histoire contemporaine à l'Université de Genève prépare une thèse de doctorat sur : « L'action humanitaire d'organisations internationales et d'ONG lors de la crise du Biafra de 1967 à 1970 ».

44 Forrest 1994, *op. cit.*, p. 12. Lettre de P.C. Hartwell à J. Daniel, 4.10.1976. CH AHN NES C1.5/3260 Nigeria 1974-1976.

# *Partie I*
# *Premiers contacts 1930-1960*

# Chapitre I
# Le Nigeria, produit de l'Empire britannique

Afin de saisir le cadre dans lequel se développeront les relations bilatérales avec la Suisse, il est nécessaire de présenter brièvement les Etats occupant le territoire que la Grande-Bretagne s'approprie au 19e siècle et nomme Nigeria en 1914. Rappeler les principaux intérêts menant l'Empire britannique à s'y étendre, donner un aperçu du degré d'implantation coloniale et du mode de gouvernement adopté, puis de l'influence des différents acteurs de la décolonisation, permettra d'apprécier l'ouverture et la disposition du Nigeria à développer des rapports avec d'autres partenaires que sa métropole. Le présent chapitre ne peut prétendre à l'exhaustivité bibliographique, il s'efforce tout au plus, par un survol historiographique, de poser quelques jalons contextuels.

## 1. Quelques sociétés et Etats pré-coloniaux dans leur diversité

### *Pays igbo, Royaume de Benin et pays yoruba*

Dénombrées à plus de 200 sur le critère linguistique, les sociétés pré-coloniales s'organisent selon des modes de centralisation variables. Le pays igbo[1] représente l'un des moins centralisés: si T. Falola et M.M. Heaton le désignent par le concept «Etat»[2], O. Onwumere juge celui-ci inadéquat et refuse également de parler de fédération ou confédération[3].

1 Le pays igbo apparaît sur la carte ci-après sous la forme «ibo», selon un ancien orthographe.

2 Toyin Falola, Matthew M. Heaton: *A History of Nigeria.* University Press, Cambridge 2008, p. 22.

3 Obinna Onwumere: «Transitions in the Political System of Igboland: The Warrant Chief System, 1900-1929». In: Toyin Falola (ed.): *Nigeria in the Twentieeth Century.* Carolina Academic Press, Durham 2002, pp. 171-182.

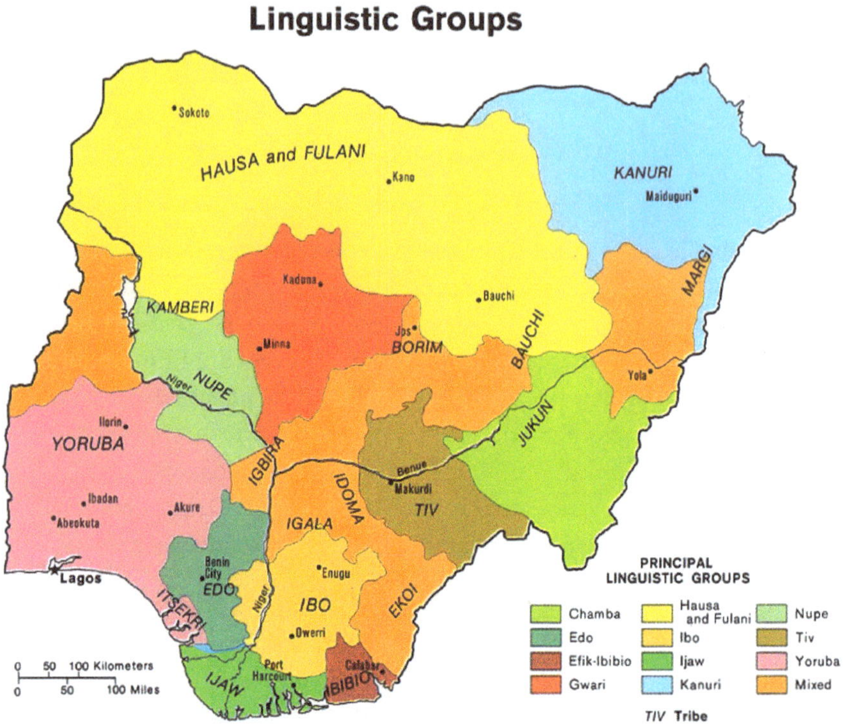


Central Intelligence Agency 1979, Courtesy of the University of Texas Libraries, The University of Texas at Austin. <lib.utexas.edu/maps/nigeria.html>.

De nombreuses traditions orales attribuent aux villages igbo un ancêtre commun, dont les fils fondent des groupes de villages et les petits-fils des villages peuplés par les descendants ultérieurs. En quête d'une hypothèse plus scientifique, A. F. Afigbo suggère de lire la tradition à rebours. Il décrit un processus de coalitions et amalgamations, enclanché par la nécessité de réguler l'usage du terrain agricole au fur et à mesure de la croissance démographique. Concluant dans ce but divers arrangements et désireux de consolider leur coopération, il est probable que les villages se soient inventé un ancêtre commun. Cette tradition de type généalogique s'expliquerait aussi par la civilisation Nri, développée à Igbo-Ukwu et rayonnant sur le pays igbo peut-être à partir du 1^er^ siècle. Cette civilisation, au 9^e^ siècle, s'organise autour d'un roi-prêtre et son économie repose sur l'agriculture, la chasse et un commerce avec des partenaires aussi éloignés que Venise ou l'Inde.[4]

Un groupe de villages igbo se forme en général autour d'un marché, où se tiennent les assemblées. Au niveau villageois, la hiérarchie politique dépend principalement de l'âge, bien que les habitants au sens large – parfois femmes comprises – soient entendus aux assemblées. Les décisions des représentants au niveau du groupe n'engagent un village qu'après ratification par son assemblée; dans ce sens, Onwumere qualifie la structure politique igbo de démocratie directe. Dans certains groupes, les représentants se retrouvent subordonnés à un chef; celui d'Onitsha reçoit son titre par élection, son conseil rassemble les représentants de villages et son pouvoir est limité par la tradition. En cas d'outrepassement, les représentants boycottent le Palais.[5]

Voisin occidental du pays igbo, le Royaume de Benin se constitue à la fin du 13e siècle, sur la base d'un système villageois gérontocratique. R.A. Sargent – parmi d'autres auteurs – évoque une formation sociale de redistribution segmentaire; un impôt au roi est levé par les anciens des villages, puis réparti entre élites et artisans du Palais.[6] Vers 1320, l'introduction du titre héréditaire de chef de village forme un niveau administratif intermédiaire et entraîne un renforcement de l'ordre hiérarchique. En accroissant l'autonomie du Palais en vue de mieux contrôler le commerce en expansion, la dynastie Ewekpa (1375-1401) franchit une étape centralisatrice supplémentaire. Les besoins du cercle élargi de fonctionnaires suscitent de plus lourds prélèvements et encouragent la production de surplus dans les villages. Ainsi, en trois générations, la formation sociale redistributive se mue en administration centralisée et dépendante de la fiscalité.[7]

Gouvernant sur un mode que A.F.C. Ryder juge autocratique[8], Oba Ewuare (1428-1455) renforce la tendance, et pour élargir la base de prélèvement, mène des campagnes militaires qui étendent le Royaume jusque

---

4 A.E. Afigbo: «Igboland before 1800». In: Obaro Ikime (ed.): *Groundwork of Nigerian History*. Heinemann, Ibadan 1980, pp. 78-83.

5 Falola, Heaton, *op. cit.*, p. 22. Obinna Onwumere, *art. cit.*, pp. 171-182.

6 R.A. Sargent: «From A Redistribution To An Imperial Social Formation: Benin c. 1293-1536». In: *Canadian Journal of African Studies*, vol. 2, n° 3, 1986, p. 403.

7 *Id.*, p. 412.

8 A.F.C. Ryder: «The Benin Kingdom». In: Ikime, *op. cit.*, p. 113.

sur plusieurs villes igbo et yoruba. Depuis son règne, 201 villes supplémentaires paient l'impôt. Au 16e siècle, Benin évolue en structure impériale monétarisée, commerçant aussi bien avec ses voisins qu'avec les Européens, principalement portugais.[9] Si le 17e siècle, à l'instar du 16e, est marqué par une prospérité et stabilité relative, il s'achève dans la guerre civile provoquée par un conflit d'intérêt entre les chefs de villages et ceux du Palais. Enfin, malgré plusieurs rébellions, Benin maintient sa zone d'influence au long du 18e siècle.[10]

A l'Ouest du Royaume de Benin, le pays yoruba s'étend jusque sur une partie de l'actuel Togo et les royaumes qui le composent ont pour suzerain Ile-Ife [la maison d'expansion]. Les traditions accordent une place centrale au roi d'Ife Oduduwa qui, selon une première version rappelant l'ancêtre commun igbo, migre à partir du Nord-Est de l'Afrique et s'implante à Ile-Ife, d'où sa descendance fondera d'autres royaumes. Une seconde version mentionne Oduduwa dans un groupe de messagers envoyés par Dieu pour répandre de la terre fertile et encourager l'agriculture. Le fait que parmi les messagers, Obatala s'enivre et n'atteigne jamais la Terre, suggère que le règne d'Oduduwa marque plutôt un changement de dynastie qu'une fondation.[11] Rares indices pour une datation, les rues pavées du 11e siècle sont attribuées au règne de la femme Luwo Gbagida, 16e ou 19e de la dynastie Oduduwa.

Un roi yoruba a ses pouvoirs limités par un serment; il est entouré d'un conseil de chefs civils, commerçants et religieux, auxquels sont subordonnés les chefs de familles. Les royaumes s'intègrent dans le système *ebi*; quand un roi décède, ses habits sont répartis entre ses rois frères, descendants d'Oduduwa.[12] Ile-Ife connaît l'apogée de son rayonnement entre le 12e et le 15e siècles.[13] Au cours des 17e et 18e siècles, le Royaume d'Oyo étend son territoire – surtout vers l'Ouest – et des intendants sont nommés dans les nouvelles provinces. Cette concentration du pouvoir incite les chefs à destituer un souverain qu'ils jugeraient tyrannique, compétence qu'ils

9 Sargent, *art. cit.*, p. 421.

10 Ryder, *art. cit.*, p. 120.

11 I.A. Akinjogbin, E.A. Ayandele: «Yorubaland up to 1800». In: Ikime, *op. cit.*, p. 123.

12 *Id.*, p. 131.

13 Falola, Heaton, *op. cit.*, p. 24.

exerceront à plusieurs reprises, provoquant ainsi la chute de la monarchie et le démembrement de ce qui était devenu l'Empire d'Oyo, à l'aube du 19e siècle.[14] De ce déclin émergent des villes à croissance rapide, telles Abeokuta et Ibadan. Cette dernière rejette toute structure monarchique, tandis qu'Egba opte pour une constitution de type fédéral; le choix de la forme de gouvernement nécessaire à la cohésion du pays yoruba constituera un des principaux enjeux des prochaines guerres.[15]

### *Califat de Borno et pays hausa*

Après le Sud couvert de forêt tropicale, il convient d'aborder la région sahelienne de Kanem-Borno. Des nomades Zaghawa, venus du Sud de l'actuelle Libye, s'établissent à l'Ouest du Lac Tchad en tout cas dès le 9e siècle; puis, les alentours de l'an 1000 marquent le début de l'ère impériale de Kanem, qualifié par Lavers d'Etat à structure faible, bien que centralisé.[16] En contact avec les marchands du Nord du Continent, le souverain de Kanem se convertit à l'islam dans les années 1080. Au cours des deux siècles suivants, avec le support d'une large cavalerie, les rois étendent leur territoire jusqu'au Nil, puis ces conquêtes sont reprises par les armées Bulala, provoquant en 1390 un repli sur Borno, à l'Est du Lac. Le califat de Borno, fondé à la fin du 15e siècle, cultive des liens diplomatiques, commerciaux et culturels avec Tripoli et d'autres pouvoirs islamiques, ce qui lui assure une paix relative, mise à part une rivalité avec des peuples touaregs pour le contrôle des routes trans-sahariennes, surtout au 17e siècle.[17]

Or, ivoire, cuir et esclaves comptent parmi les principaux intérêts des nombreux marchands faisant régulièrement étape dans le Califat. Contre ses exportations de cuir, Borno importe des objets manufacturés du Moyen-Orient, des îles grecques, de France ou d'Angleterre; en dépit de cette prospérité économique, plusieurs mouvements migratoires et soulèvements provinciaux conduisent à une implosion du Califat, à l'aube du 19e siècle.[18]

14 Akinjogbin; Ayandele, *art. cit.*, p. 139.
15 *Id.*, p. 143.
16 John E. Lavers: «Kanem and Borno to 1808». In: Ikime, *op. cit.*, p. 189.
17 *Id.*, p. 202.
18 *Id.*, pp. 206-209.

Sur la même latitude, plus à l'Ouest, les Etats hausas émergent, à la fin du 15e siècle, du vide créé par la chute de l'Empire Kanuri et du Royaume Songhai.[19] Kano, depuis une date inconnue, est dirigée par onze chefs de clans lignagiers et corporatistes, dont certains assument des fonctions religieuses. Puis, les envahisseurs Kutumbawa imposent une monarchie aux pouvoirs très limités par l'hostilité de la population, principalement rurale. Celle-ci ne fera pas meilleur accueil aux immigrants Wangarawa, qui forment une communauté musulmane, cosmopolite, commerçante et pré-urbaine. La dynastie qu'ils instaurent ne parvient que peu à étendre les pouvoirs royaux sur les sociétés rurales et traditionnalistes, modérément perméables à l'islam. Une telle situation oblige la monarchie à gouverner côte-à-côte avec des chefs-prêtres.[20]

Même si d'autres Etats hausas connaissent une évolution similaire vers un système de gouvernement double, ils se déclarent plusieurs guerres. Kano, Etat le plus puissant, soumet Katsina et Zaria dès l'aube du 16e siècle; alors qu'en 1800, Zamfara et Gobir forment deux pôles de pouvoir supplémentaires. Un mouvement réformiste, mené par Usman dan Fodio à partir de 1780, se constitue en réaction au double système politique et à une observance de l'islam jugée trop partielle. Une période de lobbyisme permet d'introduire certaines normes islamiques qui amènent, par exemple, à lutter contre la corruption ou à alléger la fiscalité sur les paysans. Au bénéfice d'une large sympathie populaire, dan Fodio est bientôt perçu comme une menace par Yunfa, roi de Gobir, qui tente de l'assassiner. Déclenché en 1804, le jihad armé débouche en 1806 sur la création du Califat de Sokoto, comprenant une vingtaine d'émirats, dont des territoires faisant aujourd'hui partie du Cameroun, des Républiques du Niger et du Bénin.[21] La victoire de dan Fodio et la diffusion des normes islamistes, selon M. Candotti, influencent durablement l'économie, notamment en stimulant le commerce de longue distance et la manufacture.[22]

19 Falola, Heaton, *op. cit.*, p. 28.

20 Finn Fuglestad: «A Reconstitution of Hausa History before the Jihad». In: *The Journal of African History*, vol. 19, n° 3, 1978, pp. 333-339.

21 Falola, Heaton, *op. cit.*, pp. 62-66.

22 Cf.: Marisa Candotti: «The Hausa Textile Industry: Origins and Development in the Precolonial Period». In: Anne Haour: *Being and becoming Hausa*. Brill, Leiden 2010, pp. 196-201.

Occasionnant une large distribution d'outils de pierre, puis de fer, l'agriculture est un des premiers facteurs de contacts entre les Etats ici présentés, et aussi ceux de moindre taille. Autre facteur essentiel, le commerce, par voie fluviale ou terrestre, amène une collaboration pour l'entretien des routes. Des corrélations apparaissent entre certains mythes d'origine, en particulier ceux des Etats situés à proximité de la confluence du Benue et du Niger, et suggèrent des échanges culturels.[23] Parmi ces mythes, une origine Jukun est attribuée aux Idomas, et les Efiks descendraient d'un mariage entre un Igbo et une Ibibio.[24]

L'esclavage, pratiqué à sa plus grande échelle entre les 16e et 18e siècles, concerne la majorité des Etats. Captifs de guerre ou descendants de ces derniers pour la plupart, les esclaves dépendent entièrement de leurs maîtres, bien que leurs conditions de vie puissent varier; dans le Royaume d'Oyo, trois oeunuques exercent la plus haute fonction après celle du roi et assument respectivement les affaires judiciaires, religieuses et administratives. En pays ijo, on relève des cas d'assimilation obtenue comme récompense d'un exploit guerrier ou par mariage.[25] A l'intensification du commerce transsaharien s'ajoutent les échanges triangulaires avec l'Europe et l'Amérique, qui augmentent la valeur marchande des esclaves et incitent les pourvoyeurs à mener des razzias. Au 15e siècle, des esclaves du delta du Niger embarquent sur des bâteaux portugais pour être échangés en Côte de l'Or, puis sur le marché de Lisbonne, puis directement en Amérique à partir de 1532. L'ouverture d'une station commerciale portugaise à Ughoton en 1485 entraîne une concentration de la traite sur la rivière Benue, et ensuite sur la baie du Biafra, alors que l'Empire d'Oyo utilise le port de Whydah. Hollandais, Anglais, Espagnols et Suédois disputent cette activité aux Portugais dès le 17e siècle.[26] Une expérience suisse est connue: en 1792, la compagnie bâloise de commerce Christophe Burckhardt, de sa filiale à Nantes, arme un navire chargé d'acquérir 400 esclaves à Vieux

23 J.F.A. Ajayi, E.J. Alagoa: «Nigeria before 1800: aspects of economic developments and inter-group relations». In: Ikime, *op. cit.*, p. 229.

24 Falola, Heaton, *op. cit.*, p. 37.

25 *Id.*, p. 50.

26 A.F.C. Ryder: «The trans-atlantic slave trade». In: Ikime, *op. cit.*, p. 239.

Calabar pour les revendre à Saint-Domingue. Des 240 esclaves achetés, 77 décèdent avant que le bateau prenne le large, puis 64 autres n'atteignent pas l'Amérique en vie.[27] Vers 1800, à l'exception de Benin, qui a cessé d'exporter des esclaves hommes, l'économie de la majorité des Etats dépend étroitement de l'esclavage.[28]

## 2. Conquête et administration britanniques

L'abolition de l'esclavage par la Grande-Bretagne en 1807 donne une impulsion à son intervention militaire ou administrative en Afrique de l'Ouest, où les protectorats s'établissent selon des processus divers. Lagos, annexée par les Britanniques en 1881, et le Protectorat du Niger, proclamé en 1885, fusionnent en 1900 sous le nom de Protectorat du Nigeria du Sud, auquel s'ajoute le Protectorat du Nigeria du Nord. Ces deux entités sont amalgamées en 1914, puis l'ensemble est dirigé par un gouverneur, en-dessous duquel des résidents administrent les provinces et des officiers les districts.

Dès le 15e siècle, commerçants et missionnaires européens développent leurs activités le long de la Côte; mais les seconds rencontrent un succès très limité jusqu'au tournant du 19e. Engagés en faveur de l'Abolition et soucieux de la faire appliquer, les missionnaires exercent un certain lobby interventionniste auprès de l'Administration britannique, même si leur influence n'égale pas celle des commerçants. De nature morale ou symptômes d'un opportunisme économique, les motifs de l'Abolition, tout comme la volonté de la faire appliquer, prètent au débat. R. Hyam combine les deux explications: faisant clairement état d'une attitude expiatoire des Victoriens face aux Africains, qui ont le plus souffert de la «rapacité blanche», il évoque aussi un argument de ces mêmes Victoriens,

---

27 Peter Haenger, Robert Labhardt: «Basel und der Sklavenhandel: Das Beispiel der Burckhardtschen Handelshäuser zwischen 1780 und 1815». In: Sandra Bott, Thomas David, Claude Lützelschwab, Janick Marina Schaufelbuehl (éd.): *Suisse-Afrique (18e-20e siècles): De la traite des Noirs à la fin du régime de l'apartheid*. Lit, Münster 2005, p. 36.

28 Falola, Heaton, *op. cit.*, p. 60.

selon lequel l'extension du «commerce légitime» nécessite l'Abolition sur un plan international. Hyam juge cette considération économique erronée, et suggère que rien n'annonce une baisse de rentabilité de la Traite vers 1800.[29]

*Lagos et arrière-pays yoruba*

Tributaire du Royaume de Benin dès le 16e siècle, Lagos devient un port prisé par les marchands d'esclaves au 18e. Par la suite, l'Abolition provoque l'expansion du «commerce légitime», largement basé sur l'huile de palme, entraînant donc la présence d'un nouveau type de marchands, ainsi que l'immigration ou le retour d'esclaves libérés de Sierra Leone. Kosoko renverse le roi Akitoye en 1845, qui fuit Lagos pour Badagry et demandera de l'aide à J. Beecroft, premier consul britannique dans les baies de Benin et du Biafra, dès 1849. Même si Akitoye ne s'est pas toujours distancé de la Traite, son intention consiste à gagner la confiance des abolitionnistes, auxquels Kosoko se montre insensible. Provoquée par un lobby de missionnaires, de marchands d'huile et du roi d'Abeokuta, une intervention de la marine britannique rétablit Akitoye sur le trône en 1851. Réfugié à Epe, Kosoko perturbe régulièrement le commerce avec Lagos. Des missionnaires considèrent cette ville comme le port d'Abeokuta, qu'ils placent au centre d'un projet de commonwealth chrétien en Afrique. Les consuls britanniques perçoivent Dahomey comme une menace constante et craignent aussi que la France n'étende à Lagos le recrutement de main d'œuvre pour ses colonies; un navire de guerre britannique accoste en 1861 pour contraindre le roi Dosunmu – successeur d'Akitoye – à concéder un protectorat.[30] Selon R. Hyam, cette occupation répond à l'intention d'étendre le libre commerce dans l'arrière-pays, mais est surtout motivée par la peur de la France; dans ce sens, l'opération se solde par un échec, car elle contribue plus à exciter la rivalité qu'à apaiser la situation.[31]

---

29 Ronald Hyam: *Britain's Imperial Century, 1815-1914. A Study of Empire and Expansion*. Third Edition, Palgrave, Cambridge 2002, pp. 81-82.

30 Cf.: Robert Smith: «The Lagos Consulate, 1851-1861: An Outline». In: *The Journal of African History*, vol. 15, n° 3, 1974, pp. 393-416.

31 Hyam, *op. cit.*, p .105.

Le reste du pays yoruba, suite à l'effondrement de l'Empire d'Oyo qui provoque un vaste mouvement migratoire vers le Sud, connaît une période troublée par plusieurs guerres. De nouveaux centres de pouvoir émergent sous plusieurs formes; Ajayi et Akintoye évoquent une dictature militaire à Ijaye, une république à Ibadan, une fédération à Abeokuta et une confédération à Ekitiparapo.[32] D'abord, la transition au «commerce légitime» s'opère paisiblement; la demande croissante et le prix élevé de l'huile de palme en Europe permettent d'en dégager un profit satisfaisant. Cependant, dès le dernier quart du 19e siècle, l'exploitation de nouvelles régions productrices – Russie, Inde, Australie, provoque une concurrence insurmontable par le pays yoruba. En plus de provoquer une chute de prix, la crise de 1880 se manifeste par des difficultés d'adaptation aux nouvelles structures du commerce; contrairement au marché d'esclaves, celui de l'huile de palme nécessite peu de capital et donne l'opportunité aux paysans d'intégrer l'économie mondiale en s'appuyant sur une main d'œuvre souvent familiale. La minorité de riches entrepreneurs qui avait tiré son pouvoir du commerce triangulaire tente de resserrer son contrôle des transactions «légitimes», mais parvient mal à ajuster les coûts de production; les razzias d'esclaves et les tentatives de les vendre sur la côte, malgré l'Abolition, se font à nouveau plus nombreuses. En contradiction avec un avis répandu, Hopkins estime que les guerres yoruba ont pour racine cette crise économique, et que cette dernière ne résulte pas des guerres.[33] Sur la côte, les entreprises d'exportation «légitimes» sont aussi touchées; en dix ans, le nombre de compagnies européennes passe de douze à cinq alors que presque toutes les africaines disparaissent. Ce déclin se traduit par une chute des revenus douaniers qui permettraient au gouverneur de Lagos de protéger le «commerce légitime».

Comme remède, les cercles marchands britanniques prônent la préservation de l'ordre dans l'arrière-pays par tous les moyens, l'abolition du pouvoir politique des intermédiaires, la construction d'un chemin de fer et une protection de la zone de libre-échange contre les autres pouvoirs

32 J.F.A. Ajayi, S.A. Akintoye: «Yorubaland in the Nineteenth Century». In: Ikime, *op. cit.*, p. 300.

33 Antony G. Hopkins: «Economic Imperialism in West Africa: Lagos 1880-92». In: *The Economic History Review*, New Series, vol. 21, n° 3, déc. 1968, p. 591.

coloniaux, alors que dans le contexte ouest-africain, l'opposition au protectionnisme représente une attitude hostile envers la France.[34] Le *Colonial Office* se voit submergé de protestations des chambres de commerce, tandis que l'opinion publique et quelques élites britanniques avancent un idéal d'impérialisme social capable de remédier aux problèmes domestiques. Dès 1887, le gouverneur est autorisé à conclure des traités avec des Etats de l'arrière-pays, ce qui les engage à ne pas céder leur territoire à la France. En 1889, un accord fixe la frontière entre Lagos et Porto Novo. Face à la réticence d'Ijebu au libre commerce, le *War Office* envoie des troupes et obtient la réouverture des routes, alors que le roi d'Abeokuta évite la confrontation en adoptant cette mesure de son propre chef. Même si le second conserve une indépendance politique formelle, son commerce, tout comme celui d'Ijebu, devient tributaire de Lagos.[35]

### *Baie du Biafra et rives du Niger*

Depuis la Baie du Biafra, l'attraction de l'arrière-pays s'exerce sur les marchands européens tentés de contourner les intermédiaires de la Côte, suite aux explorations de Mungo Park en 1805 ou Claperton vers 1820. Précédant toute tentative des commerçants de remonter le fleuve, les missionnaires de la *Niger Expedition* de 1841 échouent dans leur projet d'établir une station et une ferme modèle. En 1854, un autre équipage, mieux protégé de la malaria, parvient à placer des stations missionnaires à Onitsha et Lokoja; ce succès incite le marchand Laird à franchir le Delta trois ans plus tard. Mais la tendance des commerçants européens à contourner les intermédiaires contribue peu à la stabilité économique sur la Côte, sans compter que l'esclavage ne semble pas près de disparaître et a même augmenté régulièrement de 1800 à 1830, avant que des traités conclus par la Grande-Bretagne avec la France et l'Espagne permettent de mieux intercepter les bâteaux se livrant à la Traite. Northrup soutient que l'expansion du «commerce légitime» dans la Baie du Biafra ne favorise en rien le déclin de la Traite, étant donné que celle-ci continue de répondre à une

34 *Id.*, p. 599.
35 Cf.: *Id.*, pp. 596-606.

demande. L'accroissement du marché d'huile de palme s'appuie largement sur les structures commerciales et le réseau de routes développés par les esclavagistes.[36] Dans les années 1850, des missionnaires postés à Calabar rapportent la perpétuation des sacrifices rituels d'esclaves au consul Beecroft, qui bombarde aussitôt la ville puis impose un traité. S'ensuit une période de médiation des conflits entre marchands européens et africains, par le biais d'instances britanniques nommées *courts of equity*, qui obtiennent les destitutions de plusieurs rois pas enclins à ouvrir leurs marchés, tels Pepple, Ja Ja et Nana. Néanmoins, les autorités britanniques sont bientôt davantage préoccupées par les ambitions françaises et allemandes sur la région; le Protectorat de la côte du Niger[37] est proclamé en 1885 et absorbera le Royaume de Benin en 1897.

L'octroi d'une charte royale à George Goldie, directeur de l'African National Company alors renommée Royal Niger Company [RNC] en 1886, répond à la même intention de tenir la France et l'Allemagne à l'écart des rives du Niger. Non habilitée à intervenir dans les sphères culturelle et religieuse, la RNC reçoit le pouvoir de superviser l'administration et la politique commerciale de tout territoire avec lequel elle parvient à signer un traité. Du moment que les revenus de la Compagnie financent entièrement l'administration et offrent un dividende, l'affaire est séduisante pour le parlement britannique; mais Goldie, tenté de taxer copieusement les concurrents qu'il n'a pas absorbés, se montre peu efficace dans le maintien de la paix et de la stabilité. Soutenu en 1896 par 1'000 soldats, il parvient à étentre la sphère d'influence britannique sur plusieurs Etats des rives du Niger et du Benue, mais son entreprise n'empêche pas la France de conserver un réseau commercial sur le Niger, ni de franchir le Delta avec un navire de guerre. Joseph Chamberlain, devenu secrétaire aux Colonies en 1895 et moins partisan de l'empire informel que ses prédécesseurs, révoque, en 1900, la charte de la RNC et met sur pieds la *West African Frontier Force* [WAFF].[38]

---

36 Cf.: David Northrup: «The Compatibility of the Slave and Pam Oil Trades in the Bight of Biafra». In: *The Journal of African History*, vol. 17, n° 3, 1976, pp. 353-364.

37 Alors désigné par *Oil Rivers Protectorate*, renommé *Niger Coast Protectorate* en 1893.

38 Falola, Heaton, *op. cit.*, pp. 98-103.

Dirigée par Frederick Lugard, un officier distingué en Afrique de l'Est puis recruté par Goldie comme publiciste, la WAFF nait d'une fusion de trois troupes : celle de la RNC, les 500 soldats du protectorat de Lagos et les 400 du protectorat de la côte du Niger.[39] Son objectif consiste à soumettre le Califat de Sokoto, qui avait refusé à Goldie l'établissement d'un poste militaire, ferait l'objet d'ambitions françaises et dont l'autorité pourrait déstabiliser certains territoires déjà acquis par traités de la RNC. A la suite du jihad achevé en 1809, le Calife règne sur un territoire vaste mais peu centralisé; il valide la nomination des émirs qu'il destitue dans de rares cas; son influence dans les autres domaines ne s'étend guère au-delà de la Métropole. Visites de courtoisie et collecte des impôts constituent les liens majeurs entre les émirs et le souverain de Sokoto.[40] Au Califat qui ne dispose pas d'armée permanente et dont chaque émirat organise sa propre défense, Lugard oppose des troupes plus unies, mieux armées, qui s'attaquent d'abord aux émirats du Sud, puis occupent Kano et Sokoto en 1903. Il conquiert aussi l'Empire de Borno, certes plus centralisé que Sokoto, mais affaibli par une récente querelle dynastique; de plus, un accord signé en 1890 avec la France attribue déjà une partie de son territoire à la sphère d'influence britannique.[41]

Jusqu'à l'aube du 20^e^ siècle, les pays igbo et ibibio résistent fermement au contrôle du protectorat de la côte du Niger. L'Administration coloniale considère qu'une expédition dans la région Aro, reconnue pour exercer une certaine domination du commerce, suffirait à imposer l'autorité sur l'Est du Niger. Forte de 74 Européens et 3'464 Africains, la troupe envoyée en 1901 a besoin de quatre mois pour soumettre Aro.[42] Cependant, le morcellement du pouvoir a été largement sous-estimé par les Britanniques, qui mèneront, plus ou moins sans interruption jusqu'en

39 Toyin Falola: *Colonialism and Violence in Nigeria*. Indiana University Press, Indianapolis 2009, p. 21.

40 Sa'ad Abubakar: «The Established Caliphate: Sokoto, the Emirates and their Neighbours». In: Ikime, *op. cit.*, pp. 304-306.

41 Sa'ad Abubakar: «Borno in the 19th Century». In: Ikime, *op. cit.*, pp. 327-346.

42 Falola 2009, *op.cit.*, p. 21.

1917, des campagnes militaires face à de nombreux clans et groupes de villages.[43]

*Le Nigeria dans l'Empire*[44]

Stimulée avant tout par des lobbys commerciaux, la conquête et la création du Nigeria confirme la nature économique des intérêts britanniques en Afrique de l'Ouest. Une compétition croissante, notamment avec la France, pousse la Grande-Bretagne à protéger ses intérêts par des acquisitions territoriales. Le Nigeria ne représente toutefois qu'une partie de l'extension de l'Empire, que 90 millions de personnes intègrent de 1874 à 1902. Même si de multiples campagnes militaires et destructions de villes révèlent une violence certaine, les processus de décision qui y mènent démontrent une certaine passivité de la Métropole, longtemps attachée à une expansion commerciale sans charges administratives. Hyam perçoit la croissance de l'Empire comme «une entreprise pas particulièrement sanguinaire», bien que «la résistance [soit] invariablement écrasée sans scrupule».[45] Il évoque une tendance à se développer «au milieu de la faiblesse», dans des «vides de pouvoir», là où la Métropole juge l'autorité locale incapable de garantir l'ordre, l'Abolition de l'esclavage ou la sécurité du commerce.[46]

En particulier, l'époque victorienne est marquée par des changements majeurs dans la nature de l'Empire. John Darwin estime que la Grande-Bretagne émerge, de 1830 à 1870, comme pouvoir global aux commandes d'un système mondial, alors qu'elle représentait jusque là un pouvoir atlantique avec d'importantes possessions en Asie. Les appels de commerçants et missionnaires réclamant la protection de leur gouvernement outre-mer rencontrent l'écho de propriétaires fonciers soucieux de se prémunir des révoltes paysannes, d'artisans à la recherche de nouveaux

---

43 A.E. Afigbo: «The Eastern Provinces under Colonial Rule». In: Obaro Ikime, *op. cit.*, pp. 413-414.

44 Dorénavant, le terme «Empire», seul et avec majuscule, désigne l'Empire britannique.

45 Hyam, *op. cit.*, p. 13.

46 *Id.*, p. 221.

débouchés, ou de travailleurs désireux d'émigrer.[47] Darwin souligne que sur un plan idéologique, le gouvernement partage «l'intoxication» de cercles d'influence par des visions d'explorateurs et de missionnaires.[48] Les Victoriens assignent à chaque peuple ou nation une place précise sur l'échelle de la morale et du progrès: les Américains du Nord s'approchent des Britanniques au sommet, suivent les Allemands, puis les autres Européens et les Portugais. Les Africains se situent sur un des plus bas échelons qu'ils partagent avec Asiatiques et Irlandais, juste au-dessus des habitants du Moyen-Orient, perçus comme barbares, ignorants et insolents.[49] En 1848, le secrétaire d'Etat aux Affaires étrangères Palmerston considère que «notre devoir – notre vocation – n'est pas d'asservir mais de libérer; et je peux dire, sans aucune vanité ou vantardise, que nous nous situons à la tête de la civilisation morale, sociale et politique. Notre tâche est de montrer le chemin et diriger la marche d'autre nations».[50] Hyam suggère qu'une telle confiance en soi repose sur une pré-éminence économique, une puissance inégalable de la marine britannique, une stabilité sociale ayant permis d'éviter les révolutions de 1848 et une sanction religieuse du sentiment de supériorité de la culture occidentale.[51] Mais envers les Africains, l'attitude raciste l'emporte sur le paternalisme à partir de la rébellion en Jamaique de 1865 et implique une ségrégation plus systématique qu'auparavant.[52]

Comment le pouvoir s'exerce-t-il sur un si vaste empire, composé – entre autres – de colonies formelles et informelles, de protectorats, forteresses militaires, concessions, *condominia* et sphères d'interférence? Une interdépendance stratégique et commerciale relie ces territoires, sur les ressources et la coopération desquels se fonde la puissance mondiale de la Grande-Bretagne. Le surplus démographique de l'archipel britannique suscite l'émigration, tandis que l'Inde et le sous-empire qui en dépend offrent le principal débouché aux exportations. De leur côté, les «domi-

47 John Darwin: *The Empire Project. The Rise and Fall of the British World-System 1830-1970*. Cambridge University Press, Cambridge 2009, p. 60.

48 *Id.*, p. 650.

49 Hyam, *op. cit.*, p. 76.

50 Cité par: *Ibid.*, p. 89.

51 *Ibid.*

52 *Id.*, p. 164.

nions blancs», ou colonies de peuplement, comme le Canada, l'Australie, la Nouvelle-Zélande ou l'Afrique du Sud, témoignent une remarquable loyauté envers leur métropole.[53] Quant à l'Afrique de l'Ouest, elle offre un espace d'expansion commerciale où les firmes britanniques, grâce à leur accès au crédit, surpassent aisément la concurrence locale; en 1905, la Chambre de commerce de Lagos est entièrement blanche.[54]

### *Modes d'administration coloniale*

Les visions impérialistes victoriennes ne suffisent toutefois pas à échafauder un système monolithique, si bien qu'Hyam évoque «un ensemble de tentatives spontanées d'un grand pouvoir d'imposer sa volonté sur divers territoires faibles». Pour illustrer les limites de la centralisation, il décrit «l'homme de terrain» comme un empereur à part entière, plutôt que comme le subordonné d'un grand empire. Il affirme alors que les administrateurs locaux définissent eux-mêmes la force du pouvoir impérial.[55] Frederick Lugard représente, dans le contexte nigérian, le personnage correspondant au mieux à cette définition. Nommé haut commissaire du Protectorat du Nord en 1900, superviseur de l'amalgamation avec le Sud à partir de 1912, il fait connaître, notamment à travers ses activités de publiciste, les méthodes de gouvernement qu'il élabore et applique.[56] Falola le perçoit comme violent, autoritaire, défendant des mesures punitives, craint de ses subordonnés et proclamant des lois qui le mettent en conflit avec le *Colonial Office*[57], mais on le reconnaît surtout comme ardent partisan de l'*indirect rule*, un principe à la signification discutable.

Compte tenu de la ségrégation raciale ambiante, il s'avère difficile d'imaginer un système de gouvernement indirect qui privilégie le fonctionnement des institutions indigènes avec un minimum d'interférence.

53 Darwin, *op. cit.*, p. 11.

54 *Id.*, p. 284.

55 Hyam, *op. cit.*, p. 2.

56 Voir, entre autres: Frederick D. Lugard: «The White Man's Task in Tropical Africa». In: *Foreign Affairs*, vol. 5, n° 1, oct. 1926, pp. 57-68.

57 Falola 2009, *op. cit.*, p. 31.

Dans le Protectorat du Nord, tout émir, lors de son entrée en fonction, prête serment au nom d'Allah et du Prophète, «de servir bien et loyalement sa Majesté et son représentant le haut commissaire»; ensuite, son pouvoir ne s'étend guère au-delà du prélèvement d'impôts. Le calife de Sokoto est renommé sultan et ne jouit plus de la pré-éminence qu'il avait acquise suite au jihad. Soucieux de décentraliser l'autorité indigène, le Colonisateur intervient dans le domaine judiciaire; les procédures d'appels au calife sont alors adressées au haut commissaire.[58] En 1906, Lugard destitue dix emirs et les remplace par des personnes considérées plus loyales à «sa Majesté». De 1903 à 1930, les émirs et sultans de la province de Sokoto sont quasi invariablement désignés par les Britanniques, à l'instar d'Attahiru, nommé sans aucune consultation. Bashiru est intronisé en 1915 en raison de sa loyauté envers le Colonisateur, malgré l'avis contraire des électeurs traditionnels et en dépit de protestations. Néanmoins, contrainte de destituer Tambari en 1931, l'Administration britannique réalise que les futurs choix devront considérer la popularité des émirs en plus de leur loyauté. Ce dernier facteur semble être mieux garanti après 1930, alors que le mouvement mahdiste n'apparaît plus comme une menace.[59]

Au Sud-Ouest, l'administration de la colonie de Lagos se distingue de celle du protectorat de l'arrière-pays. A partir de l'annexation de 1861, le gouverneur de Lagos s'entoure d'un conseil législatif, où siègent quelques Africains, puis d'un conseil exécutif, en 1886. En 1901, le manque de personnel britannique provoque la création du *Central Native Council.* Il s'agit toutefois d'organes consultatifs, et le gouverneur n'a de comptes à rendre qu'au secrétaire d'Etat aux Colonies. Une dizaine de départements, dirigés par des Européens assistés d'Africains, assure l'application des décisions. Qualifié par Tamuno d'autocratie douce, ce système confère aux habitants de la Colonie le rang de sujets britanniques, alors que la population du Protectorat n'est pas explicitement assujettie, mais placée «sous protection». Un certain nombre d'administrateurs cumule des fonctions

---

58 Sa'ad Abubakar: «The Northern Provinces under Colonial Rule: 1900-1959». In: Ikime, *op. cit.*, pp. 453-455.

59 Cf.: Peter Kazenga Tibenderana: «The Role of the British Administration in the Appointment of the Emirs of Northern Nigeria, 1903-1931: The Case of Sokoto Province». In: *The Journal of African History*, vol. 28, n° 2, 1987, pp. 231-257.

à Lagos et dans d'autres provinces; parmi eux, on compte beaucoup d'anciens membres de l'armée coloniale, ce qui donne une teinte paramilitare au régime.[60]

En 1914, Lugard introduit sa conception de l'*indirect rule*, qui provoque le remplacement des commissaires à la présidence des cours indigènes par des chefs africains nommés *oba* ou *baale*, sur lesquels le Colonisateur s'appuie pour organiser la décentralisation. Dans leur élection, le critère de loyauté joue encore un rôle primordial; le roi d'Oyo, jugé trop conservateur, se voit laminer son autorité sur les autres royaumes. La méthode britannique se traduit donc par l'affaiblissement d'Oyo, mais aussi par une réécriture de l'histoire d'Ife afin de restaurer sa grandeur, et une promotion du roi d'Ibadan du rang de *baale* à celui d'*oba*. Un transfert de privilèges se manifeste progressivement dans les rites de préséance ou de visites, et le résident d'Oyo s'établit à Ibadan en 1934. Le renversement hiérarchique n'implique pour autant aucune position de suzeraineté d'une ville sur une autre; il s'accompagne de la neutralisation du pouvoir effectif des *oba* par l'introduction des *local governments*, qui les privent de leur responsabilité juridique. Cette mesure permet un encadrement de la population au plus près de la base et entraîne un processus de communalisation et redécoupage territorial alimenté par une «tutelle de mémoires», dans lesquelles le résident Ward-Price qualifie Ife d'«exemple typique d'organisation sociale yoruba».[61]

Conquis plus tardivement, l'est du Niger est la région où la méthode de gouvernement pose le plus problème. Accompagné de six officiers britanniques seulement, le consul Claude Macdonald entre en fonction à Old Calabar en 1891 et s'efforce, lui aussi, de développer un mode de gouvernement soi-disant conforme aux institutions indigènes. Si les contacts entretenus par les marchands européens avec leurs partenaires du Delta facilitent la désignation d'agents locaux, la situation s'avère moins aisée dans l'arrière-pays. Une première difficulté consiste à identifier les chefs de villages ou groupes de villages à travers des consultations populaires

60 Cité par: A.I. Asiwaju: «The Western Provinces under Colonial Rule». In: Ikime, *op. cit.*, p. 434-435.

61 Jean-Luc Martineau: «L'espace yoruba (fin XIX$^{e}$ siècle-1960). Oba, cités et processus de construction ethnique». In: *Journal des africanistes* [en ligne], n° 74-1/2, 2004, p. 133.

souvent truffées de malentendus culturels ou linguistiques. Il arrive que des chefs soient choisis sans consultation ou qu'ils n'aient jamais occupé une position d'autorité jusqu'alors; leur légitimité repose sur un certificat délivré par le Colonisateur, d'où leur appellation de *warrant-chiefs*. Dans le cas contraire, le pouvoir qui leur est conféré dans les *Native Courts* est souvent supérieur à celui qu'ils exerçaient en période pré-coloniale. En général, la méthode de gouvernement reste peu théorisée jusqu'aux réformes de Lugard coïncidant avec l'amalgamation. Celles-ci visent à introduire le système en vigueur dans le Nord et impliquent la création de nouvelles instances politiques, telles les *Provincial Courts*. Un tel chamboulement, loin de faire l'unanimité, est critiqué par des administrateurs, dont certains suggèrent un retour à la méthode antérieure, d'autres un exercice plus direct de l'autorité coloniale. Successeur de Lugard, le gouverneur Hugh Clifford prend conscience du fait que les *Native Courts* ne peuvent prétendre au traditionnalisme; il demande à ses subordonnés de mener des «enquêtes discrètes», afin de mieux identifier les chefs et les limites territoriales des clans et de procéder à des ajustements. Clifford impute également l'inefficacité des *Native Courts* à un manque de ressources financières, ce qui plaide en faveur d'une taxation directe de la population. En 1929, ce projet provoque la Guerre des femmes, à laquelle fait suite une réorganisation de l'autorité indigène. Les expériences d'alors incitent à concevoir un système plus démocratique basé sur de larges assemblées réunissant les chefs de lignage, à ne pas regrouper sous la même entité des populations de traditions politiques trop différentes, ainsi qu'à séparer l'exécutif du judiciaire. Cette seconde vague de réformes arrive vraisemblablement trop tard; les chefs se contentent mal de leurs fonctions de délégués, le *Native Treasury* reste maigre et les individus scolarisés préfèrent souvent s'organiser en unions de villages qui entrent en concurrence avec la structure britannique.[62]

En 1917, l'extension de la taxation directe au pays yoruba avait aussi été la cause de soulèvements; en revanche, la *Native Revenue Proclamation* dans le protectorat du Nord en 1906 s'inscrivait dans une certaine continuité de la fiscalité de l'époque califale. Cette mesure correspond au

---

62 Cf.: A.E. Afigbo: «The Eastern Provinces under Colonial Rule». In: Ikime, *op. cit.*, pp. 410-428.

principe d'auto-financement des protectorats et de leur administration ; la taxe est collectée en fonction du revenu général d'un village, de l'importance des récoltes ou des prix du marché.[63] Pour justifier la réforme, les administrateurs entreprennent ce que Falola appelle des « tours de propagande », qui insistent sur la relation entre impôt et projets publics. Mais la crédibilité de l'argument est limitée, car l'extension des voies de communication, le développement des soins médicaux ou de l'enseignement ne sont pas toujours clairement visibles.[64] La plupart des infrastructures visent à diminuer les coûts du commerce d'extraction, à l'instar du chemin de fer Kano-Lagos achevé en 1911 et provoquant une explosion des exportations de cacahuètes. En 1925, le président du *Board of Trade* Philip Cunliffe-Lister suggère d'accélérer la construction de chemins de fer en Afrique, afin de développer des marchés complémentaires et non compétitifs face à ceux de la Métropole.[65]

Mise à part une perspective de juteux prélèvements sur les revenus, l'intérêt du gouvernement britannique à soutenir le commerce outre-mer repose sur la crainte que tout territoire passant sous contrôle d'une autre puissance ne se barricade de tarifs.[66] En Afrique sub-saharienne, l'usage de la force pour « sécuriser » les marchés se justifie sur la durée par la peur de représailles et assure une main d'œuvre docile à moindre coût.[67] Le marché nigérian, à l'aube du 20e siècle, est largement dominé par l'United Africa Company, issue de l'entreprise de Goldie. Ses concurrents ne sont pas tous britanniques, mais aussi allemands ou français, alors que des Suisses débarquent en 1930. Quant aux firmes levantines et indigènes, elles forment des catégories bien distinctes que les marchands européens accusent de s'adonner à une concurrence déloyale.[68] Les levantins – Libanais et Syriens – constituent un important groupe d'immigrants : les premiers arrivent dans les années 1890, ils sont 143 en 1921, puis 419 dix

63 Falola 2009, *op. cit.*, pp. 81-84.

64 *Id.*, p. 105.

65 Michael Havinden, David Meredith : *Colonialism and Development. Britain and its tropical colonies, 1850-1960.* Routledge, London 1993, p. 144. Sur le développement de l'Empire, voir chapitre V, point 1.

66 Darwin, *op. cit.*, p. 113.

67 *Id.*, p. 143.

68 Voir chapitre II.1.

ans plus tard, et 818 en 1938. D'abord actifs dans le commerce de bétail et de détail, ils se diversifient à partir des années 1940. Plus flexibles et réactifs aux conjonctures que les marchands indigènes, ils leur font une sévère concurrence et se heurtent à une certaine hostilité: par exemple, ils ne sont admis dans la ville d'Ijebu-Ode qu'à partir de 1951. Les entrepreneurs nigérians sont surtout actifs dans le commerce, l'agriculture et le transport routier.[69]

## 3. Décolonisation

La Guerre des femmes ouvre la voie à une contestation plus organisée du pouvoir colonial; la Nigerian Union of Teachers est fondée en 1931, le Nigerian Youth Movement en 1936, le National Council of Nigeria and the Cameroons [NCNC] en 1944. L'année suivante, des syndicats appellent à une grève générale et à partir de 1947, les révoltes se multiplient. En réaction, les amendements constitutionnels et le Plan de développement sur dix ans s'inscrivent dans ce que Martin Lynn appelle une «période de réformes maîtrisées, 1943-1953»[70], avant que les événements ne se précipitent et provoquent d'intenses négociations jusqu'à la proclamation de l'indépendance en 1960.

### *Un empire sur le déclin*

A partir de l'indépendance de l'Inde en 1946, l'ensemble de l'Empire entre dans une phase de déclin, partiellement prévue et canalisée par la Grande-Bretagne. Alternant au pouvoir, les partis Travailliste et Conservateur ne divergent que modérément sur la question de l'existence de l'Empire.

69 Tom Forrest: *The Advance of African Capital: the Growth of Nigerian Private Enterprise.* Edinburgh University Press, London 1994, pp. 22-23.

70 Martin Lynn: «Nigeria». In: *British Documents on the End of Empire*, Series B, Volume 7. The Stationery Office, London 2001, introduction.

Les Travaillistes, sensibles à une légitimation morale ou humanitaire, s'opposent à la répression des soulèvements et considèrent un transfert de pouvoir en Asie et en Afrique comme le meilleur moyen de maintenir l'influence britannique. Peut-être parce que peu enclins à permettre au lobby des colons de prendre en otage l'ensemble des intérêts britanniques, les Conservateurs ne sont pas fondamentalement hostiles à une réduction des engagements impériaux. Jusque dans les années 1960, les deux partis s'accordent sur l'objectif de conserver à leur pays un statut de puissance mondiale, sous une forme ou une autre.[71] John Darwin suggère donc de chercher les causes de la fin de l'Empire dans l'histoire économique. L'hypothèse du néo-colonialisme lui apparaît trop simplificatrice et inadaptée pour expliquer des événements prenant place dans des territoires si vastes et divers; les compagnies britanniques conservent leur prééminence dans certaines jeunes nations, alors que dans d'autres, des firmes non-britanniques les supplantent déjà avant la décolonisation. Une seconde théorie évoque une réorientation des intérêts vers l'association européenne, mais Whitehall[72] reste tiède face aux engagements financiers que celle-ci impliquerait tout en gardant foi en l'Empire comme moyen de récupération économique. Selon Darwin, c'est justement la crise économique d'après-guerre qui offre l'explication la plus crédible, du moment où elle incite à accroître l'exploitation des territoires jusqu'à un point de rupture, à la suite duquel est promu le Commonwealth, «système impérial décentralisé».[73]

Après la Seconde Guerre mondiale, ce sont notamment une accumulation de dettes extérieures, la vente des réserves en dollars et une flotte commerciale sinistrée qui incitent les autorités britanniques à mieux exploiter la zone sterling afin que leur devise retrouve sa convertibilité. Même si la levée des tarifs demandée par Washington ne facilite pas l'exercice, les possessions d'outre-mer ont démontré leur valeur par un ferme soutien à l'effort de guerre. A la suite de l'indépendance de l'Inde, devenue créancière de sa métropole, disposant d'une base industrielle et d'une

71 John Darwin: *The End of Empire. The Historical Debate*. Basil Blackwell, Oxford 1991, pp. 29-34.

72 Whitehall désigne le centre administratif du gouvernement du Royaume-Uni, du nom de l'endroit où les bâtiments sont érigés.

73 *Id.*, p. 42.

armée de deux millions d'hommes, les dépendances restantes du Moyen-Orient sont davantage appréciées. Au-delà des intérêts pétroliers, une présence durable dans cette région confère à la Grande-Bretagne un rôle clé dans l'endiguement de l'Union soviétique et est perçue comme un facteur de prestige dans un monde tendant vers la bipolarité.[74]

Autre sphère d'influence britannique, les colonies tropicales gagnent en attractivité grâce à leurs ressources agricoles ou minières dont l'exportation pourrait aider à colmater les réserves en dollars. Cette perception amplifie l'écho des thèses de Margery Perham – enseignante en Affaires africaines, amie et biographe de Lugard, qu'elle n'épargne pourtant pas de critiques. Clairement visé, le système d'*indirect rule*, malgré son apparence économe, ne garantirait pas, selon elle, la stabilité sociale et entraînerait un appauvrissement des territoires sur le long terme, auquel seule une intervention plus directe pourrait remédier. En 1942, Perham avait déjà dénoncé un pouvoir colonial raciste et incapable de répondre aux aspirations indigènes. Aux yeux des Travaillistes en particulier, rendre l'Empire plus dynamique et productif en suivant ce type de conseils mêle un sentiment de vertu au motif de profit.[75]

Whitehall estime qu'au Nigeria, une meilleure prospérité peut apaiser les mécontentements ou prévenir les soulèvements. Nombreux, ambitieux et peu coordonnés, les projets de développement[76] doivent être en partie financés par les *Marketing Boards*, qui y consacrent 30 % de leurs réserves alors que le reste dédommage les paysans des baisses de prix.[77] Ces ressources sont loin d'être suffisantes et comme dans le reste des territoires tropicaux, le Colonisateur ne dispose pas de l'expertise nécessaire pour jouer son nouveau rôle.[78] Une part importante de la planification revient donc aux membres des comités régionaux, composés essentiellement de haut-fonctionnaires et de politiciens émergents.[79] Mais, les troubles de 1947-1948 montrent que la paix sociale n'est pas garantie.

---

74 Darwin 2009, *op. cit.*, p. 592.

75 *Id.*, p. 529.

76 Voir chapitre V, point 1.

77 Toyin Falola: *Economic Reforms and Modernization in Nigeria, 1945-1965*. The Kent State University Press, Kent 2004, p. 97.

78 Darwin 2009, *op. cit.*, p. 559.

79 Falola 2004, *op. cit.*, p. 109.

Falola évoque une jeunesse à «l'imagination enflammée» par un «militantisme critique» et un «nationalisme messianique», véhiculés par une littérature des années 1940 s'inspirant en partie des écrits communistes et de l'idéologie émancipatrice indienne.[80] D'origine igbo, porteur d'un idéal panafricaniste, de libération mentale et de valorisation des cultures africaines, Nnamdi Azikiwe est perçu par certains comme un remplaçant potentiel du gouverneur général. En 1946, à Lagos, les 200 personnes assistant à la fondation du Mouvement zikiste [MZ] l'acceptent comme leader, se déclarent socialistes théistes et opposés au tribalisme. A un moment où le Colonisateur ouvre le feu sur des grévistes et où les incidents racistes[81] se répètent, le Mouvement attribue à son leader un titre de prophète, en fondant la Nigerian Church of Nigeria and Cameroons, inspirée du nom de son groupement politique[82]. En 1947, lorsque la note de protestation de celui-ci contre la Constitution Richards est particulièrement mal reçue à Londres, le MZ parvient à mobiliser 3'000 personnes. Les manifestations prévues pour l'année suivante sont alors proscrites et plusieurs membres accusés de sédition. N'obtenant pas le soulèvement de masse qu'elle espère voir se déclencher, par exemple, si Azikiwe était arrêté, la tête du MZ prône dès 1949 une voie socialiste pour le Nigeria et adopte une politique de sabotage armé. L'année suivante, le Colonisateur annonce l'interdiction de ce mouvement qui réunirait «quelques centaines de membres, dont les enseignements et méthodes sont condamnés par l'immense majorité du peuple du Nigeria qui souhaite le maintien de la loi et de l'ordre et poursuivre le progrès économique et politique sans recours à la violence».[83]

*Un gouvernement ethnicisé*

Bien que leader proclamé, Azikiwe parvient à se distancer à temps du MZ et poursuit une carrière politique le menant à la victoire des élections de 1953. Mais ce succès a son revers: la constitution de 1954 lie le pouvoir au

80 Falola 2009, *op. cit.*, p. 131.

81 Le plus connu est celui de l'Hôtel Bristol, où un fonctionnaire noir se voit refuser une chambre qu'il avait réservée.

82 National Council of Nigeria and the Cameroons.

83 Gazette officielle du Nigeria, avril 1950, citée par: Falola 2009, *op. cit.*, p. 149.

contrôle d'une région et marque le tournant vers l'ethnicisation de tous les aspects de la politique nigériane.[84]

Si l'ethnicisation ne se confond pas avec le régionalisme, leurs dynamiques sont étroitement liées. Par l'amalgamation de 1914, le Nigeria devient un protectorat composé de deux groupes de provinces jusqu'à ce qu'en 1939, le gouverneur Bernard Bourdillon sépare en deux celui du Sud. La première raison qu'il avance est d'ordre pratique; les difficultés de communications dues à l'éloignement de Lagos et Enugu. La seconde reposerait sur des «considérations ethnographiques» qui portent à voir le bas-Niger comme une nette frontière administrative. En revanche, Kaduna offrirait une capitale assez centrale aux provinces du Nord pour ne pas diviser une région dont Bourdillon suppose la culture plus homogène qu'au Sud.[85] En 1947, la Constitution Richards jette les bases du fédéralisme en doublant le conseil législatif central et unitaire de trois assemblées régionales. Largement critiquée pour avoir été imposée sans consultation, elle est remplacée en 1951 par celle de Macpherson, qui n'a pas négligé d'organiser une conférence: le corps législatif central devient la Chambre des représentants et on instaure le Conseil des ministres qui exerce une fonction consultative, alors qu'au niveau régional, on attribue un système monocaméral à l'Est, bicaméral au Nord et à l'Ouest.

Les années 1940 voient éclore plusieurs organisations à référence ethnique. Azikiwe et ses partisans abandonnent le Nigerian Youth Movement [NYM] en 1941 suite à une controverse qu'ils jugent motivée par des discriminations ethniques. De 1948 à 1952, Azikiwe cumule toutefois sa présidence du National Council of Nigeria and the Cameroons avec celle de l'Igbo State Union; qui en forme l'un des plus grands groupes. Mais si le NCNC oscille entre un idéal de gouvernement unitaire et fédéraliste, il semble que ces hésitations reposent plus sur des considérations pratiques – étendue du territoire nigérian, diversité des cultures politiques – que sur une volonté d'assurer au pays igbo sa part du gâteau; d'ailleurs, le succès d'Azikiwe déborde du Sud-Est et concerne aussi largement Lagos.

84 Lynn, *op. cit.*, p. LXIV.

85 T.N. Tamuno: «British Colonial Administration in Nigeria in the Twentieth Century». In: Ikime, *op. cit.*, p. 395.

A partir de la scission de 1941, le NYM est dirigé par Obafemi Awolowo, qui fonde la Société des descendants d'Oduduwa, communément appelée *Egbe*, en 1945. Au sein de cette organisation culturelle se référant à l'ancêtre commun yoruba, Awolowo attribue aux rois du Sud-Ouest des fonctions supérieures. Notamment par des nominations dans les villes secondaires, le Colonisateur avait sensiblement augmenté leur nombre, afin d'éviter une nouvelle suzeraineté d'Oyo. De ce processus de «balkanisation» conjugué à la concurrence entre les deux pôles de pouvoir historiques - Oyo et Ife - résulte une homogénéité identitaire. Celle-ci veut que la population se réfère d'une part à Oduduwa ayant régné à Ife, d'autre part au roi de la ville la plus proche. Pour les campagnes électorales de l'Action Group – parti enfanté par l'Egbe en 1951 – Awolowo peut s'appuyer sur un «maillage d'oba [rois du Sud-Ouest] dévoués», en leur multipliant les visites, dont la presse aime publier les photos.[86] La plupart des rois comprennent que la démocratie est inéluctable et ne refusent pas de lui accorder leur soutien, afin d'assurer leur place dans le nouveau paysage institutionnel; le roi d'Ife Aderemi II devient président de la *Western House of Assembly*. Même s'il étend sa campagne à la région Mid-West et intègre ainsi des membres issus de minorités[87], l'Action Group emploie copieusement un langage ethnicisant. Pour Awolowo, chaque «groupe national spécifique» doit pouvoir construire sa propre structure politique; les Yoruba partageraient un attachement à des rois bien ancrés dans leurs cités, phénomène qui ne se retrouve pas en pays igbo.[88]

Fondée en 1943, la Bauchi General Improvement Union est renommée Northern People's Congress après six ans. Contrairement aux partis du Sud, le NPC défend une ligne plus réactionnaire que nationaliste. Du moment que les émirats offraient une base convenable à l'exercice de l'*indirect rule*, l'Administration britannique y est moins intervenue que dans le reste du Protectorat et en a restreint l'accès aux Missions, principaux vecteurs de l'éducation occidentale. De plus, la Première Guerre mondiale avait mis fin aux projets de Hanns Vischer, né dans une famille suisse,

---

86 Martineau, *art. cit.*, p. 15.

87 Voir: K.W.J. Post: *The Nigerian Federal Election of 1959. Politics and Administration in a Developing Political System*. Oxford University Press, London 1963, pp. 33-34.

88 Martineau, *art. cit.*, p. 14.

naturalisé britannique puis nommé premier directeur de l'éducation du Nigeria Nord en 1910. Il voulait notamment y ouvrir une école de formation technique en agriculture et une école de formation des enseignants.[89] Dans les années 1950, le déficit de diplômés dans cette région suscite une sérieuse crainte que l'indépendance du Nigeria entraîne la soumission du Nord aux régions du Sud. Présidé par le sultan de Sokoto Ahmadu Bello qui qualifie l'amalgamation d'«erreur de 1914», le NPC obtient que la moitié des sièges de la Chambre des représentants soit attribuée à la région Nord. Plus de la moitié de la population y réside effectivement; en outre, les archives attestent que les leaders du NPC jouissent d'un contact plus cordial avec les officiers britanniques que leurs homologues du Sud.[90]

Dans le but d'éviter une sécession, Whitehall n'hésite pas à soutenir l'influence du Nord dans le processus constitutionnel, mais ne semble pas réaliser que ce favoritisme tend à repousser l'indépendance que les leaders du Sud souhaitent imminente. Ainsi, sa politique met aussi en danger l'unité du Nigeria. Le fait que le Nord ne soit pas monolithique, ni pleinement représenté par l'élite du NPC, n'est pas souvent mentionné par le *Colonial Office*. Aux yeux de ce dernier, le danger vient plutôt d'Azikiwe, dont l'idéal politique menacerait les intérêts britanniques et la maîtrise de la décolonisation. Awolowo est dans ce contexte perçu comme un contrepoids bienvenu dans le Sud.[91] En 1959, une coalition NPC-NCNC accède à la Chambre fédérale des représentants, donnant 148 sièges au NPC, 89 au NCNC et 75 à l'AG.[92] Tafawa Balewa, nommé premier ministre, bien que co-fondateur et vice-président du NPC, est un ancien proviseur d'école secondaire formé à Londres. Issu d'un milieu modeste et pas Hausa, il se démarque de l'archétype du politicien du Nord; son choix illustre, selon Falola et Heaton, les efforts des nationalistes pour rallier les trois principaux partis au gouvernement.[93]

---

89 Stephan Winkler: «Vischer, Sir Hanns (1876–1945)». In: *Oxford Dictionary of National Biography*, Oxford University Press, 2004. <oxforddnb.com>.

90 Lynn, *op. cit.*, pp. lxv-lxix.

91 *Id.*, pp. lxix-lxxiv.

92 Post, *op. cit.*, p. 349.

93 Falola, Heaton, *op. cit.*, p. 154.

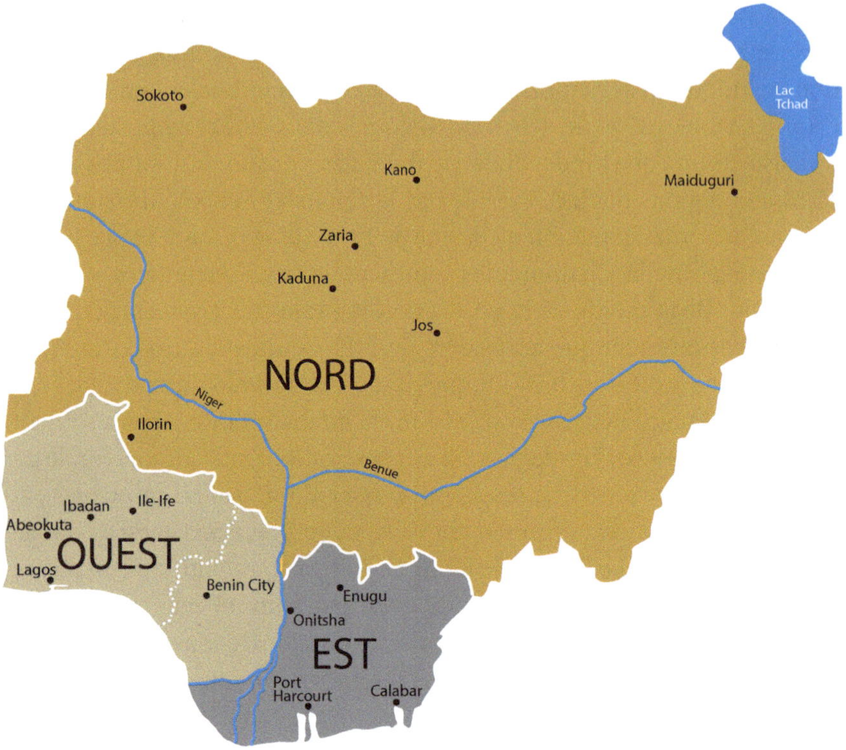


Le Nigeria subdivisé en trois régions administratives, tel que lors de son accession à l'indépendance en 1960. En 1963, à l'issue d'un référendum, la région Ouest cède une partie de son territoire (ici, à droite de la ligne pointillée) qui formera la région Midwest prenant pour capitale Benin City.

### *Un lobby commercial à influence limitée*

Durant la Seconde Guerre mondiale, l'*Association of West African Merchants* [AWAM] – réunissant exclusivement des firmes européennes[94] – octroie à chacun de ses membres un pourcentage déterminé de la récolte nigériane de cacao. Ce procédé a été négocié avec le *Colonial Office*, qui

94 Cette association rassemble surtout des firmes britanniques, allemandes et françaises, tout en excluant les marchands africains, levantins et asiatiques.

ne partage pas l'intention de l'AWAM d'éliminer les marchands africains ou levantins et obtient qu'ils puissent se partager 2.5%.[95] Par contre, au sortir de la Guerre, l'établissement de *Marketing Boards* contrôlés par le gouvernement représente un plus gros revers pour le lobby commercial européen[96] et le *Nigerian Loan Development Board* apporte un soutien aux marchands africains[97]. En 1948, la direction de l'United Africa Company suggère que ses agents européens constituent un service de renseignements inofficiel dans le but de suivre de près les nouvelles tendances politiques, mais rien ne prouve que ce projet se réalise. L'agent de direction Mellor, au cours de son séjour de huit semaines au Nigeria, sonde à ce sujet les milieux politiques et commerçants, aussi bien africains qu'européens.[98]

C'est avec encore plus d'attention que les milieux marchands suivent le processus constitutionnel faisant de l'ombre à leurs prérogatives, comme cela est le cas lors de la Conférence de Londres de 1953, où il est décidé de ne plus leur attribuer de sièges au Parlement central. Une première stratégie de réaction consiste à exercer une pression directe sur les milieux gouvernementaux, d'une part en suggérant des clauses de «non-discrimination» afin de limiter l'effet des mesures d'indigénisation qui se profilent, d'autre part, en revendiquant une présence européenne minimale au sein des organes politiques. Projeté dans ce but, un *Economic Advisory Committee* n'aurait pas pour seule fonction de défendre des «intérêts spéciaux», mais d'éclairer les délibérations avec une expérience dans les domaines du commerce ou de l'industrie. Sur ce point, l'argument central réside dans le lien établi entre développement économique et investissement extérieur et la transmission de savoir-faire qui en découlerait.[99]

---

95 Voir: chapitre II.1.

96 Robert L. Tignor: *Capitalism and Nationalism at the End of Empire: State and Business in Decolonizing Egypt, Nigeria, and Kenya 1945-1963.* Princeton University Press 1998, p. 391.

97 Cf.: Olakunle A. Lawal: «British Commercial Interests and the Decolonization Process in Nigeria, 1950-60». In: *African Economic History*, n° 22, 1994, p. 97.

98 Voir: Ugo G. Nwokeji: «Politicization of Merchant Capital during Decolonization: European Business in Nigeria 1948-1951». In: Adebayo Oyebade (ed.): *The Transformation of Nigeria. Essays in Honor of Toyin Falola.* Africa World Press, Trenton 2002, p. 191.

99 Lawal, *art. cit.*, p. 100.

Conscient d'avoir fondé les systèmes de taxation et d'immigration et les restrictions à l'encontre des missions dans le Nord sur la discrimination, le *Colonial Office* [CO] imagine mal prêcher subitement une attitude contraire. Quant au comité consultatif, les administrateurs britanniques le perçoivent surtout comme un instrument d'espionnage et de manipulation difficile à intégrer dans le paysage politique de l'indépendance. Si le CO ne souhaite pas que les commerçants altèrent des accords conclus non sans peine avec les nationalistes, il ne voit pas d'un mauvais œil que ceux-là s'organisent, tant qu'ils ne ravivent l'AWAM[100], et leur laisse entendre que la meilleure protection consiste à s'efforcer de répondre aux aspirations du peuple nigérian à relever son niveau de vie. Contraintes de s'adapter, les firmes européennes entreprennent une africanisation de leur personnel, ce qui leur permet d'exercer un second type de pression, plus indirecte, en encourageant leurs cadres nigérians à se lancer en politique.[101]

A la fin des années 1950, Whitehall prête toutefois plus d'attention au lobby, qui a élargi sa base en ralliant Shell et divers groupes d'intérêts, notamment le *Conservative Commercial Council*, voix influente au sein du Parti conservateur. De plus, à l'approche de l'indépendance, le Colonisateur devient plus craintif face à l'éventuelle adoption d'une politique discriminatoire ou protectionniste par le Nigeria. Ce fléchissement expliquerait que les commerçants européens parviennent à faire insérer une clause contre les expropriations dans la constitution de 1960.[102] Une influence si modérée du lobby sur la décolonisation n'est pas propre au cas nigérian: en Côte de l'Or, les officiers coloniaux ne montrent qu'un intérêt limité au sort des commerçants britanniques, bien qu'ici, cela s'explique en partie par une faible influence du CO sur le transfert de pouvoir en général.[103]

100 Tignor, *op. cit.*, p. 246.
101 Lawal, *art. cit.*, pp. 102-106.
102 *Ibid.*
103 Sarah Stockwell: *The Business of Decolonization. British Business Strategies in the Gold Coast.* Oxford University Press, Oxford 2000, p. 232.

*Un colonisateur partant pour mieux rester?*

A l'instar des marchands européens, le secrétaire des Finances Eric Himsworth adopte une argumentation économique soulignant le lien entre investissement extérieur et développement national.[104] Awolowo, Anthony Enahoro et d'autres indépendantistes préfèrent compter sur le capital des *Marketing Boards* que sur celui des investisseurs étrangers. En tout cas à l'Ouest, les MB financent une partie de la campagne électorale de 1959. Tignor estime que ces dernières marquent la subordination du secteur privé à l'Etat, bien que les partis expriment des visions économiques divergentes: si la rhétorique interventionniste de l'AG nuit à la confiance des investisseurs, le NCNC prône la démocratie libérale et le NPC suggère de resserer les liens avec la Grande-Bretagne.[105]

Dans le domaine financier, le Colonisateur doit se résigner à satisfaire ce que des nationalistes demandent depuis les années 1930, c'est-à-dire la fin de son monopole dans le secteur bancaire. Le coup décisif vient de l'étude de la Banque mondiale de 1954, qui soutient la proposition de K.O. Mbadiwe d'établir une banque centrale nigériane. Même si une telle mesure implique l'adoption d'une monnaie nationale, l'institution débute son existence sous la supervision de la Banque d'Angleterre et opère avec «du personnel, des pratiques et des idées britanniques».[106]

Dans l'ensemble, la Grande-Bretagne n'estime pas que ses intérêts économiques au Nigeria sont menacés par l'indépendance. Le rapport sur les coûts et bénéfices de la décolonisation commandé par Harold Macmillan en 1957 considère que les intérêts britanniques ne forment pas un obstacle au transfert de pouvoir, et selon C.G. Eastwood du *Colonial Office*, l'indépendance ne devrait exercer sur eux qu'un effet minime.[107] Jugés importants mais pas non plus menacés, les intérêts stratégiques britanniques résident dans les droits de survol, l'usage de l'aéroport de Kano ou du port de Port Harcourt, et le maintien d'un nombre élevé d'officiers au Nigeria. En 1959, le *Commonwealth Relations Office* met l'octroi d'un

104 Tignor, *op. cit.*, p. 237.
105 *Id.*, pp. 268-272.
106 *Id.*, pp. 277-279.
107 Lynn, *op. cit.*, p. lxvii.

prêt d'assistance de 10 mio £ en rapport avec une volonté de conserver le «Nigeria, plus grand pays de l'Afrique libre, du côté de l'Ouest».[108]

Quant à la communauté suisse du Nigeria, elle s'étoffe à partir des marchands arrivés en 1930, que l'on a évoqués. Ils travaillent pour l'Union Trading Company de Bâle et d'autres entreprises suisses suivent leurs pas.

108 *Id.*, p. lxxxiii.

# Chapitre II
# Présence suisse au Nigeria: politique commerciale de «pénétration pacifique» et projet de bastion chrétien en terre musulmane

La plupart des Suisses s'établissant au Nigeria à partir de 1930 sont commerçants; à la veille de l'indépendance, quelques missionnaires arrivent. Les motivations de leur implantation et les mécanismes d'expansion de leurs activités font l'objet de ce chapitre. Il aurait pu sembler judicieux de commencer par traiter de la Compagnie française d'Afrique occidentale, dont la moitié du capital se trouve en mains suisses. Mais pour des raisons évidentes, cette compagnie ne sera jamais perçue comme part entière de la communauté suisse et d'autres études se sont déjà penchées sur ses activités.[1] L'entreprise bâloise Union Trading Company prend pied au Nigeria dès les années 1930, puis développe son commerce de détail et d'automobiles sur l'ensemble du territoire. En 1937, l'Office suisse d'expansion commerciale ouvre une représentation à Lagos et, en dépit de sa fermeture après dix ans, d'autres compagnies suisses s'établissent à la fin de la décennie 1950. Quant à la Mission de Bâle, son arrivée tardive en 1957 ne l'empêche pas d'obtenir plusieurs milliers de conversions.

---

1 Voir: Catherine Coquery-Vidrovitch: «L'impact des intérêts coloniaux: S.C.O.A. et C.F.A.O. dans l'Ouest africain 1910-1965». In: *The Journal of African History*, vol. 16, n° 4, Cambridge 1975, pp. 595-621. Hubert Bonin: «Des négociants français à l'assaut des places fortes commerciales britanniques: CFAO et SCOA en Afrique occidentale anglaise puis anglophone». In: Hubert Bonin, Michel Cahen (dir.): *Négoce blanc en Afrique noire. L'évolution du commerce à longue distance en Afrique noire du 18e au 20e siècles*. Société française d'histoire d'outre-mer, décembre 2001, pp. 147-169.

## 1. Union Trading Company: tissage d'un réseau commercial

La naissance de l'Union Trading Company [UTC] est étroitement liée à l'histoire de la Mission de Bâle, qui développe des activités en Russie dès 1820, puis en Côte de l'Or à partir de 1828.[2] Plus précisément, UTC est une filiale de la Basler Handels-Gesellschaft, elle-même issue des nécessités de ravitaillement de la Mission de Bâle outre-mer. Dans les années 1830, un marchand est engagé pour approvisionner les missionnaires bâlois en poste en Côte de l'Or. L'activité de ce marchand prend une ampleur considérable. Un seul homme ne suffit bientôt plus et pour y remédier, la Missions-Handels-Gesellschaft voit le jour en 1859. Cette société par actions, subordonnée au comité de la Mission, a d'abord pour tâche d'approvisionner des missionnaires. Mais elle vend en Côte de l'Or aussi des produits alimentaires, des textiles et du matériel de construction, puis y achète de l'huile de palme et plus tard aussi du cacao[3]. Le commerce se révèle prospère et en 1900, la société compte 313 collaborateurs indigènes dans ses rangs.[4] Elle met en 1905 le premier camion en circulation en Côte de l'Or, avant d'étendre ses activités au commerce automobile.[5] En 1921, le président de la société, Wilhelm Preiswerk, fonde une filiale précisément pour le commerce avec la Côte de l'Or, sous forme de holding internationale nommée Union Trading Company. Celle-ci se compose de filiales à Hambourg, Londres et New York, que les entreprises de transport mari-

---

2 Voir: Gustaf Adolf Wanner: *Die Basler Handels-Gesellschaft AG 1859-1959*. Basler Handels-Gesellschaft, Basel 1959. Sébastien Guex: «The development of Swiss trading companies in the twentieth century». In: Geoffrey Jones: *The Multinational Traders*. Routledge, London 1998, pp. 162-164. Sébastien Guex: «Le négoce suisse en Afrique subsaharienne: Le cas da la société Union Trading Company (1859-1918)». In: Bonin, Cahen, *op. cit.*, pp. 225-253.

3 Voir: Andrea Franc: *Wie die Schweiz zur Schokolade kam. Der Kakaohandel der Basler Handelsgesellschaft mit der Kolonie Goldküste (1893-1960)*. Schwabe, Basel 2008.

4 Cf.: Ernest A.Osafo: *Der Beitrag der Basler Mission zur wirtschaftlichen Entwicklung Ghanas von 1828 bis zum Ersten Weltkrieg*. Dissertation, Universität zu Köln, Köln 1972, pp. 53-112.

5 Gustaf Adolf Wanner: *Eduard und Wilhelm Preiswerk. Präsidenten der Basler Handels-Gesellschaft*. Verein für wirtschaftshistorische Studien, Zürich 1984, p. 62.

time relient aux ports d'Afrique de l'Ouest. Enfin, la société commerciale se sépare de la Mission en 1928 et prend le nom de Basler Handels-Gesellschaft. Néanmoins, celle-ci continue de verser une part de ses revenus à des œuvres chrétiennes.[6]

Ce n'est qu'en 1927 que la Compagnie bâloise s'intéresse au marché nigérian, puis s'étend copieusement aux quatre coins du pays. En 1959, les possessions de UTC au Nigeria comprendront huit *Motor Departments* et un centre de formation technique rattaché à celui d'Enugu, un *department store* – grand magasin à plusieurs rayons, cinq autres magasins, plusieurs dépôts, bureaux et logements. Ces locaux se concentrent essentiellement sur Lagos et Ibadan, puis à parts plus ou moins égales sur l'Est et le Nord; soit à Port Harcourt, Aba, Enugu, Kano, Kaduna et Jos.[7] A la veille de l'indépendance du Nigeria, le journal à plus haut tirage *Daily Times* est rarement exempt de publicité UTC, qui y figure parfois sous trois annonces le même jour.[8]

Le Nigeria, colonie de la Grande-Bretagne, n'en est pas pour autant une chasse gardée. A côté des firmes britanniques UAC et John Holt, la compagnie allemande Gaiser occupe des parts de marché importantes déjà au 19e siècle. De son côté, la Compagnie française de l'Afrique occidentale [CFAO] s'implante dans la première décennie du 20e siècle.[9] Arrivée au Nigeria tardivement, UTC y démarre ses activités durant la Grande dépression. Quelles méthodes lui permettent, dans ces circonstances, de s'y établir et de s'y développer durablement ?

### *Prospection et premières bases au Nigeria*

En mai 1927, l'agent général UTC pour la Côte de l'Or, Edouard Wintz, vit une expérience grandiose alors que son bâteau s'apprête à accoster au port de Lagos. Les bâtiments administratifs s'alignent au bord d'une large

---

6 Wanner 1959, *op. cit.*, p. 431.

7 Voir: Wanner 1959, *op. cit.*, pp. 534-535.

8 Période considérée: 12.7-11.8.1960.

9 Voir: Bonin et Cahen, *op. cit.* Ayodeji Olukoju: *The Liverpool of West Africa. The Dynamics and Impact of Maritime Trade in Lagos 1900-1950.* Africa World Press, Trenton 2004.

chaussée, face à la mer. Une infrastructure portuaire moderne assure les déchargements dans les meilleures conditions.[10] Le boom économique suivant la Première Guerre mondiale provoque un afflux de «chercheurs d'or» vers Lagos, une extension rapide de la ville sur le reste de l'île, puis débouche sur une période d'instabilité économique et de fluctuations, dès 1921.[11] Selon l'agent général, les perspectives de marché pour une nouvelle société dépendent de la capacité à se faire connaître par la qualité et le prix de ses marchandises. La concurrence existe mais ne semble pas insurmontable; la difficulté consiste plutôt à trouver des locaux, qu'il faut louer à des propriétaires indigènes.[12]

Lors d'un autre séjour de prospection à Lagos en 1930, l'agent UTC indique que le prix des marchandises subit une énorme pression, due selon lui aux commerçants syriens qui importent sans intermédiaires. Il qualifie toutefois cette situation de plus propice que jamais pour une pénétration du marché nigérian. Dans un tel contexte, une nouvelle firme offrant de nouveaux produits se montrerait attractive, et même si le pouvoir d'achat des Nigérians semble inférieur à celui des habitants de la Côte de l'Or, il apparaît plus stable, ne dépendant pas uniquement des revenus du cacao, mais aussi des noix et de l'huile de palme. Selon l'agent UTC, alors que les affaires en Côte de l'Or ont atteint leur «zenith», elles devraient connaître un développement important au Nigeria.[13]

Pour assurer un bon départ, E. Wintz estime nécessaire de s'appuyer sur un homme d'expérience locale et songe aux nombreuses firmes allemandes, très actives jusqu'à la confiscation des «propriétés de l'ennemi» par la Grande-Bretagne en 1914 et désormais à la recherche de capitaux pour reprendre leurs affaires.[14] Une de ces firmes s'annonce auprès de

10 Rapport d'Edouard Wintz, agent général UTC à Accra sur son séjour à Lagos, 21.5.1927. AMB PS1_H04-04 4122 UTC: Hamburg Nigeria Co, 1929-36.

11 Olukoju, *op. cit.*, pp. 134, 169-174.

12 Rapport d'Edouard Wintz, 21.5.1927. AMB PS1_H04-04 4122 UTC: Hamburg Nigeria Co, 1929-36.

13 Rapport de voyage au Nigeria adressé à Union Handelsgesellschaft, Basel, mai 1930. Même si l'auteur n'est pas clairement identifiable, ses solides références à la situation sur la Côte de l'Or nous laissent supposer qu'il y a travaillé pour UTC. AMB PS1_H04-04 4122 UTC: Hamburg Nigeria Co, 1929-36.

14 Rapport d'Edouard Wintz, 21.5.1927. AMB PS1_H04-04 4122 UTC: Hamburg Nigeria Co, 1929-36.

Hans Aselmann, acheteur pour UTC à Hambourg. Il s'agit de la Hambourg Nigeria Company [Hanico] fondée par Eugen Fischer. Celui-ci, dès 1880, supervisait à Lagos les affaires de la firme G.L. Gaiser[15]. Plus tard, il dirigea l'entreprise depuis Hambourg, puis fonda sa propre compagnie lors de son retour à Lagos en 1922. Il s'allia pour ceci quatre investisseurs;[16] mais en 1929, un d'entre eux se retire. UTC considère l'opportunité d'un rapprochement. Eugen Fischer prépare sa retraite, prévoit de devenir manager général de l'entreprise et de transmettre les affaires nigérianes à son fils.[17] Mais, plutôt qu'une prise de participation, UTC espère obtenir la liquidation de Hanico. Elle se concrétise en 1936, suite à un conflit apparemment lié à la personnalité du fils Fischer, qui ne jouit plus de la confiance des actionnaires et se retrouve en prison pour des raisons peu claires.[18]

En septembre 1931, dix ans exactement après son entrée en service à Accra, l'agent UTC Christian Spoerri débarque à Lagos pour s'y établir. La grandiose impression que son collègue E. Wintz avait ressentie lors de la prospection n'est plus à l'ordre du jour: de sombres nuages couvrent le ciel alors que la radio annonce la nouvelle valeur de la livre sterling. Gloede, agent de Hanico, assiste C. Spoerri dans sa recherche de stations d'achat et locaux de vente; ce dernier achète un spacieux magasin à UAC[19]. Ibadan et Abeokuta, pour leur taille et leur dynamisme, retiennent immédiatement l'attention de Spoerri qui estime nécessaire d'y employer des acheteurs. A Abeokuta, il engage I.A. Shodipo, propriétaire

15 Voir: Olayemi Akinwumi: *The Colonial Contest for the Nigerian Region, 1884-1900: a history of the German Participation*, Lit, Hamburg 2002, p. 53.

16 Exposé betr. die Wiederaufnahme des deutschen Handels mit der englischen Kolonie Nigeria, 1925. Auteur non-identifié. AMB PS1_H04-04 4122 UTC: Hamburg Nigeria Co, 1929-36.

17 Lettre de Hans Aselmann à Wilhelm Preiswerk, 12.8.1929. AMB PS1_H04-04 4122 UTC: Hamburg Nigeria Co, 1929-36.

18 Cf.: AMB PS1_H04-04 4122 UTC: Hamburg Nigeria Co, 1929-36.

19 United Africa Company, leader du commerce en Afrique de l'Ouest, résulte d'une fusion entre la Royal Niger Company – possédée à 90 % par Lever Brothers – et A&E en 1929. Voir: David K. Fieldhouse: *Merchant Capital and Economic Decolonization. The United Africa Company 1929-1987.* Clarendon Press, Oxford 1994.

de plusieurs bâtiments, neveu de Majekodumi – grand marchand de la ville – et de l'Alake [chef traditionnel d'Abeokuta] Ademola II, avec qui Gloede assure la prise de contact. L'année suivante, Spoerri est invité, parmi d'autres marchands, des missionnaires et des membres du gouvernement, au 60e anniversaire d'Ademola II, qui décerne à cette occasion un titre de sous-chef à Shodipo.[20]

Dans le contexte général de Grande dépression, Martin Binhammer, du siège de la compagnie à Bâle, prône une «Politik der peaceful penetration».[21] Ces propos sont difficiles à interpréter, sans doute évoquent-ils la nécessité de garder calme et espoir, de persister dans l'adversité. En effet, l'attitude de certaines compagnies européennes établies au Nigeria et ayant survécu au «cannibalisme commercial»[22] est ressentie par Spoerri comme particulièrement agressive. Celui-ci juge que UAC, profitant pleinement de sa position de leader, achète ses produits oléagineux à un prix trop élevé. Mais à l'inverse, UAC reproche à UTC de lui faire perdre ses acheteurs en offrant des primes trop généreuses; affaire qui sera finalement réglée entre les centrales de Bâle et de Londres. Le président de UTC Wilhelm Preiswerk affirme à son correspondant de UAC qu'il ne permettrait jamais de «telles pratiques» et lui suggère de considérer les plaintes venant du Nigeria comme celles de quelques agents dérangés dans leur «quiétude monopolistique».[23] Spoerri déplore aussi régulièrement les pressions à la baisse exercées sur les prix de vente. Dans cette politique des prix, UTC deviendrait la cible de ses concurrents qui ne reculent devant aucun moyen, et CFAO aurait engagé un «combat en

20 Lettre de C. Spoerri à Union Handelsgesellschaft à Bâle, 10.10.1931. AMB PS1-E05-05 UTC: Lagos, Korr. 1931-32 4521.

21 Lettre de M. Binhammer, UTC Basel, à C. Spoerri, 14.11.1931. AMB PS1-E05-05 UTC: Lagos, Korr. 1931-32 4521.

22 Ces mots sont empruntés à D.K. Fieldhouse et qualifient un processus d'amalgamation et de concentration du système commercial en Afrique de l'Ouest ayant débuté vers 1880. Parmi les principaux survivants: les britanniques UAC, John Holts et Paterson & Zochonis; les français CFAO et SCOA; les allemands G. L. Gaiser. Fieldhouse 1994, *op. cit.*, p. 9.

23 Lettre de C. Spoerri à UHG à Bâle, 2.5.1932. Lettre de Jasper Knight, UAC Londres, à W. Preiswerk, 22.6.1932; réponse, 24.6.1932. Lettre de W. Preiswerk à C. Spoerri, 3.10.1932. AMB PS1-E05-05 UTC: Lagos, Korr. 1931-32 4521.

règle» contre la Compagnie bâloise; sans parler de UAC, objet principal de l'exaspération de Spoerri et qui mène selon lui une «politique de pouvoir et de viol».[24]

### *L'indigo trace une piste vers le Nord, les machines à coudre vers l'Est*

Malgré tout, UTC obtient des bénéfices intéressants sur un produit dont elle reçoit l'exclusivité de vente au Nigeria à partir de 1933: la teinture indigo d'IG Farben. Melcher, le remplaçant de Spoerri à Lagos, se propose de raconter aux teinturières que l'introduction de ce produit repose sur la seule intention de faciliter leur tâche, en permettant une coloration beaucoup plus rapide qu'avec les moyens naturels utilisés habituellement. D'après l'agent Melcher, «l'indigène doit absolument avoir l'impression que de notre part il ne s'agit pas de commerce, mais que UTC désire soutenir la teinturerie locale».[25] Il est néanmoins impossible de savoir jusqu'où un tel paternalisme est à prendre au sérieux.

Le succès de l'indigo IG Farben suscite des réactions critiques à travers le *Daily Times*. Le journal est réprimandé par Melcher qui lui reproche un manque de sérieux et suspecte UAC de tirer les ficelles d'une campagne de diffamation. De plus, l'Alake Ademola II annonce avoir appris «de plusieurs sources» que le produit contiendrait de la soude caustique et demande d'en interrompre la vente jusqu'à ce qu'on y voie plus clair. Melcher suppose que le gouvernement colonial, dans un désir de favoriser l'industrie locale, se soit joint à la diffamation.[26] Puis, des employés de UAC renchérissent en prétendant que l'indigo synthétique nuit à la qualité de la coloration; l'Alake convoque alors son Conseil, l'officier de district et le résident britanniques pour vérifier. Après démonstration, Ademola II déduit que les problèmes viennent d'une utilisation inadéquate, mais décrète tout de même l'interdiction de vente, qu'il ne lève que partiellement

---

24 Lettres de C. Spoerri à UHG à Bâle, 7.7.1932 et 16.9.1932. AMB PS1-E05-05 UTC: Lagos, Korr. 1931-32 4521.

25 Lettre de Melcher à UTC à Bâle, 16.2.1933. AMB PS1-E05-05 UTC: Lagos, Korr. 1933-34 4522.

26 *Ibid.* et 13.4.1933.

et inofficiellement une année plus tard, suite à une pétition de teinturières.[27] Celles-ci se sont montrées sensibles aux explications de l'agent Melcher, selon qui la demande en indigo augmente à un tel point qu'elle risque de provoquer une fuite définitive de la clientèle et de mettre en péril l'industrie d'Abeokuta.[28] La manière d'agir de Melcher se veut discrète – il prétend donner l'impression de ne parler aux teinturières qu'à titre privé – et consiste à multiplier les partenaires, en abordant les chefs subordonnés à l'Alake et en achetant la sympathie d'un journaliste.[29] Dans une perspective plus générale de relations publiques, Melcher suggère d'inviter l'Alake en Suisse à l'occasion de son voyage en Europe en 1935. Cette idée est toutefois jugée trop saugrenue par le président Preiswerk, qui évoque des obstacles financiers.[30] La Compagnie perd définitivement Ademola II à sa cause; en 1939, celui-ci tient un discours où il recommande de ne plus recourir à l'indigo synthétique et de se tenir aux habitudes naturelles des Anciens.[31]

Cependant, UTC n'avait pas cessé d'écouler de l'indigo de sa station d'achat à Ibadan et de ses magasins à Lagos, où les habitants d'Abeokuta venaient vraisemblablement s'en procurer. La concurrence n'est pas en reste; UAC, CFAO, SCOA écoulent de l'indigo de l'entreprise française Kuhlmann, alors que Tangalakis introduit une version bâloise, celle de Ciba. Du moment que Lagos et Abeokuta semblent acquises au produit d'IG Farben, UTC envoie son agent Rosen en tour de propagande plus au Nord. Là encore, la discrétion est de mise face à la concurrence; Rosen n'avertit aucun ami de ses escales et ne séjourne qu'à l'hôtel. De cette mission résultent instantanément de nouvelles commandes, et

27 Lettre de Max Rosen à UTC à Bâle, 23.8.1935. Lettre de Melcher à UTC à Bâle, 29.5.1936. AMB PS1-E05-05 UTC: Lagos, Korr. 1935 4523.

28 Lettre de Melcher à UTC à Bâle, 28.2.1936. AMB PS1-E05-05 UTC: Lagos, Korr. 1936 4524.

29 «Somoye, welcher unendlich viele Briefe und Zeitungsartikel für die Färberinnen geschrieben hat, wurde von uns unterstützt, was auch in den ‹Schmiergeldern› eingeschlossen ist». Lettre de Melcher à UTC à Bâle, 24.7.1936. AMB PS1-E05-05 UTC: Lagos, Korr. 1936 4524.

30 Lettre de Melcher à UTC à Bâle, 15.8.1934. Réponse, 8.9.1934. AMB PS1-E05-05 UTC: Lagos, Korr. 1933-34 4522.

31 Lettre de l'agent UTC à Lagos Bolliger à UTC Bâle, 17.5.1939. AMB PS1-E05-05 UTC: Lagos, Korr. 1938 39 4516.

les teinturiers qui n'ont pas répondu favorablement sont harcelés par courrier.[32]

En 1935, Melcher souhaite rapidement étendre la propagande à Kano – bien connue pour la teinturerie depuis plus de quatre siècles – et craint que le fournisseur ne retire l'exclusivité à la Compagnie bâloise si elle n'entreprend rien dans cette ville.[33] Une tentative d'implantation à Kano n'est en effet pas très risquée; deux ans plus tard, UTC considère d'y augmenter les prix. Selon elle, la clientèle percevrait ceci comme un signe de qualité. Néanmoins, le président de la Compagnie Max Preiswerk recommande de ne pas négliger les directives d'utilisation, qu'il qualifie d'«assez compliquées pour un nègre». L'ampleur du succès à Kano le fait supposer que l'indigo synthétique y soit déjà connu car arrivé par le Soudan, mais que l'approvisionnement depuis Lagos s'avère plus profitable.[34] Pour une implantation durable, l'agent B. Schwarzenbach est convaincu qu'il faille y placer un Européen et ouvrir un grand magasin, l'expérience d'Abeokuta ayant démontré que les efforts ne devraient pas se limiter à l'introduction du produit.[35]

Obtenir l'exclusivité d'un produit se révèle prometteur; et c'est précisément la condition posée par UTC pour un partenariat avec le représentant des machines à coudre Phoenix. A ce moment, en 1935, seul «un noir» écoule ces machines à Lagos, mais son contrat arrive à terme l'année suivante.[36] Le représentant de Phoenix se montre coopératif et accorde à la Compagnie bâloise l'exclusivité dans le district de Lagos. Bientôt, la concurrence s'intéresse à vendre le même produit et Melcher estime que si SCOA, UAC ou John Holts devait obtenir l'exclusivité dans le district de Port Harcourt, «nous sommes perdus». UTC ne dispose pas d'un réseau de

---

32 Lettres de Melcher à UTC à Bâle, 13.4.1933 et 25.5.1934. AMB PS1-E05-05 UTC: Lagos, Korr. 1933-34 4522.

33 À propos de la teinturerie à Kano, voir: Philip J. Shea: «Responses to Changing Economic Conditions in the Indigo-Dyeing Industry in Kano in the Nineteenth Century». In: *African Economic History Review*, vol. 2, n° 1, 1975, pp. 30-32.

34 Lettres de Max Preiswerk, Bâle, à UTC à Lagos, 18.6.1937 et 8.7.1937. AMB PS1-E05-05 UTC: Lagos, Korr. 1937 4525.

35 Lettre de Benjamin Schwarzenbach à UTC à Bâle, 10.1.1938. AMB PS1-E05-05 UTC: Lagos, Korr. 1938-39 4516.

36 Lettre de Melcher à UTC à Bâle, 12.6.1936. AMB PS1-E05-05 UTC: Lagos, Korr. 1936 4524.

magasins aussi dense que celui de ces compagnies, qui seraient en mesure, depuis Port Harcourt, de distribuer l'article à Benin, Sapele et Lokoja. Selon Preiswerk, point de raison de s'alarmer; il évoque alors l'option peu onéreuse d'y placer «un noir capable». Une telle personne est donc envoyée à Port Harcourt pour y introduire les machines Phoenix; quelques pots d'indigo font partie de ses bagages.[37] Dans un second temps, UTC décide toutefois de s'y établir plus fermement et l'agent Krauss suggère de s'engager aussi à Aba et à Onitsha.[38]

Il s'avère plus difficile de réussir dans le domaine textile. UTC se met à vendre du coton dès son arrivée au Nigeria, comme le font déjà la majorité des compagnies européennes. Son prix de vente, comme celui de nombreux produits, subit une pression à la baisse, de sorte que la Compagnie bâloise peine à en dégager la marge souhaitée de 25%. En 1935, Melcher annonce que sur le marché du coton, les perspectives s'embellissent et que le succès dépend aussi des motifs, qui doivent être au goût du jour.[39] Selon lui, un autre ingrédient du succès consiste à tenir un magasin où ne serait vendu que du coton; une telle option permettrait à UTC de diminuer sa dépendance des intermédiaires syriens et de mieux évaluer la demande, en se rapprochant du client. La Compagnie bâloise ouvre un magasin de coton à la rue Balogun à Lagos, réputée dans l'ensemble du Nigeria pour ce type de commerce.[40] En 1936, l'agent Melcher constate que désormais, les clients indigènes se font plus exigeants en matière de qualité, une évolution vraisemblablement provoquée par la hausse des prix des produits agricoles qui entraîne celle du pouvoir d'achat. UTC entend à l'avenir élargir ses marges et introduire quelques nouveautés pour lesquelles le

37 Lettre de Melcher à UTC Bâle, 31.3.1937. Réponse, 10.4.1937. Lettre de Melcher à UTC à Bâle, 18.6.1937. AMB PS1-E05-05 UTC: Lagos, Korr. 1937 4525.

38 Lettre de Krauss, UTC Lagos, à UTC Bâle, 6.11.1938. AMB PS1-E05-05 UTC: Lagos, Korr. 1938-39 4516.

39 Lettre de C. Spoerri à UTC Bâle, 31.10.1931. AMB PS1-E05-05 UTC: Lagos, Korr. 1931-32 4521. Lettre de Melcher à UTC Bâle, 20.9.1935. AMB PS1-E05-05 UTC: Lagos, Korr. 1935 4523.

40 Lettre de Melcher à UTC Bâle, 15.2.1935. AMB PS1-E05-05 UTC: Lagos, Korr. 1935 4523. Lettre de Melcher à UTC Bâle, 1.2.1936. AMB PS1-E05-05 UTC: Lagos, Korr. 1936 4524. Lettre de Melcher à UTC Bâle, 29.5.1937. AMB PS1-E05-05 UTC: Lagos, Korr. 1937 4525.

client serait prêt à dépenser plus, comme des tissus imprimés de Glaris ou des madras d'Inde.[41] Cette perception du client sera partagée, 30 ans plus tard, par un analyste américain :

> Avec seulement une très petite part de son revenu à disposition, le Nigérian est un acheteur prudent. Il n'est pas inflexible dans ses préférences ; au contraire, le Nigérian est prêt à essayer la nouveauté si on la lui présente bien. Mais il veut de la valeur pour son argent, et tout en étant prudent dans ses choix, ses conceptions de la valeur peuvent être difficiles à déterminer.[42]

## *Collaborateurs et concurrents africains*

Afin de mesurer le succès de UTC, on pourrait s'interroger sur le nombre d'employés ; mais les seize allocations versées en 1939 à ses agents européens postés au Nigeria sont la seule donnée disponible.[43] Faute d'indications dans les sources, une estimation quantitative du personnel indigène n'est pas possible. Toutefois, la place qu'on lui réserve au sein de la Compagnie transparaît de quelques lettres. Si l'agent Spoerri suggère en 1932 de ne pas « gaspiller » les forces de travail européennes en les assignant à des secteurs peu prometteurs, il affirmera l'année suivante que les indigènes ne sont pas en mesure d'occuper certains postes, comme la direction de quincaillerie. Selon lui, ce domaine ne peut dégager de bénéfice que s'il est dirigé par un européen ; l'indigène que sa compagnie y avait employé était « incapable » et « ne comprenait rien aux outils ».[44] Dans le cas de l'expansion vers Port Harcourt, du moment qu'il ne vaudrait pas la peine d'y ouvrir un grand magasin, envoyer un « noir capable » représente une option peu risquée, car peu onéreuse. Shodipo, engagé comme acheteur à Abeokuta, considéré comme homme d'affaires particulièrement influent, se voit congédié après moins de deux ans pour avoir refusé une baisse de

41 UTC Bâle à UTC Lagos, 15.2.1936. AMB PS1-E05-05 UTC : Lagos, Korr. 1936 4524.

42 Raymond W. Baker : « Marketing in Nigeria ». In : *American Marketing Association*, vol. 29, n° 3, juillet 1965, p. 46.

43 Allocations Nigeria pour l'année financière terminée le 31.3.1939. AMB PS1-E05-05 UTC : Lagos, Korr. Juni 1939-44 4515.

44 Lettres de Spoerri à UTC Bâle, 31.3.1932 et 4.8.1933. AMB PS1-E05-05 UTC : Lagos, Korr. 1931-32 4521 et AMB PS1-E05-05 UTC : Lagos, Korr. 1933-34 4522.

salaire.[45] Celui des employés indigènes de UTC connaîtra toutefois une hausse en 1942, sous forme d'indexation au coût de la vie, conformément aux recommandations de l'AWAM.[46]

Par la concertation, les compagnies entendent diminuer la pression sur les prix de vente. En 1933, UAC convoque à Lagos les autres firmes européennes, afin de fixer les prix du ciment, de la tôle ondulée, des bières et alcools, de la purée de tomate et de quelques autres produits alimentaires. Spoerri juge qu'un tel accord[47] vise à mettre fin à une situation devenue intolérable: «Nous autres compagnies, nous nous décapitons les unes les autres; le marchand, Mr Blackmann, en profite et s'engraisse». Les marchands indigènes auraient écoulé 40% des dernières importations de poisson séché et Spoerri déduit que l'accord sur les marchandises repose sur une volonté «d'agir doucement pour ne pas encourager les importateurs syriens et indigènes dans leurs entreprises».[48] Des réunions périodiques se succèdent afin d'ajuster les prix, voire d'allonger la liste des produits concernés. UTC adopte face à cela une position typiquement suisse: elle assiste aux réunions sans être partie prenante de l'accord, dont elle s'engage à appliquer les termes, du moment que les autres en font de même.[49]

45 Lettres de Spoerri à UTC Bâle, 5.8.1932 et 17.8.1933. Lettre de Melcher à UTC Bâle, 10.5.1934. AMB PS1-E05-05 UTC: Lagos, Korr. 1931-32 4521 et AMB PS1-E05-05 UTC: Lagos, Korr. 1933-34 4522. A l'aide de son oncle Majekodumi, Shodipo avait versé un dépôt et une garantie, conformément aux règles appliquées par UTC sur la Côte de l'Or. Cf.: René Lenzin: *Afrika macht oder bricht einen Mann. Soziales Verhalten und politische Einschätzung einer Kolonialgesellschaft am Beispiel der Schweizer in Ghana (1945-1966).* Dissertation, Universität Zürich, Basler Afrika Bibliographien, Basel 1999.

46 Lettre de UTC Lagos à UTC Bâle, 13.6.1942. Lettre de UTC Lagos à Oversea Buyers Ltd, London, août 1942. AMB PS1-E05-05 UTC: Lagos, Korr. Juni 1939-44 4515.

47 «Ententes», «pools» et «accords» font partie intégrante du commerce en Afrique de l'Ouest depuis 1870 au moins, qu'il s'agisse d'importations ou d'exportations. Alors que la concertation revêt un caractère plutôt informel et se développe en Afrique jusqu'à la Première Guerre mondiale, les accords des années 1930 sont plus sophistiqués et se négocient souvent en Europe. Cf.: Jan-Georg Deutsch: *Educating the Middlemen: A Political and Economic History of Statutory Cocoa Marketing in Nigeria, 1936-1947.* Doctoral Thesis of Philosophy, SOAS, London 1990, p. 66.

48 Lettre de Spoerri à UTC Bâle, 21.7.1933. AMB PS1-E05-05 UTC: Lagos, Korr. 1933-34 4522.

49 Lettre de Max Preiswerk à W. Bolliger, Lagos, 12.4.1939. AMB PS1-E05-05 UTC: Lagos, Korr. 1938-39 4516.

Or, il semble que les marchands indigènes parviennent à vendre aux mêmes prix en se fournissant, selon l'agent Melcher, à des conditions avantageuses auprès de compagnies européennes qui ne disposent pas d'un grand réseau de distribution. Bien que le vendeur noir de machines à coudre – déjà évoqué – n'ait même pas l'occasion de concurrencer UTC, Melcher estime que les marchands indigènes représentent l'obstacle majeur à une régulation efficace et que la solution consiste à les écarter définitivement.[50]

Les achats de produits agricoles font également l'objet de régulations, qui ont pour but officiel de lutter contre la concurrence déloyale. Un pool d'acheteurs de noix de palme et de cacao se constitue en 1933. Vis-à-vis de ce type de concertation, la Compagnie bâloise marque une plus grande distance. Elle est invitée aux négociations, mais l'agent Spoerri estime qu'elle achète trop peu pour faire de l'ombre à ses concurrents et que de toute manière, UAC parvient à paralyser les autres membres du pool. Spoerri qualifie une participation d'inutile tant que les grands acheteurs SCOA et Gaiser n'y adhèrent pas; de plus, contrairement au domaine de la vente, celui des exportations ne subirait pas la concurrence syrienne et indigène.[51] Un objectif de ces arrangements consiste pourtant à «éduquer les intermédiaires», et plus particulièrement les acheteurs indigènes actifs dans le transport et n'ayant pas de personnel européen à rémunérer[52]; avantages qui permettront à quelques-uns de survivre.

A travers un nouvel accord conclu en 1937, les participants s'engagent à acheter une quantité précise de cacao. Mais à la veille de la Seconde Guerre mondiale, la perte des débouchés allemands met certaines compagnies dans l'embarras; elles sont forcées d'acquérir plus de cacao qu'elles ne sont en mesure d'écouler. Le *Colonial Office* se laisse alors convaincre par UAC et d'autres grandes firmes d'acheter la totalité de la récolte.

---

50 «Eine für Nigerien nutzbringende Lösung wäre wohl die, wenn man die [eingeborenen] Traders überhaupt ganz ausschalten könnte». Lettre de Melcher à UTC Bâle, 5.3.1937. AMB PS1-E05-05 UTC: Lagos, Korr. 1937 4525.

51 Lettres de Spoerri à UTC Bâle, 7.7.1933, 27.10.1933 et 22.12.1933. AMB PS1-E05-05 UTC: Lagos, Korr. 1933-34 4522.

52 Titre de la thèse de Deutsch, *op. cit.* Sur la manière d'opérer des acheteurs indigènes: *Id.*, p. 120.

Ensuite, l'Association of West African Merchants [AWAM][53] opère une répartition de celle-ci entre ses membres, sous forme de quotas gelés sur la durée de la Seconde Guerre mondiale. La part habituellement exportée par les compagnies allemandes est redistribuée aux membres restants. Le *Colonial Office*, craignant la réaction des marchands indigènes dans le cas de leur élimination, obtient que l'AWAM les intègre dans une catégorie d'exportateurs «B» et leur réserve 2.5% de la récolte.[54] L'exportation de noix de palme sera régulée sur le même modèle. Dès 1939, UTC obtient 3.12% de la récolte de cacao, soit légèrement plus que la part exportée les années précédentes[55], et en 1942, 1.26% de la récolte de noix de palme lui est réservée.[56]

Excédant largement par le nombre leurs concurrents expatriés, les marchands nigérians peinent à s'entendre et s'organiser collectivement. Le monopole étranger sur le secteur bancaire et le transport maritime constitue pour eux un autre désavantage, si bien qu'ils parviennent rarement à se faire leur propre place dans le domaine de l'import-export, et sont le plus souvent maintenus au rang d'intermédiaires. Toutefois, selon Tom Forrest, la quasi constante croissance économique sous la période coloniale permet aux Nigérians d'accroître chiffres d'affaires et profits. Les

53 L'AWAM est créée en 1916 pour assister le gouvernement britannique dans son effort de guerre. C'est une association plutôt lâche, ne disposant d'un secrétaire qu'à partir de 1941. Elle sert de forum de négocation dans l'Entre-deux-guerres puis inclut des compagnies non-britanniques dès 1938. Cf.: *Id.*, p. 73.

54 *Id.*, pp. 234-240.

55 En 1936, 1937 et 1938, UTC exporte respectivement 2.26%, 2.39% et 2.76% de la récolte de cacao. Cité par: *Ibid.*, p. 28. En 1939, la répartition de quotas entre firmes européennes est la suivante: UAC: 38.07%; Cocoa Manufacturers: 13.35%; John Holt: 13.02%; G.B. Ollivant: 9.94%; Paterson & Zochonis: 6.73%; C. Zard: 5.70%; CFAO: 4.55%; UTC: 3.12%; London, Africa and Overseas: 2.51%; SCOA: 2.08%; E. & S. Co-operative Wholesale Society: 0.93%. Cité par: *Ibid.*, p. 233.

56 Répartition de la récolte de noix de palme pour 1942/1943: UAC: 54.87%; John Holt & Co: 11.56%; GB Ollivant: 8.02%; Paterson & Zochonis: 7.37%; CFAO: 6.54%; SCOA: 4.47%; Co-operative Wholesale Society Ltd: 2.39%; UTC: 1.26%; S. Thomopulos: 1.03%; London Africa & Overseas Ltd: 0.82%; WE Griffiths & Co Ltd: 0.35%; Fionis Bros.: 0.33%; Odutola Bros.: 0.31%; British West African Timber Co: 0.28%; CS Mandrides: 0.17%; United Development Trading Co: 0.16%; PS Mandrides: 0.07%. Cité par: Olukoju, *op. cit.*, p. 219.

compagnies européennes, pour leurs achats de marchandises agricoles, reposent largement sur les services d'agents et intermédiaires locaux, qui connaissent ainsi de nouvelles opportunités.[57]

### *Spécialisation et réorientation*

En 1938, le souvenir des confiscations subies en Côte de l'Or durant la Première Guerre mondiale[58] inspire au président de la Compagnie bâloise Max Preiswerk un certain entregent auprès de sa connaissance Sir William Hunt, qu'il dit avoir récemment entretenu «de questions politiques». Preiswerk songe aussi à insister sur la nationalité de la compagnie en écrivant au Gouverneur et au *Chief Secretary* à Lagos, et à se procurer des posters suisses auprès de l'OSEC – représentée au Nigeria dès l'année précédente – pour en décorer l'intérieur des magasins. Apparemment dans la même intention, un projet consiste à créer un logo «UTC» sur le modèle d'un mot croisé rappelant le drapeau suisse.[59]

Rien ne montre que la Seconde Guerre mondiale affecte les affaires de UTC au Nigeria. D'ailleurs, en 1936, la compagnie avait décidé de se lancer dans la distribution d'automobiles en misant sur la qualité du service, ce qui avait probablement constitué le principal facteur d'expansion en Côte de l'Or. Après moins d'une année, le résultat des ventes de voitures Opel est jugé de «bon et stable» par l'agent B. Schwarzenbach.[60] Les régulations de taxis introduites à Lagos incitent UTC à adapter son approche; elle prévoit désormais de développer ses ventes de voitures privées et son *Motor Department* d'Ibadan. Des négociations s'engagent en 1939 pour obtenir l'agence des voitures Standard, et aboutissent. Les résultats du département automobile ne déçoivent pas non plus en 1942, lorsque ceux

57 Tom Forrest: *The Advance of African Capital: the Growth of Nigerian Private Enterprise.* Edinburgh University Press, London 1994, pp. 15-17.

58 Voir: Wanner 1959, *op. cit.*, pp. 314-318.

59 Lettre de Max Preiswerk à UTC Lagos, 14.4.1938. AMB PS1-E05-05 UTC: Lagos, Korr. 1938-39 4516.

60 Lettre de UTC Bâle à UTC Lagos, 7.11.1936. AMB PS1-E05-05 UTC: Lagos, Korr. 1936 4524. Lettre de B. Schwarzenbach à UTC Bâle, 8.11.1937. AMB PS1-E05-05 UTC: Lagos, Korr. 1937 4525.

des accessoires sont même qualifiés de «splendides».[61] En 1955, un agent en poste au Nigeria suggère qu'en ce moment où les compagnies tendent à se détourner de la vente de détail pour se spécialiser, UTC se concentre sur la distribution automobile, dont les récents résultats se sont encore révélés «très réjouissants».[62] Cependant, la vente de détail reste un secteur florissant pour la Compagnie bâloise, contrairement à l'achat de produits agricoles occasionnant de grosses pertes que l'agent C. Spoerri impute en 1957 à une mauvaise gestion. Son collègue Fritz Hofer souhaite abandonner cette activité, mais la direction insiste pour acquérir le minimum nécessaire à la conservation des licences d'achat, soit 250 t. de cacao et 875 t. de noix de palme.[63] Les archives consultées ne disent pas combien de temps se poursuivront les achats de cacao au Nigeria, mais nous savons qu'au Ghana, à la fin des années 1950, UTC cesse complètement d'en acquérir.[64]

A la vue du nombre de *Motor Departments* exploités par UTC à la veille de l'indépendance, il semble qu'elle place un grand espoir dans le commerce automobile. Pour l'introduction du modèle *Standard Super Ten*, un tour de promotion est organisé à travers le pays à partir de Lagos, où la voiture retournera depuis le lac Tchad en un «temps record» de 25 heures. L'événement intéresserait près de 20'000 personnes et se déroule sous la coordination du manager général Benjamin Schwarzenbach, accessoirement devenu vice-consul de Suisse au Nigeria en 1952, poste ensuite occupé par son collègue d'entreprise Fritz Hofer.[65] En mars 1960, UTC approche UAC et lui propose de produire des voitures Opel dans son usine d'assemblage à Apapa.[66]

---

61 Lettre de B. Schwarzenbach à UTC Bâle, 18.7.1938. Lettre de W. Bolliger, UTC Lagos, à UTC Bâle, 11.1.1939. AMB PS1-E05-05 UTC: Lagos, Korr. 1938-39 4516. Lettre de UTC Lagos à UTC Bâle, 23.5.1942. AMB PS1-E05-05 UTC: Lagos, Korr. Juni 1939-44 4515.

62 [auteur non-identifié] *Nigeria News Digest*, 9$^{e}$ semaine, *Chairman's Copy*, 5.3.1955. AMB PS1-E01-03 UTC: News Digest, Gold Coast, Nigeria, 1954-58 4290.

63 Christian Spoerri: *40 Jahre im Dienste der BHG AG Basel, April 1961*, p. 77. AMB PS1-D02-05 UTC 4968.

64 Franc, *op. cit.*, pp. 204-207.

65 Annonce de la marque *Standard*, remerciant UTC sur une page entière du *Daily Times* du 17.5.1957.

66 Fieldhouse 1994, *op. cit.*, p. 534.

Vue du magasin principal de UTC à Broad Street, Lagos. Max Preiswerk, Album 8.1.1955. AMB 10394/PS01-D05-05.

La spécialisation dans le commerce automobile suit une tendance des firmes de négoce européennes, qui investissent aussi de plus en plus dans des projets industriels, à l'image de la chaine de montage de UAC à Apapa ; mais contrairement aux vœux de UTC, l'usine n'assemblera pas de voitures Opel. La Compagnie bâloise se joint au mouvement d'industrialisation en 1946, en devenant actionnaire de la Brasserie nigériane. Cette orientation industrielle des firmes de négoce européennes, selon R. L. Tignor, correspond à une attitude purement défensive qui incite à préserver un marché lucratif des potentiels concurrents locaux.[67] Dispenser un enseignement

67 Robert L. Tignor : *Capitalism and Nationalism at the End of Empire : State and Business in Decolonizing Egypt, Nigeria, and Kenya 1945-1963*. Princeton University Press 1998, p. 286.

technique aux indigènes, comme UTC le fait en formant des mécaniciens à Enugu, est aussi un moyen répandu parmi ses concurrents européens pour soulager leur besoin de main d'œuvre qualifiée.

Si UTC est parvenue à se faire une place au Nigeria malgré son arrivée tardive dans une période de dépression économique mondiale, elle le doit à son expérience acquise en Côte de l'Or. L'agent Edouard Wintz et plusieurs de ses successeurs s'y étaient déjà familiarisés avec les conditions de travail en Afrique de l'Ouest britannique, et un bon réseau avait pu être tissé avec les autorités coloniales. Facteur apparemment plus anecdotique, le choix d'introduire l'indigo industriel contribue toutefois beaucoup à l'expansion du réseau de points de vente.

## 2. Entreprises suisses dans le sillage de UTC

### *L'OSEC à Lagos, présence brève et travail d'information*

Plusieurs entreprises suisses considèrent de probables débouchés au Nigeria, en partie à cause du travail d'information assuré par l'Office suisse d'expansion commerciale [OSEC][68] et les consulats. Le consul de Suisse à Freetown F.A. Schumacher – dont la circonscription s'étend à l'ensemble de l'Afrique de l'Ouest anglophone – se rend à deux reprises aux bureaux de l'OSEC, qui invite ses membres à venir se renseigner. Schumacher visite les bureaux lausannois en 1929, puis les zurichois en 1936. L'OSEC dispose de 1937 à 1947 d'un agent commercial pour l'Afrique de l'Ouest basé à Lagos. L'arrivée du premier agent F. Graf cause un petit souci à UTC: du moment que celui-ci a l'intention de prélever des commissions auprès des

68 L'OSEC, créé en 1927, résulte d'une fusion de l'Office suisse des expositions à Zurich et du Bureau industriel suisse à Lausanne, émanant respectivement des Chambres suisse et vaudoise de commerce. L'OSEC est subventionné par le gouvernement suisse et vise à favoriser les exportations, en recourant à divers moyens de propagande et à des études de marché. Voir: Bernard Peitrequin: *70 ans de promotion du commerce extérieur*. 1997, pp. 4-7.

exportateurs suisses qu'il assiste, la Compagnie bâloise entend rester vigilante pour que la procédure ne s'applique pas à ses fournisseurs.[69]

Lors de son passage en Suisse en 1942, Graf ne se limite pas à visiter ses bases arrières de Lausanne et Zurich, mais accorde également des entrevues à Berne, Bâle et St-Gall. A ces mêmes localités, son successeur B. Oberholzer ajoute en 1946 Genève, Berne et la Chaux-de-Fonds, où la Chambre suisse de l'horlogerie le reçoit.[70] Oberholzer écrit non seulement des rapports, il assure aussi une tâche de représentation auprès du gouvernement colonial, qui lui prêtera «un zèle qui outrepasse probablement ses instructions». Par exemple, l'agent transmet des brochures d'entreprises, qui sont mises à disposition du public à la bibliothèque du Département du commerce et de l'industrie.[71] La cause de la fermeture de l'agence à Lagos n'est pas claire et rien ne permet d'affirmer que UTC lui aurait mis des bâtons dans les roues.[72] L'OSEC puisera désormais son information sur le Nigeria auprès du Consulat de Suisse à Accra.

En 1944, le rapport spécial de l'OSEC traitant de l'Afrique de l'Ouest affirme en préambule que l'attrait d'un territoire dépend du type de colonisation qui s'y applique; et qu'à ce sujet, la politique de libre commerce exercée sur les colonies britanniques a permis à leurs habitants d'acquérir un substantiel pouvoir d'achat. Au Nigeria, une classe moyenne se formerait grâce à quelques hautes écoles d'où sortent des ingénieurs et médecins indigènes. Lagos deviendrait alors plus attractive que n'importe quelle autre ville en Afrique de l'Ouest. Osant un jeu de miroirs, l'auteur du rapport explique que les marchands indigènes se fédèrent en vue d'écarter au mieux les firmes européennes. Il estime que la situation ne serait pas au

69 Lettre de UTC Bâle à UTC Lagos, 21.5.1937. AMB PS1-E05-05 UTC: Lagos, Korr. 1937 4525.

70 Voir: circulaires de l'OSEC à ses membres, 1929-1946. Archives du canton de Vaud [ACV], PP778/2/32 et PP778/3/23 Afrique de l'Ouest.

71 Entre autres brochures, B. Oberholzer transmet celles de Longines, Sulzer, Ateliers de construction Oerlikon, Saurer, Wild, Von Roll, Kern, Hispano Suiza, Escher Wyss, Leclanché, Sigg. Note du Département du commerce et de l'industrie du Nigeria [DCI], 10.7.1946. Lettre de J.W. Dolphin, directeur du DCI, à B. Oberholzer, 30.9.1946. Réponse, 5.10.1946. Archives nationales du Nigeria à Ibadan [NAI], DCI 1/9 C.9.940.

72 Lettre de B. Oberholzer au *Chief Secretary of the Government*, Lagos, 30.4.1947. NAI, CSO 26/45772.

détriment des importateurs; ces fédérations, peu désireuses de récupérer les dettes de leurs membres, les inciteraient à devenir plus solvables.[73]

*Un commerce entravé par la zone sterling*

Or, le document n'aborde pas la question des régulations britanniques en faveur de la zone sterling, qui ont pour but de lutter contre la dévaluation. Dès 1940, à Lagos, le commerçant E. Osborne se tourne vers le contrôleur des importations pour lui faire part de sa difficulté à commander des montres, dont il n'y aurait aucun fournisseur à l'intérieur de la zone sterling. Le directeur de mines H.H.W. Boyes et le joaillier M. de Bank[74] appuient la plainte d'Osborne à partir de 1943. Aucun d'entre eux ne sait où s'approvisionner en montres, si ce n'est en Suisse. M. de Bank souligne le rôle primordial d'un objet qui donne la conscience du temps et devient ainsi gage d'efficacité dans la vie professionnelle et l'effort de guerre. La Suisse est dépeinte par le joailler comme «un pays continental clairement amical».[75] Cette image contraste avec celle du gouvernement colonial, dont les enquêtes ont révélé que personne, ni même à Hong Kong, ne fabrique de montres à l'intérieur de la zone sterling, mais qui entend limiter au maximum les importations de Suisse pour éviter de soutenir les puissances de l'Axe.[76] Le cours de la livre représente néanmoins l'enjeu principal; alors que le gouvernement britannique peut acheter des francs suisses contre de l'or dès 1944, des produits jugés essentiels entrent à nouveau dans la zone sterling. L'autorisation implique une distribution

73 Rapport spécial de l'OSEC, série A, n° 46, 2e semestre 1944. ACV, PP778/3/23 Afrique de l'Ouest.

74 Il s'agit vraisemblablement du nigérian Mobolaji Bank-Anthony. Voir: Forrest 1994, *op. cit.*, pp. 72-74.

75 Lettre de E. Osborne au contrôleur des importations à Lagos, 15.11.1940. Lettre de H.H.W. Boyes, manager de Amalgamated Tin Mines of Nigeria Ltd, au secrétaire du *Nigeria Supply Board* à Lagos, 19.1.1943. Lettres de M. De Bank au directeur du *Nigeria Supply Board*, 1.9.1943 et 29.1.1944. NAI, DCI 1/1/4032/S.23.

76 «Imports from Switzerland should be restricted to the minimum possible so as to reduce the risk of benefice accruing to the enemy». Lettre de A.F. Stoddart, Acting Chief Secretary to the Government, to the Controller of Imports, Lagos, 21.2.1941. NAI, DCI 1/1/4032/S.23.

de licences, mais celles qui concernent l'importation de montres suisses au Nigeria sont vite jugées insuffisantes par l'AWAM, qui obtient aussitôt le quadruplement de leur montant. Avant cette augmentation, UAC en importe pour 154 £, John Holt 29 £, UTC 23 £, CFAO 18 £, Paterson & Zochonis 11 £, G. B. Ollivant 9 £ et SCOA 6 £.[77]

Structure des exportations du Nigeria en Suisse 1940-1960[78], Sfr courants

| | Fruits oléagineux | Cacao | Bois | Alimen-tation | Cuir | Autres | Total |
|---|---|---|---|---|---|---|---|
| 1940 | – | – | – | – | – | 20'746 | 20'746 |
| 1941 | – | – | – | – | – | 46'393 | 46'393 |
| 1942 | – | – | – | – | – | 253 | 253 |
| 1943 | – | – | – | – | – | – | – |
| 1944 | – | – | – | – | – | – | – |
| 1945 | – | – | – | 123'443 | – | 70 | 123'513 |
| 1946 | – | – | – | 99'608 | – | 198'970 | 298'578 |
| 1947 | – | – | – | 55'791 | – | 16'939 | 72'730 |
| 1948 | – | 652'508 | 413'009 | – | 22'145 | 2'237 | 1'089'899 |
| 1949 | – | 1'333'430 | 262'660 | – | – | 6'579 | 1'602'669 |
| 1950 | – | 944'626 | 309'373 | – | – | 16'939 | 1'270'938 |
| 1951 | – | 2'750'358 | 998'555 | 19'456 | 194'068 | 168'434 | 4'130'871 |
| 1952 | – | 138'617 | 628'729 | 143'216 | – | 49'347 | 959'909 |
| 1953 | – | 395'018 | 705'986 | 412'172 | 34'535 | 11'856 | 1'559'567 |
| 1954 | 7'369'497 | 4'388'996 | 1'541'216 | 166'480 | 186'632 | 3'937 | 13'656'758 |
| 1955 | 7'749'533 | 1'255'482 | 3'594'556 | 169'721 | 107'746 | 9'593 | 12'886'631 |
| 1956 | 5'310'501 | 1'649'446 | 2'779'571 | 242'434 | 414'089 | 70'705 | 10'466'746 |
| 1957 | 23'210'880 | 2'652'449 | 4'240'602 | 192'928 | 172'385 | 95'794 | 30'565'038 |
| 1958 | 45'100'410 | 1'652'065 | 3'598'855 | 237'346 | 70 | 152'756 | 50'741'502 |
| 1959 | 35'805'251 | 4'961'612 | 5'134'718 | 732'656 | 2'070 | 369'601 | 47'005'908 |
| 1960 | 27'672'247 | 5'964'452 | 9'597'113 | 196'793 | – | 321'267 | 43'751'872 |

*Stat. DGD.*

77 Lettre de G.E. Mills, secrétaire de l'AWAM, au Nigeria Supply Board, 7.5.1944. NAI, DCI 1/1/4032/S.23.

78 Sur la période 1930-1939, les statistiques de la Direction générale des douanes ne mentionnent pas le Nigeria, mais distinguent six zones sur le continent africain: 1. Egypte; 2. Algier, Tunis, Libye; 3. Maroc; 4. Afrique du Sud britannique et Afrique de l'Est portugaise; 5. Reste de l'Afrique de l'Ouest; 6. Reste de l'Afrique de l'Est.

Les importateurs rediscutent constamment le montant des licences avec le gouvernement colonial qui réitère l'intention de ménager ses réserves de francs suisses, au moins jusqu'en 1950. Le commerçant suisse actif à Lagos F. Steiner se tourne vers la Division du commerce de son propre gouvernement, qui souligne un continuel effort diplomatique envers la Grande-Bretagne à propos des échanges avec la zone sterling. La Division évoque toutefois un succès limité et surtout l'impossibilité d'influencer le montant et la distribution des licences.[79] Le Département du commerce et de l'industrie du Nigeria [DCI] considère que l'importation de montres lui cause un de ses plus gros maux de tête. Par exemple, il songe à importer un éventuel surplus de montres suisses de Grande-Bretagne. D'autres produits suisses posent le même problème, comme la broderie ou l'indigo, dont «la contribution [de l'indigo] au bien-être de la population» est soulignée par le même département.[80] En 1950, la répartition des licences montre une attitude du gouvernement colonial désormais divergente de celle des commerçants européens; le DCI accorde ce qu'il qualifie de «part du lion» à des associations d'importateurs indigènes. Quatre d'entre elles – NAAIE, AMI, Western Union et C. of C. Calabar – obtiennent chacune des licences d'importation de produits suisses à hauteur de 15'000 £ sur une année, UTC de 13'000 £, [F.] Steiner & Iseli de 10'000 £, Gazal – agent de Ciba – de 10'000 £, Bank-Anthony [M. de Bank] de 5'500 £ et UAC de 2'000 £.[81]

A la fin de la même année, l'OSEC se réjouit de l'entrée de la Suisse dans l'Union européenne des paiements, ce qui implique pour elle d'être traitée par la Grande-Bretagne sur pied d'égalité avec les pays à monnaie faible; les exportations vers la zone sterling feront donc face à moins de restrictions. Selon les communications du vice-consul de Suisse à Accra Werner Jost, la Côte de l'Or et le Nigeria apparaissent comme les territoires d'Afrique de l'Ouest qui offrent les meilleurs débouchés aux produits suisses.[82]

79 Lettre de la Division du commerce suisse à F. Steiner à Erlach, 2.12.1948. NAI, DCI 1/29/TB/2943. Rien n'explique pourquoi l'original de cette lettre est conservé à cet endroit.

80 Notes du DCI, Lagos, 6.1.1949, 26.3.1949. Lettre du secrétaire d'Etat de Grande-Bretagne au gouverneur du Nigeria, 10.12.1949. NAI, DCI 1/22/G252.

81 Note du DCI, Lagos, 19.4.1950. NAI, DCI 1/22/G252.

82 Circulaire de l'OSEC à ses membres, décembre 1950. ACV, PP778/3/17 Afrique de l'Ouest

Structure des exportations de la Suisse au Nigeria 1940-1960, Sfr courants

| | Montres | Machines | Textile | Métal ou aluminium | Chimie | Alimentation | Autres | Total |
|---|---|---|---|---|---|---|---|---|
| 1940 | 15'794 | – | – | – | – | – | 35'679 | 51'473 |
| 1941 | 2'949 | – | – | – | – | – | 100 | 3'049 |
| 1942 | 37'221 | – | – | – | – | – | 12'356 | 49'577 |
| 1943 | 34'532 | – | – | – | 25'000 | – | 20'626 | 80'158 |
| 1944 | 13'330 | – | – | – | – | – | 1'195 | 14'525 |
| 1945 | 76'886 | – | – | – | – | – | 6'624 | 83'510 |
| 1946 | 294'603 | 86'322 | 135'228 | – | – | – | 141'580 | 657'733 |
| 1947 | 398'319 | 569'249 | 731'360 | – | – | – | 452'494 | 2'151'422 |
| 1948 | 164'281 | 381'932 | 42'554 | – | – | – | 101'079 | 689'846 |
| 1949 | 883'498 | 200'376 | 91'835 | – | – | – | 348'814 | 1'524'523 |
| 1950 | 1'200'788 | 194'712 | 71'170 | – | – | – | 204'516 | 1'671'186 |
| 1951 | 2'064'963 | 277'731 | 311'231 | 133'513 | – | – | 669'527 | 3'456'965 |
| 1952 | 3'229'304 | 239'392 | 1'130'565 | – | – | – | 584'700 | 5'183'961 |
| 1953 | 2'629'632 | 212'476 | 2'201'751 | 358'312 | 248'179 | 58'107 | 533'439 | 6'241'896 |
| 1954 | 2'454'677 | 308'583 | 1'962'862 | 239'835 | 193'316 | 62'840 | 886'430 | 6'108'543 |
| 1955 | 3'199'922 | 675'375 | 320'310 | 340'306 | 643'069 | 123'657 | 2'075'503 | 7'378'142 |
| 1956 | 4'482'110 | 1'484'844 | 363'529 | 230'490 | 1'298'635 | 72'477 | 2'112'001 | 10'044'086 |
| 1957 | 4'220'292 | 689'328 | 723'350 | 626'950 | 892'559 | 181'530 | 2'037'433 | 9'371'442 |
| 1958 | 4'480'456 | 1'049'053 | 1'120'484 | 633'506 | 250'604 | 1'016'892 | 2'163'004 | 10'713'999 |
| 1959 | 5'296'657 | 1'478'805 | 1'240'586 | 683'738 | – | 295'757 | 2'672'070 | 11'667'613 |
| 1960 | 7'939'180 | 1'666'826 | 1'244'371 | 986'989 | 473'039 | 494'371 | 2'673'809 | 15'478'585 |

*Stat. DGD.*

Le prochain rapport de l'OSEC adopte un ton assez enthousiaste en annonçant que du point de vue économique, l'Afrique n'a jamais été aussi intéressante. L'Europe, en raison d'une population et d'une économie croissantes, d'un besoin de matières premières et de nouveaux débouchés commerciaux, cherche un terrain d'expansion et tourne ainsi son regard vers l'Afrique. Cette vision impérialiste concède néanmoins l'existence de courants nationalistes qui, «encouragés par les succès des peuples asiatiques, cherchent à se délivrer de la domination de l'homme blanc». L'OSEC ne déplore pas pour autant ces évolutions, qui ont suscité l'élaboration de plans de développement pouvant offrir des opportunités d'implantation à certaines entreprises et experts suisses; par exemple, pour la construction de barrages.[83]

Toutes ces perspectives réjouissantes pour les commerçants suisses sont renforcées par le fait qu'au Nigeria, à côté des grandes firmes européennes, des milliers d'indigènes s'adonnent également à l'importation. Le phénomène est ensuite abordé sous forme de mise en garde contre «des pratiques ayant déjà souvent donné lieu à des réclamations».[84] Le consulat de Suisse à Accra prend le relai pour le reste de la décennie en évoquant une prolifération de sociétés non-enregistrées qui ne paient pas leurs commandes. Le consul E. Brügger constate en 1959 qu'il n'a pas été très écouté; malgré son insistance et une récente diffusion de ses mises en garde dans plusieurs feuilles suisses de commerce, des entreprises se font encore avoir. Il y donne trois explications: une imprudence juridique, un manque d'expérience dans le commerce international et, «last but not least, un appât du gain qui ne peut ou ne veut pas évaluer le risque».[85]

Malgré ces quelques bémols, la valeur des exportations suisses au Nigeria affiche une progression marquée. Dans l'ordre d'importance des marchandises, il s'agit de montres, produits textiles et machines. Les produits métalliques font partie des exportations suisses dès 1951, et le secteur chimique progresse substantiellement à partir de 1953.[86] Dans ce domaine, en 1957, seul le Royaume-Uni écoule plus de fongicides et insecticides au Nigeria.[87] Le succès de la branche horlogère contraste avec ses résultats dans l'ensemble de l'Afrique, où ils connaissent une baisse sen-

83 Rapport spécial de l'OSEC, série A, n° 46, juillet 1951. ACV, PP778/3/18 Afrique de l'Ouest.

84 Communication secrète de l'OSEC à propos de l'Afrique de l'Ouest britanniques, février 1952. AFS, E7110(-) 1967/32/1394.

85 Brügger cite les cas de J. Rime SA à Lausanne et d'Orano Watch Co à Langnau, chacun d'eux entré en partenariat avec une banque fictive. Lettre de Brügger à la Division du commerce, 11.12.1959. AFS, E7110(-) 1970/113/145.

86 Valeur des importations suisses au Nigeria en 1950, en Sfr courants: 1'671'186 Sfr, en 1951: 3'456'965 Sfr, en 1960: 15'478'585 Sfr. Direction générale des douanes: *Statistique du commerce de la Suisse avec l'étranger*, 1950-1960.

87 Valeur des importations d'insecticides et fongicides au Nigeria en 1957: Royaume-Uni: 242'757 £; Suisse: 158'529 £; France: 36'783 £; Pays-Bas: 13'112 £; Etats-Unis: 10'707 £; République fédérale d'Allemagne: 7'573 £; Afrique du Sud: 172 £. Transmis par Brügger à la Division du commerce, 28.5.1958. AFS, E7110(-) 1970/113/145.

sible, en tout cas depuis 1957. Après le Maroc et l'Afrique du Sud, le Nigeria représente le troisième acheteur de montres du Continent. Dans son bulletin d'octobre 1960, la Fédération horlogère publie un éditorial intitulé «l'Afrique bouge».[88] Pendant la même décennie, le Nigeria augmente fortement ses exportations de fruits oléagineux vers la Suisse, alors que la quantité de cacao reste stable et celle de bois en dents de scie. La balance commerciale penche constamment du côté nigérian.[89]

### *A. Brunnschweiler & Co, Panalpina et Alumaco*

La présence commerciale suisse au Nigeria, à l'aube de son indépendance, ne se limite certes plus à UTC. Nous savons que Steiner & Iseli, comptée par le DCI parmi les détaillants spécialistes en produits suisses, écoule notamment des montres, des machines à écrire, de la teinture, des machines industrielles et des instruments de mesure.[90] La firme A. Brunnschweiler & Co [ABC] fait son entrée sur le marché nigérian dans les années 1930.

ABC, établie officiellement à Manchester dès 1924 et dotée d'un capital entièrement suisse, est une filiale de l'usine de tissage Fröhlich, Brunnschweiler & Co, fondée en 1872 à Ennenda dans le canton de Glaris et spécialisée dans l'imitation de madras – produit textile de la ville indienne du même nom. Des liens familiaux avaient alors permis une association avec un marchand londonien et l'envoi de K. A. Brunnschweiler à Liverpool, où il fonda une branche séparée de l'entreprise, qui sera déplacée à Manchester en 1882. Les imitations produites à Ennenda s'y écoulent et partent le plus souvent pour l'Afrique de l'Ouest, mais dans les années 1890, la compagnie se met à acheter de véritables madras à Londres. Dans l'intention de resserrer le lien avec le producteur, une station d'achat est ouverte à

88 Valeur en Sfr courants des ventes de produits horlogers en Afrique en 1957: 68.7 mio, 1958: 67.8 mio, 1959: 64.3 mio, de janvier à septembre 1960: 43.2 mio. Concernant le Nigeria: 1957: 4.2 mio, 1958: 4.4 mio, 1959: 5.2 mio, 1960: 7.9 mio. Données recueillies dans l'éditorial «l'Afrique bouge» et «Statistiques d'exportations d'horlogerie par pays». In: *La Suisse horlogère*, n° 42, 27.10.1960. Voir, aussi: Stat DGD, 1950-1960.

89 Stat DGD, 1950-1960.

90 Note du DCI, Lagos, 19.4.1950. NAI, DCI 1/22/G252.

Madras en 1907. Puis, on songe aussi à se rapprocher du consommateur. Les coûts d'une implantation en Afrique de l'Ouest préoccupent les dirigeants de ABC, qui décident de conclure un partenariat avec une firme hôte. A l'image de UTC, ils entrent en contact avec Eugen Fischer, mais c'est un contrat avec la Deutsche Kamerun Gesellschaft [DKG] qui permettra l'implantation d'ABC en Afrique de l'Ouest, où le premier employé est envoyé en 1929. Jusqu'à huit agents expatriés se répartiront entre les principaux points de vente de Freetown et Lagos, et ceux plus éphémères de Warri et Port Harcourt. Ces employés utilisent des locaux de DKG, rétribuée sous forme de commissions.[91]

Une collaboration s'établit également avec UTC Nigeria, intéressée à la vente de madras.[92] L'expropriation des firmes allemandes ne concerne pas ABC, autorisée à poursuivre ses activités sous le nom A. Fraser & Co qu'elle a adopté en 1936. Malgré une demande croissante et des affaires en progression à partir de 1945, les actionnaires ne parviennent pas à s'entendre sur le choix de nouveaux cadres et vendent ABC à la firme britannique Calico Printers Association en 1959, qui continuera à utiliser le nom suisse.[93]

Au cours de la décennie 1950, les entreprises suisses Panalpina et Alumaco débutent leur extension au Nigeria. A l'origine de Panalpina se trouve la Société suisse de navigation, enregistrée à Bâle. Son conseil d'administration rassemble des personnalités influentes dans les milieux économiques et politiques du canton et au-delà, à l'instar de Nicolas Jaquet, député libéral-démocrate au Conseil national de 1943 à 1947, où il siège à la Commission des tarifs douaniers.[94] Dès la fin de la Seconde Guerre mondiale, la Compagnie s'associe à plusieurs firmes de transport étrangères et s'emploie à réactiver la navigation sur le Rhin. En 1954, la direction sent une nécessité de cimenter les liens avec ses associés et crée la holding Alpina Internationale Transporte AG, dont l'activité consiste à «entreprendre

---

91 Cf.: H. Laurens van der Laan, «A Swiss Family Firm in West Africa: A. Brunnschweiler & Co., 1929-1959». In: *African Economic History*, n° 12, 1983, pp. 287-297.

92 Lettre de Melcher, UTC Lagos, à UTC Bâle, 28.2.1936. AMB PS1-E05-05 UTC: Lagos, Korr. 1936 4524.

93 Cf.: Van der Laan, *art. cit.*

94 Jan Uebelhart, «Jaquet, Nicolas» et Hermann Wichers: «Miescher, Rudolf». In: *Dictionnaire historique suisse*, vols. VII et VIII, Hauterive 2008 et 2009. <dhs.ch>.

des transports de toute sorte, diriger une agence d'émigration et un bureau de voyage». Cette société sera nommée Panalpina en 1960.[95]

R. Hitz entreprend en 1952 une prospection des ports de Lagos et Port Harcourt pour le compte de la Compagnie de navigation. Le bulletin de celle-ci en reproduit le carnet de voyage, très différent d'un rapport commercial.[96] Trois hommes sont envoyés à Apapa en 1954 et «grâce à des amis londoniens», y ouvrent le bureau principal de la Compagnie pour le Nigeria. Le bulletin d'entreprise de 1960 présente la situation géographique et économique du pays, qui offrirait «des possibilités illimitées de développement économique». Panalpina Shipping Agency (Nigeria) Ltd dispose alors de 40 employés, une centrale à Apapa, une branche à Lagos et un représentant à Kano; elle dispose de 45 «énormes» camions transportant des cacahuètes entre Kano et Apapa.[97] Dès le milieu des années 1950, UTC sous-traite auprès d'elle les tâches liées au transit de marchandises au port de Lagos.[98] Conformément aux statuts mentionnant «transports de toute sorte», Panalpina achemine, par exemple, des peaux de léopards aux Etats-Unis par avion. En 1967, le nombre d'employés se monte à 300 et leur syndicat est reconnu par la direction.[99]

Alumaco est quant à elle une filiale de l'Aluminium-Industrie AG [AIAG]; cette dernière prend le nom d'Alusuisse dès 1963, dans le but de mieux se distinguer à l'étranger où elle s'est considérablement ramifiée. Hans Wohnlich, chef de la Division des exportations, organise en 1959 une étude de marché au Nigeria, où il avait travaillé pour UTC à la fin des années 1930. Selon lui, les potentiels débouchés consistent à offrir une alternative aux toitures de métal ou d'amiante, trop exposées à la rouille et

95 Cf.: Karl Lüönd: *Moving Forward. Das Panalpina Buch*. Panalpina Welttransport AG, Bâle 2004, pp. 24-30. Statuts d'Alpina Internationale Transporte AG, 23.9.1955. AES [Archives économiques suisses], Verkehr A 131.

96 R. Hitz, «Tagebuch eines Afrikafahrers». In: *Bulletin de la Compagnie suisse de navigation*, 31.1.1953 et 8.3.1953, pp. 8-13 et 9-13. AES, Zo 384.

97 *Leventina*, bulletin de la Compagnie suisse de navigation, mars-avril 1960. AES, Zo 384.

98 Au port d'Apapa, UTC engage la firme non identifiée Vivien, Younger & Bond Ltd. Christian Spoerri: *40 Jahre im Dienste der BHG AG Basel, April 1961*, p. 77. AMB PS1-D02-05 UTC 4968.

99 *Leventina*, bulletin de la Compagnie suisse de navigation, octobre-novembre 1962, août-octobre 1967. AES, Zo 384.

à la moisissure. En même temps, les ménages africains semblent remplacer petit à petit leur vaisselle en émail par des ustensiles en aluminium. Wohnlich charge d'une étude son subordonné Heinz W. Frech, qui s'efforce d'évaluer la demande en approchant les vendeuses au marché. De ce séjour résulte un rapport jugé «convainquant» par son auteur; il est en outre appuyé par l'article d'un «journaliste réputé» de la *Neue Zürcher Zeitung*, passant entre les mains du directeur général d'Alusuisse Fritz Schnorf.[100]

Le président de la nouvelle filiale se nomme Christopher Irving, un ancien administrateur colonial britannique, et parvient à rassembler au Conseil d'administration deux personnalités qu'il considère intègres: Shafi Lawal Edu et Baba Danbappa, hommes d'affaires et politiciens influents; Lawal Edu avait été élu à la Chambre nationale des représentants en 1954.[101] Alumaco débute sa production de casseroles à Apapa en 1961. L'écoulement de feuilles ondulées d'aluminium profite du boom de la construction. Les produits Alumaco sont également vendus dans un magasin UTC à Lagos.[102] Dans sa phase initiale, l'entreprise a pour but premier d'offrir un débouché à des fonderies européennes, telle celle de Chippis, qui pour la production de casseroles, envoie l'aluminium à Apapa sous forme de rondelles. Les tôles ondulées arrivent aussi au Nigeria dans un stade semi-fini.[103]

L'expérience «de terrain» dont bénéficie Hans Wohnlich se révèle décisive pour l'implantation d'Alumaco. A propos de Panalpina, la documentation ne permet pas d'identifier les «amis londoniens» qui auraient permis l'ouverture du bureau à Apapa, ni de cerner leur rôle. En tous cas, les perspectives d'une forte et imminente croissance d'un si grand marché que le Nigeria exercent vraisemblablement une attraction.

---

100 Cf.: Adrian Knoepfli: *Im Zeichen der Sonne. Licht und Schatten über der Alusuisse 1930-2010.* Hier+Jetzt, Baden 2010, pp. 71-72. Heinz W. Frech: *Baumwolle, Stahl und Stolpersteine. 40 Jahre mit Volkart, Alusuisse und Von Roll.* Huber, Frauenfeld 2001, pp. 100-104.

101 Mise en vente d'actions Alumaco dans le *New Nigerian*, 12.7.1972. Actif chez Unilever à partir de 1929, S.L. Edu fonde l'African Alliance Insurance Company en 1960 et dirige une dizaine d'autres entreprises. Voir: Tom Forrest: *The Advance of African Capital:The Growth of Nigerian Private Enterprise.* Edinburgh University Press 1994, pp. 74-75.

102 Annonce publicitaire dans le *Daily Times*, 17.1.1961.

103 Entretien avec Heinz W. Frech, Solothurn, 16.12.2011.

## 3. Implantation tardive de la Mission de Bâle

Vu que la Mission de Bâle ne débute ses activités sur le territoire nigérian qu'à la veille de l'indépendance, il est nécessaire d'esquisser les contours de la présence missionnaire en général, qui commence à se manifester, comme dans la majeure partie de l'Afrique, au cours du 19e siècle.

### *Les missions au Nigeria*

Le schéma d'implantation des missionnaires s'apparente à celui des marchands, qui accostent puis pénètrent le continent, surtout par navigation sur le fleuve Niger et Benue. Malgré une concentration sur le Sud, l'activité missionnaire a tendance à se disperser; en rayonnant à partir de Lagos et Calabar, puis en prévoyant de s'étendre vers la région hausa, au Nord.[104] L'intérêt pour cette contrée semble en partie suscité par l'image idyllique de ses habitants que véhicule certains récits de voyage. Le peuple hausa, par sa physionomie, son intelligence, sa littérature, y apparaît comme supérieur aux gens du Sud et aux Chinois. Selon les mêmes récits, la culture hausa peut être comparée à celle de l'Europe et facilite la perception de la «haute religion» chrétienne, éventuellement trop complexe pour les peuples de la côte.[105] Malgré plusieurs projets d'expansion vers le Nord, le développement s'intensifie avant tout autour de Lagos et dans le Delta du Niger.[106] Puis, l'esprit impérialiste des années 1870 s'exprime à travers une atmosphère de compétition entre la Grande-Bretagne, la France, présente sur les futurs Niger et Dahomey, et l'Allemagne, basée sur le territoire camerounais. A ce moment, les missions de confessions diverses se multiplient et changent leur mode d'implantation. Alors qu'auparavant, elles préparaient le terrain pour les marchands ou administrateurs britanniques, désormais, elles se placent parfois dans le sillage de ces derniers, qui se sentent pressés par les nations concurrentes d'avancer vers le Nord.[107]

104 J.F. Ade Ajayi: *Christian Missions in Nigeria 1841-1891*. Ibadan History Series, Longman, Londres 1965, introduction.

105 E.A. Ayandele: *Nigerian Historical Studies*. Frank Cass, Londres 1979, p. 139.

106 Ade Ajayi, *op. cit.*, p. 215.

107 *Id.*, p. 234.

L'apparition du christianisme dans la région Nord remonte cependant à une date plus ancienne. En 1708, le Vatican fait état de 100'000 chrétiens et d'un hôpital construit par des prêtres dans le Royaume Kororofa, mais la portée de ces premiers efforts d'évangélisation semble avoir été modeste. C'est la Mission du Niger qui apparaît comme le fer de lance d'une nouvelle pénétration, dans les années 1870.

Dès le milieu du siècle, des messages venant du Sud avaient mis en garde les émirs contre le lien entre la bible et l'épée, que les souverains de la côte remarquèrent lors de l'occupation britannique de Lagos. Bien que majoritairement musulmane, la région Nord n'entretient pas de peur religieuse des missionnaires chrétiens. La Mission du Niger parvient assez vite à lever les suspicions d'impérialisme qui pèsent sur elle; plusieurs émirs se montrent accueillants et lui confient quelquefois la scolarité de leurs enfants. Même si le travail des missionnaires est généralement apprécié, ils désespèrent face à la difficulté de gagner de nouveaux adeptes et finissent par se replier sur le Sud. A partir de 1888, l'évangélisation se lie plus étroitement à l'impérialisme britannique. Les missionnaires se rapprochent des marchands; un explorateur allemand avertit le sultan de Sokoto que la Royal Niger Company a plus l'intention de christianiser que de commercer. Certains missionnaires voient les expéditions militaires comme moyen de renverser les émirs faisant obstacle à la foi chrétienne, alors que les administrateurs considèrent que des sujets chrétiens seraient plus loyaux envers leurs nouveaux gouverneurs et apprécient que les missions, à travers leur activité de scolarisation, produisent de futurs fonctionnaires ou agents commerciaux.[108] Ce sont précisément ces liens entretenus avec les milieux colonialistes qui mettent à mal la popularité des missions.[109]

---

108 Ayandele, *op. cit.*, pp. 138-166.

109 Selon Claude Prudhomme, l'alliance de la mission et de la colonisation trouve sa légitimation commune dans la vocation à civiliser les sociétés attardées. Les missionnaires souhaitaient transformer la société notamment en abolissant l'esclavage et la polygamie. Une opinion répandue veut que pour se développer, la mission a besoin de conditions politiques stables, c'est-à-dire de l'ordre colonial (p. 106). S'il est question de complicité et de convergence d'intérêts, les buts de chacun ne se confondraient pas: les missionnaires recherchent les conversions, qui répondent à une demande spirituelle. Cf.: Claude Prudhomme: *Missions chrétiennes et colonisation*. Cerf, Paris 2004, pp. 95-131.

L'hostilité des souverains locaux prend corps lorsqu'ils réalisent que les missionnaires ne sont pas que des enseignants accompagnés de marchands, mais qu'ils contribuent à la colonisation et tendent à intervenir profondément dans leurs affaires. Le gouverneur Lugard adopte une position neutre consistant à laisser aux émirs le choix d'inviter des missionnaires. Percy Girouard, le successeur de Lugard, prône une application plus rigide de l'*indirect rule*; les coutumes et institutions traditionnelles se retrouvent exaltées et le contact avec l'extérieur considéré, au mieux, comme un mal nécessaire. De plus, l'immixtion des missionnaires dans la sphère politique tend à irriter. En 1918, un d'entre eux obtient de l'Administration britannique la destitution d'un émir. Le colonisateur n'apprécie pas non plus de voir certains de ses agissements critiqués, ni la diffusion d'une idée d'égalité des peuples devant Dieu.[110]

Il ne s'agit toutefois pas d'égalitarisme général; les missions entendent souvent favoriser la formation d'une classe moyenne. Aussi, le missionnaire T.J. Bowen perçoit-il la division de la société en classes basse, moyenne et haute comme condition indispensable au développement de toute civilisation. Selon lui, soutenir le développement du commerce permettrait non seulement de créer cette classe moyenne capable de réaliser les réformes sociales désirées, mais aussi de diffuser de «nouveaux standards de responsabilité» pouvant venir à bout de la polygamie.[111]

### *Une implantation au prix de multiples négociations*

A toutes ces phases d'implantation et de repli, la Mission de Bâle n'y participe pas. Elle n'apparaît sur le territoire nigérian qu'en 1957. En 1815, sa création s'inscrit dans le foisonnement missionnaire de ce début de siècle, motivé par l'intention d'étendre la foi chrétienne à tous les continents et de s'engager contre l'esclavage.[112] Dès 1820, des membres de cette mission protestante partent en Russie, puis sur la Côte de l'Or. Avec le Sud de l'Inde, la Côte de l'Or semble être l'endroit où la Mission de Bâle laisse sa

110 Ayandele, *op. cit.*, p. 155.

111 Cité par: Ade Ajayi, *op. cit.*, p. 17.

112 Paul Jenkins, «Mission de Bâle». In: *Dictionnaire historique de la Suisse*, vol. 8, Hauterive 2009. <dhs.ch>

plus profonde empreinte; les impulsions données au développement économique, des soins et de l'éducation lui offrent à long terme une image étincelante, aussi bien auprès de l'Administration britannique[113] que du gouvernement indépendant[114] à partir de 1957.

En 1885, l'Allemagne revendique le Cameroun, puis s'y établit et charge la Mission de Bâle d'y remplacer la Baptist Missionary Society.[115] En 1950, la Mission regrette de n'avoir pu envoyer un observateur à une réunion du Christian Council Nigeria, lequel s'engage à promouvoir une Union des Eglises en facilitant contacts et échanges pour une meilleure coordination de l'évangélisation.[116] Au printemps 1957, les deux pasteurs bâlois A. Angst et Werner Schöni entreprennent un tour de prospection dans les alentours de Gwoza, située au Nord-Est du Nigeria et qui sera inclue dans l'Etat de Borno; l'accueil chaleureux rencontré dans tous les villages les laisse penser que leur mission y serait la bienvenue. De ce séjour résultent des projets concrets, soumis sans délai aux autorités compétentes: il s'agit de placer une station à Madagali, une autre dans les alentours de Gwoza, d'ouvrir un dispensaire avec maternité. Il n'est pas exclu que dans un second temps, les activités s'étendent au domaine de l'éducation. Les deux pasteurs songent précisément à quelques collines peuplées de «païens», reconnus comme plus perméables à l'évangélisation que les musulmans. Deux autres missions[117] occupent déjà les environs, elles sont aussi membres du Christian Council Nigeria et se montrent plutôt favo-

113 En 1917, un rapport de l'Administration estime que la Mission de Bâle se distingue des autres groupes missionnaires par la qualité de son travail et la place qu'elle réserve aux collaborateurs africains. Si bien que nous pouvons y lire: «the Basel Mission had made the Gold Coast». Cité par: Ernest A. Osafo: *Der Beitrag der Basler Mission zur wirtschaftlichen Entwicklung Ghanas von 1828 bis zum Ersten Weltkrieg.* Dissertation, Universität zu Köln, Köln 1972, p. 123.

114 Cf.: Steve Page: *La Suisse et le Ghana de Nkrumah. Une présence économique et diplomatique à l'épreuve de la décolonisation (1950-1970).* EUE, Saarebruck 2010, p. 134.

115 Voir: Jonas N. Dah: *Missionary motivations and methods: a critical examination of the Basel Mission in the Cameroon 1886-1914*, Bâle 1983.

116 Cette union concerne surtout des Eglises anglicanes, presbytériennes et méthodistes. Rapport du *Joint Committee on Church Union* à Awka, 15-20.4.1950. Archives de la Mission de Bâle [AMB], PS2-G06-03 11587 SEMA Christian Council Nigeria 1950-63.

117 Il s'agit de la *Church of the Brethren Mission* [CBM] et de la *Sudan United Mission* [SUM].

rables à la venue des Bâlois, qui manifestent l'intention de s'établir sur des terres précisément non-occupées.[118]

Une de ces deux missions, la Church of the Brethren [CBM], souligne la nécessité de consulter la Church of Christ in the Sudan [SUM], entité faîtière habituée à superviser les activités des différentes missions dans la région. Cette insistance sur une nécessité de coordination ne peut être comprise comme une réticence ou une peur de la concurrence:

> Nous ne pensons pas que l'espace inoccupé soit grand, mais il y a ceux que la parole du Christ n'a pas encore atteints et tout effort pour apporter la connaissance du Christ à ceux qui ne l'ont jamais entendue doit être bienvenu. Ces jours de changement important, fondamental et rapide sont des jours où ces tribus païennes sont confrontées à un choix. Il y a urgence, à cause de l'avancée de l'islam et du catholicisme romain, et du défi du matérialisme. Les forces évangéliques doivent unir leurs efforts, afin de gagner ces tribus pour le Christ. Nous prions pour que le Saint Esprit nous guide tous, alors que nous cherchons à connaître et faire sa volonté.[119]

Une seconde délégation, composée de trois missionnaires – Werner Schöni, Peter Rudin et Paul Scheibler –, entreprend une visite plus approfondie de la région. A partir d'une recommandation obtenue auprès de l'Administration du Cameroun Sud, ils peuvent aborder le *Resident* de Maiduguri qui les recommande auprès du *District Officer* de Bama, qui à son tour leur arrange une entrevue avec l'émir de Dikwa. Celui-ci a eu vent de leurs projets qui ne le rebutent pas et enfin, il les recommande auprès du *Touring Officer* de Gwoza. Lui-même et le galadima de cette ville – directement subordonné à l'émir – se montrent favorables à leurs requêtes et proposent de chercher un emplacement dans le village païen situé dans les collines un peu à l'Ouest, nommé Gavva. Ces deux dirigeants s'engagent à recommander les missionnaires aux chefs du village qu'ils invitent à s'entretenir.[120]

---

118 Lettre de Fritz Raaflaub, secrétaire de la Mission de Bâle pour l'Afrique, au premier gouverneur de la région Nord du Nigeria, 19.10.1957. AMB PS2-G06-03 11587 SEMA Christian Council Nigeria 1950-63.

119 Lettre de H. S. Kulp, *Field Secretary* de la CBM à Fritz Raaflaub de la Mission de Bâle, 7.1.1958. AMB PS2-G06-03 11590 Nordnigeria 1956-1966.

120 Lettre de Paul Scheibler, aussi aux noms de Werner Schöni et Peter Rudin, à Fritz Raaflaub, 21.5.1958. AMB PS2-G06-03 11590 Nordnigeria 1956-1966.

Suite à cette entrevue, accompagnés de ces chefs, de deux policiers non armés[121] et deux traducteurs musulmans, tous les quatre mis à disposition par les autorités de Gwoza, les missionaires prennent la route pour Gavva. Les premiers contacts avec la population amènent les visiteurs à reconsidérer leur optimisme; beaucoup de parents ne désirent pas laisser l'éducation de leurs enfants à des missionnaires. Une école existe déjà dans les environs, mais la plupart des enseignants sont musulmans et la crainte de l'influence religieuse est telle que certains élèves n'atteignent la classe qu'avec le concours de la police. De plus, la demande de terrain pour implanter la station missionnaire se heurte à une grande réticence des villageois. Les habitants de Gavva, localité densément peuplée et encerclée de blocs rocheux, assurent que la terre suffit à peine à leurs cultures et précisent que la parcelle convoitée par la Mission nourrit cinq familles. A cette retenue s'ajoute la contrainte administrative; les chefs soulignent qu'ils ne peuvent céder aucune terre sans l'accord du galadima.[122]

Les missionnaires se replient donc sur Gwoza, mais reviennent quelques jours plus tard, accompagnés cette fois-ci du galadima qui engage personnellement une négociation séparée. L'issue satisfait pleinement les requérants: ils obtiennent une parcelle pour y ériger une station, à condition de manifester du respect vis-à-vis de la place de sacrifices «païens» située à proximité et qu'ils creusent un puits pour le village. Malgré la satisfaction, le chemin sinueux ayant conduit à ce dénouement leur montre que la tâche d'évangélisation s'annonce difficile. C'est pourquoi, selon Paul Scheibler, la priorité consiste à engager des infirmières et sage-femmes, afin que le projet médical soit pris au sérieux, car cette activité doit aider à gagner la confiance de la population.[123]

---

121 L'imposition d'une escorte policière s'explique par les combats entre les villages de la région. Suite à une accalmie, les autorités viennent d'y réouvrir l'accès mais continuent de limiter le mouvement des visiteurs. *The History of the Work at Gavva and Ngoshie* [auteur non-identifié, date probable: 1973]. AMB PS2-G06-03 11597 Nigeria allg. Korrespondenz Jan 1976-1979/80.

122 Lettre de Paul Scheibler, aussi aux noms de Werner Schöni et Peter Rudin, à Fritz Raaflaub, 21.5.1958. AMB PS2-G06-03 11590 Nordnigeria 1956-1966.

123 *Ibid.*

Une fois l'autorisation décisive du gouverneur de la région Nord obtenue en décembre 1958, un petit groupe de missionnaires et d'infirmières arrive sur place. En 1961, le secrétaire de la Mission pour l'Afrique, Fritz Raaflaub, entreprend une visite de Gavva. Il constate que l'activité médicale s'est bien développée: une centaine de patients afflue quotidiennement à la polyclinique. Toutes les autorités régionales se montrent favorables à la construction d'un hôpital près de Gwoza; un médecin est déjà pressenti et le financement assuré par la recette d'un bazar tenu à Zurich. Mais le terrain ne suffit pas à Gavva et les regards se tournent vers la localité voisine de Ngoshie. Les résultats de l'évangélisation se révèlent assez encourageants, on dénombre une soixantaine de candidats au baptême.[124]

Le travail médical ne semble pas seul à construire la réputation de la Mission. Le chef de Gavva souligne l'effet médiateur qu'elle exerce à travers son idéal de rayonnement sur les environs; les contacts entre les habitants et les peuples voisins sont favorisés, la méfiance tombe. Raaflaub occupe une bonne partie de son séjour à rencontrer les responsables d'autres missions, notamment celui de la CBM qui pourrait offrir sa coopération pour certaines activités et celui de la SUM, connue pour la supervision des différentes missions réformées dans la région. Dans une logique de complémentarité, Raaflaub propose que la Mission établisse une seconde station, dans les montagnes un peu plus au Sud. Il s'agit de reprendre un projet de la CBM, dont les moyens font défaut pour la réalisation. Les deux entités songent également à une collaboration dans l'enseignement. Pour motiver cet idéal de coordination, Raaflaub reprend à son compte les arguments de la CBM déjà cités: le temps presse et incite à ne gaspiller aucun effort car «les catholiques préparent l'invasion» et personne ne sait si les autorités régionales musulmanes garderont encore longtemps un esprit ouvert face aux missions.[125]

A partir de l'indépendance du Nigeria, les propos des missionnaires laissent apparaître une certaine anxiété face à la réappropriation du pouvoir par les Africains, qui engage une prise de distance par rapport à la

124 Rapport de voyage de Fritz Raaflaub dans le Nord du Nigeria, 13.12.1961. AMB PS2-G06-03 11590 Nordnigeria 1956-1966.

125 *Ibid.*

culture occidentale. Dans son rapport de 1963 sur le Nord du Nigeria, le missionnaire Wilhelm Scheytt annonce que les Africains viennent de reprendre le dernier haut poste administratif de la province qui leur échappait. Il décrit les nouveaux gouvernants comme mal préparés à leurs tâches et souvent assoiffés de pouvoir. L'islam gagne du terrain: de nombreux prédicateurs musulmans se rendent dans les villages, avec le plein soutien des autorités. L'évangélisation progresse néanmoins. Les prêches s'exercent régulièrement à trois ou quatre endroits dans les environs de Gavva et les fidèles disposent désormais d'une église de 200 places à Ngoshie. Par contre, l'enseignement rencontre les obstacles attendus, l'école ne parvient pas à s'intégrer dans le quotidien des habitants de Gavva; Scheytt attribue ces difficultés à l'ignorance et la superstition des parents. Les autorités de Gwoza n'ont pas tenu leur promesse de prêter main forte pour assurer la fréquentation des classes et l'instituteur mis à disposition par la CBM a déjà quitté les lieux.[126] Un autre motif serait l'opposition aux écoles missionnaires manifestée auprès des familles par les mêmes autorités, en contradiction avec les intentions officielles de développer l'éducation.[127]

L'ambivalence des rapports entre la Mission et les autorités du district ou de la région se maintiennent à long terme. Wilhelm Scheytt estime que depuis l'indépendance du pays, les gouvernants du Nord tendent à utiliser l'islam comme ciment communautaire permettant d'isoler l'opposition.[128] Mais bien qu'ils tentent de dissuader la population – parfois par intimidation policière – d'entrer en contact avec les missionnaires, ceux-ci ne rencontrent pas d'opposition claire lorsqu'il s'agit d'ouvrir une école ou de construire un hôpital. Le pasteur Scheytt dépeint les musulmans comme généralement traîtres et voit derrière leur attitude amicale une propension au complot.[129] La Mission continue cependant à planifier une extension de son activité. En 1965, la fréquentation des cérémonies à Ngoshie atteint une moyenne de 130 fidèles, bien que l'église vienne de

---

126 Rapport annuel du pasteur Wilhelm Scheytt pour le Nord du Nigeria, 1963. AMB PS2-G06-03 11596 Nordnigeria Jahresberichte 1960-1969.

127 *Id.*, 1964.

128 Wilhelm Scheytt partage cette vue de l'islamisation comme instrument du pouvoir politique. Cf.: *Ibid.*

129 Cf.: Rapport annuel de Wilhelm Scheytt, 1967. AMB PS2-G06-03 11596 Nord-Nigeria Jahresberichte 1960-1969.

brûler. La même année, la Mission inaugure deux écoles primaires ainsi qu'une station supplémentaire dans un district voisin, dont le gouverneur est chrétien.[130] Les mesures d'intimidation ont débuté ou se sont considérablement accrues dès les élections fédérales de 1964, puis s'atténuent suite au premier coup d'Etat en 1966.[131] La Mission sent alors la pression politique se relâcher et ne fera plus état de telles difficultés. Scheytt attribue cette amélioration, en partie, à la mort du premier ministre de la région Nord Ahmadu Bello.[132]

L'enseignement démarre plus concrètement en 1965 avec une trentaine d'élèves dans chacune des deux écoles. Très tôt, avec un certain succès, une journée des parents se déroule et les *Native Authorities* de Gwoza y font une apparition. Deux ans plus tard, on compte quatre classes de 40 élèves chacune. Ce succès tient en partie à l'introduction d'un cours de religion musulmane destiné aux enfants de cette confession. Un chef de village musulman loue le travail des enseignants. Il fait aussi part de son mécontentement que les autorités de district n'aient pas autorisé plus tôt la construction des écoles, et souligne que ce genre d'attitudes est aussi responsable du retard accusé par la région Nord dans le domaine de l'éducation. Ce chef transfère ses quatre enfants de l'école de Gwoza à celle de la Mission et les inscrit également au cours de religion chrétienne, arguant qu'ils seront plus tard responsables du choix de leur confession.[133]

Le gouvernement local reconnaît officiellement les deux écoles, puis les finance et les administre complètement à partir de 1969. Néanmoins, la Mission conserve le droit de nommer les enseignants et de garder un œil sur le cours de religion. Le missionnaire Otto Schanbacher se réjouit de continuer à exercer une influence sur les jeunes de la région car selon lui, à voir les nombreux élèves se portant candidats au baptême, «les écoles sont une voie d'accès au cœur de la jeunesse».[134] La Mission obtient effective-

---

130 Rapport annuel de Wilhelm Scheytt, 1965. AMB PS2-G06-03 11596 Nordnigeria Jahresberichte 1960-1969.

131 Voir chapitre VI.1.

132 Rapport annuel du révérend Andreas Fankhauser, 1966. AMB PS2-G06-03 11596 Nordnigeria Jahresberichte 1960-1969.

133 Rapport d'Otto Schanbacher sur le travail scolaire de la Mission de Bâle dans le Nord du Nigeria, 1967. AMB PS2-G06-03 11596 Nordnigeria Jahresberichte 1960-1969.

134 «Schulen sind ohne Zweifel ein Zugang zum Herzen der Jugend». *Ibid.*

ment un siège à la *Local Education Authority* et délègue Schanbacher à la commission des finances. Son intention de construire de nouvelles écoles à des endroits stratégiques est partagée par le pasteur Scheytt.[135] L'idée consiste à choisir un endroit entre deux villages pour en faciliter l'accès au plus grand nombre et disposer de la main d'œuvre suffisante pour y bâtir une église.[136] Vu la nécessité de pallier le manque de personnel enseignant indigène, l'accord des autorités apparaît d'abord comme une formalité;[137] mais dans un second temps, elles manifestent une claire retenue que la Mission peine à interpréter. Scheytt suppose qu'elles ne veulent plus d'écoles missionnaires par crainte de concurrence et n'exclut pas que des motifs religieux se cachent là-derrière. Le projet d'une troisième école est alors ajourné.[138]

Le travail médical - autre facette de l'activité missionnaire - connaît un développement plus harmonieux que l'enseignement. Des infirmières occupent la station de Gavva dès son ouverture. Lorsqu'en 1965, la Mission parvient à trouver un médecin et termine la construction de l'hôpital de Ngoshie, elles y déménagent aussitôt. Ce médecin, le docteur Bakker, tire un premier bilan d'activité un peu contrasté: l'hôpital n'est certes pas impopulaire, mais apparaît à la population comme dernier recours lorsque toutes les méthodes traditionnelles se révèlent inefficaces. Il déplore aussi que les patients les plus réguliers ne soient pas ceux qui souffrent des maux les plus sérieux.[139]

Même si l'hôpital n'entretient pas de lien direct avec la religion, des cérémonies s'y déroulent, une partie du personnel s'engage dans la vie de l'église et des évangélistes viennent régulièrement s'entretenir avec les patients. Contrairement aux écoles, les hôpitaux missionnaires ne ren-

135 Rapport annuel de Wilhelm Scheytt, 1968. AMB PS2-G06-03 11596 Nordnigeria Jahresberichte 1960-1969.

136 Rapport d'Otto Schanbacher sur le travail scolaire de la Mission de Bâle dans le Nord du Nigeria, 1967. AMB PS2-G06-03 11596 Nordnigeria Jahresberichte 1960-1969.

137 Rapport annuel de Wilhelm Scheytt, 1969. AMB PS2-G06-03 11596 Nordnigeria Jahresberichte 1960-1969.

138 Une nouvelle demande d'autorisation sera déposée l'année suivante à laquelle la Mission ne recevra pas non plus de réponse claire. Rapport annuel de Wilhelm Scheytt, 1971. AMB PS2-G06-03 11593 Nordnigeria Jahresberichte 1970-1977.

139 Rapport annuel du docteur Bakker, 1966. AMB PS2-G06-03 11596 Nordnigeria Jahresberichte 1960-1969.

contrent aucune réserve de la part des autorités qui, selon Bakker, sont prêtes à coopérer tant que cela peut aider à «mieux servir le peuple». De plus, il se montre convaincu que le seul moyen pour des chrétiens de se faire accepter dans cette région consiste à s'intégrer durablement à toutes les facettes de la vie publique.[140] Parmi ces facettes, les soins médicaux répondent à un besoin de taille, reconnu comme tel par les autorités. On peut également supposer que celles-ci opposent moins de suspicion à la construction d'un hôpital, car cette institution apparaît moins en mesure qu'une école de propager des idées extérieures menaçant les structures du pouvoir. La Mission de Bâle est pleinement consciente de la dimension diplomatique du travail médical; dès leurs premières prospections sur le site de Gavva, les missionnaires faisaient de cette activité une priorité, car ils pensaient que la crédibilité générale de la Mission en dépendait.[141]

En plus des autorités locales, la Confédération suisse accorde également son soutien. Le Service de coopération technique contribue aux frais d'engagement de volontaires à l'hôpital de Ngoshie ou au dispensaire de Gulak.[142] Les sources n'indiquent pas clairement si les requêtes viennent de la Mission ou si ce soutien répond à une proposition de l'ambassade de Suisse à Lagos. Néanmoins, un bilan positif a été tiré d'un projet similaire: le financement de l'école d'infirmières construite par la Mission en 1963 à Agogo, au Ghana.[143]

La coordination s'applique au domaine de la santé comme à celui de l'enseignement; l'hôpital de Ngoshie collabore étroitement avec deux

140 *Id.*, 1968.

141 Lettre de Paul Scheibler, aussi aux noms de Werner Schöni et Peter Rudin, à Fritz Raaflaub, 21.5.1958. AMB PS2-G06-03 11590 Nordnigeria 1956-1966.

142 De 1968 à 1973, le Service de coopération technique satisfait une dizaine de requêtes de participation à l'engagement d'infimières – dans un cas, il s'agit d'un monteur électricien – pour des périodes d'environ deux ans. Toutefois, la Mission continue à assurer elle-même la majorité des coûts. Par exemple, en 1968, les coûts pour l'engagement de l'infirmière Elisabeth Rösch durant deux ans se montent à 26'148 Sfr. La Coopération technique participe à hauteur de 6'000 Sfr alors que la Mission couvre le reste. Cf.: Propositions du délégué à la Coopération technique pour l'engagement de volontaires à l'hôpital de Ngoshie, 4.9.1968-12.3.1973. Archives fédérales suisses [AFS] E2200.168(-)1991/79/1.

143 La Mission de Bâle construit un hôpital à Agogo en 1930. La Coopération technique octroie 780'000 Sfr. pour y adjoindre une école d'infirmières en 1963. Voir: Page, *op. cit.*, pp. 104-107.

établissements gérés par la CBM, essentiellement pour la formation et la répartition du personnel.[144] Lorsqu'en 1975, le gouvernement décide d'une hausse générale des salaires avec compensation dès avril de l'année précédente, les Missions tentent de négocier pour de plus amples subsides et obtiennent le paiement des arriérés. La CBM applique dans un premier temps une hausse moins conséquente que celle qui a été décidée, puis manifeste l'impression qu'un «pays si riche» n'a plus besoin d'aide au développement; elle finit par transmettre ses hôpitaux au gouvernement. Les autorités acceptent de les reprendre l'année suivante et annoncent, dans la foulée, la reprise de l'hôpital de Ngoshie. Néanmoins, le médecin et les infirmières ne quittent pas la Mission et s'engagent à lui reverser le salaire que leur paiera le gouvernement.[145]

L'évangélisation à proprement parler progresse sans grands obstacles à partir de 1966. Outre les cérémonies à l'église, à l'hôpital et dans 17 villages, des séminaires sont organisés dans le but de mieux diffuser les valeurs chrétiennes concernant, par exemple, la famille ou le couple.[146] La Mission s'efforce aussi de former des groupes de femmes se dédiant à la couture ou la lecture, ces réunions se terminent par un repas, une lecture de la bible, des chants et des prières.[147] Une relève indigène s'organise à travers le soutien à la Kulp Bible School de la CBM, qui ne forme pas seulement ses élèves à l'évangélisation, mais leur transmet aussi «un savoir agricole moderne» censé leur assurer une base de subsistance.[148]

Les missionnaires suivent attentivement, et avec enthousiasme, l'accroissement de la communauté chrétienne. Alors qu'en 1966, les cérémonies célébrées à l'église de Ngoshie réunissent en moyenne 130 personnes, 58 sont baptisées l'année suivante et 54 l'année d'après.[149] Suit une ex-

---

144 Rapport annuel de Wilhelm Scheytt, 1971. AMB PS2-G06-03 11593 Nordnigeria Jahresberichte 1970-1977.

145 Rapport annuel d'Otto Schanbacher, 1975. AMB PS2-G06-03 11593 Nordnigeria Jahresberichte 1970-1977.

146 Rapport annuel de Wilhelm Scheytt, 1968. AMB PS2-G06-03 11596 Nordnigeria Jahresberichte 1960-1969.

147 *Id.*, 1967.

148 *Id.*, 1969.

149 Rapports annuels respectifs d'Andreas Fankhauser (1966) et Wilhelm Scheytt (1967 et 1968). AMB PS2-G06-03 11596 Nordnigeria Jahresberichte 1960-1969.

pansion impressionnante, si bien que les 241 baptêmes de 1975 portent la communauté à 842 membres, dont trois prêtres, dix évangélistes et six étudiants à la Kulp Bible School.[150] La tendance ne faiblit pas; l'année suivante, 900 personnes reçoivent le baptême, puis le rythme s'accélère jusqu'à 500 en trois mois et demi. Parmi eux se trouve un musulman ayant fréquenté l'école coranique et reconnu pour ses compétences en la matière; sa conversion ferait suite à un rêve. Son ancienne communauté peinerait à se remettre du choc.[151]

Ce moment connaît aussi un tournant essentiel: en 1977, le gouvernement opère l'intégration des missions au sein des Eglises. Pour la Mission de Bâle qui a déjà transmis ses écoles et son hôpital, la décision n'implique rien d'autre qu'une fixation juridique de la situation existante. Concrètement, la Mission ne dispose plus d'une administration propre sur le terrain, mais continue de fournir l'Eglise des frères au Nigeria[152] en personnel. Les activités n'en sont pas pour autant bouleversées. Désormais, le missionnaire Schanbacher propose de se concentrer sur l'évangélisation en milieu scolaire: «les dés sont lancés maintenant, et dans les écoles». Les cours de religion musulmane y sont systématiquement financés par le gouvernement; alors que pour la religion chrétienne, ce n'est le cas que dans trois Etats de la région Nord. Faute d'alternative, certains élèves se verraient contraints d'embrasser l'islam. Schanbacher suggère donc de financer l'engagement d'enseignants de religion aussi longtemps que l'Etat ne le fait pas. Il prévoit qu'à cette condition, les alentours de Gavva deviendront certainement un bastion chrétien de l'Etat de Borno.[153] La Mission

150 Rapport annuel d'Otto Schanbacher, 1975. AMB PS2-G06-03 11593 Nordnigeria Jahresberichte 1970-1977.

151 *Id.*, 1976.

152 Connue sous les initiales EYN (Ekklesiyar Yanuwa a Nigeria).

153 Rapport annuel d'Otto Schanbacher, 1975. AMB PS2-G06-03 11593 Nordnigeria Jahresberichte 1970-1977. Il semble que les conditions et le moment d'implantation de la Mission de Bâle dans la région Nord du Nigeria n'aient pas donné lieu au conflit qui s'était développé à propos des activités en Côte de l'Or; où certains membres de la Mission jugeaient que le faible rendement en conversions ne justifiait plus l'investissement dans l'enseignement. Cf.: René Lenzin: *Afrika macht oder bricht einen Mann. Soziales Verhalten und politische Einschätzung einer Kolonialgesellschaft am Beispiel der Schweizer in Ghana (1945-1966).* Dissertation, Universität Zürich, Basler Afrika Bibliographien, Basel 1999, pp. 95-100.

de Bâle sera rebaptisée Mission 21 en 2001, et dans les années 2010, ses activités au Nigeria seront profondément affectées par les exactions de la secte islamiste Boko Haram, qui s'empare de Gwoza en 2014 pour en faire la capitale de son califat auto-proclamé.

En plus d'une présence commerçante et missionnaire, la Suisse développe lentement sa représentation diplomatique à Lagos. Voyons maintenant à quels besoins ou intérêts répond ce processus et inversément, ce qui pousse le gouvernement nigérian à nouer des liens avec la Suisse.

*Le missionnaire Scheytt lors d'un baptème près de Gavva*, photo non datée. Au dos de cette carte postale, une inscription remercie pour les dons. AMB <bmpix.usc.edu>.

# *Partie II*
# *Déploiement des liens 1960-1967*

# Chapitre III
# Timide échange d'ambassadeurs et «avalanche» de visites officielles

Bien que la proclamation de l'indépendance amène la Suisse à placer un ambassadeur à Lagos, elle n'est pas une condition suffisante et il devient nécessaire d'identifier les autres facteurs de décision. Réciproquement, quelles sont les motivations du Nigeria à ouvrir une ambassade à Berne en 1966? Avant cette date, les ministres nigérians visitent une vingtaine de fois la Suisse en moins de dix ans. Là aussi, on peut s'interroger sur leurs intentions.

## 1. Le Nigeria dans le dispositif diplomatique suisse

La nomination de Benjamin Schwarzenbach comme vice-consul en 1952, puis celle de Giovanni Enrico Bucher en tant qu'ambassadeur à Lagos en 1960 doivent être situées dans l'évolution du réseau diplomatique suisse, qui, selon Claude Altermatt, ne s'étend ni par le jeu du hasard, ni de façon systématique, mais «résulte plutôt d'une suite de réactions à des situations quelquefois difficiles. Quand les circonstances rendaient inévitable l'envoi d'un diplomate à tel ou tel endroit, le Conseil fédéral se contentait de réagir, en créant un nouveau poste diplomatique».[1]

1 Claude Altermatt: *Les débuts de la diplomatie professionnelle en Suisse (1848-1914)*. Éditions universitaires Fribourg 1990, p. 295.

Aux débuts de l'Etat fédéral, en 1848, la Suisse dispose d'une légation à Vienne et d'une autre à Paris. Le chemin menant au réseau des onze postes diplomatiques à l'étranger de 1914 est semé d'embûches; elles sont liées, par exemple, à la conviction que la diplomatie reste, au fond, incompatible avec l'Etat suisse. Dans le climat républicain dominant le pays au 19e siècle, la diplomatie est souvent associée aux usages aristocratiques en cours dans l'Europe restaurée, encerclant l'« îlot démocratique » suisse. Sur fond de tendance anti-moderniste de fin de siècle, s'exprime encore l'opposition du peuple, qualifiée de « viscérale » par Altermatt.[2] Cependant, un déblocage s'opérerait dans l'esprit du Conseil fédéral, suite au succès du représentant de Suisse à Paris Johann K. Kern dans les négociations sur Neuchâtel en 1857. L'extension du réseau répond ensuite à des motifs divers; en 1891, la colonie suisse d'Argentine appuie sa demande de légation en argumentant en faveur d'une meilleure promotion commerciale; en 1907, le gouvernement du Brésil exerce sa pression pour que le rang du représentant de Suisse soit élevé. De plus, une influence croissante des associations patronales se fait sentir à partir des années 1880.[3]

En Afrique de l'Ouest, la Suisse dispose de deux consuls honoraires: Friedrich A. Schumacher à Freetown pour les territoires britanniques à partir de 1920, et Georges F. Décombaz à Dakar pour les zones françaises dès 1928.[4] Vraisemblablement commerçants, leur fonction diplomatique les amène à se mettre quelquefois à disposition des membres de l'OSEC, pour renseignements.[5] L'agence consulaire à Freetown est déplacée à Accra en 1938. En 1950, une conférence présidée par Julien Rossat du DPF examine « la question de la création, du renforcement ou de la fermeture de certaines représentations officielles suisses à l'étranger ». Elle réunit

2 *Id.*, pp. 188-191.

3 *Id.*, pp. 294-295.

4 La circonscription de Schumacher inclut la Gambie, la Sierra Leone, la Côte de l'Or, le Nigeria et les territoires sous mandat britannique du Togo et du Cameroun; celle de Décombaz s'étend sur la Maurétanie, le Sénégal, la Guinée française, la Côte d'Ivoire, le Dahomey, le Soudan français, la Haute-Volta et le Niger.

5 Circulaire de l'OSEC Zurich à ses membres, 25.8.1936. ACV, PP778/2/32 Afrique de l'Ouest.

deux autres chefs de division du DPF, trois secrétaires de légations, les chef et vice-directeur de la Division du commerce Jean Hotz et Jakob Vollenweider, le délégué aux accords commerciaux Hans Schaffner et le directeur du Directoire de l'Union suisse du commerce et de l'industrie [Vorort] Heinrich Homberger. Après avoir traîté de l'Asie et de l'Amérique, les délégués abordent l'Afrique en discutant l'opportunité de ramifier le dispositif vers le Soudan et l'Ethiopie à partir de l'Egypte, de rayonner sur l'Angola depuis Léopoldville, de créer une agence consulaire en Rhodésie du Sud, d'ouvrir une légation en Afrique du Sud, et aussi de déplacer à Lagos le siège du consulat à Accra. Ce transfert, suggéré par des «milieux commerciaux suisses» suite aux efforts nécessaires pour trouver un successeur au consul Reinhold Knittel, n'aura pas lieu. Homberger souligne qu'on «entend du bien» à propos du nouveau consul Werner Jost; la décision finale dépend de l'enquête du Vorort et de la Division du commerce sur la convenance économique du transfert.[6]

Néanmoins, un vice-consulat ouvre à Lagos en 1952; il sera dirigé par l'agent UTC Benjamin Schwarzenbach. Celui-ci s'efforce avant tout d'apporter son soutien à la colonie suisse, notamment en prévoyant en 1956 un fonds de solidarité pour ses concitoyens, menacés selon lui «d'incertitudes financières» causées par le mouvement d'indépendance. La même année, son remplaçant et collègue d'entreprise Max Rosen souhaite la bienvenue à 83 des 350 Suisses du Nigeria, venus célébrer leur fête nationale dans un hôtel de Lagos.[7] Une activité subsidiaire de Schwarzenbach consiste à satisfaire les sollicitations du consulat à Accra, auquel il est subordonné. Le consul Hermann Bähler lui suggère d'insister sur la prévention auprès de marchands suisses inexpérimentés et susceptibles de traiter avec des partenaires insolvables.[8] En 1956, le consulat à Accra commande à Schwarzenbach un rapport sur la «menace communiste» au Nigeria; il y souligne les efforts de l'Administration britannique pour limiter les contacts des

6 <dodis.ch/8115>.

7 Lettre de Schwarzenbach au Consulat de Suisse à Accra, 5.3.1956. AFS, E2200.168(-)1973/24/3. Lettre de Rosen au Consulat de Suisse à Accra, 3.8.1956. Circulaire d'Eduard Brügger, consul de Suisse à Accra, aux compatriotes immatriculés à Accra, AFS, E2200.168(-)1973/24/1.

8 Lettre de Bähler à Schwarzenbach, 12.11.1952. AFS, E2200.168(-)1973/24/1.

leaders indépendantistes avec le bloc de l'Est, une stratégie qui lui semble porter ses fruits.[9]

*Le transfert de pouvoir vu par les diplomates suisses*

Le processus de décolonisation est suivi de plus près par les échelons supérieurs du réseau diplomatique, à l'image du consul de Suisse à Accra, Eduard Brugger. Celui-ci prévoit un séjour au Nigeria afin de rencontrer les autorités et s'entretenir avec les représentants du Ministère du commerce et de l'industrie.[10] Une attention encore plus soutenue est manifestée par la légation de Suisse à Londres, où se tiennent, en 1953 et 1956, les conférences visant à élaborer la constitution nigériane. Le chargé d'affaires de la légation, Erwin Bernath, renseigné par un informateur non-identifié, rapporte à l'issue de la conférence de 1953 que «le Nigéria est une création somme toute artificielle, la domination britannique étant le seul lien entre les deux régions côtières et l'arrière pays».[11] Bernath précise que chacune des trois régions fait corps derrière son leader respectif, et que la tentative d'unification au niveau fédéral ne remonte qu'à 1947.

> Les résultats de la conférence allèrent plutôt au-delà de l'attente du *Colonial Office*, de sorte que celui-ci est satisfait de l'étape qu'avec beaucoup de patience et de persuasion il réussit à faire accomplir à ses protégés. Le nœud du problème est cette conscience fédérale qui fait encore si généralement défaut. Pour la provoquer, la réforme constitutionnelle prévoit que les élections législatives fédérales auront lieu indépendamment des élections régionales.[12]

Un tel point de vue saisit des enjeux majeurs de la négociation et rappelle que l'indépendance se réalise en partie selon les préceptes du Colonisateur, qui s'efforce d'éduquer ses «protégés». L'ambassadeur Armin Daeniker analyse la suite du processus constitutionnel et souligne qu'à cause d'un

9 Echange de lettres entre Eduard Brügger et Benjamin Schwarzenbach, 18.4.1956 et 23.4.1956. AFS, E2200.168(-)1973/24/1.

10 Lettre de Brugger à Schwarzenbach, 23.4.1956. AFS, E2200.168(-)1973/24/1.

11 Lettre d'Erwin Bernath à Max Petitpierre, conseiller fédéral en charge du Département politique fédéral [DPF], 7.9.1953. AFS, E2001(E)1972/33/346.

12 *Ibid.*

nombre de régions encore incertain, l'échéance de 1956 initialement prévue par les nationalistes ne peut être respectée et que l'organisation politique ne semble pas devoir aboutir de si tôt.[13] Au sujet de la dernière visite préparatoire du premier ministre Tafawa Balewa à Londres en mai 1960, Daeniker fait état d'une grande confiance de la part des autorités britanniques dans l'avenir du Nigeria, avec toutefois une petite réserve. Un doute subsiste quant à la faculté du pays à développer un régime démocratique, laissant craindre une évolution vers un système plutôt autoritaire, sur le modèle ghanéen. Mais selon Daeniker, le fédéralisme devrait prémunir le Nigeria contre cette dérive.[14]

Le gouvernement suisse entend se faire une meilleure idée de la situation et des bouleversements engagés en envoyant son délégué aux accords commerciaux Edwin Stopper explorer l'Afrique de l'Ouest, en décembre 1959 et janvier 1960. Un des objectifs du voyage consiste à orienter la réorganisation du réseau diplomatique et précisément à savoir s'il vaut mieux ouvrir une ambassade à Lagos ou à Accra. Stopper recommandera de le faire dans les deux villes; selon lui, une représentation officielle à Lagos est très urgente, du moment que le Nigeria apparaît comme le pays d'Afrique de l'Ouest promis au développement économique le plus rapide. Il lui semble aussi nécessaire d'ouvrir une ambassade à Accra, notamment en raison de l'importante colonie suisse du Ghana et pour ne pas froisser le président Nkrumah, qu'il qualifie de «guide du panafricanisme noir».[15]

Le parlement suisse, en mars 1960, donne son assentiment à l'ouverture de nouvelles missions diplomatiques[16]: le Ghana fait partie du premier groupe de priorités, le Nigeria du second. A cette occasion, le Conseil fédéral est revenu sur la taille de la colonie suisse du Ghana – ayant acquis son indépendance deux ans plus tôt, alors que pour le Nigeria, c'est la «richesse économique» du pays qui est d'abord mise en avant; ces variations argumentaires s'inscrivent dans un tout, où amitié rime avec commerce:

---

13 Lettre de Daeniker au DPF, 26.1.1956. AFS, E2001(E)1972/33/346.

14 Lettre de Daeniker à Max Petitpierre, président de la Confédération, en charge du DPF, 27.5.1960. AFS, E2001(E)1972/33/346.

15 Rapport d'Edwin Stopper, 22.6.1960. AFS, JI.177(-)1984/56/3. Voir: chapitre V.

16 Message du Conseil fédéral à l'Assemblée fédérale sur la création de nouvelles missions diplomatiques, 8.8.1961. In: Feuille fédérale, vol. II, 1961, pp. 284-292. <amtsdruckschriften.bar.admin.ch>.

> Dans les quinze ans compris entre la fin de la seconde guerre mondiale et 1960, il y a eu près de trente pays qui sont parvenus à la pleine souveraineté et ont pris rang parmi les nations jouant un rôle international. Grands ou petits, ce sont tous des Etats avec lesquels notre pays veut et doit entretenir des relations amicales. Un pays industrialisé comme le nôtre peut avoir intérêt à entretenir des relations commerciales avec ces pays, qui disposent souvent des ressources d'un territoire riche et peu exploité.[17]

Au lendemain de l'Année de l'Afrique – dix-sept colonies de ce continent obtiennent leur indépendance en 1960, la Suisse comptera neuf représentations officielles sur ce continent: à Lagos et Accra, il faut ajouter la légation à Addis Abeba et les ambassades à Dakar, Abidjan, Pretoria, Khartoum, Rabat, Tunis et Le Caire. Le Conseil fédéral doit avouer à l'Assemblée que la vitesse inattendue de la décolonisation l'a poussé à revoir son intention d'ouvrir tout au plus «une ou deux nouvelles missions permanentes en Afrique».[18]

Daeniker représente la Suisse aux célébrations de l'indépendance du Nigeria en octobre 1960. A l'image de Stopper, il s'agit de prendre contact avec ses concitoyens résidant dans plusieurs pays d'Afrique de l'Est et de l'Ouest, d'y dresser un état des lieux de la diplomatie et du commerce suisses en vue de les développer. Selon Daeniker, le déroulement parfait des festivités confirme une fois de plus que l'indépendance a été préparée de longue date par le gouvernement britannique. Il estime probable que plusieurs centaines de Britanniques gardent leurs postes dans l'Administration et garantissent une transition sans heurts. La participation de Daeniker aux festivités et divers entretiens dans ce cadre influencent considérablement sa perception. Désormais, il parle non seulement d'une solide constitution fédérale obtenue après de nombreux perfectionnements, mais aussi du premier ministre Balewa comme étant capable de résister à l'influence des leaders de la région Nord. Si l'on excepte la position d'Azikiwe qui pourrait se sentir frustré d'être confiné dans un «rôle décoratif», le Nigeria apparaît à Daeniker comme une fédération cimentée par une savante répartition du pouvoir. L'importance de la population pourrait permettre au pays de former un contre-poids au Ghana de Nkrumah et à l'Egypte de Nasser.[19]

---

17 *Id.*, 7.12.1959. Vol. II, 1959, pp. 1293-1310.

18 *Id.*, 8.8.1961. Vol. II, 1961, pp. 284-292.

19 Lettre de Daeniker à Robert Kohli, secrétaire général du DPF, 12.12.1960. AFS, E2001(E)1972/33/346.

La pendulette Atmos – cadeau officiel remis par Daeniker à Balewa – témoigne encore une fois de la retenue et de l'esprit économe de la Suisse face à sa politique étrangère en général. Le Service de coopération technique obtient que la pendulette s'assortisse d'une offre de cinq bourses d'études. Une coupure de presse, transmise par l'OSEC au DPF, mentionne les présents de la République fédérale d'Allemagne comme suit: trois cliniques mobiles avec générateurs, vingt bourses d'études universitaires en Allemagne, dix bourses pour stages dans des entreprises allemandes. Le DPF se demande alors si «le problème des cadeaux officiels» ne devrait pas être reconsidéré.[20]

Balewa apprend de Daeniker la décision de placer une ambassade de Suisse à Lagos avec une apparente satisfaction. Mais la date d'ouverture n'est pas encore fixée et l'agent UTC Fritz Hofer assumera les tâches consulaires jusqu'à l'arrivée de l'ambassadeur Giovanni Enrico Bucher en août 1961. Lorsque le gouvernement nigérian annonce le passage en Suisse de la mission économique d'Okotie-Eboh par le biais des ambassades à Washington, un manque de représentation officielle à Lagos se fait sentir.[21] L'entrée en fonction de Bucher offre à la Suisse un représentant à plein temps, qui ne cumule pas sa fonction diplomatique avec une activité commerciale. Cependant, sa circonscription comprend le Cameroun, en plus du Nigeria. Docteur en droit et avocat, Bucher entre dans la diplomatie en 1943 et collabore au sein des légations suisses à Bombay, New Delhi, Paris et Bagdad.[22]

### *Les premières années d'indépendance aux yeux de l'ambassadeur de Suisse*

La politique économique et la coopération technique constituent pour l'ambassade des champs d'intervention majeurs et seront traités dans les chapitres suivants. C'est pourquoi les prochaines lignes se concentrent

20 Note de Mesmer, Coopération technique, pour Martin, Affaires administratives du DPF, 9.9.1960. Note du DPF, 26.10.1960. AFS, E2003-03(-)1976/44/194.

21 Lettre de l'ambassade du Nigeria à Washington à l'ambassade de Suisse à Washington, 17.1.1961. Lettre du DPF à l'ambassade de Suisse à Washington, 16.2.1961. AFS, E2001(E)1978/84/886.

22 Bucher, Giovanni Enrico (1913-1992), <dodis.ch/P10060>.

sur le travail d'information réalisé à l'intention du DPF, car l'image du Nigeria transmise à Berne par le biais des rapports de l'ambassade peut avoir une incidence sur la relation bilatérale. Bucher, dès son arrivée à Lagos, produit des rapports sur des sujets divers. L'un traite de l'éducation au Nigeria. L'ambassadeur interprète comme un signe encourageant la volonté des Nigérians « d'apprendre et d'aller de l'avant », ce qui pousse les hautes écoles et institutions techniques à atteindre des résultats « étonnants » et comparables à ceux des établissements européens. Il prétend que le cerveau de l'Africain n'est pas « chargé » dès son enfance, ce qui le rend ensuite plus apte à mémoriser des théories. Par contre, un manque d'éducation au sein de la famille ne permettrait pas d'exercer la logique nécessaire au côté pratique. Selon Bucher, l'Africain se contente d'avoir obtenu un diplôme et n'aspire ensuite qu'à donner des ordres de son bureau et à signer des lettres. Quelques-uns se distinguent toutefois dans des professions purement intellectuelles, mais il s'agit d'individus qui auraient quitté le « bush » depuis longtemps. Bucher en conclut que, s'il évolue dans les mêmes conditions, l'Africain est égal à l'Européen.[23]

L'ambassadeur de Suisse juge qu'une classe moyenne importante existe au Nigeria et qu'elle ne se compose « fort heureusement » pas seulement de politiciens et de fonctionnaires, mais surtout de marchands et de paysans. En effet, un certain nombre d'entrepreneurs nigérians a connu une ascension sociale et la plupart s'adonne au commerce; par contre, l'historien Tom Forrest précise que les agriculteurs ne sont pas parvenus à se hisser dans la classe bourgeoise.[24] Bucher ajoute:

> Sauf dans les steppes presque désertiques du centre, le sol est tellement riche, que l'indigène réussit à se nourrir convenablement [...] presque sans travailler; de fruits magnifiques, de racines fort nutritives et du gibier en grandes quantités. [...] n'ayant pas la nécessité de travailler, l'indigène ne fera pas trop d'efforts et n'aura pas, en général, de grandes ambitions.

Poursuivant son écrit par quelques considérations sur l'éducation en estimant que « l'Africain, en général, n'aime pas travailler de ses mains » et que le Nigeria manque ainsi de mécaniciens et de charpentiers, Bucher

23 Lettre de Bucher au DPF, 23.10.1961. AFS, E2300(-)1000/716/202.

24 « A distinct peasantry, landed gentry or class of capitalist farmers did not emerge ». Forrest 1994, *op. cit.*, pp. 18-20.

conclut: « L'Afrique est un énorme continent (peu mystérieux comparé à l'Asie), très beau, sous-peuplé, au climat malgré tout supportable. L'indigène dans la brousse est magnifique mais primitif; celui des villes est corrompu; il a hérité toutes les mauvaises qualités de l'européen. Il reste cependant, assez agréable et à l'abord facile. Le blanc y vit encore bien, malgré les nombreuses déceptions dues à l'inefficacité, le manque de sens de responsabilité et le peu de confiance qu'il peut donner aux gens du pays ».[25] Cet ensemble de stéréotypes a néanmoins le mérite d'évoquer la corruption, phénomène que Bucher ne tente pas pour autant d'expliquer. En particulier, la vision de l'indigène perverti s'inscrit en prolongement du mythe colonial dépeignant l'Afrique comme un paradis perdu; une image également véhiculée par des voyageurs suisses, en tout cas jusque dans les années 1930.[26]

D'autres rapports traitent de la politique. Le Nigeria ne ferait pas exception sur la scène africaine, car la démocratie ne s'y installe que péniblement. Bucher attribue ces difficultés à un manque de sens des responsabilités, de discipline et de formation politique, ainsi qu'à de forts liens tribaux qui mènent à des régimes présidentiels. Le principal problème résiderait dans le fait qu'au Nigeria, les trois régions principales s'identifient trop exclusivement à leur parti respectif[27], qui n'est cependant pas caractérisé par une idéologie marxiste ou d'extrême droite. Toutefois, Bucher se méfie des foules qui, imprévisibles, peuvent se laisser enflammer par un événement mineur et suivre un leader inattendu par « faux nationalisme, par xénophobie artificiellement créée ou par africanisme ». Selon lui, « tant que l'armée et la police resteront dirigées, du moins partiellement, par des Britanniques, le danger d'une telle évolution paraît toutefois minime ».[28]

---

25 Lettre de Bucher à Friedrich Traugott Wahlen, conseiller fédéral en charge du DPF, 28.12.1962. AFS, E2300(-)1000/716/202.

26 Cf.: Patrick Minder: *La Suisse coloniale. Les représentations de l'Afrique et des Africains en Suisse au temps des colonies (1880-1939)*. Peter Lang, Berne 2011, pp. 238-248.

27 L'*Action Group* représente plutôt la région Ouest, le *National Council of Nigeria and the Cameroons* la région Est et le *Northern People's Congress* la région Nord. Lettre de Bucher au DPF, 28.12.1962. AFS, E2300(-)1000/716/202.

28 Lettre de Bucher au DPF, 23.4.1963. AFS, E2300(-)1000/716/202.

Bucher perçoit une certaine dose de modération dans la politique extérieure de son pays de résidence. Les déclarations du ministre des Affaires étrangères Jaja Wachuku tiennent le pays à l'écart de l'idéologie panafricaniste et du Groupe de Casablanca[29]. Wachuku entend suivre une politique de non-alignement, mais précise que le Nigeria ne prétend pas à la neutralité, surtout lorsqu'il s'agit de préserver la paix en Afrique. Plutôt que de jouer un rôle de leader, Wachuku déclare que le Nigeria doit s'occuper de ses propres problèmes, après quoi d'autres pays pourraient le prendre en exemple. Selon Bucher, le point de vue de Wachuku s'oppose radicalement à celui de l'opinion publique, dont une partie estime que le Nigeria, qu'elle qualifie de «géant de l'Afrique», demeure trop discret sur la scène internationale.[30]

Sans doute par conscience de la structure fédéraliste, Bucher entreprend des visites de la région Est et de la région Nord. En 1961, son séjour à Enugu débute par une visite des locaux UTC, puis du Technicum où enseigne le Suisse Karl Seiler, soutenu par la Fondation suisse d'asssistance au développement technique [FADT], et enfin de l'Université de Nsukka. L'ambassadeur est invité pour un banquet au palais du gouverneur Francis Ibiam, auquel participent 34 personnes dont le premier ministre Michael Okpara, huit ministres régionaux et le représentant UTC. Alors que le gouverneur porte un toast «à la Reine» et «au Président de la Confédération suisse», Okpara prononce un discours de vingt minutes, mentionnant le bilan positif de son voyage en Suisse, ainsi que ses «bons amis» Stopper, Preiswerk et Bühler.[31] La colonie suisse d'Enugu ne compte guère plus de dix personnes, alors que celle de Port Harcourt une cinquantaine;

29 Dans les années 1960, les principaux regroupements d'Etats en Afrique sont le groupe de Monrovia, dont fait partie le Nigeria, et celui de Casablanca, qui rassemble Algérie, Egypte, Ghana, Guinée, Libye, Mali et Maroc. Le second groupe, souvent considéré comme «révolutionnaire», déclare dans sa *Charte africaine* du 7.1.1960 qu'il luttera pour «liquider le colonialisme et le néo-colonialisme sous toutes leurs formes». Cité par: François Borella: «Les regroupements d'Etats dans l'Afrique indépendante». In: *Annuaire français de droit international*, volume 7, 1961, p. 801.

30 Lettres de Bucher à Wahlen, conseiller fédéral en charge du DPF, 16.7.1962, 19.7.1962 et 19.4.1963. AFS, E2300(-)1000/716/202.

31 Okpara parle vraisemblablement du délégué aux accords commerciaux Edwin Stopper, du président de UTC Max Preiswerk et du vice-directeur de la Division du commerce Hans Bühler.

celle-ci se compose surtout d'ingénieurs au service de l'entreprise pétrolière Shell, dirigée à cet endroit par un Suisse.[32]

Le voyage de Bucher dans la région Nord en 1963 est moins orienté vers les prises de contacts, mais d'avantage vers des observations générales. Un tiers du rapport s'étend sur «les hommes et leurs particularités», comparés aux habitants du Sud-Ouest. A ces derniers, joyeux, pleins de tempérament, mais aussi bagarreurs et vaniteux, Bucher oppose des peuples hausa et fulani plus dignes, sérieux, et observant une grande politesse. Déjà au cours de la décennie précédente, les administrateurs britanniques jugeaient le contact plus agréable avec les leaders du Nord qu'avec leurs homologues du Sud.[33] Le tour d'horizon industriel insiste sur la présence suisse, comme au sein de la fabrique textile de Kaduna. Après une visite du Technicum de Bukuru qui, comme celui d'Enugu, compte parmi son personnel enseignant un Suisse envoyé par la FADT, Bucher rencontre le premier ministre Ahmadu Bello. Celui-ci confirme les suppositions de l'ambassadeur quant à la position précaire de la femme dans la région Nord; le sultan Bello affirme admirer la Suisse, car contrairement à d'autres pays occidentaux et conformément au Coran qui leur assignerait un rôle «d'être humain de seconde classe», les femmes n'y votent pas. Il exprime un signe de mécontentement après que Bucher ait prétendu que la situation en Suisse ne soit «pas tout à fait la même»; la discussion en reste là.[34]

Enfin, l'ambassadeur s'efforce de porter un regard d'ensemble sur l'évolution politique, au niveau national. A la suite d'une période «mouvementée», marquée par une proclamation de l'état d'urgence dans la région Ouest, le procès d'Obafemi Awolowo et «de nombreux autres événements»[35], Bucher rapporte que l'année 1963 débute dans le calme.

32 Lettre de Bucher au DPF, 24.10.1961. AFS, E2003-03(-)1976/44/194.

33 Martin Lynn: «Nigeria». In: *British Documents on the End of Empire*, Series B, Volume 7. The Stationery Office, London 2001, p. LXIX (introduction).

34 Lettre de Bucher à Wahlen, 20.12.1963. <dodis.ch/30685>.

35 L'état d'urgence est proclamé par Balewa, suite au conflit qui déchirait l'*Action Group*. Résumé grossièrement: Awolowo tenait à ce que le Parti, au niveau national, demeure dans l'opposition, alors que Samuel Akintola souhaitait un rapprochement avec la coalition NPC-NCNC au pouvoir. Voir: Larry Diamond: *Class, Ethnicity and Democracy in Nigeria. The Failure of the First Republic*. Macmillan, London 1998. Obafemi Awolowo: *Awo. The Autobiography of Chief Obafemi Awolowo*. Cambridge University Press 1960.

La grève générale de 1964 est perçue par le chargé d'affaires de l'ambassade Jean Zwahlen comme l'expression inattendue d'une conscience de classe transcendant les liens tribaux. Mais en décembre de la même année, ces derniers ne semblent pas avoir perdu de leur force; Bucher n'exclut pas que le président Azikiwe puisse s'éloigner du gouvernement fédéral au point de soutenir une sécession de la Région Est, en mesure de réaliser son indépendance grâce à ses réserves pétrolières. Le Président acceptera néanmoins de continuer d'intégrer un gouvernement de large coalition; compromis que Bucher interprète comme une victoire de Balewa, ayant démontré par-là «qu'il n'est pas qu'un grand homme d'Etat, mais aussi un politicien extrêmement raffiné et subtil». Ce dénouement prouverait aussi que Balewa put s'émanciper de l'influence d'Ahmadu Bello, de qui il n'aurait été au début qu'un «instrument». Mises à part toutes les qualités qu'il attribue à Balewa, Bucher ne parvient pas à expliquer ce qui put inciter Azikiwe au compromis; ne pouvant confirmer que l'armée ait exercé des pressions, il se contente d'espérer que celle-ci n'eût joué qu'un rôle marginal.[36]

En janvier 1965, Bucher quitte l'ambassade de Suisse à Lagos avec une note d'optimisme, sentiment vraisemblablement à contre-courant des articles de la presse occidentale qui adopterait qu'un seul point de vue, celui de Michael Okpara, et transmettrait une image biaisée. L'ambassadeur tient le correspondant de la *Neue Zürcher Zeitung* pour un exemple typique; celui-ci a estimé, par exemple, que le Nigeria ne serait plus jamais le même depuis le trucage des élections dans la région Ouest en 1963. Assertion que Bucher juge ridicule, en soulignant que le pays a promptement rétabli son équilibre à la suite de plusieurs autres crises plus graves. Les tensions resteraient alors confinées aux relations personnelles entre quelques politiciens, qui possèderaient toutefois «un certain sens de la réalité», permettant de placer de «bons espoirs» dans le futur du Nigeria.[37] Apparemment, l'admiration portée à la personne de Balewa par l'ambassadeur suffit à maintenir une part d'ombre sur la grandeur, la complexité et les déséquilibres de la jeune Nation.

36 Lettres de Bucher à Wahlen, 19.4.1963; de Zwahlen au DPF, 12.6.1964; de Bucher à Wahlen, 15.12.1964; de Bucher au DPF, 30.12.1964; de Bucher à Wahlen, 8.1.1965 (deux lettres à cette même date). AFS, E2300(-) 1000/716/202.

37 Lettre de Bucher à Wahlen, 8.1.1965. AFS, E2300(-)1000/716/202.

Les rapports que nous venons d'analyser sont le plus souvent adressés directement au conseiller fédéral en charge du DPF, puis largement distribués au sein de l'Administration. Cela dit, les copies ou originaux archivés ne sont que très rarement annotés et font vraisemblablement l'objet d'une attention limitée; on pourrait donc les comparer aux pages d'un journal de bord, où se rassemblent des impressions, germes de réflections susceptibles d'orienter les positions de leur auteur. En outre, la croissance du réseau diplomatique n'a pas coïncidé avec une extension parallèle de la centrale du DPF, ce qui ne facilite pas la gestion de l'information pour les fonctionnaires et politiciens à Berne, censés lire environ soixante de ces rapports par semaine. En 1972, les diplomates reçoivent la directive de les limiter à six pages.[38]

*Information suisse au Nigeria*

En sens inverse, l'ambassade considère les options qui permettraient de transmettre une certaine image de la Suisse, développer une propagande culturelle. Bucher souhaiterait disposer de bonnes ressources audio-visuelles, régulièrement demandées par les radios nigérianes, mais il ne semble pas que la Société suisse de radiodiffusion lui vienne en aide. Le gouvernement nigérian crée une demande similaire; le Ministère des affaires étrangères charge le professeur J. Fabre d'organiser des cours de français, selon la méthode audio-visuelle, pour des fonctionnaires susceptibles d'être appelés en poste diplomatique dans des pays francophones. Son désir de présenter les aspects touristique, folklorique, économique, technique et social de la Suisse est communiqué par l'ambassade à l'OSEC, à l'Office national suisse du tourisme, au Secrétariat des Suisses à l'étranger de la Nouvelle société helvétique et à Pro Helvetia. Jean Zwahlen appuie la requête par le fait que l'Université d'Ibadan a exprimé une demande semblable et que ces ressources pourraient servir aux deux programmes; de plus, ce serait «un excellent moyen de présenter avantageusement notre

---

38 Michael H. Bischof, Noëmi Sibold, Andreas Kellerhals-Maeder: *Südafrika im Spiegel der Schweizer Botschaft. Die politische Berichterstattung der Schweizer Botschaft in Südafrika während der Apartheidära 1952-1990*. Chronos, Bern 2006, pp. 54, 58.

pays à des personnes appelées à jouer un rôle important».[39] Faute de réaction des sociétés contactées, il s'agit là encore d'un projet avorté.

Mais la première incitation était venue du ministre de l'Information Theophilus S. Benson, faisant part à Bucher de son intention d'établir un échange d'informations entre les deux pays dans les domaines de la politique, de l'économie, de la recherche et de la culture. Les coûts d'un éventuel échange de journalistes motive la retenue du DPF, qui se dit toutefois prêt à encadrer une délégation faisant étape durant un voyage en Europe. Des projections de films par l'ambassade à Lagos paraissent plus raisonnables au Département.[40] Une deuxième impulsion vient encore du côté nigérian, lorsque le *Daily Times* se tourne vers Bucher pour documenter une publication sur la Suisse et ses relations avec le Nigeria. Finalement, ce quotidien ne consacre au thème rien de moins qu'une édition spéciale, en décembre 1963, à laquelle collaborent l'ambassade, Swissair et plusieurs entreprises suisses actives à Lagos. La parution est jugée satisfaisante par l'ambassadeur, malgré ses regrets quant à l'omission de l'article sur le tourisme.[41] A l'occasion de la fête nationale suisse de 1965, le *Daily Express* offre deux pages à «l'excitante revue de l'histoire de la plus vieille démocratie du monde», rédigée par l'historien et professeur à l'Université de St-Gall Georg Thürer, qui a aussi été nommé par le Conseil fédéral suisse au conseil de fondation de Pro Helvetia.[42] Les mythes autour du pacte fédéral du 13e siècle, de la neutralité et de la résistance armée durant la Seconde Guerre mondiale y ont la part belle, puis l'histoire de la Croix-Rouge et le développement universitaire sont évoqués, avant que l'article n'explique la signification du 1er août, date à laquelle même les Suisses de l'étranger

39 Nous n'avons trouvé de réponse ni à la lettre de Bucher à G.H. Padel, directeur de la Société suisse de radiodiffusion et télévision, 13.1.1964; ni à celle de Zwahlen à l'OSEC, à l'Office national suisse du tourisme, au Secrétariat des Suisses à l'étranger de la Nouvelle société helvétique et à Pro Helvetia, 22.1.1964. AFS, E2001(E) 1978/84/887.

40 Lettre de Bucher au DPF, 5.10.1961; réponse, 30.10.1961. AFS, E2001(E)1976/17/540.

41 Lettre de Bucher au DPF, 20.9.1963. AFS, E2003-03(A)1978/29/217. Lettre de Bucher au DPF, 13.12.1963. AFS, E2003-03(A)1976/44/194. Le numéro du *Daily Times* en question s'est révélé introuvable.

42 Voir: Thomas Kadelbach: *Swiss made. Pro Helvetia et l'image de la Suisse à l'étranger (1945-1990)*. Alphil, Neuchâtel 2013, pp. 111-126.

sentiraient leur esprit retourner au temps de Guillaume Tell, «champion de la liberté».[43] Cette publication est accompagnée d'annonces UTC, Swissair et Panalpina. L'écho de ces parutions peu nombreuses ne se laisse pas évaluer. Les articles nigérians traitant de la Suisse seront plutôt inspirés des voyages de leurs auteurs, mais nous y reviendrons.

## 2. La Suisse dans le dispositif diplomatique nigérian

### *Débuts de la diplomatie nigériane et coopération avec la Suisse*

L'ouverture du *Nigerian office* à Londres en 1950 a pour objectif officiel de maintenir le contact avec toute organisation et tout individu œuvrant au développement du Nigeria ou représentant les intérêts de ses habitants. À Lagos, en 1956, le Département des affaires extérieures est établi sous la supervision du *Chief Secretary*, puis dépend du bureau du premier ministre à partir de l'année suivante. Trois niveaux de représentations sont alors envisagés; des ambassades au Royaume-Uni, Etats-Unis, Ghana, Soudan et dans «une autre capitale occidentale»; une délégation permanente auprès des Nations Unies; puis des consulats à Jeddah, Fernando Po et Libreville. La formation des diplomates s'appuie sur le réseau du Royaume-Uni et se déroule donc au sein de ses ambassades à Washington, Bonn, Paris et Vienne. Jusqu'à l'indépendance, le Département n'est pas le seul acteur gouvernemental des relations étrangères; chacune des trois régions, dans l'atmosphère de concurrence se dégageant de leurs plans de développement respectifs, a placé un agent général à Londres. Cette superposition de compétences perdure en tout cas en 1959, lorsque les autorités britanniques transfèrent les responsabilités de la défense, des affaires et du commerce extérieurs au gouvernement fédéral.[44] Dans ce champ d'acti-

43 *Daily Express*, 1.8.1965.

44 Okon Effiong Eminue: *The Nigerian Diplomatic Corps and Foreign Policy Processes 1966-1979.* Doctoral thesis in the Department of Political Science, University of Ibadan, 1982, pp. 42-48.

vités, les interférences des départements des Finances, du Commerce et de l'industrie, de l'Éducation et du Service social tendent à augmenter la confusion jusque sous la Première République au moins.[45]

En 1960, le Département s'émancipe du bureau du premier ministre et forme un ministère à part entière: celui des Affaires étrangères et des relations avec le Commonwealth, dirigé par Jaja Wachuku, qui remanie l'organigramme mais ne parvient que peu à améliorer la coordination.[46] Comme la Suisse, le Nigeria n'adopte pas de vision globale, ni de stratégie en politique étrangère[47]; cependant, la création du *Nigerian Institute of International Affairs* [NIIA] en 1963 exprime une volonté de mieux orienter les décisions. Les coûts liés à la fondation de cet institut se répartissent principalement entre le Gouvernement fédéral, les trois régions, l'aide des Etats-Unis et du gouvernement britannique.[48] Du côté suisse, le Service de coopération technique refuse d'entrer en matière, mais le DPF appelle à des donations de livres auprès d'autres instances. Tandis que l'Institut universitaire des hautes études internationales [IUHEI] de Genève se déclare prêt à examiner favorablement la requête, mais semble finalement se rebiffer, Pro Helvetia offre 119 livres et une collection de diapositives. Le choix définitif des ouvrages n'est pas connu, mais l'ambassadeur Bucher suggérait de privilégier des titres relatifs à la politique, la jurisprudence, l'histoire, la géographie et l'économie. Cette contribution suisse donne lieu à une petite mise en scène en présence de Bucher et à deux articles de presse. Reconnaissant la modestie du geste, l'ambassadeur pense qu'il

45 Sola Ojo: «The Administration of Nigeria's Foreign Service, 1960-80». In: Timothy M. Shaw, Olajide Aluko (éd.): *Nigerian foreign policy: alternative perceptions and projections*. Macmillan, London 1983, pp. 57, 59.

46 *Id.*, p. 59.

47 Eminue, *op. cit.*, p. 49.

48 Il est prévu que le Gouvernement fédéral verse 30'000 £ par an, la région Ouest 15'000 £ par an et 15'000 £ durant trois ans, la région Nord 15'000 £ par an, la région Est 15'000 £ par an. Le gouvernement des Etats-Unis offre 100'000 £ pour équiper la bibliothèque, le gouvernement britannique 39'000 £ pour la construction d'un auditoire, aux frais duquel participe le gouvernement indien, le Sénat de Berlin Ouest offre 30'000 £ pour la construction d'une salle de conférences, des entreprises mettent 28'000 £ à disposition. Lettre de Gagnebin, DPF, à Yves Collart, secrétaire général de l'IUHEI, 9.10.1964. AFS, E2003-03(A)1978/29/217.

pourrait néanmoins encourager d'autres donateurs.[49] Sur une idée du *Chief Justice* Adetokunbo Ademola à la suite de son séjour en Europe et conçu sur le modèle du *Royal Institute of International Affairs* à Londres, le NIIA s'efforcera de compiler des données et mener des recherches sur les relations internationales, mais ce travail ne sera pas exploité systématiquement par le Ministère. Le fait que le *Chief Justice* préside l'Institut jusqu'en 1971 pourrait en partie expliquer ses liens distendus avec les Affaires étrangères.[50]

### *Motifs pour une ambassade à Berne*

L'état embryonnaire du réseau diplomatique, durant la Première République, amène plusieurs fois le Ministère à recourir aux services des ambassades britanniques. Le Nigeria compte 13 représentations à l'étranger en 1963, 39 en 1966 et plus de 50 en 1970.[51] Selon les fonctionnaires interrogés par Eminue, l'emplacement des postes diplomatiques dépend surtout d'une volonté d'établir des liens avec les pays jugés industriellement avancés, ainsi qu'avec ceux qui abritent les principales organisations internationales. La République fédérale d'Allemagne, l'Italie, les Etats-Unis, l'Union soviétique, le Japon, le Brésil répondent au premier critère, la Belgique au second. À l'instar de la Hollande, la Suisse réunit les deux.[52] Un document de travail établi en 1966 par le Ministère détaille les intérêts du Nigeria pour 127 pays, en distinguant les domaines politique, économique, commercial, culturel et en évaluant le nombre de résidents nigérians. Si la Suisse est notée avec huit sur dix pour son savoir-faire industriel, ses débouchés pour les produits nigérians, qu'elle obtient sept points pour son statut international et les débouchés qu'elle offre aux ressources minérales; par contre, son éloignement culturel et son absence des institutions

---

49 Lettre de Gagnebin à Pro Helvetia, 9.10.1964. Lettre de Bucher à Pro Helvetia, 3.12.1964. AFS, E2003-03(A)1978/29/217. Lettre de Pro Helvetia à l'ambassade de Suisse à Lagos, 24.2.1965. Lettre de Bucher à Pro Helvetia, 20.5.1965. AFS, E2001(E)1978/84/887. *Nigerian Daily Sketch*, 21.5.1965. *Sunday Express*, 30.5.1965.

50 Eminue, *op. cit.*, p. 93.

51 Olajide Aluko: *Essays on Nigerian Foreign Policy.* George Allen, London 1981, p. 50.

52 Eminue, *op. cit.*, p. 55.

internationales ne lui rapportent que la note minimale. Sur un total maximum possible de 180 points, la Grande-Bretagne arrive en tête avec 163, suivie des Etats-Unis avec 145 et de la RFA avec 106. La Suisse se classe au dixième rang avec 79 points, précédée de peu par la Hollande qui en obtient 82, alors que la Suède en reçoit 75, le Danemark 67, la Norvège 60, la Belgique 59, et l'Autriche 50.[53]

Sur la base d'une chaude recommandation du DPF d'octobre 1966, le Conseil fédéral suisse accepte Sule Kolo en tant que premier ambassadeur du Nigeria à Berne. Diplômé de la *London School of Economics* en 1957, premier secrétaire des Affaires étrangères, conseiller à la Haute commission [ambassade] à Londres, puis secrétaire permanent au Ministère de la défense à partir de 1963, Sule Kolo donne à l'ambasadeur de Suisse à Lagos Fritz Real l'image d'un fonctionnaire très compétent «selon les standards nigérians».[54] Lorsque le gouvernement nigérian prévoit d'établir un laboratoire pour l'essai des matériaux, O.F. Leibu, diplômé du polytechnique de Zurich dans les années 1940, suggère de s'inspirer du modèle suisse et Sule Kolo se rend à l'EMPA[55] en 1964 et janvier 1966 pour le compte du ministère de la défense, associé au projet.[56] Lorsque l'ambassade de Suisse à Lagos mentionne «la sympathie qu'il nourrit pour notre pays et son désir de l'associer plus étroitement au développement du sien», elle laisse supposer que les sentiments personnels et l'influence de Kolo ne sont pas étrangers au choix d'ouvrir une représentation à Berne.[57]

---

53 «Schedule of Nigerian Interests in Other Countries». In: Ministère des affaires étrangères: *Working Paper on Administrative Organisation of the Ministry.* Préparé par E.O. Enahoro, 14.3.1966. Reproduit dans: John J. Stremlau: *The International Politics of the Nigerian Civil War 1967-1970.* Princeton University Press, Princeton 1977, pp. 391-398.

54 Lettre de Fritz Real au DPF, 4.10.1966. Proposition du DPF au Conseil fédéral, 15.10.1966. AFS, E2001(E)1980/83/539.

55 Laboratoire fédéral pour l'essai des matériaux et institut de recherche pour l'industrie, la construction et les arts et métiers.

56 Lettre Bucher au DPF, 1.12.1964. AFS, E2001(E)1982/58/443.

57 Cité dans une lettre d'Exchaquet, DPF, au Prof. Amstutz de l'EMPA, 3.2.1966. AFS, E2001(E)1982/58/443.

## 3. Ministres nigérians en voyages d'étude ou missions commerciales

Aussitôt que le Conseil nigérian des ministres entre en fonction en 1952, ses membres effectuent des voyages en Europe et aux Etats-Unis. En 1958, le Gouvernement fédéral annonce que des missions se rendront à l'étranger pour se tenir au courant des développements techniques de l'industrie et voir comment ils peuvent être appliqués au Nigeria.[58] Le flot de visites devient plus intense au tournant de l'indépendance en 1960-1961, puis en 1965. Les motifs et les destinations de ces voyages sont divers. Il est rare qu'on se limite à une seule étape; les voyages concernent le plus souvent plusieurs pays.

### *Un intérêt pour la poste suisse*

En 1952, le ministre des Communications Chief Arthur Prest se rend à Liverpool pour effectuer un contrôle médical, avec l'autorisation du Conseil de prendre à cette occasion des engagements officiels. Ayant accepté l'invitation au thé à Buckingham, où on lui présente la reine d'Angleterre Elisabeth II, A. Prest choisit de ne pas prolonger les mondanités et consacre le reste de son séjour à observer les systèmes postaux et télégraphiques. Plusieurs nigérians étudient déjà ces domaines au Royaume-Uni et lui font part d'une frustration de devoir ensuite exercer leur savoir sur des équipements désuets de leur terre d'origine. Plus d'un mois après l'arrivée de son bateau, Prest débute un «tour continental» d'un jour en Allemagne, six en Hollande, un jour en Belgique, trois en Suisse et un en France. L'étape allemande se résume à la visite d'une entreprise métallurgique à Oberhausen dans la région de la Ruhr et un voyage sur «the great Autobahn road» qu'il juge digne d'attention pour son collègue en charge des routes. La longueur du séjour en Hollande s'explique par l'intérêt porté aux usines

58 Federal Government: *The Role of the Federal Government in Promoting Industrial Development in Nigeria*. Government Printer, Lagos 1958.

Philips qui produisent, par exemple, des téléphones spécialement adaptés au climat tropical.[59]

A. Prest affirme que la Suisse est «le centre de [son] intérêt»; car, en plus d'abriter le siège de l'Union postale universelle, elle disposerait, à Zurich, du système postal le plus moderne d'Europe. La description du fonctionnement de la poste centrale met l'accent sur les activités bancaires de l'établissement et les conditions de travail des employés, qui profitent de salles de repos et toilettes propres. Or, l'automatisation du tri est l'aspect le plus exhaustivement rapporté. Concédant que ces facilités sont peu comparables à celles de la poste centrale du Nigeria, le ministre prévoit que la croissance démographique pose à Lagos des problèmes similaires à ceux qui avaient incité les Zurichois à moderniser leur système. A. Prest soutient donc auprès du Conseil des ministres une réorganisation du Département des postes et télégraphes, basée sur des conseils d'experts. Cependant, il déclare que la «présente confusion et congestion» dans l'acheminement du courrier rend une mécanisation partielle de la poste centrale de Lagos immédiatement nécessaire.[60] Le séjour en Europe complète une enquête entamée par A. Prest dans à peu près tous les bureaux postaux du Nigeria et débouche sur des recommandations peu différentes des conclusions de l'expertise britannique en 1954. Tous les rapports concordent sur le manque de formation professionnelle, de locaux et de moyens de transports, mais le besoin d'équipements mécaniques est finalement considéré comme subsidiaire. On construit seize bâtiments au cours des deux années suivantes; le Conseil des ministres décide alors d'augmenter les tarifs postaux.[61]

D'autres ministres des communications suivent les pas d'A. Prest. En 1955, l'ambassade de Grande-Bretagne à Berne informe le DPF de l'in-

---

59 Memorandum d'Arthur Prest au Conseil des ministres, 17.9.1952. NAI, CSO 26: 54158/S.4 et Archives nationales du Royaume-Uni [NAUK], CO 1039/5.

60 *Ibid.*

61 Memoranda du ministre des Communications, 30.10.1952 et 31.12.1952. NAUK, CO 1039/8. Conclusions d'une réunion du Conseil des ministres, 15.7.1953 et 2.9.1953. NAUK, CO 1039/12. Rapport joint de H.O. Ellis et W.J. Aedy du Département britannique des postes et télégraphes, septembre 1954. NAUK, CO 1039/31. Rapport de C.P. Thompson, secrétaire du Comité économique, 5.2.1957. NAUK, CO 1039/85. Conclusions d'une réunion du Conseil des ministres, 23.7.1957. NAUK, CO 1039/66.

tention de Kingsley O. Mbadiwe de passer quatre jours en Suisse pour y étudier les services postaux. L'ambassade s'engage à organiser la visite et le DPF transmet l'information au Département suisse des postes et des chemins de fer, qui la porte jusqu'au conseiller fédéral Max Petitpierre. Finalement, pour des raisons inconnues, Mbadiwe ne réalise pas ce séjour.[62] En 1961, le passage de la délégation d'Olu Akinfosile est annoncée au DPF par le consulat de Suisse à Lagos. Plus qu'effectuer une simple visite, le Ministre souhaite entrer en contact avec la direction de la poste suisse dans l'espoir de recruter des experts en télécommunications; il rencontrera également des représentants de l'OFIAMT, du Service de coopération technique et de UTC. L'itinéraire de la délégation comprend aussi l'Angleterre, la Hollande et l'Allemagne, et le but précis consiste à engager une quinzaine de techniciens jusqu'à ce que les quarante Nigérians en formation au Royaume-Uni terminent leur cursus. Un marché du travail «tendu depuis plusieurs années» et une population réduite expliquent, selon le délégué à la Coopération technique Hans Keller, le fait que la Suisse ne puisse satisfaire la requête nigériane.[63] Finalement, ce sont sept ingénieurs de la République fédérale d'Allemagne qui se rendent au Nigeria.[64] Alors qu'en 1965, le Nigeria s'apprête à réorganiser profondément son système postal sur une période de cinq ans, le ministre Raymond Njoku visite à son tour la centrale de la poste suisse et l'Union postale universelle à Berne. Rien ne démontre que cette visite débouche sur une collaboration concrète des deux pays dans le domaine des communications.[65]

---

62 Lettre de l'ambassade de Grande-Bretagne à Berne au DPF, 7.6.1955. Lettre du Département fédéral des postes et des chemins de fer à Max Petitpierre, 22.6.1955. AFS, E2001(E)1978/84/886.

63 *Daily Times*, 20.2.1961. Lettre du chargé d'affaires de Suisse à Lagos Heinz Suter au DPF, 9.2.1961. Notes du Service de coopération technique, 8.3.1961 et 27.3.1961. Programme de visite 4-9.3.1961. Lettre de l'ambassadeur de Suisse à Lagos G.E. Bucher au conseiller fédéral Willy Spühler, 4.10.1961. AFS, E2003-03(-)1976/44/307.

64 *Daily Times*, 29.5.1962.

65 *West African Pilot*, 20.7.1965. Lettre du chargé d'affaires de Suisse à Lagos Jean Zwahlen au DPF, 30.6.1965. Lettre de Raymond Probst, DPF, à l'ambassade de Suisse à Lagos, 21.7.1965. AFS, E2001(E)1978/84/886.

Alors qu'il était ministre du Commerce et de l'industrie, R. Njoku avait déjà séjourné en Suisse dans le cadre d'une tournée européenne comprenant notamment l'Allemagne, à la suite de la Conférence constitutionnelle tenue à Londres en 1957. Sa venue est alors annoncée au gouvernement suisse par l'agent commercial UTC et vice-consul à Lagos B. Schwarzenbach. Un collègue d'entreprise de celui-ci, C. Spoerri, encadre la visite de l'entreprise chimique Ciba, qui précède celle de la fabrique horlogère Omega et de la chocolaterie Suchard. Njoku s'entretient ensuite avec la Division du commerce au sujet de la balance commerciale apparemment déficitaire pour le Nigeria, mais ses interlocuteurs parviennent à lui faire admettre le contraire en présentant des statistiques qui incluent le destinataire final des produits. Questionné sur l'entrée éventuelle des pays d'outre-mer dans la Zone de libre échange, le gouvernement suisse répond qu'il n'y est pas favorable. Enfin, ce dernier obtient des informations plutôt générales lorsqu'il demande de quelle manière la Suisse pourrait contribuer au développement du Nigeria; Njoku se contente d'expliquer que son pays offre des conditions attractives aux investisseurs et n'entrave pas le rapatriement de capitaux.[66]

A ces premières approches officielles fait suite une visite beaucoup plus remarquée: celle de la mission commerciale du ministre des Finances Festus Okotie-Eboh en 1961, dont les objectifs consistent à «explorer les possibilités» d'une expansion du commerce avec les pays hôtes, promouvoir leurs investissements au Nigeria et chercher de l'assistance à un «programme éducatif massif».[67] Entre autres délégués, le ministre du Commerce et de l'industrie Zanna B. Dipcharima participe à cette mission qui débute en Allemagne, se poursuit en Norvège, Suède, Danemark, Hollande, Suisse, puis se termine en Italie. En Suisse, la Délégation est ac-

66 Lettre d'E. Brugger, consul de Suisse à Accra, à la Division du commerce, 13.5.1957. Lettre de la Division du commerce à l'ambassade de Suisse à Londres, 28.6.1957. Lettre d'E. Stopper, délégué aux accords commerciaux, au Consulat de Suisse à Accra, 26.6.1957. AFS, E7110(-)1970/112/141.

67 Lettre de l'ambassade du Nigeria à Washington à l'ambassade de Suisse à Washington, 17.1.1961. AFS, E2001(E)1978/84/886.

cueillie par le conseiller fédéral en charge des Finances Jean Bourgknecht. Elle participe à une séance réunissant des délégués du Département des finances, de la Division du commerce, de la Coopération technique et du Vorort. La question de la balance commerciale est soulevée dans les mêmes termes que ceux de Njoku quatre ans plus tôt, et traitée de la même manière. Cependant, les discussions aboutissent à des engagements concrets du gouvernement suisse, à savoir la promesse de dix bourses d'étude et la couverture du financement de turbines par la Garantie contre les risques à l'exportation. Même si la Délégation oriente sa visite vers les entreprises Brown Bovery et Motor Columbus, son intérêt se porte aussi sur Alusuisse, société avec laquelle elle projette de développer des *joint ventures*. Les banques, desquelles les Nigérians espèrent des crédits à long terme, ne se déclarent disposées à couvrir l'achat de produits suisses que sur une période de trois mois.[68] G.E. Bucher, à l'instar de ses homologues ambassadeurs de Norvège et d'Allemagne, se mêle à «la foule» accourue sur le tarmac de Lagos pour accueillir la Délégation; Dipcharima qualifie alors le passage en Suisse d'«extraordinaire».[69] Dans les colonnes du *Morning Post*, Okotie-Eboh rapporte que les contacts établis dans chaque pays donnent des perspectives réjouissantes. Le ministre des Finances ne relève aucun point négatif ou mitigé; les séjours en Allemagne et en Suisse, particulièrement, apparaissent comme des succès complets. Grâce aux discussions menées à Berne, on continuera à examiner les moyens de favoriser les échanges commerciaux; de plus, des compagnies suisses «de réputation internationale» ont manifesté leur intérêt aux projets hydroélectriques nigérians.[70]

---

68 Note de Raymond Probst et Pierre Micheli, DPF, pour le président de la Confédération Friedrich T. Wahlen, 13.10.1961. AFS, E2001(E)1978/84/888. Memorandum à propos des statistiques commerciales, projet d'un traité de commerce et de coopération technique, projet d'un accord sur le financement d'équipement de centrales électriques, 14-16.10.1961. AFS, E2001(E)1978/84/886. Lettre du vice-directeur de la Division du commerce Hans Bühler à l'ambassade de Suisse à Lagos, 23.10.1961. AFS, E2001(E)1978/84/888.

69 Lettre de G.E. Bucher à la Division du commerce, 26.10.1961. AFS, E2001(E)1978/84/886.

70 *Nigerian Morning Post*, 28.10.1961.

Beaucoup plus discrète, car inofficielle, la visite en Suisse du ministre du Commerce Mbadiwe en 1965 permet un accord avec Nestlé, qui accepte de mettre un bureau à disposition du Nigeria pour y établir un centre de commerce du cacao.[71] Mais la Première République a désormais ses jours comptés et le projet ne se concrétise pas.

D'autres séjours en Suisse se présentent sous forme de visites d'étude, à l'image de celui du *Minister of Works* Muhammadu Inuwa Wada en 1957, qui étudie la construction d'autoroutes, ponts et barrages.[72] Le *Chief Justice* Adetokunbo Ademola en 1961, le ministre de l'Intérieur Usman Sarki en 1962, le ministre de la Justice de la région Est Christopher Mojekwu[73] en 1965 s'informent sur le droit civil suisse, les procédures de naturalisation et la Constitution fédérale. Tous trois prennent, en ces occasions, également contact avec le milieu économique privé; Ademola visite Nestlé, Mojekwu rencontre la direction de UTC. Quant à Sarki, son séjour donne suite à une invitation de la Continental finance SIESA. Il s'agit d'une filiale de Tricerri, homme d'affaires italo-argentin, surveillé par la Police fédérale dans les années 1950.[74] La même firme arrange le programme de trois des cinq jours de la visite de Mbadiwe, alors conseiller en Affaires africaines, en 1963. Ce séjour, annoncé seulement deux semaines à l'avance, est officiellement motivé par un intérêt pour le «développement» de la Suisse. Des entretiens avec les conseillers fédéraux Friedrich T. Wahlen

---

71 *West African Pilot*, 22.7.1965. Lettre de Bucher à la Division du commerce, 30.7.1965. AFS, E2001(E)1978/84/886.

72 Lettre de l'ambassade de Grande-Bretagne à Berne au Département politique, 1.6.1957. AFS, E2001(E)1980/83/539.

73 Malgré sa fonction régionale, Mojekwu réalise ce séjour en Suisse pour le compte du gouvernement fédéral du Nigeria. Lettre de Raymond Probst, DPF, à l'ambassade de Suisse à Lagos, 6.7.1965. AFS, E2001(E)1978/84/886.

74 Lettre de Bucher au DPF, 15.6.1962. AFS, E2001(E)1980/83/539. Dans les années 1950, la Police du canton de Vaud mène une enquête plutôt méticuleuse sur Silvio Tricerri, ami personnel du président de l'Argentine Juan Peron. Tricerri est soupçonné d'avoir trop usé de cette relation pour développer ses affaires en Argentine, avant de s'établir à Genève et d'y organiser le refuge de Peron à la suite de son renversement. Finalement, il semble qu'aucune charge ne soit retenue contre Tricerri. Également actif dans le commerce de grains, il développe un lien privilégié avec l'Egypte et souhaite étendre son réseau à d'autres pays africains. Rapports de l'inspecteur S. Nicollerat au chef de la Police de sûreté du canton de Vaud, transmis au Ministère public fédéral, 30.9.1956 et 25.8.1959. AFS, E4320(B)1990/266/466.

et Hans-Peter Tschudi suivent une visite de la fabrique de boîtes en carton Bobst et de l'atelier de lithographie Klausfelder, pendant que Mme Mbadiwe observe une «maternité modèle» de Nestlé.[75]

### *Visites de ministres régionaux*

À ces nombreuses visites s'ajoutent celles des politiciens régionaux. Le phénomène s'inscrit dans un contexte de concurrence économique croissante entre les trois régions nigérianes à partir de 1950, puis accentuée par la constitution de 1954. Selon l'historien Robert L. Tignor, l'Ouest ouvre les feux en présentant son programme régional d'éducation en 1951, puis l'Est, remonté par les succès électoraux du NCNC, réplique par l'envoi de son *Premier* Nnamdi Azikiwe et l'homme d'affaires Louis Ojukwu à la recherche d'investisseurs et places de formation en Europe de l'Ouest et aux Etats-Unis.[76] La région Est enchaine avec la mission de son ministre de l'Industrie en Inde et au Japon en 1955, puis celle de son ministre des Transports et du développement au Royaume-Uni, en Italie, au Danemark, en Allemagne et en Hollande, en 1956, qui suscite un commentaire de la part du gouverneur britannique. Ce dernier estime que les ministres ne sont pas habilités à recruter des techniciens, ce qui reste la tâche du *Colonial Office*, mais doivent se contenter d'informer les candidats sur leur futur lieu de travail.[77] La remarque, sans doute restée confidentielle,

---

75 Lettre du chargé d'affaires à l'ambassade de Suisse à Lagos, au DPF, 18.5.1963. Lettre de Raymond Probst, DPF, à l'ambassade de Suisse à Lagos, 12.6.1963. AFS, E2001(E)1978/84/886.

76 Robert L. Tignor: *Capitalism and Nationalism at the End of Empire: State and Business in Decolonizing Egypt, Nigeria, and Kenya 1945-1963.* Princeton University Press 1998, p. 248. Cf.: Nnamdi Azikiwe, Louis P. Ojukwu: *Economic Rehabilitation of Eastern Nigeria. Report of the Economic Mission to Europe and North America.* Government Printer, Enugu 1955. La mission dure du 5 mai au 16 juillet 1954 et fait étape au Royaume-Uni, en Hollande, en République fédérale d'Allemagne, en Autriche, aux Etats-Unis, à nouveau au Royaume-Uni, en Suède, une troisième fois au Royaume-Uni, puis en Italie. NAI, Official Publications RG/A3.

77 Lettre du député du gouverneur général au secrétaire d'Etat aux colonies, 8.11.1955. Communiqué de presse, 9.12.1955. NAI, CSO V/I V/16A 54158/S.19. Lettre du gouverneur de la région Est au secrétaire d'Etat aux colonies, 12.5.1956. NAI, CSO V/I V/16A 54158/S. 22.

ne provoque pas de conflit. Des élus de la région Est s'envolent encore au moins cinq fois pour des missions officielles et quatre incluent la Suisse dans leur itinéraire.

La plus significative est celle du Premier ministre Michael Okpara en juin 1960. Du moment que le gouvernement suisse précise qu'il ne peut recevoir officiellement les autorités régionales d'un pays dont l'existence formelle n'est pas encore reconnue, UTC se charge d'organiser la visite.[78] Okpara s'intéresse à diverses industries; il commande des turbines à gaz à Brown Bovery, représentée au Nigeria par UTC. Des contacts se nouent avec le Parlement des jeunes du canton d'Argovie, dont une délégation propose spontanément au Ministre de l'assistance à un programme de formation. La prise de contact officielle donne lieu à des discussions assez générales mais n'aboutit pas à des engagements concrets.[79] Toutefois, pas plus de six mois ne s'écoulent avant la venue du ministre de l'Éducation G.E. Okeke, chargé de recruter des enseignants, médecins et ingénieurs. UTC assume également l'organisation de ce séjour, lors duquel la Coopération technique se déclare disposée à offrir cinq bourses d'études pour la seule région Est.[80]

A ce moment, le resserrement des liens avec l'Est n'amène pas l'Administration fédérale suisse à se soucier d'un éventuel favoritisme qui, sur fond d'intense compétition entre les trois régions nigérianes, ne contribuerait pas à l'équilibre de la jeune nation. Okeke précise que la constitution assigne la responsabilité de l'éducation aux régions et que son passage en Suisse s'effectue en parfait accord avec le Gouvernement fédéral. D'ailleurs, il semble que les cinq bourses d'études, annoncées dans une période de profonde structuration du Service de coopération technique, ne soient finalement pas octroyées.

Si les ministres de la région Est visitent la Suisse le plus fréquemment, ceux de l'Ouest y séjournent à deux reprises en 1961. La première délégation s'intéresse à l'agriculture, mais fait aussi part de ses besoins généraux

78 Note du chef du protocole du DPF à Raymond Probst, 18.5.1960. AFS, E2001(E)1978/84/886.

79 A propos de la coopération avec le Parlement des jeunes, voir chapitre V.2. Note du délégué à la Coopération technique Hans Keller, 4.6.1960. AFS, AFS, E2001(E)1978/84/888.

80 Note de la Coopération technique, 14.12.1960. AFS, E2003-03(-)1976/44/307.

dans le domaine de la formation professionnelle.[81] La seconde est celle du premier ministre Samuel Akintola, approchant Nestlé, Brown Bovery et les milieux bancaires; Crédit suisse propose d'organiser sa visite, l'Union de banques suisses d'envoyer un représentant à sa rencontre à Zurich.[82]

Parmi les autorités de la région Nord, le ministre de la santé Galadiman Pategi, qui fait le voyage de la Suisse en 1963, souligne le manque de médecins dans sa région et propose que la Coopération technique verse des bonus aux salaires nigérians des médecins suisses qui s'y engageraient. La même année, une délégation économique du Nord prévoit une visite de fabriques métallurgiques, mais il n'est pas certain qu'elle se réalise.[83] L'expérience de l'Etat fédéral suisse, stable au cours des cent dernières années, n'est probablement pas étranger au fait que personne, à Berne, ne se préoccupe du danger d'attiser les dissensions et jalousies entre régions nigérianes.

### *Motivations générales et bilan*

Une telle quantité de visites officielles laisse perplexe. A la veille de l'indépendance, en juin et juillet 1960, une délégation de la région Est se rend en Israel et au Royaume-Uni, le chef de la Chambre des représentants Jaja Wachuku et le premier ministre de la région Nord Ahmadu Bello aux Etats-Unis, le ministre de l'Intérieur Usman Sarki en Europe, et le ministre des Finances Okotie-Eboh effectue un «tour du monde».[84] Prolongeant à plusieurs reprises des conférences constitutionnelles ou stages de formation administrative tenus au Royaume-Uni, les premières visites amènent des perspectives réjouissantes, qui incitent à soigner les contacts établis. Le réseau diplomatique nigérian, encore balbutiant, n'offre pas les relais espérés.

81 Note de la Coopération technique, 4.9.1961. Lettre de Raymond Probst, DPF, à l'ambassade de Suisse à Lagos, 7.9.1961. AFS, E2003-03(-)1976/44/307.

82 Note du DPF, 28.9.1961. Lettre de Raymond Probst à l'ambassade de Suisse à Lagos, 6.10.1961. AFS, E2001(E)1978/84/886.

83 Note du DPF, 12.8.1963. Lettre du chargé d'affaires à l'ambassade de Suisse à Lagos à la Division du commerce, 5.7.1963. AFS, E2001(E)1978/84/886.

84 L'itinéraire d'Okotie-Eboh comprend Israel, Royaume-Uni, Tchécoslovaquie, République fédérale d'Allemagne, Japon et Etats-Unis. *Daily Times*, 11.6.1960, 16.6.1960, 17.6.1960, 8.7.1960, 11.7.1960, 12.7.1960.

Au-delà de la prise de contact, certaines visites présentent un bilan controversé. Si Okotie-Eboh ne cache pas son enthousiasme au retour de sa mission économique, un article du quotidien *West African Pilot* souligne que les six ministres et douze fonctionnaires alors mobilisés ne manquent pas pour autant d'affaires pressantes à régler, «ici à la maison». On évoque aussi une sous-représentation d'hommes d'affaires dans la Délégation, donc un manque de spécialistes.[85] Cependant, Okotie-Eboh possède deux usines, alors que Waziri Ibrahim, *District Manager* en charge de la région Nord chez UAC[86], est aussi du voyage. Lorsqu'Inuwa Wada résume la note de remerciement pour son passage en Suisse à la mention d'un «aperçu éclairant» de la manière de concevoir des œuvres de génie civil, il est permis de mettre en doute l'opportunité d'un tel séjour. Le Ministre avait toutefois demandé au Conseil la mise à disposition d'un ingénieur et se voit accompagné par le secrétaire permanent de son ministère V.L. Cornish.[87] Dans une appréciation globale, le journaliste F.O. Adiari souligne en 1963 que les missions à l'étranger n'ont pu susciter une assistance satisfaisante et suggère d'ouvrir plus d'ambassades, qui agiraient comme antennes de propagande.[88]

Une vingtaine de visites incluent la Suisse; or, l'attraction se résume-t-elle à la sûreté et discrétion de ses banques? La compagnie financière de Tricerri n'est vraisemblablement pas étrangère aux visites rapprochées

---

85 Article de S. Ade Fashola. *West African Pilot*, 9.6.1961.

86 Okotie-Eboh entre chez *Bata Shoe Company* en 1937, où il gravit quelques échelons en tant que manager. En parallèle, il établit cinq écoles, se lance dans le commerce de bois et de plastique, puis ouvre une usine de caoutchouc en 1958 et une fabrique de chaussures en 1963. Waziri Ibrahim occupe une position de cadre au sein de UAC à partir des années 1950 et devient *district manager* de la région Nord, fonction qu'il quitte en 1962, quand il est nommé ministre fédéral de la Santé, puis du Développement économique. Dès 1966, il retourne aux affaires avec succès. Actif dans le commerce de poisson et la fabrication de savon, il ouvrira une clinique à Kano en 1976 et se portera candidat aux élections présidentielles de 1979 et 1983. Voir: Tom Forrest: *The Advance of African Capital: the Growth of Nigerian Private Enterprise*. Edinburgh University Press, London 1994, pp. 83, 260. C.O.O. Ugowe: *Eminent Nigerians of the Twentieth Century*. Hugo Books, Lagos 2000, pp. 163-172.

87 Memorandum d'Inuwa Wada au Conseil des ministres, 4.9.1957. NAUK, CO 1039/78. Lettre de l'ambassade de Grande-Bretagne à Berne au DPF, 1.6.1957. Lettre de l'ambassade de Suisse à Accra au DPF, 1.11.1957. AFS, E2001(E)1980/83/539.

88 *West African Pilot*, 23.8.1963.

de Sarki et Mbadiwe, mais les trois grandes banques suisses gardent profil bas et ne laissent transparaître aucun rapport privilégié avec un quelconque ministre nigérian. Des liens personnels avec le secteur privé se révèlent plutôt du côté de UTC, qui contribue à l'organisation de certains séjours; le fait que son agent Schwarzenbach assume la fonction de vice-consul constitue un maillon essentiel du contact avec les autorités nigérianes. Okpara illustre la nature de sa relation avec la Compagnie bâloise en comptant explicitement le président de UTC Max Preiswerk parmi ses «bons amis» suisses.[89]

Bien plus que d'occasionner de grands détours sur les itinéraires des délégations, l'étape suisse apparaît plusieurs fois à la suite de l'Allemagne ou sur le chemin de l'Italie. Okotie-Eboh intègre la Suisse dans la mission économique de 1961 qui se concentre sur l'Europe, mais pas dans son tour du monde de l'année précédente. Cependant, la quantité de visites ne se laisse pas expliquer par le fait que la Suisse se trouve «sur le passage» des délégations. Njoku et Mbadiwe y séjournent chacun à trois reprises. L'impression positive retenue par A. Prest incite trois de ses successeurs au Ministère des communications à suivre ses pas. Okotie-Eboh souligne les engagements concrets obtenus des autorités suisses, dont il qualifie l'attitude de très positive, en comparaison avec celle des autres gouvernements approchés.[90] Par contre, l'idée d'un gain de prestige, à l'image du président d'Indonésie K. Suharto qui, à son retour de Suisse, organisera une exposition nommée «Le voyage en Suisse du président», doit être écartée dans le cas des ministres nigérians.[91]

Du côté suisse, l'«avalanche de personnalités nigérianes [...] peu agréable» dénoncée par un collaborateur du DPF en 1965 ne reflète pas un point de vue répandu et durable.[92] Cette réaction agacée fait suite à l'annonce tardive de certaines visites et plusieurs malentendus à propos de l'organisation. Le fait que le Conseil fédéral s'implique désormais moins

89 Lettre de Bucher au DPF, 24.10.1961. AFS, E2003-03(-)1976/44/194.

90 Lettre du vice-directeur de la Division du commerce Hans Bühler à l'ambassade de Suisse à Lagos, 23.10.1961. AFS, E2001(E)1978/84/888.

91 Ce séjour date de 1972. Cf.: Daniela Rosmus: *Die Schweiz als Bühne. Staatsbesuche und politische Kultur 1848-1990*. Chronos, Zurich 1994, p. 33.

92 Télégramme du DPF à l'ambassade de Suisse à Lagos, 7.7.1965. AFS, E2001(E)1978/84/886.

souvent dans la réception des ministres montre aussi qu'une lassitude ait pu s'installer. En 1957, Edwin Stopper estime que le séjour de Njoku a permis de resserrer les liens entre les deux pays. En 1961, le collaborateur du DPF Raymond Probst se dit convaincu que l'attention témoignée à la délégation d'Ademola était dans l'intérêt des relations bilatérales; la même année, Nestlé et Brown Bovery se félicitent d'avoir pu une nouvelle fois entrer en contact avec de hautes personnalités nigérianes. Et même en 1965, Probst est d'avis que «les contacts personnels qui peuvent être noués au cours de visites de ce genre [celle de Njoku] présentent, pour le présent et l'avenir, un intérêt qu'il convient de ne pas négliger».[93]

Le gouvernement suisse accueille volontiers les ministres des Transports, alors que la compagnie aérienne Swissair négocie des autorisations de vol vers Lagos. Parmi les invités au vol inaugural Zurich-Genève-Tripoli-Lagos-Accra en 1962, se trouve le conseiller fédéral [ministre] suisse en charge des Transports Willy Spühler. La visite officielle d'un élu suisse à l'étranger n'est pas banale; son intention de franchir la frontière attire d'habitude de nombreuses critiques liées à la frilosité traditionnelle de la Suisse quant à la politique étrangère en général.[94] Or, le séjour dont il est question ne provoque pas de tempête dans l'opinion.[95] Accueillie à Lagos par le premier ministre T. Balewa, avec qui les discussions se révèlent plutôt formelles, la Délégation entretient un rapport un peu plus tiède avec

93 Lettre d'Edwin Stopper au Consulat de suisse à Accra, 26.6.1957. AFS, E7110( )1970/112/141. Lettre du DPF à l'ambassade de Suisse à Lagos, 19.6.1961. AFS, E2001(E) 1976/17/539. Lettre de Raymond Probst à l'ambassade de Suisse à Lagos, 6.10.1961. Lettre de Raymond Probst à l'ambassade de Suisse à Lagos, 21.7.1965. AFS, E2001(E) 1978/84/886.

94 Urban Kaufmann distingue cinq principaux facteurs d'aversion de la Suisse pour les visites officielles: 1. La diplomatie, perçue comme une activité propre aux monarchies, ne serait pas compatible avec l'esprit républicain d'après 1848. 2. Un esprit économe. 3. Une crainte de s'exposer à des influences extérieures. 4. Une crainte de perte de prestige. 5. Une crainte de provoquer une ouverture sur l'étranger menaçant l'indépendance nationale. Voir: Urban Kaufmann: *Auslandreisen der Schweizer Bundesräte 1919-1993: die Gewöhnung an das Aussergewöhnliche.* [s.n.], Fribourg 1996 [Mémoire de licence en histoire contemporaine], pp. 30-35.

95 Parmi les invités de Swissair, le journaliste Daniel Cornu mentionne que «d'excellents contacts ont été pris qui laissent bien augurer pour l'avenir». *Journal de Genève*, 18.5.1962. Urban Kaufmann ne fait pas état de ce voyage dans son mémoire. Voir: note précédente.

le ministre de l'Information Theophilus S. Benson, qui accuse les banques suisses d'offrir l'asile financier à des escrocs.[96] Toutefois, à ce séjour en Afrique, le délégué à la Coopération technique Hans Keller attribue un impact symbolique très positif:

> Le fait qu'à la tête de la Délégation, un membre du Conseil fédéral visite pour la première fois le Ghana et le Nigeria (et avec ça, l'Afrique!) a suscité un grand intérêt des gouvernements, des milieux économiques, de la presse et surtout de nos colonies suisses. Nos compatriotes ont montré une vive satisfaction de la visite officielle, et les autorités locales se sont senties honorées. [...] La grande confiance que les jeunes pays africains accordent à notre pays a souvent surpris les journalistes.[97]

Rien ne permet de confirmer ou démentir la prétention que les autorités nigérianes se soient senties «honorées» par la visite d'un conseiller fédéral suisse. Le vol inaugural, sur le chemin du retour, transporte une délégation ghanéenne et nigériane, dont le ministre des Transports Njoku, vers Genève. Celui-ci, lors d'un autre séjour en Suisse en 1965, inspire à Probst un commentaire nuancé:

> Certes le Ministre Njoku est un homme fort correct et de bonne compagnie. Il n'a montré toutefois, au cours des entretiens et des visites d'établissements que nous avions organisées non sans peine, qu'un intérêt de courtoisie qui pourrait permettre de supposer que, dans son esprit, c'est lui qui nous a fait l'honneur de venir et non pas nous de le recevoir.[98]

D'un honneur de recevoir et d'être reçus, les ministres nigérians s'en plaindraient-ils? Quoi qu'il en soit, parmi les motifs de tous ces voyages dans les pays industrialisés, le concept de *développement* occupe une place centrale. La Suisse, dans les années 1960, participe à la discussion sur la coopération au développement et s'implique en créant une nouvelle division au sein de son Département politique.

---

96 «Balewa welcomes Swiss delegates», *Nigerian Morning Post*, 8.5.1962. «Benson attacks Swiss bank policy», *Daily Times*, 8.5.1962.

97 Lettre de Hans Keller au conseiller fédéral Friedrich T. Wahlen, 14.5.1962. AFS, E2003-03(-)1976/44/165.

98 Lettre de Raymond Probst à l'ambassade de Suisse à Lagos, 21.7.1965. AFS, E2001(E) 1978/84/886.

# Chapitre IV
# La coopération au développement au lendemain de l'indépendance

L'idée de *développement* apparaît bien avant les proclamations d'indépendance; dans le cas de l'Empire britannique, elle semble remonter à l'aube du 20$^{e}$ siècle. Le *Colonial Secretary* Joseph Chamberlain énonce un objectif en ces termes: «developing the great estate». Autrement dit, il souhaite rendre l'Empire capable de répondre à tous les besoins de la Grande-Bretagne en nourriture et matières premières, ainsi que veiller à ce qu'il représente le meilleur marché pour les produits britanniques.[1] Le premier point de ce chapitre dresse un état des lieux du développement du Nigeria à partir de sa décolonisation. Nous expliquons aussi comment s'établit une collaboration avec la Suisse, quelle est l'attitude du Service de coopération technique créé en 1960 et quelles sont les éventuelles attentes du gouvernement nigérian. Les parties suivantes analysent les deux principales actions suisses au Nigeria durant la décennie 1960; à savoir, des projets liés à la formation professionnelle, l'un émanant de la société civile du canton d'Argovie et l'autre de la Fédération horlogère. Le projet argovien se réalise sans le soutien du Service de coopération technique, qui pourtant l'observe attentivement, alors que la Fédération horlogère collabore à moyen terme avec le gouvernement suisse.

1 Michael Havinden, David Meredith: *Colonialism and Development. Britain and its tropical colonies, 1850-1960.* Routledge, London 1993, pp. 168-170.

## 1. Le développement du Nigeria selon la Grande-Bretagne, le gouvernement indépendant et la Suisse

### *Le développement dans l'Empire et sous la Première République*

En 1946, les gouvernements de l'Empire sont appelés à soumettre au *Colonial Office* un plan de développement sur dix ans, dans lequel doivent s'insérer tous les projets envisagés pour cette période. Globalement, l'éducation et la santé publique inspirent plus de projets que dans la période antérieure à la Seconde Guerre mondiale. Le CO attend des colonies qu'elles financent elles-mêmes un à deux tiers de leurs projets. Les territoires d'Afrique de l'Est ne reçoivent de la Métropole pas plus d'un pourcent du revenu qu'ils génèrent, alors que le Nigeria peut disposer de 3.6%.[2] Néanmoins, le plan sur dix ans pour le Nigeria comporte 24 projets financés à 43.1% par le gouvernement britannique, et les 56.9% restants par des fonds internes.

Parmi les projets réalisés, on compte plusieurs hôpitaux, écoles, ou une première université, qui ouvre à Ibadan en 1948. Des recherches sont entreprises dans le domaine agricole, des routes construites, et l'approvisionnement en eau et électricité quadruple. Néanmoins, selon T. Falola, seule une minorité de la population en bénéficie: «La frustration était évidente partout en 1950: dix ans plus tard, alors que certains pouvaient citer un approvisionnement en eau et en électricité ou quelques nouvelles routes, la plupart ne pouvait rien voir du tout»[3]. L'Administration coloniale domine largement la formulation du plan et la consultation populaire se révèle très limitée. La critique la plus répandue porte sur le manque de coordination entre les projets, qui apparaissent bien plus juxtaposés qu'intégrés dans un ensemble.[4] En 1956, chacune des trois régions du Nigeria formule un nouveau plan, largement inspiré par les conseils de la Banque internationale pour la reconstruction et le développement

2 *Id.*, p. 258.
3 Toyin Falola: *Development Planning and Decolonization in Nigeria.* University Press of Florida 1996, p. 167.
4 *Id.*, p. 156. Havinden, Meredith, *op. cit.*, p. 255.

[BIRD], invitée à donner son avis par les autorités coloniales. J. Ihonvbere et T. Falola dénoncent le fait que cette régionalisation encourage l'élite au repli tribal, prive la capitale fédérale de compétences et porte ainsi atteinte à la stabilité politique de la future nation.[5]

Les mêmes auteurs déplorent que même après 1960, la planification reste élitiste et très éloignée des aspirations populaires.[6] L'économiste américain Wolfgang Stolper se voit confier par le gouvernement indépendant la supervision du Premier plan de développement national 1962-1968. Stolper avoue que la planification économique repose sur des données chiffrées pouvant sembler abstraites à la population et qu'un économiste expatrié en bref séjour ne peut exprimer autant d'empathie avec les masses qu'un anthropologue.[7] Une centaine d'agences de planification se consultent et tentent de se coordonner sur ce Premier plan. Il consiste essentiellement à améliorer les transports, les domaines de l'éducation et de la santé publique.[8] Au-delà de la planification, la réalisation des projets requiert aussi le concours de savoir-faire et financements étrangers.

Le plan nécessite de couvrir la moitié des dépenses par des emprunts à l'étranger. Une telle attente semble réaliste si l'on sait que la Grande-Bretagne ne prévoit pas de laisser tomber le Nigeria lors de son accession à l'indépendance. En 1959, le CO parvient à débloquer un prêt de 15 mio £ et le signataire de l'accord Lord Perth déclare: «Je suis plus que jamais convaincu que notre politique en Afrique doit se concentrer sur le Nigeria et qu'aussi bien sur le plan politique qu'économique, il représente notre meilleur choix».[9] En 1961, la Grande-Bretagne envoie 44 experts et promet d'accueillir 160 étudiants nigérians. Quant aux Etats-Unis, ils s'engagent

5 J. Ihonvbere, Toyin Falola: «The Illusion of Economic Development». In: Toyin Falola (ed.): *Britain and Nigeria: Exploitation or Development?*. Zed Books, London 1987, p. 214.

6 *Id.*, p. 217.

7 Wolfgang Stolper: «Social Factors in Economic Planning with Special Reference to Nigeria». In: Carl K. Eicher, Carl Liedholm (ed.): *Growth and Development of the Nigerian Economy.* Michigan State University Press 1970, p. 239.

8 Lyle M. Hansen: «Comprehensive Economic Planning in Nigeria». In: Eicher, Liedholm, *op. cit.*, pp. 192-220.

9 Rapport de Lord Perth sur son séjour au Nigeria en août 1959, cité par Martin Lynn: «Nigeria». In: *British Documents on the End of Empire*, Series B, Volume 7. The Stationery Office, London 2001, p. 613.

dans l'éducation au Nigeria au point d'en inquiéter T.B. Williamson du CO, jugeant le modèle britannique trop différent de l'américain et désormais menacé par celui-ci.[10] En ordre d'importance, le gouvernement américain représente en 1964 le second créancier du Nigeria, précédant le Royaume-Uni et suivant la BIRD.[11] Les crédits sous forme de garantie contre les risques à l'exportation compensent ensuite en partie la retenue des gouvernements, qui semblent perdre confiance en la stabilité politique du Nigeria. Finalement, la totalité des fonds disponibles ne permet de réaliser que peu de projets annoncés dans le Premier plan national.[12]

### *Premières réflexions pour une coopération suisse*

La vague d'indépendances africaines lancée en 1957 provoque une institutionnalisation de l'aide publique au développement dans de nombreux pays industrialisés.[13] Au cours de la décennie suivante, nombre d'entre eux connaissent, à des degrés divers, des mouvements sociaux contestataires qui culminent souvent en 1968. René Holenstein parle d'une évolution des mentalités suisses à travers un ébranlement de la vision eurocentriste et d'un processus de globalisation incitant à ressentir une responsabilité commune pour le destin de la planète. La création de l'ONG «Œuvre d'assistance pour les régions extra-européennes» s'inscrit dans

---

10 Cf.: Lettre de T.B. Williamson à A.H. Humphrey, 13.9.1960. Lynn, *op. cit.*, doc. 540, pp. 740-742.

11 Contributions gouvernementales en mio £: BIRD: 57.91, Etats-Unis: 45, Grande-Bretagne: 25.19, Pologne: 15, Italie: 9, RFA: 8.5, Pays-Bas: 4, Suisse: 1.7, Israël: 1.17. La contribution suisse sé réfère vraisemblablement à la garantie contre les risques à l'exportation pour le financement de turbines. «National Developement Plan, Progress Report, 1964», cité par: Okon Effiong Eminue, *The Nigerian Diplomatic Corps and Foreign Policy Processes 1966-1979*, [Doctoral thesis in the Department of Political Science, University of Ibadan], 1982, p. 439.

12 Selon Akin Fadahunsi, le barrage Kainji est la seule réalisation d'importance sur la période du Premier plan national. Cf.: Akin Fadahunsi: *External Aid and National Development Plans*. NIIA, Lagos 1977, pp. 10-11.

13 Roger R. Riddell: *Does Foreign Aid Really Work?* Oxford University Press, Oxford 2007, pp. 26-30.

un tel contexte.[14] Le gouvernement suisse, dès 1950, finance de petits projets d'aide au développement par la voie bilatérale et verse une contribution au programme de coopération technique des Nations Unies. La compétence officielle pour l'aide au développement passe du Département de l'économie publique au Département politique en 1960, à travers la création du Service de coopération technique.[15] Le gouvernement suisse considère désormais le développement comme un thème incontournable de la politique internationale. Mais, que l'aide puisse être octroyée à des fins de propagande politique devient une question controversée.[16]

En mai 1960, le délégué à la Coopération technique Hans Keller cherche à savoir quel type de projet son service pourrait réaliser au Nigeria. Il estime que l'absence de colonies et la qualité de ses réalisations administratives et techniques valent à la Suisse un préjugé favorable en Afrique. Les impressions de voyage d'Edwin Stopper offrent quelques pistes; elles mentionnent un besoin de capital et suggèrent de développer une industrie métallurgique. En précisant que la Suisse ne dispose que de peu de moyens, H. Keller consulte désormais le consul à Accra Eduard Brügger, auquel le vice-consul à Lagos Fritz Hofer est subordonné. Celui-ci souligne la difficulté d'entreprendre quoi que ce soit avec peu de moyens dans un pays de quarante millions d'habitants, et recommande de contacter l'UNICEF, représentée en Afrique par le citoyen suisse Charles A. Egger. La réponse provenant d'Accra indique d'élargir la consultation à l'ensemble de la colonie suisse. D'ailleurs, l'Union Trading Company[17] a pris les devants en discutant avec C.A. Egger de l'opportunité d'un cadeau

---

14 Cette organisation voit le jour en 1955 et se nomme Helvetas dès 1965. René Holenstein: *Was kümmert uns die Dritte Welt. Zur Geschichte der internationalen Solidarität in der Schweiz*. Chronos Verlag, Zürich 1998, p. 30.

15 Voir: Stéphanie Ginalski: *La naissance du Service de coopération technique suisse et l'institutionnalisation de l'aide au développement (1960-1965)*. [Mémoire de diplôme en histoire économique et sociale, Université de Genève], Genève 2006. Peter Hug, Beatrix Mesmer, (Hg.): *Von der Entwicklungshilfe zur Entwicklungspolitik*. Studien und Quellen, Schweizerisches Bundesarchiv, Bern 1993.

16 Albert Matzinger: *Die Anfänge der schweizerischen Entwicklungshilfe 1948-1961*. Haupt, Bern 1991, p. 204. Sur la discussion à propos de la forme et des buts à donner à l'aide publique suisse, voir: Procès-verbal de la séance *Grundsätzliche Aspekte einer schweizerischen Entwicklungshilfe*, 23.9.1963. <dodis.ch/30235>.

17 Voir chapitre II.

d'indépendance sous forme d'assistance technique. E. Brügger se réjouit qu'une telle collaboration puisse offrir une discrétion politique en évitant de draper l'offre dans les couleurs nationales.[18] Ces quelques réflexions et sondages du gouvernement suisse sur le contexte nigérian apparaissent très superficiels, surtout au regard de l'attention et de l'enthousiasme montrés envers le Rwanda.[19]

Même si F. Hofer estime la situation urgente, qu'un tournant de la Guerre froide puisse se jouer en Afrique et que l'Ouest n'a donc pas le droit de la décevoir, il met en garde contre un enthousiasme aveuglant qui ferait oublier de consulter les destinataires de l'aide: «Il sera important que les destinataires soient consultés, qu'ils aient leur mot à dire lors du choix, puis aussi de la mise en œuvre des projets».[20] L'idée est vaguement reprise par la Coopération technique dans sa demande de crédit en 1964, lorsqu'elle s'engage à suivre treize principes, dont le premier: «Toute aide est attribuée d'accord avec le gouvernement de l'Etat récipiendaire».[21] Cependant, le message ne précise pas s'il faut consulter préalablement ce «récipiendaire» sur ses besoins, ou alors lui soumettre un projet clé en main.

### *L'idée des bourses d'études*

Le chargé d'affaires à Lagos Heinz Suter sonde le gouvernement nigérian, en se tournant d'abord vers le Secrétariat fédéral des bourses, puis vers le Ministère des affaires étrangères. Le premier propose d'insérer une offre de bourses dans la presse, ce qui ne convainc guère Suter, craignant une avalanche de candidats, alors que le Ministère suggère de lui faire parvenir une offre écrite mentionnant le nombre de bourses et les critères de

18 Extraits du rapport de voyage d'Edwin Stopper, 12.3.1960. Lettre de Hans Keller au Consulat de Suisse à Accra, 13.5.1960. Lettre d'Eduard Brügger à la Division des organisations internationales du DPF, 9.7.1960. AFS, E2003-03(-)1976/44/194.

19 Lukas Zürcher: *Die Schweiz in Ruanda. Mission, Entwicklungshilfe und nationale Selbstbestätigung.* Chronos, Zurich 2014, pp. 121-141.

20 Lettre de Fritz Hofer à Bernhard Turrettini, Service de la coopération technique, 30.8.1960. AFS, E2003-03 (-)1976/44/194.

21 Jean-Jacques de Dardel: *La coopération au développement. Certitudes et interrogations.* IUED, Genève 1981, pp. 70-71.

sélection. En effet, l'ambassade de Suisse projette des bourses couvrant six à douze mois de formation dans l'agriculture, l'hôtellerie, la banque ou divers secteurs techniques.[22]

Cette orientation vers les bourses d'études repose d'une part sur les réflexions des observateurs suisses qui mentionnent à l'unanimité un besoin de savoir-faire, et d'autre part sur le consensus adopté à Berne par la Coopération technique, décidant d'accorder la priorité à l'envoi d'experts et à la formation.[23] Mais une offre de bourses au Nigeria préoccupe les fonctionnaires suisses, tout d'abord pour des raisons financières. La Coopération technique promet cinq bourses à la mission économique dirigée par le ministre des Finances F. Okotie-Eboh, de passage en Suisse en octobre 1961. Ce nombre, toutefois inférieur à celui espéré par la délégation, pose un problème de répartition, dans le sens où les autorités suisses n'entendent distribuer qu'une soixantaine de bourses aux 150 pays en voie de développement qu'elles dénombrent. D'où le collaborateur Rémy Godet proposant de n'en octroyer que deux ou trois par année au Nigeria, et si possible pas cinq d'un coup. Une telle suggestion ne manque pas d'exaspérer l'ambassadeur Bucher, qui estime – en mentionnant les 41 demandes de bourses parvenues à l'ambassade en l'espace de quatre mois et les 119 que l'Allemagne vient d'offrir – plus honnête pour la Suisse de ne rien promettre plutôt que de manquer à sa parole.[24] Outre son manque de moyens, la Coopération technique évoque une pénurie de places dans les centres de formation ainsi que des capacités d'hébergement réduites en Suisse.[25]

Sachant qu'à ces obstacles s'ajoute le facteur linguistique, le collaborateur Erich Messmer en vient à proposer d'offrir des bourses sur place.[26] Si l'idée ne déplaît pas à l'ambassadeur Bucher, celui-ci relève qu'elle

22 Lettre de Heinz Suter au Service de coopération technique., 21.6.1961. AFS, E2003-03(-)1976/44/194.

23 Lettre de Hans Keller au Consulat suisse à Lagos, 2.12.1960. AFS, E2003-03(-)1976/44/194. Cf.: De Dardel, *op. cit.*, pp. 70-71. Au sujet des «observateurs suisses», voir notes 21 et 22.

24 Lettre de Rémy Godet à l'ambassade de Suisse à Lagos, 2.3.1962. Lettre de G.E. Bucher à Hans Keller, 13.3.1962. AFS, E2003-03(-)1976/44/194.

25 Lettre de Rémy Godet à l'ambassade de Suisse à Lagos, 13.7.1961. AFS, E2003-03(-)1976/44/194.

26 Lettre d'Erich Messmer à l'ambassade de Suisse à Lagos, 4.11.1961. AFS, E2003-03(-)1976/44/194.

n'enchante guère les étudiants de l'Université d'Ibadan. Ils estiment que les places et les bourses d'études au Nigeria suffisent, et soulignent qu'un séjour aux Etats-Unis ou en Europe représente le rêve de chaque étudiant nigérian, qui peut ainsi améliorer ses perspectives d'avenir. De ces réactions, Bucher conclut que la formule des bourses sur place ne permettrait pas à la Suisse d'obtenir la reconnaissance habituellement souhaitée. Puis, constatant la sous-occupation générale des universités nigérianes due à une scolarisation insuffisante, Bucher vient à mettre en cause l'utilité de bourses universitaires en général et propose de n'entrer en matière que sur des requêtes précises du gouvernement.[27] Le responsable des bourses au Ministère nigérian des affaires étrangères Dr. Ifeagwu rejoint l'avis de Bucher, selon qui le besoin de former des cadres moyens prime sur celui d'études universitaires.[28] Bucher recommande de n'exclure aucune option pour autant, mais que la Suisse se limite aux domaines où elle excelle, comme la médecine ou diverses branches techniques. Quant aux ministères nigérians des Affaires étrangères et de l'Éducation, ils insistent sur l'utilité des bourses universitaires, soulignant que le peu d'étudiants admis dans les universités ne peuvent souvent financer que leur première année.[29] Globalement, la Coopération technique reste favorable au principe des bourses sur place. Et à propos de l'éventuelle ingratitude de boursiers déçus de rester au pays, le collaborateur R. Godet souligne que:

> dans la perspective suisse, il ne s'agit pas uniquement de distribuer des bourses, mais d'inscrire notre aide dans une action « sui generis » que nous préférons limiter quant à son ampleur pour être à même de travailler en profondeur. Ainsi, nous attachons beaucoup de prix à ce que les bourses sur place soient dûment marquées du sceau de la Suisse. Nous demandons à nos chefs de poste de suivre les boursiers, de contrôler leur formation et d'organiser à leur intention des conférences sur notre pays.[30]

En janvier 1963, 600 étudiants de l'Université d'Ibadan annoncent l'abandon de leurs études qu'ils ne peuvent plus financer. Plusieurs représentations étrangères apportent leur soutien suite au refus du gouvernement ni-

---

27 Lettres de Bucher à Hans Keller, 14.2.1962 et 29.5.1962. AFS, E2003-03(-)1976/44/194.

28 Lettre de Bucher à Hans Keller, 8.10.1962. AFS, E2003-03(-)1976/44/226.

29 Lettre de Bucher à Hans Keller, 20.11.1962. AFS, E2003-03(-)1976/44/194.

30 Lettre de Rémy Godet à l'ambassade de Suisse à Lagos, 28.11.1962. AFS, E2003-03(-)1976/44/194.

gérian d'entrer en matière; il considère que les études relèvent de la sphère privée et que lui seul peut décider dans quelles circonstances il octroie des bourses. Seulement, l'ambassade de Suisse ne dispose pas de fonds pour ce genre de situation et G.E. Bucher suggère de remettre – dans ce but précis – un chèque au Ministère des affaires étrangères. Le délégué Hans Keller rappelle que la Suisse n'a pas les moyens des plus grands pays, et qu'elle n'entend pas se lancer dans une action sans l'avoir soigneusement examinée.[31] De plus, la Coopération technique tient à tirer un bilan de l'expérience lancée au Congo avant de concrétiser quelque action au Nigeria.[32] L'affaire est close.

A l'idée des bourses sur place s'ajoute une alternative énoncée par le gouvernement nigérian, qui consiste à diriger l'offre vers des étudiants séjournant en République fédérale d'Allemagne. Leur nombre se monte à 200 et le gouvernement se dit prêt, par le biais d'une circulaire, à les inviter à postuler. Le délégué Hans Keller exprime de l'enthousiasme face à cette option qui lève l'obstacle linguistique et facilite l'acclimatation.[33] De même, l'ambassadeur de Suisse à Vienne Beat von Fischer annonce que quatre Nigérians fuyant des manifestations d'étudiants à Sofia lui ont fait part de leur désir de poursuivre leur cursus en Suisse. En attendant, ils suivent déjà des cours d'allemand. Le secrétaire général du DPF Pierre Micheli salue l'opportunité de leur offrir un réconfort occidental suite à une expérience décevante à l'Est.[34] Il semble pourtant qu'aucun des deux projets ne voie le jour.

A la fin de l'année 1963, tant de discussions sont restées stériles et la Suisse n'a pas clarifié sa position. Si pour la prochaine année académique,

---

31 Echange de lettres entre Bucher et Hans Keller, 2.1.1963, 11.1.1963. AFS, E2001(E)1976/17/540.

32 Suite à des demandes de directeurs d'écoles techniques et secondaires congolaises, ainsi que du recteur de l'Université de Léopoldville, la Coopération technique a offert 30 bourses pour la formation sur place durant l'année scolaire 1962-1963. Lettre de Rémy Godet à l'ambassade de Suisse à Lagos, 28.11.1962. AFS, E2003-03(-)1976/44/194.

33 Lettre de Bucher à Hans Keller, 2.5.1962. AFS, E2003-03(-)1976/44/194. Lettre de Hans Keller à l'ambassade de Suisse à Lagos, 17.5.1962. AFS, E2003-03(-)1976/44/226.

34 Note de Pierre Micheli à la Coopération technique, 2.3.1963. Lettre de Beat von Fischer, ambassadeur de Suisse à Vienne, à la Coopération technique, 22.4.1963. AFS, E2003-03(-)1976/44/226.

la Coopération technique ne prévoit aucune bourse en faveur du Nigeria, le chargé d'affaires à Lagos Jean Zwahlen estime nécessaire de préciser aux autorités que malgré tout, la Suisse reste «prête à étudier les demandes vraiment valables qui pourraient lui être présentées».[35]

Outre les demandes venant directement d'étudiants, l'ambassade de Suisse est quelquefois sollicitée par le gouvernement nigérian, et pas seulement pour des bourses. A plusieurs demandes d'enseignants, la Coopération technique objecte un manque de candidats compétents – ou du moins maîtrisant l'anglais – en Suisse. C'est le cas lorsque le Ministère de l'éducation désire recruter des enseignants pour instituts techniques, ou pour des cours de dactylographie au *Federal Training Center*, ou encore quand l'Université d'Ibadan recherche un professeur de français et d'allemand et souhaite des bourses pour permettre à ceux qui étudient ces langues de séjourner en Suisse. Sur ce sujet précis, la Coopération technique rappelle que l'enseignement des langues au niveau universitaire ne fait pas partie des priorités du programme de son service.[36]

### *Initiatives privées, expertises et occasions manquées*

Quant à la coopération sur le plan médical, notamment envisagée par l'ambassadeur Bucher et souhaitée par le ministre de la Santé Pategi, elle ne se heurte pas uniquement à un manque de médecins suisses candidats. La Coopération technique prend en janvier 1964 une décision de principe: l'aide médicale ne relève pas de son service, mais des œuvres humanitaires, dont est chargée la Division des organisations internationales. Or, le budget de celle-ci est déjà totalement engagé dans d'autres actions.[37]

---

35 Lettre de Jean Zwahlen à August Lindt, délégué à la Coopération technique, 6.12. 1963. AFS, E2003-03(-) 1976/44/226.

36 Lettre de la Coopération technique à l'ambassade de Suisse à Lagos, 28.4.1969. A propos de l'enseignement de la dactylographie: lettre de Thomas Raeber, Service de coopération technique, à l'ambassade de Suisse à Lagos, 25.11.1969. AFS, E2005(A)1980/82/206. Au sujet des enseignants pour instituts techniques: note de Christian Gander, 24.6.1962. AFS, E2003-03(-)1976/44/194.

37 Lettre d'August Lindt, délégué à la Coopération technique, à l'ambassade de Suisse à Lagos, 15.1.1964. AFS, E2003-03(-)1976/44/291.

Le gouvernement nigérian désire collaborer avec la Suisse dans le but d'établir une institution similaire au Laboratoire fédéral pour l'essai des matériaux [EMPA]. Le contact avec l'ambassade de Suisse s'établit par le biais de l'industriel O.F. Leibu, qui détient depuis les années 1940 un diplôme d'ingénieur de l'Ecole polytechnique de Zurich, et s'apprête à étendre ses activités jusqu'en Suisse. Selon l'ambassadeur Bucher, O.F. Leibu a convaincu les Nigérians que l'EMPA représente ce qui se fait de mieux au monde dans ce domaine. 69'000 £ du budget sont réservés pour ce projet qui dépend du Ministère de la défense. Son secrétaire général Sule Kolo, en quête de conseils et d'expertises, rencontre Eduard Amstutz, directeur de l'EMPA. Le délégué Richard Pestalozzi motive la non-entrée en matière de son service par l'ampleur d'un tel projet, pour lequel la Suisse devrait en rester à un geste symbolique, pour éviter la dispersion des moyens et des attentes irréalistes.[38] Ce même argument de la taille revient à propos d'une éventuelle participation à un projet du Bureau international du travail [BIT] pour la promotion de l'emploi rural dans l'Ouest du Nigeria.[39]

Un projet basé sur une collaboration avec la Suisse voit le jour en dépit du refus de la Coopération technique. Le gouvernement de la région Est tente de mettre sur pied un centre de production cinématographique. Suite à l'échec d'un partenariat avec la Grande-Bretagne, le premier ministre Michael Okpara songe à obtenir une aide du gouvernement suisse et Günter Sumi, maître d'apprentissage chez UTC à Enugu, se propose comme directeur d'un tel centre. Bien que la question du recrutement soit quasiment réglée, la Coopération technique considère la dépense trop élevée et soupçonne que les films puissent véhiculer la propagande du gouvernement régional.[40] Selon Sumi, l'établissement aurait surtout

38 Lettre de Bucher au DPF, 1.12.1964. Note de Richard Pestalozzi, chef-suppléant de la Coopération technique, à Raymond Probst, chef de la Divsion des affaires politiques du DPF, 11.12.1964. AFS, E2001(E)1982/58/443.

39 *Pilot Project for Rural Employment Promotion in Western Nigeria*. Lettre de Sigismond Marcuard, délégué à la Coopération technique, à l'ambassade de Suisse à Lagos, 25.5.1967. AFS, E2005(A)1980/82/206.

40 La Coopération technique considère une participation sous deux formes: 150'000 Sfr pour l'équipement ou 400'000 Sfr sur quatre ans pour le personnel enseignant. Note de Peter Wiesmann, collaborateur à la Coopération technique, à August Lindt, 16.5.1963. AFS, E2003-03(-)1976/44/194.

une vocation éducative en assurant une production en langues natives et donc accessible à toutes les couches de la population, alors que la diffusion des films des Nations Unies est limitée au public anglophone. Sumi ne précise pas dans quelle langue native, mis à part l'igbo, les films seraient susceptibles de sortir. La Coopération technique, en exprimant sa crainte d'offrir une plate-forme de propagande à la région Est, ne prend pas en compte que l'Ouest possède sa propre chaîne de télévision dès 1959.[41] Si le délégué August Lindt finit par reconnaître le potentiel éducatif du Centre et propose que son Service prenne en charge le salaire de Sumi sur deux ans, son offre ne correspond pas aux attentes des concepteurs du projet, qui espèrent cinq bourses. Finalement, deux membres du Ministère de l'information de l'Est séjournent cinq semaines à Berne dans le laboratoire Schwarz Filmtechnik Gmbh, dans le but de produire quatre films. En 1966, le même laboratoire accueille deux stagiaires pour une durée de six mois.[42] Les sources de financement ne sont pas connues.

Le *Partnership Aargau-Nigeria*, sur lequel nous reviendrons, se réalise sans que la Coopération technique ne soit sollicitée. De même, la Fondation suisse d'assistance au développement technique met à disposition du gouvernement de la région Nord, sur une première période de trois ans, deux électromécaniciens pour la *Government Technical Training School* à Bukuru.[43] Puis, lorsque huit Nigérians recommandés par le directeur suisse de l'Hôtel Presidential à Enugu A.M. Furrer se préparent à un stage de formation hôtelière à Leysin financé par l'*Eastern Nigeria Development Corporation* [ENDC], le collaborateur Rochat recommande d'observer discrètement l'expérience. Si elle s'avère positive, il propose que la Co-

---

41 En outre, Bucher mentionne que la Suisse a formé cinq boursiers de la région Ouest dans le domaine de la télévision. Le fait que la Coopération technique ne semble pas s'en souvenir et que l'action n'ait pas laissé de trace aux Archives fédérales à Berne, nous laisse supposer que cela s'est réalisé sur une base privée et discrètement. Lettre de G.E. Bucher à August Lindt, 16.8.1965. AFS, E2001(E)1982/58/443.

42 Lettre d'August Lindt à Schwarz Filmtechnik Gmbh, 8.8.1963. AFS, E2003-03(-) 1976/44/194. *West African Pilot*, 13.9.1964. Lettre du vice-directeur de l'OFIAMT [Bernardo Zanetti ou Karl Wegmann] à Sigismond Marcuard, délégué à la Coopération technique, 29.6.1967. AFS, E2005(A)1980/82/206.

43 Lettre de Fritz Real, Fondation suisse d'assistance au développement technique, à Edwin Stopper, directeur de la Division du commerce, 5.10.1962. AFS, E7110(-)1973/ 41/120.

opération technique envisage d'étendre son aide à « des pays de l'Afrique noire [...] pour lesquels le secteur du tourisme représente un facteur important de leur équilibre économique ».[44]

Le premier expert envoyé au Nigeria par la Coopération technique est l'ingénieur forestier A. Huber, qui dirige un cours international de bûcheronnage organisé par le BIT et la FAO, à Ibadan, en 1962. A. Huber tire un bilan entièrement positif de l'expérience, soulignant que ce fut l'occasion d'enseigner des techniques rationnelles et de mettre à jour l'outillage de bûcherons qui travaillaient dans des conditions d'un autre âge. La Coopération technique accepte aussitôt sa proposition d'offrir cinq bourses pour un perfectionnement en Suisse. D'entente avec le *Director of Forest Research*, A. Huber opère un choix de candidats à transmettre aux autorités nigérianes compétentes.[45] Mais l'affaire en reste là. Au même moment, Emmaüs Suisse prévoit d'apporter un soutien financier à un centre de formation agricole pour la réinsertion de lépreux, projeté par la *Church Missionary Society* [CMS] et le gouvernement de la région Est. Ce centre s'établit en extension des infrastructures médicales pour lépreux existant à Oji River dès 1945. Avant d'effectuer son versement, Emmaüs souhaite tirer au clair la nature du projet et la Coopération technique délègue dans ce but un de ses collaborateurs, l'ingénieur en agronomie Peter Wiesmann, pour un séjour de deux semaines. Ses rapports satisfont pleinement Emmaüs, qui engage les fonds prévus. Le 1er août 1964, suite au désistement de l'ambassadeur G.E. Bucher à la cérémonie d'inauguration pour cause de fête nationale, Günter Sumi de UTC y représente la Suisse.[46] L'envoi d'un expert à Oji River, tout comme au cours de bûcheronnage, n'est pas précédé de longues discussions. Dans ces deux cas, la brièveté de l'engagement, malgré l'importance du rôle joué par ces experts, apparaît décisif.

44 Note de Rochat à Rémy Godet, 24.5.1963. AFS, E2003-03(-)1976/44/194.

45 Lettre de Hans Keller à l'ambassade de Suisse à Lagos, 19.11.1962. Lettre de G.E. Bucher à Hans Keller, 15.12.1962. Note de la Coopération technique, 12.1.1963. AFS, E2003-03(-)1976/44/194.

46 Lettre de Ch.-O. Roth, Comité pour les lépreux Emmaüs Suisse à CMS, Niger Mission, Onitsha, 16.10.1962. Requête de H. Hauri au délégué à la Coopération technique, 27.3.1963. AFS, E2003-03(-)1976/44/194. Rapport de G.L. Manger, directeur du Centre, 23.11.1964. Lettre de H. Hofer, Emmaüs Suisse, à Peter Wiesmann, 7.4.1966. AFS, E2005(A)1980/82/206.

De façon aussi expéditive, la Coopération technique décide de financer le séjour de cinq infirmières volontaires à l'hôpital de la Mission de Bâle, pour des périodes souvent supérieures à deux ans. Basée sur le volontariat, cette action s'apparente à un système de bourses, dont le versement s'échelonne sur cinq ans et le montant correspond environ à la moitié d'une rémunération d'expert.[47] L'expérience positive de collaboration avec la même mission pour une école d'infirmières au Ghana joue vraisemblablement en faveur de l'hôpital de Ngoshie.[48] Durant la Première République, le gouvernement fédéral nigérian forme une partie de ses diplomates au Royaume-Uni, aux Etats-Unis, en Nouvelle-Zélande et en Suisse.[49] L'expérience suisse fait suite à une offre adressée par l'Institut africain de Genève au Ministère nigérian de l'éducation, en 1961. Celui-ci tarde à proposer des candidats et hésite à prendre en mains ce qui lui semble relever des Affaires étrangères.[50] Finalement, l'affaire parvient à l'ambassadeur Bucher qui convainc la Coopération technique de financer le séjour et la formation de dix fonctionnaires à Genève, sur une période de six mois. Le gouvernement nigérian prend en charge les frais de déplacement.[51]

---

47 Ces bourses sont versées de 1968 à 1973. Par exemple, pour un engagement de deux ans, l'infirmière Anna-Martha Zuercher obtient une rémunération de 11'250 Sfr, alors que celle du technicien Heinz Schneider, engagé à l'Hôpital pour une même durée, se monte à 20'400 Sfr. AFS, E2200.168(-)1991/79/1.

48 Sur l'école d'infirmières au Ghana, voir: Steve Page: *La Suisse et le Ghana de Nkrumah: Une présence économique et diplomatique à l'épreuve de la décolonisation (1950-1970)*. Éditions universitaires européennes, Sarrebruck 2010, pp. 106-109.

49 Okon Effiong Eminue: *The Nigerian Diplomatic Corps and Foreign Policy Processes 1966-1979*. [Doctoral thesis in the Department of Political Science], University of Ibadan, 1982, pp. 123-134.

50 Voir: NAI, Federal Ministry of Education, IEF/S.38. Geneva African Institute (1961).

51 Un cours a lieu du 5.10.1963 au 1.4.1964, puis un second du 15.9.1965 au 15.6.1966. Lettre de Renata Carugo, Coopération technique, à l'ambassade de Suisse à Lagos, 18.9.1970. AFS, E2005(A)1983/18/298.

*Attitude de l'ambassadeur et attentes nigérianes*

Aux yeux de l'ambassadeur de Suisse à Lagos Fritz Real, les quelques actions de son gouvernement représentent peu de choses. Si bien qu'en mars 1967, il énumère plusieurs refus qu'il a déjà dû communiquer et suggère à la Coopération technique d'accéder à la demande de techniciens suisses transmise par le Ministère de la communication, qui s'engage à les rémunérer.[52] Le Nigeria glisse à ce moment vers la guerre civile, qui va éclipser la discussion sur la coopération au développement. Cependant, le *West African Pilot* publie en septembre 1969 l'article anonyme «Aspects of Swiss Technical Assistance».[53] La perspective bilatérale Suisse-Nigeria n'y est étonnament pas abordée. Mais la précision des informations, l'insistance sur un idéal suisse d'action minimale de l'Etat, ou sur la facilité de la France et de la Grande-Bretagne à transformer un budget colonial en aide au développement, donnent à l'article un ton justificatif et laissent le lecteur émettre l'hypothèse que l'ambassade de Suisse n'est pas étrangère à la rédaction de cet article.

Le déploiement de la coopération au développement, jugée trop faible par Fritz Real, dépend de la conception qu'on en a. Selon le conseiller fédéral Jean Bourgknecht, la contribution de la Suisse au plan nigérian de développement inclut les relations financières avec la Banque mondiale, et il appelle à ne «pas oublier les efforts fournis par notre économie privée qui ont été très utiles aux deux parties». Le ministre nigérian des Finances F. Okotie-Eboh, à qui ces propos s'adressent, reconnaît certes une nécessité de l'aide au développement, notamment pour la transmission de savoir-faire, mais met en cause le protectionnisme des pays industrialisés.[54]

---

52 Lettre de Fritz Real à Sigismond Marcuard, 28.3.1967. AFS, E2001(E)1982/58/443.

53 *West African Pilot*, 23.9.1969. Les 13, 14 et 15.10.1969, le même journal publie un article en trois parties intitulé: «The Federal Republic's of Germany Development Aid».

54 Discours de Jean Bourgknecht à l'occasion de la visite du ministre nigérian des Finances Festus Okotie-Eboh, 16.10.1961. AFS, E7110(-)1972/32/110. «Aid or Trade for Developing Countries?» Discours de Festus Okotie-Eboh prononcé à l'Université de Lund en Suède et inspiré de la récente conférence des Nations Unies sur le commerce et le développement, à Genève. *West African Pilot*, 31.8, 1 et 2.9.1964.

Ce point de vue est partagé par le général Johnson Aguiyi-Ironsi[55], qui en fait part à Fritz Real: «Nous avons toujours dit qu'aucun pays ne peut baser son développement sur la générosité d'autres pays». Selon lui, la meilleure contribution possible des nations industrialisées consiste à abolir leurs barrières aux importations pour permettre au Nigeria de financer ses plans de développement par ses bénéfices commerciaux. Le Général exprime donc le souhait d'une croissance des échanges commerciaux avec la Suisse.[56] Enfin, un éditorial du *New Nigerian*, quotidien proche du second gouvernement militaire, juge l'aide étrangère comme un facteur de dépendance et met également en cause le protectionnisme.[57]

## 2. Partnership Aargau-Nigeria

Quelques mois avant l'indépendance, le premier ministre de la région Est Michael Okpara séjourne au Royaume-Uni et en Suisse, avant tout à la recherche de soutien pour le développement de sa région. A sa sortie de l'usine Brown Bovery, deux membres du Parlement des jeunes d'Argovie l'approchent et lui promettent leur soutien pour la création d'un centre de formation professionnelle dans son pays. Dans ce but, le Parlement des jeunes entreprend une collecte dont la moitié des gains doit permettre à quelques Nigérians d'effectuer un stage dans diverses industries métallurgiques, optiques ou textiles du canton. En 1963, huit personnes saisissent l'opportunité et passent douze à dix-huit mois en contact étroit avec la population locale. La presse argovienne rapporte des impressions très positives de l'expérience, aussi bien de la part des enseignants, des familles hôtes que des apprentis. Un article précise que dès leur retour, les huit participants occupent des places d'enseignants dans des centres de

---

55 Le général Johnson Thomas Aguiyi-Ironsi devient chef d'Etat suite au premier Coup du 14.1.1966, puis est assassiné le 29.7.1966 lors du second Coup.

56 «We have always said that no country can develop mainly on the generosity of other countries». Propos tenus lors de la remise des lettres de créance de Fritz Real. *Daily Sketch*, 10.5.1966.

57 «The dangers of development aid». Éditorial du *New Nigerian*, 21.7.1969.

formation professionnelle de leur région.[58] Trois aspects de ce partenariat se révèlent atypiques: d'abord, la nature et la dimension de la mobilisation régionale; puis le rôle marginal joué par l'Administration fédérale suisse, et enfin le caractère exclusif et transnational du projet, c'est-à-dire qu'il implique deux régions plutôt que des nations.

*Une action populaire avec un large soutien régional*

En 1960, près d'une année après sa fondation, le Parlement des jeunes d'Argovie appelle à une plus grande contribution de la Suisse à l'aide au développement[59] et s'exprime en faveur de son adhésion au Conseil de l'Europe. Selon un «jeune député», un des objectifs consiste à aider les pays sous-développés menacés par le communisme et leur offrir une alternative à la «culture Coca-Cola».[60] En conséquence, le Parlement établit une commission pour le développement technique, qu'il charge de monter un projet.

La présence de Michael Okpara ayant offert une opportunité d'action et esquissé des lignes directrices, les initiateurs organisent une conférence pour annoncer leur projet. Parmi les orateurs, un représentant des étudiants nigérians exprime sa gratitude pour l'aide promise à son pays. Tout en publiant un reportage sur la conférence, un journal argovien organise un coucours de dessin pour enfants sur le thème «Neger».[61] Suite à l'assentiment du gouvernement cantonal d'Argovie pour procéder à la collecte, des personnalités des milieux politique, économique, religieux et éducatif forment une entité nommée *Aktion Nigeria* qui diffuse 100'000 brochures auprès des habitants du canton et place des tirelires dans 1'400 commerces. La somme ainsi récoltée permet à huit Nigérians de la région Est de se rendre en Argovie en 1963.[62]

58 *Badener Tagblatt*, Baden, 20.8.1964.

59 Brochure de la Commission pour l'aide technique au développement, Parlement de jeunes d'Argovie, janvier 1961. Archives du canton d'Argovie [ACA], CH-000051-7 ZWA 1982.0001/0003.

60 *Badener Tagblatt*, 21.3.1960.

61 *Id.*, 28.9.1960.

62 Brochure de la Commission pour l'aide technique au développement, Parlement de jeunes d'Argovie, janvier 1961. ACA, CH-000051-7 ZWA 1982.0001/0003.

A ce moment, les citoyens argoviens ne semblent pas habitués à la présence d'Africains. C'est sans doute pour cette raison que les initiateurs décident de préparer soigneusement l'arrivée des quelques apprentis, en informant la population à propos de la mentalité nigériane et africaine. Dans ce but, ils publient une liste de douze points généraux, suivis de conseils plus spécifiques à l'intention des employeurs et ouvriers ou des familles d'accueil. Le premier point consiste à avertir que «les Nigérians sont différents de nous» par leur origine, leur histoire, etc. Puis, il est précisé que l'Africain se met davantage à l'écoute de l'émotion que de la raison et que sa forte religiosité requiert compréhension et tolérance. Sa nature se révèle surtout joviale, d'où une empathie bienvenue pour les enfants, mais aussi une audace envers les femmes, qui ne devraient pas se montrer trop provocantes. En plus de ces distinctions entre mentalités africaine et suisse, le document invite à considérer les apprentis en tant qu'égaux à soi-même et non comme appartenant à une «race» différente. A une telle idée d'égalité dans la diversité, s'adjoint une mise en garde contre la généralisation; les employeurs et ouvriers sont appelés à observer un comportement exemplaire, car les Nigérians pourraient étendre toute expérience négative au peuple suisse tout entier, ou même à la «race blanche». A leur tour, les apprentis sont avertis que «dans chaque pays il y a des gens cultivés, raffinés ou discourtois; la Suisse n'y fait pas exception».[63]

Ces quelques ambiguités sur le concept de race doivent être placées dans le contexte du débat engagé dans la période d'après la Seconde Guerre mondiale. Avant d'être complètement rejeté en tant que concept biologique, «race» est dans un premier temps remplacé par la notion «largement préférable» de «groupe ethnique», qui n'en est qu'un substitut.[64] Malgré l'engagement du débat dans les années 1960, une confusion générale se fait encore tenace.

Certaines intentions des organisateurs dépassent l'enseignement professionnel dans une atmosphère amicale; par exemple, les apprentis devraient expérimenter le lien existant entre travail, salaire et niveau social;

---

63 Voir: AFS, E2003-03(-)196/44/194.

64 Pierre Centlivres: «Race, Racisme et Anthropologie». In: *Intégration et Exclusion. Etudes et Sources, Revue des Archives Fédérales Suisses*, n° 29, Haupt Verlag, Bern 2003, pp. 13-42.

ou encore, comprendre la structure de la «civilisation» suisse, son économie libre et le principe d'Etat constitutionnel. Ces idées se rapprochent de l'image que la Suisse transmet habituellement par ses moyens de propagande, tel Pro Helvetia.

«Nous avons bien et beaucoup appris». Cette déclaration d'un apprenti nigérian après son séjour en Argovie sert de titre à un article couvrant une page entière du journal *Badener Tagblatt* et tirant un bilan du projet. D'après cet article, l'adaptation culturelle se révéla difficile au début, mais tout finit par très bien se passer. Les enseignants parlent d'un fort intérêt des Nigerians pour le détail, ce qui ne peut être critiqué mais a demandé une large disponibilité. L'appréciation globale du projet se révèle positive, aussi bien du point de vue professionnel que social. Le même article souligne que ce succès repose sur une solidarité populaire se passant d'un grand soutien de l'Etat, d'une commission nationale ou autre entité bureaucratique, et que le projet s'est construit sur une initiative privée et efficace.[65]

A partir de 1960, un intérêt croissant de l'opinion publique pour le thème du développement en général et une multiplication des initiatives peuvent être observés.[66] Bien que les initiatives privées se multiplient, il s'agit surtout de collectes pour des projets en cas d'urgence à l'étranger plutôt que d'entreprises incluant des stages en Suisse avec une dimension culturelle comme celle de *Partnership Aargau-Nigeria*. Toutefois, même si le projet se réalise sur la base d'une initiative locale et privée, il faut savoir que son déroulement éveille quelque peu l'attention de l'Administration fédérale suisse.

La visite de Michael Okpara ne revêt pas de caractère officiel, car il ne peut être reconnu comme chef d'Etat du moment que le Nigeria est encore une colonie et d'autre part, Okpara ne porte qu'un mandat régional. Malgré tout, le Service de coopération technique ne manque pas de se tenir au courant et d'informer son département sur les attentes et impressions d'Okpara, qui exprime surtout un besoin de soutien financier, de transmission de savoir-faire – qui peut être satisfait par l'envoi d'experts

65 *Badener Tagblatt*, Baden, 20.8.1964.

66 René Holenstein, *op. cit.*, p. 36.

suisses – et le développement d'une formation professionnelle. Bien que la personne consultée en priorité à propos de l'aide à apporter au Nigeria soit le vice-consul suisse à Lagos Fritz Hofer, un autre fonctionnaire est aussi écouté; il s'agit d'Edwin Stopper. Tous deux expriment leur vision sur l'aide au développement pouvant être apportée au Nigeria lors de la conférence annonçant publiquement le projet PAN.

Edwin Stopper, économiste, a œuvré durant plus de vingt ans dans le secteur bancaire, les unions patronales et le commerce d'exportation aussi bien au niveau privé que public.[67] Son mandat de délégué du Conseil fédéral aux accords commerciaux l'amène à être désigné pour parcourir l'Afrique de l'Ouest en vue de définir la position que la Suisse devrait adopter vis-à-vis des pays au seuil de leur indépendance. Se basant sur les entretiens obtenus avec diverses personnalités nigérianes, il estime que ce nouveau pays nécessitera surtout des investissements, ainsi que l'aide de l'étranger pour développer son éducation, son agriculture et son administration.[68]

Il explique que «l'Africain» vient de sortir de l'enfance grâce à l'éducation européenne et réclame désormais son indépendance. Cherchant un moyen de surmonter les défis, le communisme peut lui apparaître comme un système attractif ayant montré des résultats positifs en Russie et en Chine. Selon Stopper, l'importance de l'Afrique dans la politique internationale ne repose pas tant sur son poids économique, mais plutôt sur le fait qu'elle représente un laboratoire pour tester les influences idéologiques de l'Est comme de l'Ouest. Il estime que le continent restera dépendant, du moment qu'il ne peut pas se développer en restant seul et isolé. La Suisse devrait coordonner son aide publique et privée avec celle de l'Europe, précisant que les priorités résident dans la formation et la transmission de savoir.

Des impressions d'Edwin Stopper sur le Nigeria en particulier ressort un optimisme immodéré, la conviction que le pays se prépare à une harmonieuse transition vers l'indépendance, qu'il suivra une politique conservatrice favorable à l'Ouest et affichera son scepticisme face au panafricanisme, ce qui devrait lui permettre de se développer lui-même avant

67 Cf.: <dodis.ch/P972>.

68 Rapport de voyage d'Edwin Stopper, février 1960. AFS, E2003-03(-)196/44/194.

de vouloir exercer un quelconque leadership sur ses voisins. Ces prévisions correspondent à l'idée alors largement répandue selon laquelle le Nigeria devrait connaître le développement économique le plus rapide de l'Afrique de l'Ouest. Bien que Stopper mentionne brièvement les trois régions qui composent le pays, il ne fait aucune allusion aux antagonismes et déséquilibres qu'elles connaissent. Globalement, il appelle l'Europe et la Suisse à aider l'Afrique de l'Ouest avant que les communistes ne le fassent.[69] Le discours prononcé par Stopper lors de la conférence à Aarau reprend ce point de vue, soulignant que les pays de l'Ouest, à travers la colonisation, se sont rendus responsables du complexe d'infériorité ressenti par les Africains et qu'ils doivent désormais se racheter. Stopper considère le choix du Nigeria comme pertinent, prétendant que celui-ci ne subit pas la moindre influence communiste et qu'en tant que pays africain le plus grand et ayant le plus fort potentiel de développement, il pourra représenter un modèle pour de plus petits.

Le prochain orateur de cette conférence est Fritz Hofer, vice-consul de Suisse à Lagos, qui insiste sur la part de responsabilité de son pays. Il confesse que parmi ses compatriotes, certains se sont mal comportés en Afrique, traitant les natifs avec paternalisme. Ceux-ci auraient désormais perdu la dévotion qu'ils montraient autrefois pour les européens; c'est pourquoi il serait temps de reconstruire une relation basée sur la solidarité et la fraternité. Dans ce sens, le projet PAN serait utile car il inclut non seulement l'enseignement technique, mais revêt aussi une dimension humaine favorisant la confiance mutuelle.

### *Malgré elle, l'Administration suisse reste en marge*

Stopper et Hofer soutiennent tous deux le projet en tant que diplomates suisses avec expérience en Afrique. Alors que le Service de coopération technique se trouve encore dans une phase d'organisation, il faut relever que son chef Hans Keller insiste sur le besoin de coordination avec d'autres

69 Edwin Stopper: «Problèmes politiques et économiques en rapport avec l'Afrique occidentale». In: *Revue économique et sociale.* Lausanne, septembre 1960 (parution hors-série), pp. 109-147.

entités. Lorsqu'il apprend la création du comité PAN, il déclare au chef du Département politique Max Petitpierre que la tâche de l'Etat s'avérerait compliquée si chaque canton mettait sur pied un tel comité. Son service reste désormais en marge du projet. Selon Hofer, les candidats doivent être sélectionnés par un jury composé de l'ambassadeur, d'un représentant d'une entreprise suisse active au Nigeria et d'un représentant du Centre de commerce[70]. Le financement est assuré par une collecte en Argovie et une contribution du gouvernement cantonal, alors que les entreprises hôtes s'engagent à payer un petit salaire.[71]

Hans Keller n'est pas seul à se soucier d'un éventuel manque de coordination. L'ambassadeur de Suisse à Lagos G.E. Bucher fait état d'un problème mentionné par le gouvernement nigérian: des offres d'aide multilatérale, bilatérale et privée s'accumulent à Lagos alors que le personnel nécessaire pour leur évaluation n'est pas disponible. Parmi tous ces initiateurs, Bucher estime que le Parlement des jeunes d'Argovie fait certes preuve de bonnes intentions, mais il exprime en même temps ses doutes à propos de cette «aide éparpillée» et pense qu'il serait plus judicieux de se concentrer sur les larges projets multilatéraux des Nations Unies.

Le problème de coordination est à nouveau mentionné par la mission économique nigériane visitant la Suisse en 1961. Les délégués insistent sur le fait que leur gouvernement fédéral doit être informé de toutes les offres d'aides. Dans le cas de PAN, aucun des gouvernements fédéraux suisse ou nigérian n'est informé officiellement du déroulement du projet, si bien que Hans Keller demande lui-même au Comité PAN de lui accorder une entrevue. A cette occasion, Keller prétend clairement que les pays étrangers ne discernent pas les offres privées ou nationales et que dans ces deux cas, la Suisse entière se trouve engagée. Le Comité accepte de rédiger un rapport à l'intention du gouvernement fédéral nigérian.[72]

Ce rapport révèle certains désaccords entre le Comité et le Service de coopération technique, à propos, par exemple, de leurs différentes

70 Cette institution n'a pas pu être identifiée.

71 La collecte rapporte 25'000 Sfr, le gouvernement cantonal verse 12'000 Sfr, et les entreprises hôtes s'engagent à verser un salaire mensuel de 500 Sfr. Rapport de l'entretien de Hans Keller avec Paul Suter, president de PAN, 30.1.1962. AFS, E2003-03(-) 196/44/194.

72 *Ibid.*

conceptions de l'aide au développement. Alors que le Comité s'étend sur les bienfaits d'une formation à l'étranger pour les Africains et les problèmes causés par l'envoi d'experts suisses, Keller estime que la formation sur place devrait être favorisée, permettant d'éviter les difficultés d'adaptation culturelle et linguistique.[73] Cela dit, le projet PAN crée un embarras supplémentaire.

### *Collaboration avec le Nigeria ou sa région Est?*

Comme le projet porte le nom *Partnership Aargau-Nigeria*, il semble se référer à une coopération entre un canton suisse et le Nigeria tout entier, bien qu'il s'agisse de son unique région Est. L'ambassadeur de Suisse à Lagos Bucher déplore que le fédéralisme ne soit pas pris en compte. Selon lui, les initiateurs de PAN ne réalisent pas qu'il sont entrés en contact avec le seul premier ministre de la région Est sans avoir tenu compte des autorités nationales. Susceptible d'être perçue comme favoritiste, cette forme d'aide pourrait même s'avérer dangereuse.[74] Il faudrait selon Bucher observer la plus grande prudence envers les ministres des deux autres régions, qui pourraient attendre de PAN une action similaire en leur faveur. C'est pourquoi il propose d'envoyer le rapport exclusivement aux trois ministres fédéraux originaires de la région Est.[75] Cette conscience des antagonismes existant entre les régions nigérianes, bien qu'elle ne semble pas acquise par Edwin Stopper, l'est indiscutablement par d'autres diplomates suisses tels Bucher, Armin Däniker, le représentant suisse à Londres, et son conseiller Erwin Bernath.[76]

Lorsque le projet s'achève en 1964, le quotidien argovien *Badener Tagblatt*[77] n'est pas le seul à le qualifier de succès. Le collaborateur de l'ambassade de Suisse Jean Zwahlen rencontre les apprentis qui aterrissent à Lagos

---

73 Lettre de Giovanni Enrico Bucher, ambassadeur de Suisse à Lagos, à Paul Suter, président de PAN, 13.2.1962. AFS, E2003-03(-)196/44/194.

74 *Id*, 10.2.1962. AFS, E2003-03(-)196/44/194.

75 Lettre de Giovanni Enrico Bucher à Leutenegger du comité PAN, 27.4.1962. AFS, E2003-03(-)196/44/194.

76 Voir chapitre III.1.

77 Article «Wir haben viel und richtig gelernt», de *Badener Tagblatt*, 20.8.1964.

sur leur chemin du retour à Enugu, et rapporte que «cet entretien qui a porté sur les expériences personnelles et professionnelles de chacun a dégagé une impression d'enthousiasme et de respect que ces jeunes Nigérians nourrissent envers nos compatriotes en général, nos institutions et notre industrie». Zwahlen souligne que tous ont déjà été engagés comme enseignants par leur gouvernement – sans préciser s'il désigne les autorités nationales ou régionales, – et que «la Suisse a fait là œuvre utile qui portera des fruits».[78]

Les initiateurs de PAN, issus du Parlement des jeunes d'Argovie, d'Eglises chrétiennes et de divers autres milieux, entre autres éducatif, ne représentent pas les acteurs habituels des relations internationales de la Suisse, dont les diplomates sont plus habitués à traîter avec leurs compatriotes marchands. Ceux-ci recourent régulièrement aux services des consuls de Suisse pour développer leurs activités à l'étranger, alors que le comité PAN cherche uniquement à entrer en contact avec le gouvernement cantonal dans l'espoir d'une aide financière. Deux fonctionnaires fédéraux soutiennent fermement le projet, mais il faut souligner que leur champ d'activité s'étend au-delà de l'Administration fédérale.

A l'instar d'Edwin Stopper qui opère dans une zone grise entre les secteurs économiques public et privé, Fritz Hofer n'assure pas le seul mandat de consul de Suisse à Lagos, mais aussi celui d'agent général de UTC au Nigeria. Leur attitude envers le projet PAN n'est donc pas uniquement motivée par leurs charges de fonctionnaires, mais aussi par une expérience personnelle. Par contre, l'ambassadeur de Suisse à Lagos Bucher, qui se montre plus critique, est un juriste ayant développé sa carrière dans le seul corps diplomatique. Durant les années 1960, le gouvernement suisse professionnalise sa diplomatie dont le champ d'activité s'élargit au-delà de la simple assistance aux commerçants.

Même si selon la constitution fédérale nigériane, l'éducation relève des régions, les critiques de Bucher révèlent le fossé pouvant séparer les analyses et préoccupations d'un diplomate professionnel de celles de la base hétérogène ayant développé le projet PAN. La confusion des initiateurs à propos des termes «Africains» et «Nigérians», laisse penser qu'ils

78 Lettre de Jean Zwahlen, collaborateur de l'ambassade de Suisse à Lagos, à Hans Keller, 3.6.1964, AFS, E2001(E)1972/33/346.

ne sont pas pleinement conscients d'avoir impliqué la seule région Est du Nigeria. PAN apparaît bien comme une action privée, mais les initiateurs prennent contact exclusivement avec la plus haute instance politique de la région Est, soit son premier ministre. Ces divergences de vues entre, d'une part, des amateurs motivés par altruisme ou anti-communisme et d'autre part, des diplomates professionnels, montrent une Administration fédérale suisse quelque peu désemparée face à une coopération avec de tels groupes dans le cadre de sa politique étrangère. L'interaction des deux milieux constitue une facette de la démocratie, dans le sens où des citoyens incitent leur gouvernement à prendre position et à se justifier. La mise à l'écart de l'Administration suisse n'est pas due à l'intention des initiateurs, mais à leur idéal d'action se développant mieux dans une petite structure, à l'écart de la plupart des considérations politiques.

## 3. Centre de formation pour réparateurs de montres

### *Motivations des initiateurs*

Le centre de formation pour réparateurs de montres ouvert en 1964 au sein de Yabatech [Yaba College of Technology] doit son existence à une collaboration entre la Fédération suisse de l'industrie horlogère [FH] et le Service de coopération technique. De façon peu surprenante, c'est la FH qui est à la source de l'initiative. Le but apparent consiste à servir le consommateur qui, selon des enquêtes menées entre 1952 et 1960 sur les marchés du Moyen-Orient, accepte difficilement d'acheter un produit de qualité à prix élevé si on ne lui donne pas la possibilité de le faire entretenir et réparer.[79] A la veille de l'indépendance, un rapport de la FH s'intéresse de près au Nigeria en raison de sa population nombreuse, «des ressources intéressantes qui donnent à ce marché une importance très supérieure à celle de divers autres Etats ou territoires», et de son évolution politique

79 Cf.: Ginalski, *op. cit.*, p. 112. Voir, aussi: De Dardel, *op. cit.*, p. 342.

dans une ambiance «cordiale et détendue». La FH considère une demande s'étendant au-delà des *department stores* de Lagos et Ibadan, précisément jusque dans les villages. Alors que le Nigeria représente le plus gros client d'Afrique sub-saharienne, la concurrence s'y résume aux montres allemandes qui «existent» sur le marché, ainsi qu'aux Français et aux Japonais qui «font de gros efforts pour s'imposer».[80]

> Il subsiste néanmoins une hypothèque politique: la Fédération ne va-t-elle pas être minée par les forces centrifuges que l'on décèle dans chacune des trois régions principales? Pour l'instant les risques ne paraissent pas très sérieux, et l'on a des raisons de se montrer optimiste. Sur le plan économique la situation est relativement saine et l'amélioration du niveau de vie amorcée depuis plusieurs années devrait normalement se poursuivre. Or il est bien connu que la montre est un des premiers objets convoités par l'Africain dont le revenu augmente.[81]

Seul bémol au tableau, le rapport estime que le service après-vente n'est de loin pas assuré; d'où la proposition de créer une école de réparateurs. Comment ce projet commercial peut-il gagner le soutien de la Coopération technique? Auprès d'elle, le président de la FH Gérard Bauer «insiste beaucoup sur le fait qu'un centre de formation horlogère à Lagos constitue avant tout et pour longtemps encore une œuvre désintéressée de coopération technique».[82] Même si de tels propos ne semblent pas compris au premier degré par le Service de coopération technique, ils tendent à souligner la facette non commerciale du projet, c'est-à-dire la formation. Le futur centre apparaît au Service comme «une sorte de technicum pour la mécanique de précision». Treize des seize diplômés du centre déjà établi au Liban ont d'ailleurs trouvé un emploi dans d'autres secteurs que l'horlogerie, ce qui va jusqu'à rendre certains membres de la FH sceptiques face à l'objectif commercial, et incite la direction à chercher un partenaire pour ouvrir un nouveau centre. La Coopération technique en déduit que «vu sous cet angle, le centre horloger a donc servi davantage au développement technique du pays qu'à favoriser la production des membres de la FH».[83]

---

80 Rapport de la FH sur le Nigeria, avril 1960. AFS, E7110(-)1970/304/119.

81 *Ibid.*

82 Note du Service de coopération technique au chef du Département politique, 12.12. 1964. AFS, E2005(A)1980/82/206.

83 *Ibid.*

Cette dernière rappelle le double objectif dans son bulletin périodique, et mentionne même l'intention «d'assurer la promotion sociale d'un corps de métier artisanal» avant celle de fournir un service après-vente.[84]

Reste à prouver que ce type de formation correspond à un besoin du Nigeria. En soumettant le projet au chef du Département politique, la Coopération technique estime que la formation horlogère – vu qu'elle apporte aussi un débouché sur l'industrie de précision au sens large – est «l'une des plus valables dans les pays en voie de développement».[85] Du point de vue légal, le centre de formation est établi suite à un accord entre la Coopération technique suisse et le ministre nigérian de l'Education Richard Akinjide. Ce dernier représente officiellement le Nigeria à lui seul lors de l'inauguration du centre, alors que la délégation suisse compte l'ambassadeur Bucher, le directeur de la FH Gérard Bauer, le sous-directeur de la FH R. Retornaz et le vice-directeur d'Ebauches SA, P. Tschudin. Les sources ne rapportent pas le probable discours d'Akinjide, ni les impressions d'autres officiels nigérians. L'exception est le premier ministre de la région Est M. Okpara, qui qualifie le centre de formation de simplement inutile, jugeant qu'il y a «des choses bien plus importantes à faire ici».[86] Malgré tout, l'ambassadeur Bucher estime qu'il peut être nécessaire d'expliquer au Nigérian quels sont ses propres besoins: «Il faut initier l'indigène et lui faire comprendre que la montre n'est pas seulement un objet décoratif; encore faut-il qu'elle marche et que son possesseur sache comment l'utiliser et au besoin où la faire réparer».[87]

Définitivement, le centre de formation ne répond pas à une demande du gouvernement nigérian. Ce qui motive la Coopération technique à accorder son soutien, en plus du supposé large débouché professionnel s'offrant aux futurs diplômés, est le fait que la formation s'effectue sur place,

84 *La Suisse horlogère*, bulletin hebdomadaire de la FH, n° 41, 28.10.1965.

85 Proposition du Service de coopération technique au chef du Départment politique et à l'Administration fédérale des finances, 20.2.1964. AFS, E2005(A)1980/82/206.

86 «Schliesslich erwähnte er noch lächelnd, die Hilfe für *Watch making* finde er unnütz, es gebe hier viel wichtigeres zu tun». Lettre de G.E. Bucher, ambassadeur de Suisse à Lagos, au Département politique suisse, 24.10.1961. AFS, E2003-03(-)1976/44/194.

87 Propos tenus par G.E. Bucher dans son discours lors de l'assemblée générale extraordinaire de la FH et rapportés dans: *La Suisse horlogère*, n° 29, 18.7.1963.

déjà jugée préférable pour des raisons linguistiques et financières.[88] Par conséquent, la Coopération technique octroie 30 bourses par année dès le début des cours en 1964. L'année suivante, les bourses sont de 3'500 Sfr chacune, avant d'être portées à 4'000 Sfr en 1969 et de se situer à 5'000 Sfr en 1973. Une formation dure trois ans et les diplômes sont remis en présence de l'ambassadeur de Suisse. Le gouvernement nigérian accepte de fournir des ateliers climatisés et des logements pour les techniciens suisses, alors que la FH couvre les frais d'installations se montant à 110'000 Sfr pour l'équipement et le directeur technique, puis assure l'enseignement et 3'000 Sfr d'outillage par élève.[89] Les trois partenaires se lient par une convention signée en 1963 et portant sur dix ans. A son échéance, il est prévu que les autorités nigérianes reprennent la gestion du centre.

### *Manque de débouchés professionnels et retrait de l'aide publique*

Après une année de cours, l'ambassadeur Bucher se réjouit que les élèves aient été « agréables et que les cours [se soient] développés dans la meilleure atmosphère ». Il recommande alors à la Coopération technique de poursuivre ce programme dont « les résultats d'ensemble se sont révélés très satisfaisants ». La faille qu'il discerne consiste en la précarité des étudiants, dont les bourses ne permettent pas de faire face au moindre imprévu.[90] Celles-ci sont augmentées aussitôt. Le successeur de Bucher, Fritz Real, souligne qu'il s'agit d'une action bénéfique aux deux pays, et rappelle surtout qu'il n'y a guère d'autre projet suisse de coopération au Nigeria, alors que beaucoup de pays occidentaux, dont certains n'ont pas les intérêts que la Suisse y a, fournissent une aide importante. Sachant que six Ghanéens et un Sierra Leonais intègrent le Centre, Fritz Real met aussi en évidence

88 Note du Service de coopération technique au chef du Département politique, 12.12.1964. AFS, E2005(A)1980/82/206.

89 Proposition du Service de coopération technique au chef du Départment politique et à l'Administration fédérale des finances, 20.2.1964. AFS, E2005(A)1980/82/206. Lettre de F.H. Andres, ambassadeur de Suisse à Lagos, au Service de coopération technique, 1.5.1973. AFS, E2005(A)1985/101/274.

90 Lettre de G.E. Bucher au délégué à la Coopération technique, 19.10.1965. AFS, E2005(A)1980/82/206.

son rayonnement international.[91] F.H. Andres, ambassadeur de Suisse à Lagos dès 1970, met en avant les conséquences politiques qu'un retrait du soutien de la Confédération pourrait engendrer. Le Nigeria représente alors le deuxième partenaire économique sub-saharien de la Suisse, après l'Afrique du Sud.[92]

La Confédération maintient son soutien jusqu'en 1973, mais c'est au sein de la FH même que le consensus se fissure. Celle-ci planifie l'ouverture d'un centre similaire à Nairobi, mais un de ses principaux membres – Ebauches SA – exige de fermer celui de Lagos en contrepartie. Les réticences financières vis-à-vis de Lagos amènent la FH à suggérer, afin de compenser son propre et éventuel retrait, une participation accrue de la Coopération technique sous forme de subventions. Néanmoins, chaque partenaire maintient sa coopération jusqu'au terme de la convention.[93] Au moment où les autorités nigérianes reprennent la direction du Centre, 56 élèves y ont achevé leur formation avec succès et trois d'entre eux sont devenus instructeurs, assistant le technicien suisse dans sa tâche d'enseignement.[94]

La FH s'efforce chaque année de trouver un emploi à ses nouveaux diplômés. Et c'est justement là que le bât blesse. Même si l'opération réussit à chaque fois, elle se révèle aussi de plus en plus pénible. Dès 1970, la Coopération technique reconnaît un déséquilibre entre la grandeur de l'école et les besoins; ou en d'autres mots, une saturation de réparateurs de montres. Il n'est cependant pas tout de suite clair si cette saturation concerne l'ensemble du pays ou la seule région de Lagos, d'où vient la grande majorité des élèves. Selon le principal de Yabatech, Emmanuel A.O. Akinleye, Lagos est le seul endroit posant problème et il suffirait d'élargir le recrutement à d'autres régions.[95] Pour encourager cette tendance, la FH met sur pied des séminaires de deux semaines par an à Ibadan

91 Propos repris dans les propositions du délégué à la Coopération technique au chef du DPF, 13.9.1967 et 15.10.1968. AFS, E2005(A)1980/82/206.

92 Lettre de Friedrich Heiner Andres, ambassadeur de Suisse à Lagos, à la Division du commerce, 1.4.1971. AFS, E2005(A)1938/18/299.

93 Lettre de la FH à la Coopération technique, 20.10.1971. AFS, E2005(A)1938/18/299.

94 Rapport de la FH à la Coopération technique, 1.4.1973. AFS, E2005(A)1985/101/274.

95 Notice de la Coopération technique, 20.8.1970. AFS, E2005(A)1983/18/299.

et Kano. Mais l'installation des diplômés «en province» rencontre plusieurs obstacles. Un rapport mentionne que

> La difficulté principale à laquelle doit faire face le Centre est celle des débouchés offerts aux diplômés. Le problème de la saturation du marché du travail dans ce secteur (surtout à Lagos) a été relevé à plusieurs reprises. Une partie des élèves ont tenté, parfois avec de grandes difficultés de s'installer comme artisans indépendants en province: ils ont en effet de la peine à trouver une clientèle suffisante pour assurer la rentabilité de leurs petits ateliers.[96]

La concentration géographique n'est donc pas le nœud du problème. Comme encouragement supplémentaire à l'entreprise individuelle et en plus des séminaires «en province», chaque étudiant reçoit une sacoche d'outils d'une valeur de 3'000 Sfr. Lorsque la FH décide de diminuer ce montant à 1'200 Sfr, elle précise que malgré la distribution d'outils, il reste très difficile pour les diplômés de s'établir à leur compte, du moment que le Centre ne leur offre pas d'expérience pratique suffisante pour cela.[97]

Or, qu'en est-il des autres secteurs industriels que les diplômés sont censés intégrer grâce à leur prétendue large formation? De la première volée de huit élèves, cinq sont engagés par des importateurs de montres; un d'entre eux trouve un emploi dans un atelier de rhabillage à Ibadan, un autre devient instructeur-assistant au Centre, et un seul ne poursuit pas dans l'horlogerie. En 1973, les neuf élèves sortants sont tous placés dans l'horlogerie. L'année suivante, trois élèves signent chez Steiner F. & Co, un chez UTC Lagos, un autre comme instrumentiste d'hôpital et deux autres prévoient de monter leur propre atelier au sein d'un *department store*. Chacun est à nouveau placé, mais le directeur du Centre Jacques Rais conclut: «l'on peut dire que vu la situation de l'emploi dans la branche horlogère au Nigéria que c'est avec soulagement que nous avons terminé cette opération de placement».[98] Si le directeur du Centre sonde chaque

96 Proposition au délégué à la Coopération technique, 30.11.1973. AFS, E2005(A) 1985/101/274.

97 Note de la FH à la Coopération technique, 16.5.1973. AFS, E2005(A)1985/101/274.

98 Proposition du délégué à la Coopération technique au chef du DPF, 13.9.1967. AFS, E2005(A)1980/82/206. Lettre de F.H. Andres à la Coopération technique, 14.12.1973. Rapport trimestriel d'avril à juin 1974, de J. Rais à la FH et à la Coopération technique, 29.6.1974. AFS, E2005(A)1985/101/274.

année les milieux horlogers, il établit aussi un contact régulier avec l'armèe, puis avec la police, les ministères, les compagnies de distribution d'eau et d'électricité, etc. – «en vue de créer une demande des produits de notre centre». Même en ratissant aussi large, il qualifie toujours le placement de difficile.[99]

Ce n'est pas un hasard si les débouchés à l'extérieur du secteur horloger se révèlent plus que rares. En 1971, le principal de Yabatech, Emmanuel A.O. Akinleye, envisage que lors de la reprise du Centre deux ans plus tard, l'horlogerie soit certes conservée, mais que la formation soit également étendue à la réparation d'autres instruments de précision et de mesure électrique.[100] En 1973, la Coopération technique énonce l'objectif du Centre comme suit:

> Les centres de formation technique mis sur pied par la Fédération horlogère (FH) dans différents pays en voie de développement ont pour but de former un nombre suffisant de rhabilleurs pouvant réparer les montres vendues sur ces marchés.[101]

Les possibilités de diversification professionnelle ne font alors plus illusion. Et à en croire les réticences d'Ebauches, qui selon la FH portent sur le financement, l'utilité du Centre n'est pas reconnue à l'unanimité. Les motivations de ces réticences «financières» ne sont pas claires. Peut-être qu'en 1970, Ebauches juge le besoin de réparateurs de montres satisfait pour le Nigeria. A ce moment, la valeur des ventes de produits horlogers suisses dans ce pays vient d'augmenter régulièrement et fortement durant la période de guerre civile.[102] La direction de la FH exprime envers

---

99 Rapport trimestriel d'avril à juin 1975, de J. Rais à la FH et à la Coopération technique, 24.6.1975. AFS, E2005(A)1985/101/274.

100 Lettre de Friedrich Heiner Andres, ambassadeur de Suisse à Lagos, à la Division du commerce, 1.4.1971. AFS, E2005(A)1938/18/299. La FH décrit le contenu de la formation comme suit: 1. Travaux pratiques concernant: limage, tournage, confection de pièces détachées, assemblage et réparation des montres. 2. Travail théorique. 3. Cours de dessin technique. 4. Cours commerciaux. Rapport de la FH à la Coopération technique, 1.4.1973. AF E2005(A)1985/101/274.

101 Proposition au délégué à la Coopération technique, 30.11.1973. AFS, E2005(A) 1985/101/274.

102 Ventes de produits horlogers suisses au Nigeria, en Sfr constants, pour 1967: 2'399'032, 1968: 5'948'643, 1969: 7'813'051, 1970: 15'401'638. Cf.: Direction générale des douanes: *Statistique du commerce de la Suisse avec l'étranger* [Stat. DGD].

l'Administration fédérale de profonds regrets à propos de la retenue d'Ebauches, tout en suggérant un transfert de coûts vers la Coopération technique. La FH répète qu'il serait erronné de se retirer du pays «jouissant du potentiel économique le plus élevé d'Afrique noire».[103]

L'ambassade de Suisse considère aussi la dimension politique du soutien apporté au Centre, alors qu'il s'agit de la seule contribution significative et officielle de la Suisse au développement du Nigeria. Ceci paraît compenser le fait que cette «sorte de technicum pour la mécanique de précision»[104] ne voie le jour, au profit d'une école pour seuls réparateurs de montres. L'ambassadeur Andres estime que le Centre contribue à la réputation suisse, et justement dans une période où le Nigeria développe ses écoles polytechniques.[105] La Coopération technique verse des bourses jusqu'en 1975 afin de ne pas interrompre le cursus de la dernière volée entrée deux ans plus tôt, et motive son retrait par le manque de débouchés s'offrant aux diplômés. Ces dernières bourses coïncident avec la phase de lancement du Centre international de photogrammétrie à Ile-Ife, auquel la Suisse participe.[106]

Les raisons du ralliement du gouvernement suisse à ce projet de centre pour réparateurs de montres restent peu claires. L'argument d'une large formation professionnelle privilégiée par rapport aux objectifs commerciaux est vraisemblablement pris au sérieux. En 1962, le délégué à la Coopération technique Hans Keller recommande au Conseil fédéral de mêler le moins possible les intérêts commerciaux à l'aide au développement. Keller estime que leur mutuelle indépendance garantit une meilleure perception des contributions suisses par les pays partenaires.[107] En 1967, la FH appelle la Coopération technique à s'associer plus étroitement aux divers projets didactiques de l'industrie horlogère dans les pays du Tiers-monde. Le délégué à la Coopération technique Sigismond Marcuard rappelle que la collaboration de son service avec l'industrie «a soulevé à plusieurs re-

---

103 Lettre de la FH à la Coopération technique, 20.10.1971. AFS, E2005(A)1938/18/299.

105 Note du Service de coopération technique au chef du Département politique, 12.12. 1964. AFS, E2005(A)1980/82/206.

105 Lettre de Friedrich Heiner Andres, ambassadeur de Suisse à Lagos, à la Division du commerce, 1.4.1971. AFS, E2005(A)1938/18/299.

106 Voir chapitre IX.

107 Note de Hans Keller au conseiller fédéral F.T. Wahlen, 16.1.1962. <dodis.ch/30141>.

prises déjà certains points d'interrogation et la question, jusqu'à présent, n'a pas été tranchée positivement».[108]

Ces quelques remises en question des liens avec le secteur privé se trouvent compensées par plusieurs circonstances. D'abord, l'institutionnalisation de l'aide suisse au développement se déroule en constante collaboration avec les milieux commerciaux. Ces derniers sont largement consultés, comme l'atteste leur généreuse présence au sein de la Commission de coordination nommée en 1962.[109] De plus, le directeur de la FH Gérard Bauer, ayant assumé plusieurs fonctions dans la diplomatie suisse, est plutôt bien introduit et probablement aussi toujours écouté par l'Administration fédérale.[110] Enfin, le projet bénéficie d'un fort soutien des ambassadeurs Bucher et Andres. Régulièrement questionnés sur la contribution de la Suisse au développement du Nigeria, le Centre de formation leur donne un élément de réponse, faute d'autres projets. En 1973, une note de la Coopération technique avance que le succès des centres de formation FH dépend des besoins du marché en main d'œuvre horlogère qualifiée. La même note ajoute que dans les cas de Karachi et Lagos, «l'influence de paramètres politiques a souvent été importante, au mépris de la valeur objective du projet».[111]

Sur la période de 1963 à 1975, le Centre de Lagos remet 72 diplômes et tous leurs détenteurs sont placés sur le marché de l'emploi. Il s'agit là de Nigérans, le destin des autres diplômés restant inconnu. Malgré l'intention du principal Emmanuel A.O. Akinleye d'élargir l'enseignement du Centre,[112] il semble que l'électronique n'en ait jamais fait partie. Or, c'est bien vers ce domaine qu'évolue le marché horloger et les étudiants, soucieux de leurs débouchés professionnels, deviennent rares. A tel point

108 Lettre de Sigismond Marcuard à la FH, 13.2.1967. AFS, E2005(A)1980/82/206.

109 La Commission de coordination n'a pas de pouvoir décisionnel, son rôle consiste à formuler des recommandations au délégué à la Coopération technique. Outre les milieux commerciaux, on y trouve quelques professeurs d'université et conseillers nationaux. Cf.: Ginalski, *op. cit.*, pp. 93-95.

110 Gérard Bauer est notamment conseiller à la Légation de Suisse à Paris de 1945 à 1953 et membre de la Délégation suisse près l'OECE de 1948 à 1958. Voir: <dodis.ch/30141>.

111 Note à Sigismond Marcuard, 16.5.1973. AFS, E2005(A)1985/101/274.

112 Rapport de la Fédération horlogère, 1.4.1973. AFS, E2005(A)1985/101/274.

qu'en 2003, l'*Horology and Instrumentation Section* de Yabatech ferme ses portes derrière le seul et unique diplômé de l'année.[113]

Le centre de formation pour réparateurs de montres doit son existence au lobbyisme exercé par les horlogers sur leur gouvernement. Ceci révèle évidemment un intérêt commercial pour le Nigeria que d'autres branches économiques suisses partagent, mais sans pour autant s'appuyer sur le Service de coopération technique.

Bâtiment désaffecté de l'*Horology and Instrumentation Section*, 2010. Photo de l'auteur.

113 Entretien avec Michael Molokwu, enseignant de mécanique à Yabatech, 12.11.2010. M. Molokwu a enseigné à ce dernier étudiant, mais reste incertain sur la date exacte de fermeture, entre 2002 et 2004.

# Chapitre V
# Multiplication des liens économiques

L'accession du Nigeria à l'indépendance n'affecte que peu ou pas du tout ses échanges commerciaux avec la Suisse, mais ouvre une période de croissance des investissements. Déjà implantées, UTC, Panalpina et Alumaco confirment leur succès, alors que d'autres compagnies suisses les rejoignent. Quelles sont les facteurs d'attraction déterminants et les stratégies adoptées pour pénétrer le marché? Dans quelle mesure ces entreprises sollicitent-elles l'appui de l'ambassade? Les sources permettent de traiter plus exhaustivement l'arrivée de Nestlé. Les grandes banques – Société de banques suisses, Union de banques suisses et Crédit suisse – se distinguent par leur attentisme, qu'on ne peut confondre avec un désintérêt. L'établissement d'une liaison entre Zurich et Lagos d'abord par Swissair, puis également Nigeria Airways, présente un cas où l'enchevêtrement d'intérêts économiques privés et publics est particulièrement évident. Ceux-ci ne s'entremêlent pas moins lorsque deux compagnies suisses entrent en concurrence pour équiper les nouvelles centrales électriques de leurs turbines. Dans ce cas présenté en troisième partie, le facteur de la corruption est plus évident et explicite que dans d'autres domaines.

## 1. Echanges commerciaux et investissements

### *Stabilité des échanges*

Si à la veille de l'indépendance du Nigeria, le Royaume-Uni considère que ses intérêts commerciaux n'y sont pas menacés, sa part dans le commerce extérieur de son ancienne colonie décline aussitôt. En 1960, les marchandises britanniques représentent 43.6% des importations du Nigeria; en 1970, plus que 28.3%. Le flux inverse connaît, sur la même période, une baisse encore plus marquée: soit de 47.6% à 28.3%. Pour le Nigeria, l'affaiblissement du partenariat se retrouve compensé surtout par un resserrement des liens avec la Communauté économique européenne. La rupture la plus manifeste se produit en 1967, quand les exportations destinées au Royaume-Uni chutent de 37.3% à 29.9%, alors que la CEE en absorbe désormais 48%, contre 39.8% l'année précédente.[1] Ce changement s'opère sur un fonds de croissance qui donne au Nigeria une balance commerciale durablement excédentaire à partir de 1966.[2]

Le rapprochement avec la CEE s'accompagne de négociations dont résultent des concessions tarifaires mutuelles.[3] De concert avec les autres membres de l'Association européenne de libre échange, la Suisse estime nécessaire d'intervenir contre ces nouvelles discriminations. Bien qu'elles soient jugées par l'ambassadeur Fritz Real de «bien maigres et qu'elles ne sauraient être de nature à battre en brèche notre position économique dans ce pays», la Division du commerce insiste pour une intervention plus soutenue, de crainte qu'une attitude passéiste soit interprétée comme un assentiment qui inciterait à allonger la liste de concessions à la CEE. Peu satisfaite de la visite de Real au Ministère, elle fera transmettre deux aide-mémoire soulignant le fait que la balance commerciale est favorable au Nigeria, arguant que la Suisse n'applique pas de tarifs trop hostiles et qu'elle a ouvert un centre de formation horlogère à Lagos. La Division se préoccupe avant tout du marché horloger, qui ne serait toutefois affecté que pour les produits à bas prix et le seul concurrent sérieux ne fait pas partie de la CEE; il s'agit de Hong Kong.[4]

---

1 Sur le critère national, le Royaume-Uni reste le premier partenaire; en 1970, le Nigeria y exporte pour 270.3 mio $, la République fédérale d'Allemagne achète pour 141.8 mio $ et la France pour 108.9 mio $. Les flux inverses se montent respectivement à 302, 112.1 et 32.5 mio $. R.A. Akindele; E. Ate Bassey (eds.): *Nigeria's Economic Relations with the Major Developed Market-Economy Countries (1960-1985).* NIIA, Lagos 1988, p. 154.

2 Entre 1960 et 1970, les exportations du Nigeria augmentent de 147.5%, ses importations de 67.7%. *Id.*, pp. 111, 121.

3 Si un accord est signé à Lagos en 1966, il ne serait jamais entré en vigueur. Cf.: *Id.*, p. 124.

4 Echange de lettres entre Fritz Real et la Division du commerce, 20.4, 11.5, 27.7, 25.8, 15.11.1966. Circulaire de Fritz Real aux commerçants suisses au Nigeria, 8.8.1966. Lettre du Ministère nigérian des affaires étrangères à l'ambassade de Suisse, 31.10.1966. AFS, E2200.168(-)1986/12/8.

Sur la période observée, la structure du commerce extérieur de la Suisse reste marquée par la fermeté des liens avec ses six principaux partenaires: République fédérale d'Allemagne, France, Italie, Benelux, Grande-Bretagne et Etats-Unis absorbent près de 55% des exportations et fournissent 75% des importations. La balance commerciale de la Suisse se révèle toujours globalement déficitaire, mais excédentaire avec le Tiers-monde à partir des années 1950; or, les ressources agricoles du Nigeria permettent, à l'instar du Ghana, de faire exception à cette règle.[5] En 1964, le Nigeria écoule 3% de ses exportations en Suisse, ce qui représente 0.7% des importations de celle-ci, qui destine aussi 0.7% de ses exportations au Nigeria.[6] Les ventes de montres suisses au Nigeria reculent depuis l'accession à l'indépendance, mais rebondissent en 1968, peu après l'ouverture du centre de formation à Lagos.[7] Dans leur ensemble, les flux commerciaux entre la Suisse et le Nigeria affichent une relative constance jusqu'à cette année-ci, lorsque la balance, jusque là favorable au second, commence à se redresser pour atteindre l'équilibre en 1970. L'augmentation des ventes de montres et de machines contribue largement à ce phénomène, mais n'en est pas le seul facteur; les produits chimiques connaissent une progression marquée à partir de 1964, lorsque Ciba ouvre une filière à Lagos, pour la distribution de médicaments. Mais la part de ceux-ci, dans l'agrégat «chimie», est souvent inférieure à celle des teintures.[8]

5 Dominique Dirlewanger, Sebastien Guex, Gian-Franco Pordenone: *La politique commerciale de la Suisse de la Seconde Guerre mondiale à l'entrée au GATT (1945-1966).* Chronos Verlag, Zürich 2004, pp. 41-43. Depuis 1892, la balance commerciale de la Suisse n'a été excédentaire qu'en 1916, 1945, 1953 et 1976. Bouda Etemad: «Structure géographique du commerce entre la Suisse et le Tiers Monde au XXe siècle». In: Paul Bairoch, Martin Körner (éd.): *La Suisse dans l'économie mondiale.* Droz, Genève 1990, pp. 175, 178. Page, *op. cit.*

6 Lettre de Zwahlen à la Division du commerce, 21.7.1965. Rapport économique sur le Nigeria à fin 1964. AFS, E2001(E)1978/84/888.

7 Voir chapitre IV.3.

8 Direction générale des douanes, *Statistique du commerce de la Suisse avec l'étranger,* volumes annuels.

## Structure des exportations du Nigeria en Suisse 1961-1970

### *Sfr courants*

| | Fruits oléagineux | Bois | Cacao | Textile | Alimentation | Cuir | Huiles brutes de pétrole | Autres | Total |
|---|---|---|---|---|---|---|---|---|---|
| 1961 | 50'333'809 | 13'656'960 | 2'461'830 | 841'990 | 27'655 | 70'396 | – | 765'228 | 68'157'868 |
| 1962 | 51'067'661 | 9'541'258 | 3'226'393 | 3'355'771 | 615'227 | 140'161 | – | 24'612 | 67'971'083 |
| 1963 | 36'047'619 | 11'496'566 | 4'173'448 | 3'631'541 | 80'407 | 182'592 | – | 56'314 | 55'668'487 |
| 1964 | 41'453'352 | 16'039'929 | 4'886'097 | 2'349'681 | 1'544'994 | 108'450 | – | 507'238 | 66'889'741 |
| 1965 | 48'835'738 | 12'061'076 | 4'773'510 | 2'182'196 | 3'718'612 | 88'401 | – | 329'948 | 71'989'481 |
| 1966 | 59'624'433 | 9'027'989 | 4'309'595 | 1'549'735 | 851'704 | 427'290 | – | 265'783 | 76'056'529 |
| 1967 | 38'631'530 | 7'448'408 | 8'886'452 | 1'370'265 | 26'279 | 501'786 | 6'727'030 | 329'713 | 63'921'463 |
| 1968 | 45'272'817 | 5'790'646 | 8'742'355 | 431'906 | 58'500 | 317'537 | – | 120'664 | 60'734'425 |
| 1969 | 33'773'570 | 7'082'131 | 11'692'397 | 522'511 | 1'135'610 | 596'838 | – | 323'241 | 55'126'298 |
| 1970 | 49'875'947 | 5'176'178 | 15'492'668 | 1'647'973 | 1'020'960 | 595'341 | – | 935'791 | 74'744'858 |

*Stat. DGD*

### *Sfr constants de 1970, en millions*

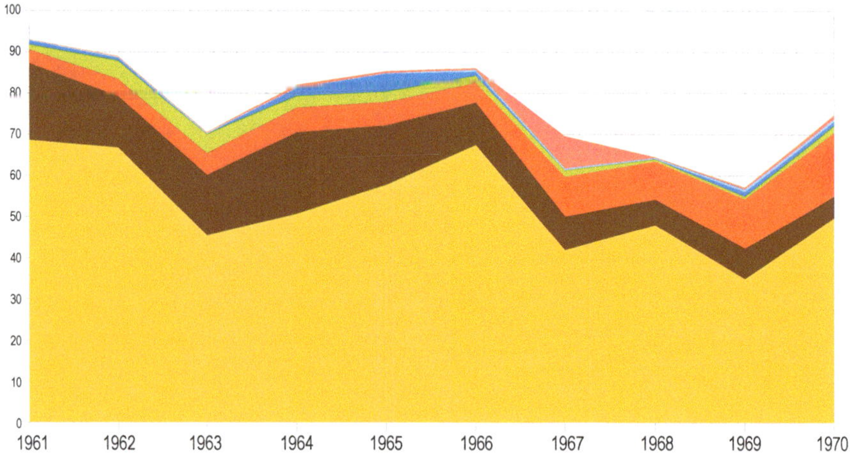


Déflation selon l'indice des prix à la consommation,
*Statistiques historiques de la Suisse*, table H23, <www.tsw.uzh.ch/hstat>.

## Structure des exportations de la Suisse au Nigeria 1961-1970

### *Sfr courants*

| | Machines | Chimie | Montres | Textile | Métal ou aluminium | Alimen-tation | Cuir | Autres | Total |
|---|---|---|---|---|---|---|---|---|---|
| 1961 | 2'620'839 | 1'105'432 | 6'583'672 | 995'671 | 1'854'154 | 506'785 | 31'527 | 1'591'998 | 15'290'078 |
| 1962 | 11'843'688 | 2'029'604 | 4'749'678 | 1'411'734 | 3'847'215 | 535882 | 39'950 | 1'677'580 | 26'135'331 |
| 1963 | 3'521'046 | 1'730'510 | 4'000'271 | 1'568'378 | 2'346'890 | 631'706 | - | 2'020'839 | 15'819'640 |
| 1964 | 8'693'785 | 3'208'546 | 3'363'863 | 2'395'276 | 3'157'951 | 647'668 | 93'206 | 1'246'283 | 22'806'578 |
| 1965 | 10'273'217 | 5'847'441 | 3'228'911 | 3'103'314 | 2'450'030 | 792'884 | 93'232 | 1'358'561 | 27'147'590 |
| 1966 | 6'306'656 | 7'415'546 | 3'095'676 | 3'179'816 | 2'076'104 | 956'020 | 47'572 | 950'292 | 24'027'682 |
| 1967 | 4'456'441 | 12'941'123 | 2'399'032 | 3'136'956 | 2'282'158 | 863'999 | 64'373 | 1'105'076 | 27'249'158 |
| 1968 | 4'126'331 | 9'519'824 | 5'948'643 | 500'850 | 2'319'315 | 1'208'835 | 79'185 | 961'454 | 24'664'437 |
| 1969 | 6'794'715 | 16'171'452 | 7'813'051 | 599'386 | 4'729'294 | 780'284 | 172'070 | 1'503'900 | 38'564'152 |
| 1970 | 13'372'936 | 17'434'772 | 15'401'638 | 1'480'201 | 8'647'491 | 2'758'440 | 83'474 | 1'376'148 | 60'555'100 |

*Stat. DGD*

### *Sfr constants de 1970, en millions*

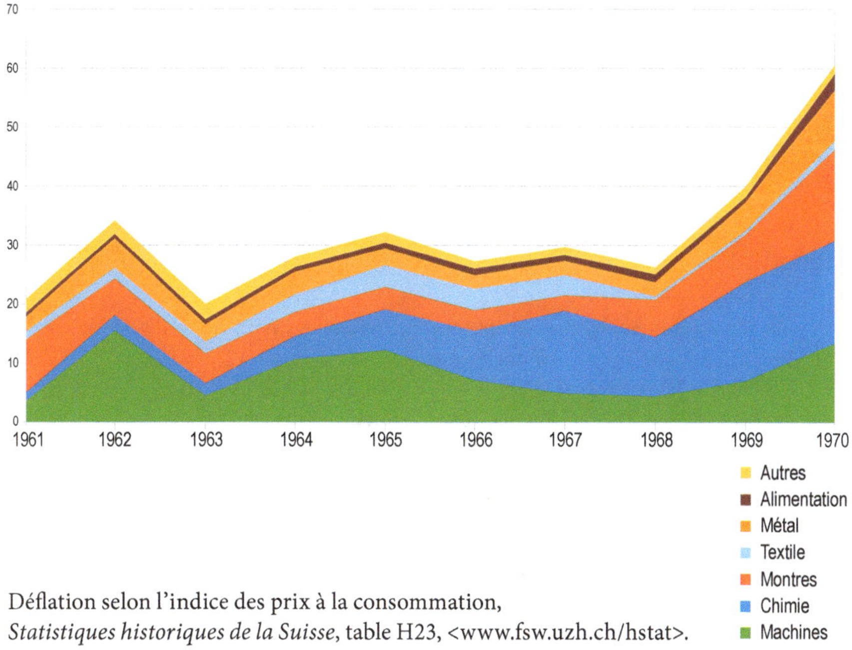


Déflation selon l'indice des prix à la consommation,
*Statistiques historiques de la Suisse*, table H23, <www.fsw.uzh.ch/hstat>.

Du côté nigérian, les fruits oléagineux restent la principale ressource d'exportation vers la Suisse, suivis de loin par le bois et le cacao, même si ce dernier, sur la décennie 1960, représente 20% des exportations nigérianes en moyenne.[9] En 1965, le Gouvernement fédéral envisage d'ouvrir à Genève un bureau de promotion du commerce, dont le champ d'action s'étendrait à l'ensemble de l'Europe de l'Ouest. Probablement entravé par la Guerre civile, ce projet se heurte aussi au scepticisme de l'Administration suisse; si le DPF ne s'y oppose pas à condition que la «chambre [soit] dirigée d'une manière compétente», la Division du commerce estime que cette condition ne peut être remplie s'il ne s'agit pas d'une initiative privée.[10] Depuis la fin des années 1950, les entrepreneurs nigérians ont certes augmenté leur participation au commerce d'exportation, mais il semble que leur part reste trop modeste pour qu'ils projettent eux-mêmes des chambres de commerce à l'étranger. Jusqu'à la fin des années 1970, il n'existerait qu'un seul organe de ce type, la Nigerian-American Friendship Club, fondée en 1960 par le commerçant Mobolaji Bank-Anthony.[11]

*Ambitions et succès des investisseurs*

Les investissements directs de la Suisse au Nigeria, jusqu'en 1967, se montent à 3 mio $ dans le secteur industriel et à 2 mio $ dans le secteur commercial. C'est plus que le Danemark, qui totalise 1.4 mio $, ou la Suède, 1 mio $. Ceux de l'Allemagne sont peu supérieurs: ils atteignent 7.4 mio $.[12]

Firme suisse à la présence la plus ancienne au Nigeria, UTC poursuit la réorientation de ses activités amorcée dans les années 1950. En 1964,

9 Les statistiques ne distinguent pas les cacahuètes des noix ou de l'huile de palme. Voir annexe statistique. Akindele; Ate Bassey, *op. cit.*, p. 112.

10 Echange de lettres entre la Division du commerce et le DPF, 8.12, 20.12.1965. Lettre de Hans Bühler, vice-président de la Division du commerce, à l'avocat Perfrancesco Campana, 28.12.1965. AFS, E2001(E)1978/84/888.

11 Forrest 1994, *op. cit.*, p. 31; sur Bank-Anthony: pp. 72-74.

12 Total, en millions $, par le Canada: 8; Danemark: 1.4; France: 100; Allemagne: 7.4; Italie: 44; Japon: 3; Pays-Bas: 161 (dont 140 pour l'extraction pétrolière); Suède: 1; Suisse: 5; Royaume-Uni: 596; Etat-Unis: 182. OECD: Stock of Private Direct Investments by DAC Countries in Developing Countries, end 1967. Cité par: Forrest, *op. cit.*, p. 29.

elle emploie près de 1'600 personnes au Nigeria, dont 100 expatriés.[13] Ses méthodes incluent la vente par correspondance, avec des agents payés à la commission.[14] Le commerce automobile prouve généreusement sa rentabilité, avant que s'engage une multiplication de *department stores,* processus dans lequel il faut considérer le carnet d'adresses de la Compagnie bâloise. UTC organise plusieurs visites de ministres nigérians en Suisse et le contact du premier ministre de la région Est Michael Okpara avec le président de l'entreprise Max Preiswerk apparaît plutôt chaleureux, alors qu'Ahmadu Bello prononce un discours à l'inauguration du garage de Kaduna.[15] Bello, sultan de Sokoto et premier ministre de la région Nord, rencontre l'agent UTC Christian Spoerri deux fois lors d'un voyage en Suisse, puis deux fois au Nigeria.[16] En 1968, M.O. Alli du *New Nigerian* souligne les 100'000£ investis dans l'extension du *department store* de Lagos, qu'il interprète comme une marque de confiance envers le Nigeria, alors en pleine guerre civile.[17]

Le succès du transporteur Panalpina se jauge à l'accroissement de son personnel: lors des débuts à Apapa en 1960, il compte trois expatriés et 40 Nigérians; en 1970, ils sont 469.[18] Alumaco, filière d'Alusuisse, poursuit la vente de vaisselle et obtient nombre de commandes pour façades, toitures et autres équipements, à l'image des glissières du pont Eko, achevé en 1969 pour relier l'île de Lagos au continent. En 1962, la Compagnie emploie 200 Nigérians; de 1967 à 1971, son bénéfice annuel après taxes s'élève à 5'201 £N, 15'522 £N, 48'432 £N, 106'617 £N, puis 166'515 £N.[19] Lors de son

13 *Die Tat* [quotidien zurichois], 7.7.1964. AES, HI 7.

14 «As a UTC Mail Order agent, you offer your friends a full selection of top quality UTC goods to choose and buy at home, anywhere in Nigeria. You earn commision on every order you take. You make extra money, quickly and easily». *Daily Express,* 8.8.1965.

15 Publié par *Northern Nigeria Daily Press Service,* 16.2.1961. AFS, E2001(E)1978/84/888.

16 Christian Spoerri: *40 Jahre im Dienste der BHG AG Basel, April 1961,* p. 78. AMB PS1-D02-05 UTC 4968.

17 *New Nigerian,* 25.7.1968.

18 *Bulletin de la Société suisse de navigation,* mars-avril 1960. Panalpina Welttransport AG Basel, Rapport d'activités, 1970. AES, Zo 384.

19 Lettre du chargé d'affaires à l'ambassade de Suisse à Lagos à la Division du commerce, 21.2.1969. AFS, E2001(E)1980/83/544. Knoepfli, *op. cit.,* p. 71. Mise en vente d'actions Alumaco, *New Nigerian,* 12.7.1972. Entretien téléphonique avec Andreas Tischhauser, manager d'Alumaco, 1969-1975, 21.12.2011.

passage à Kano, l'ambassadeur Bucher y découvre trois firmes suisses: la maison de commerce Western Soudan Export Ltd, ainsi que GEDA Trading Company et HACO Ltd, deux fabriques de parfums dont les affaires lui apparaissent «florissantes».[20]

Dans d'autres entreprises œuvre un nombre considérable d'expatriés suisses, même si le capital vient d'ailleurs. En 1961, en tout cas 45 Suisses résident à Port Harcourt et un d'entre eux y dirige la filiale Shell, où «beaucoup» de ses compatriotes sont ingénieurs, géologues ou géomètres. A Port Harcourt, on trouve également plusieurs Suisses à la direction de l'hôtel de luxe Presidential.[21] Financée conjointement par le gouvernement nigérian et des investisseurs britanniques, Kaduna Textile Mill, la plus grande usine de la région Nord, emploie 25 tisserands ou techniciens suisses en 1962.[22]

Au-delà d'opportunités d'investissements, les tentatives d'industrialisation multiplient les appels d'offre. Maurer SA de Genève est choisie pour superviser le chantier d'une fabrique textile à Ikeja, financée à parts égales par Textil Consult de Vaduz, *Western Nigeria Development Corporation* et Chase Investment Corporation de New York. Cette usine ouvre en 1963 et emploie 1'300 ouvriers.[23] La même année, un projet d'acierie, puis de construction de huttes, sont expertisés par Interconsulting de Zurich, qui produit pour ceci près de 80 rapports.[24]

Ciba et Nestlé représentent les deux majeures implantations suisses qui ont lieu sous la Première République. Entreprise chimique bâloise, Ciba débute avec la fabrication de colorants en 1859, puis de produits pharmaceutiques à partir de 1880. Elle investit en Europe dès le tournant du siècle, avant de le faire aux Etats-Unis et en Argentine, si bien qu'en 1939, 40% de ses 5'700 employés ne travaillent pas en Suisse.[25] La filiale

20 Lettre de Bucher à la Division du commerce, 23.1.1962. AFS, E7110(-)1973/41/120.

21 Lettre de Bucher au DPF, 24.10.1961. AFS, E2003-03(-)1976/44/194. Lettre de Bucher au DPF, 18.11.1964. AFS, E2001(E)1978/84/888.

22 Lettre de Bucher à la Division du commerce, 23.1.1962. AFS, E7110(-)1973/41/120.

23 Lettre de Bucher à la Division du commerce, 17.4.1963. AFS, E7110(-)1974/31/143.

24 Lettre de Bucher à la Division du commerce, 16.1.1963. Lettre de Heinz Suter, chargé d'affaires à l'ambassade de Suisse à Lagos, à la Division du commerce, 21.2.1963. AFS, E7110(-)1974/31/143.

25 Voir: Bernard Degen: «Ciba». In: *Dictionnaire historique suisse*, vol. III, Hauterive 2003. <dhs.ch>.

Ciba (Nig.) Ltd est lancée en 1963 et a pour but de faciliter l'écoulement de médicaments en s'appuyant sur un réseau de représentants, qu'on songe à recruter auprès des firmes britanniques Kingsway et UAC, avant de les remplacer par des collaborateurs nigérians. Cette action s'insère dans un projet à moyen terme: si elle permet d'acquérir 20% des parts du marché pharmaceutique nigérian, Ciba prévoit d'agrandir la filiale d'abord par la fabrication d'emballages, puis la production de médicaments. Ces perspectives réjouissent le premier ministre Balewa, dans la mesure où elles pourraient contribuer à briser un monopole britannique; il avait d'abord pensé à introduire des produits italiens, mais les médecins n'en étaient pas satisfaits.[26]

### *Implantation de Nestlé*

Nestlé naît à Vevey en 1866, ouvre une agence à Londres deux ans plus tard, vend de la farine lactée dans au moins 16 pays en 1873, puis élargit sa gamme de produits alimentaires et poursuit une croissance multinationale. L'ouverture de Nestlé Products (Nig.) Ltd, en 1961, s'inscrit dans une période d'expansion soutenue: 40 nouveaux centres de production répartis sur quatre continents voient le jour entre 1951 et 1966. Cette année-ci, on compte treize agences de vente et douze usines en Afrique, dont neuf en Afrique du Sud.[27] L'implantation au Nigeria se traduit d'abord par l'exploitation d'un dépôt à Apapa en 1961, puis d'une fabrique d'extraits de viande à Nguru en 1965, dans la région Nord. Nestlé emploie de 250 à 300 personnes au Nigeria en 1966 et ses ventes progressent de 317'000 £ en 1961 à 1'343'000 £ en 1965.[28] Suite au *Companies Decree* de 1968 et par crainte que l'Etat ne s'approprie la marque Nestlé en cas de nationalisation, la filiale est rebaptisée Food Specialities (Nig.) Ltd et conformément

26 Lettres de l'ambassade de Suisse à Lagos à la Division du commerce, 3.9.1963, 3.2.1964. AFS, E2001(E)1982/58/442.

27 Jean Herr: *Reflets du monde 1866-1966. Présence de Nestlé*. Lausanne 1966, pp. 222, 231.

28 Rapport du voyage au Nigeria de J. Rivollet, directeur Nestlé, 12-18.9.1966. Archives historiques du secrétariat de direction générale de Nestlé à Vevey [AHN], CH AHN NES C1.5/3260 Nigeria.

au même décret, le capital détenu par Nestlé's Holdings Ltd, société enregistrée aux Bahamas, est transféré au Nigeria.[29]

Le projet de s'attaquer au marché de l'Afrique de l'Ouest anglophone remonte à 1955 et veut tester une stratégie en Côte de l'Or avant de l'appliquer au Nigeria. Afin d'évaluer les perspectives, le rapport de faisabilité s'appuie sur un article du *Financial Times*[30], qui distingue bien les trois régions nigérianes et leurs différentes situations économiques. Il fait aussi état de difficultés à y recruter des managers, suite à un exode de fonctionnaires expatriés, remplacés par le peu d'Africains diplômés.

Les trois collaborateurs européens pressentis pour l'Afrique de l'Ouest se soumettent à un stage de trois mois en Malaysie et un séjour d'une semaine au Royaume-Uni. Un d'eux est nommé «représentant» et supervisera l'entier de l'opération sur place, tout en veillant à l'extension du réseau de distribution. Un second sera affecté au dépôt où l'assisteront trois Africains et où les revendeurs s'approvisionneront. Le troisième, assisté de deux Africains, développera la publicité à l'aide d'un minibus et dirigera l'Unité de film et démonstration, composée de trois Africains parcourant le territoire avec un autre bus pour organiser des projections. En 1966, la publicité reste le cheval de bataille: au Nigeria, une dizaine de véhicules assurent «la dégustation sur les marchés et le porte à porte le soir». Considérant que les «grandes compagnies traditionnelles» sont sur le déclin, l'agent Bernard Zollinger entend favoriser l'écoulement des produits par les détaillants africains, qui assurent ainsi la moitié des ventes.[31]

Observant une hausse marquée du cours des extraits de viande, l'administrateur Jacques Paternot soutient fermement l'idée de se lancer dans la fabrication de poudre de viande et de sauce au bœuf, qui sera conditionnée et emballée à Apapa. En 1964, les prix sont si élevés qu'il envisage d'obtenir un bénéfice dès la seconde année d'exploitation.[32] Les regards de

---

29 Lettre de J. Rivollet à R. Nicole, 31.10.1968. Note à H.R. Scherrer, 16.6.1969. CH AHN NES C1.5/3260 Nigeria.

30 Percival Griffiths: «Investment in West Africa», *The Financial Times*, 6.6.1955.

31 Rapport de J.E.B., agent Nestlé, 7.7.1955. CH AHN NES C1.3/3200 West Africa. Rapport de Rivollet, 12-18.9.1966. CH AHN NES C1.5/3260 Nigeria.

32 Lettres de J. Paternot à J.T. Homewood, 2.4.1964 et à E. Bignami, 13.11.1964. CH AHN NES C1.5/3260 Nigeria. Formation d'une société à N'Guru 1964-66.

Nestlé se tournent donc vers la région Nord, connue pour l'élevage bovin, et plus précisément vers le site de Nguru, à proximité d'un nouvel abattoir. Soumise par la *Northern Nigeria Development Corporation* [NNDC] à un questionnaire de routine à propos de ses apports à l'économie locale, Nestlé met en avant la création de 22 emplois permanents et 58 temporaires, mais surtout, elle souligne l'introduction de produits nouveaux, dont le consommateur nigérian tirerait un bénéfice nutritionnel et qui seraient en grande partie exportables, donc source de livres sterlings.[33]

Constituée en 1965, la société Northern Food Products Ltd [Nofopro] est enregistrée à Kaduna, mais dirigée depuis Lagos à travers B. Zollinger, siégeant au Conseil d'administration aux côtés de J. Paternot et Alfred Stucki, tous deux actifs auprès de la Centrale, à Vevey. Se joignent à eux Muhammadu Ladan et Abubakar Tunau, délégués par la NNDC qui participe à hauteur de 41'600 £N, alors que Nestlé's Holdings Ltd avance 92'400 £N [1.6 mio Sfr] et la *Borno Native Authority* 20'000 £N. Ladan et Tunau, respectivement *chairman* et secrétaire de la NNDC, siègent dans 31 et 24 conseils d'administration. Avant que la NNDC ne propose ces deux personnes, Paternot songeait à nommer Ogunbanjo – l'avocat lagosien de Nestlé, considérant qu'intégrer un Yoruba serait un gage de transparence, dans la mesure où cela pourrait lever d'éventuels soupçons de collusion avec les élites du Nord.[34] En s'associant aux autorités de Borno – une région frontalière, il espère qu'elles soient en mesure de limiter la contrebande de viande fumée. Seule pierre d'achoppement des négociations, qui «ont failli échouer à la dernière minute»: la décision de consacrer 3% du revenu à l'assistance technique et au contrôle sanitaire, assurés par Afico SA de Lausanne. Les partenaires nigérians jugent d'abord cette part trop élevée, mais finissent par acquiescer, sans que l'on sache ce qui les convainc.[35]

---

33 Lettre de G. Insley, Département légal, à J. Paternot, 7.2.1964. CH AHN NES C1.5/3260 Nigeria. Formation d'une société à N'Guru 1964-66.

34 Lettre de Paternot à Bignami, 27.1.1965. Lettre de NNDC à Paternot, 17.2.1965. Note de structure, Nofopro, 30.7.1965. CH AHN NES C1.5/3260 Nigeria. Formation d'une société à N'Guru 1964-66.

35 Lettres de Paternot à Zollinger, 20.4.1964 et à Bignami, 13.11.1964. CH AHN NES C1.5/3260 Nigeria. Formation d'une société à N'Guru 1964-66.

Il est prévu que Nofopro traite l'équivalent d'une centaine de têtes de bétail par jour, achetées aux bouchers locaux, et que la production s'écoule à un prix de moitié inférieur à celui de la viande sur les marchés du Sud du pays.[36] De passage au Nigeria à la veille du premier coup d'Etat, Paternot considère l'Entreprise comme largement populaire, sauf auprès des Igbos de Nguru, fabricants de viande séchée. Malgré la détérioration politique dans la région Ouest et l'insécurité sur les routes, il évoque une situation calme dans le Nord du pays, favorisée par la récente bonne récolte de cacahuètes.[37] Pourtant, cinq mois plus tard, l'approvisionnement en bétail rencontre de telles difficultés que Zollinger imagine réorienter les activités vers la mise en conserve de tomates. Interrompue en août 1967, la fabrication est définitivement abandonnée en 1968, alors que les prix de l'extrait de viande ne permettent pas de bénéfice et les débouchés pour la poudre se révèlent inexistants. L'administrateur Stucki suggère de «convaincre nos partenaires de reprendre nos actions, moyennant un prix raisonnable».[38]

### *Attentisme des grandes banques suisses*

L'intérêt des grandes banques suisses pour l'Afrique se renforce suite à la défaite de l'Axe et l'impossibilité d'exporter en Allemagne, lorsqu'elles se voient incitées à trouver de nouveaux débouchés pour leurs capitaux. Important producteur d'or et considérée par elles comme «un pilier stable face au communisme», l'Afrique du Sud exerce alors une attraction considérable.[39]

---

36 Lettre de Bucher à la Division du commerce, 15.12.1964. AFS, E2001(E)1982/58/442.

37 Rapport du voyage de Paternot au Nigeria, 10-14.1.1966. CH AHN NES C1.5/3260 Nigeria. Formation d'une société à N'Guru 1964-66.

38 Lettre de Rivollet à Zollinger, 23.6.1966. Lettre de Zollinger à Rivollet, 23.8.1967. Note à la Direction, 27.11.1968. Lettre de Stucki à D.A.G. Worralin Nofopro, 3.12.1968. CH AHN NES C1.5/3260 Nigeria. Sous-dossier 3265 NOFOPRO 1966-1968.

39 Marc Perrenoud: «Guerres, indépendances, neutralités et opportunités: quelques jalons historiques pour l'analyse des relations économiques de la Suisse et l'Afrique». In: Sandra Bott, Thomas David, Claude Lützelschwab, Janick Marina Schaufelbuehl (éd.): *Suisse-Afrique (18e-20e siècles): De la traite des Noirs à la fin du régime de l'apartheid*. Lit, Münster 2005, p. 91. Voir: Sandra Bott; Sébastien Guex; Bouda Etemad: *Les relations économiques entre la Suisse et l'Afrique du Sud durant l'apartheid (1945-1990)*. Antipodes, Lausanne 2005.

Le voyage de reconnaissance que le directeur de la Société de banques suisses A. C. Nussbaumer y entreprend en 1954 se poursuit dans six autres territoires, tous en Afrique de l'Est, dans le but d'évaluer la solvabilité de chacun. Ce sont surtout les colonies de peuplement partiellement industrialisées et dont l'économie repose sur l'extraction minière qui lui apparaissent sous un jour favorable.[40]

Dans les années 1960, les trois grandes banques suisses n'investissent au Nigeria que par le biais de la garantie contre les risques à l'exportation, mais restent attentives et établissent des contacts. Une mince brochure publiée en 1961 par l'Union de banques suisses, portant aussi sur le Ghana et la Sierra-Leone, donne un survol statistique des ressources économiques, des politiques financières et commerciales des trois jeunes nations.[41] Au même titre qu'UBS, Crédit suisse répond favorablement à l'intérêt du *premier* de la région Ouest Samuel Akintola en offrant d'être l'hôte de sa visite. Suite à la déclaration de sécession d'Ojukwu, l'Association suisse des banquiers aborde l'ambassadeur Kolo pour lui exprimer son «anxiété» à propos de la «crise» et l'assurer que le Nigeria jouit de toute sa sympathie, en insistant sur une sensibilité due à l'expérience commune du fédéralisme. Reprise par le *New Nigerian*, cette déclaration provoque l'étonnement de certains diplomates européens à Lagos; l'ambassadeur de Suisse Fritz Real, en se basant sur des «indices», soupçonne alors directement Kolo d'avoir déformé les propos des banquiers afin de donner «une impression positive» à Lagos.[42]

Le ministre fédéral des Finances Okotie-Eboh a des banques suisses une image vraisemblablement positive et manifeste en 1961 le «vœu urgent» que l'une d'entre elles établisse une succursale au Nigeria.[43] Toutefois, deux ans plus tôt, le Suisse Olivier de Ferron fondait la Bank of Lagos Ltd, avec 55% de capital nigérian. Berini Nigeria Bank et Bank of the North, mêlant toutes deux du capital nigérian et libanais, voient également le jour en 1959. Bank of Lagos, alors considérée digne de confiance

40 Rapport final du voyage en Afrique de A.C. Nussbaumer et R.E. Amstad, 18.3-7.5.1954. <dodis.ch/9345>.

41 Union de banques suisses: *Ghana, Nigeria, Sierra Leone*. Zurich 1961, 17 p.

42 «Swiss bankers express sympathy for Nigeria». *New Nigerian*, 4.6.1967. Lettre de Real au DPF, 10.7.1967. AFS, E2001(E)1978/84/887.

43 Lettre de Bucher à la Division du commerce, 3.11.1961. AFS, E2001(E)1978/84/888.

par le consul de Suisse à Accra Eduard Brügger, ne dispose, en 1962, que de 75'000 £ des 250'000 £ du capital minimum requis par la *Banking Amendment Bill*, et semble échapper à la fermeture en se rebaptisant Finance Co of Lagos.[44] L'attitude d'Okotie-Eboh contraste avec celle du ministre fédéral de l'Information T.O.S. Benson en 1962 ou du secrétaire des Affaires étrangères E.O. Ogbu en 1966, mettant tous deux en cause le secret bancaire. Si le premier adopte un ton accusateur envers le conseiller fédéral Willy Spühler et provoque, du côté suisse, de l'indignation plus qu'une entrée en matière, le second demande à l'ambassadeur Real «si et de quelle façon les autorités suisses peuvent aider son gouvernement à récupérer de l'argent acquis illégalement et placé dans des banques suisses par de hautes personnalités nigérianes, dont d'anciens hauts fonctionnaires». Cependant, sur instruction du DPF qui considère le «caractère délicat» de cette affaire et la «possibilité limitée» d'agir dans ce sens, la réponse négative qu'il obtient n'est assortie que d'une «explication générale», dont il se montre satisfait.[45]

Parmi d'autres opportunités d'investissement, se présente la création de la Nigerian Industrial Development Bank. Projet initié par la Banque mondiale et coordonné par l'agence de *consulting* Arthur D. Little, son but consiste à «favoriser le développement de l'économie nigériane sur une base privée» en octroyant des crédits à long terme. On prévoit que le gouvernement détienne la moitié du capital, mais de soumettre aux investisseurs étrangers la nomination des agents de direction. Même si, approchée par le Consultant, l'ambassade à Lagos annonce que ni son gouvernement, ni les banques suisses ne s'intéressent à «de tels investissements», la Société financière pour les pays d'outre-mer SA[46],

44 Lettre de Brügger au DPF, 8.5.1959. Lettre de Bucher au DPF, 15.5.1962. AFS, E2001(E)1978/84/888. Richard Fry: *Bankers in West Africa. The Story of the Bank of British West Africa Limited.* Hutchinson, London 1976, p. 219.

45 Sur Benson, voir chapitre III.2. Sur Ogbu: échange de lettres entre Fritz Real et le DPF, 19.8, 12.10, 19.10.1966. AFS, E2001(E)1980/83/538.

46 Enregistrée à Genève, la Société financière pour les pays d'outre-mer SA détient des actions de plusieurs banques africaines, dont au Congo Léopoldville. La Banque Lambert de Bruxelles et la Berliner Handelsgesellschaft de Hambourg comptent parmi ses principaux actionnaires. *Neue Zürcher Zeitung*, 23.1.1964. AFS, E2001(E)1987/78/697.

de Genève, fait finalement partie des actionnaires. Cette dernière partage ainsi 10% du capital avec des associés européens, américains et japonais, alors que 20% proviennent de l'intégration de la Commonwealth Development Finance Company Ltd, entièrement en mains britanniques.[47]

La Société financière pour les pays d'outre-mer est aussi engagée dans United Bank for Africa [UBA][48], tout comme la Banque africaine pour les pays d'Outremer, également de Genève, et la Banque pour le commerce international, enregistrée à Bâle. UBA représente une des trois principales banques du Nigeria, aux côtés de Barclays Banks et Bank of West Africa [BWA].[49] Celle-ci, pour faire face à la plus grande concurrence résultant de la décolonisation, décide de sortir du régionalisme en fusionnant avec Standard Bank. Un des principaux actionnaires de BWA – Lloyds Bank – n'accepte pas cette fusion avec une banque qui lui oppose une féroce concurrence en Afrique de l'Est. Lloyds retire donc sa participation en vendant une grande partie de ses actions à Chase Manhattan.[50] Même cette tendance générale aux regroupements, en 1965, semble laisser de marbre les trois grandes banques suisses, décidément plus attirées par l'Afrique du Sud.[51]

### *Facteurs d'attraction et soutien diplomatique*

L'attractivité du Nigeria se reflétant dans les superlatifs d'Edwin Stopper, qui qualifie en 1960 la nation en devenir de «marché le plus intéressant d'Afrique», est vraisemblablement aussi ressentie par la communauté

47 Note de l'ambassade de Suisse à Lagos, copie pour le DPF, le Délégué à la coopération technique et la Division du commerce, 3.4.1963. *Neue Zürcher Zeitung*, 23.1.1964. AFS, E2001(E)1987/78/697.

48 UBA est issue de la Banque de l'Afrique occidentale, propriété française, qui débute ses activités au Nigeria en 1948. Fry, *op. cit.*, pp. 220-222.

49 Lettre de Bucher au DPF, transmise à l'Association suisse des banquiers, 31.3.1965. AFS, E2001(E)1987/78/697.

50 Lloyds est présente en Afrique de l'Est à travers ses actions de la National and Grindlays Bank. Fry, *op. cit.*, pp. 250-251.

51 Voir: Bott, Guex, Etemad, *op. cit.*

internationale marchande: durant les cinq premières années d'indépendance, 300 nouvelles compagnies étrangères s'enregistrent.[52]

Dans un discours adressé en 1964 à l'Office suisse d'expansion commerciale, l'ambassadeur Bucher insiste sur l'avantage démographique en terme numéraire, mais aussi sur «une ferme volonté d'aller de l'avant» de la population, et n'estime «pas étonnant que dans ces conditions, l'économie privée étrangère s'intéresse plus au Nigeria qu'à tout autre pays d'Afrique noire». Et de conclure son allocution en exprimant sa foi en «un rapide développement de la race noire, en particulier au Nigeria». Son collaborateur Jean Zwahlen y prédit de bons débouchés pour les biens de consommation, en estimant que «la volonté du Nigéria de se rendre toujours moins tributaire de l'ex-puissance coloniale pourrait profiter à certains de nos produits». Auprès de l'OSEC, Bucher peine définitivement à tempérer son optimisme: certes, il évoque le conflit issu du recensement, mais ne doute pas du tout que la liberté de la presse et l'attitude apaisante de Balewa soient en mesure de garantir unité et stabilité nationale.[53]

Si la presse «occidentale», dont la NZZ, véhicule une image du Nigeria plus prudente, Bucher l'accuse de céder à l'alarmisme de quelques voix isolées.[54] Il ne peut être établi avec certitude à quelles sources les commerçants ou investisseurs suisses se fient le plus, mais les grandes entreprises sont plus autonomes, à l'instar de Nestlé qui dispose d'un réseau et de moyens suffisants pour prospecter de nouveaux marchés sans avoir à consulter l'ambassade ou l'OSEC. Ce dernier souhaite pourtant mettre en garde les «fabricants et exportateurs inexpérimentés» envers les commandes à références douteuses, comme elle le faisait dans les années 1950.

---

52 Note d'Edwin Stopper, délégué du Conseil fédéral aux accords commerciaux, 20.4. 1960. AFS, E2001(E)1978/84/888. Raymond W. Baker: «Marketing in Nigeria». In: *American Marketing Association*, vol. 29, n° 3, juillet 1965, p. 40. Baker précise qu'il s'agit de firmes britanniques, françaises, suisses, hollandaises, allemandes, italiennes, scandinaves, américaines, canadiennes, brésiliennes, grecques, libanaises, indiennes, chinoises et japonaises.

53 Giovanni Enrico Bucher: *Die Entwicklung in Nigeria und im Kamerun*. Discours à l'intention de l'OSEC, Berne, 4.6.1964, pp. 14, 22. Résumé paru dans la *Neue Zürcher Zeitung*, 8.6.1964. AES, HI 7. Lettre de Jean Zwahlen, chargé d'affaires à l'ambassade de Suisse à Lagos, à la Division du commerce, 12.6.1964. AFS, E2001(E)1978/84/888.

54 Lettre de Bucher à Wahlen, 8.1.1965. AFS, E2300(-)1000/716/202.

Pour cela, l'ambassade suggère d'ouvrir un bureau d'information au Nigeria qui permettrait de «prévenir des erreurs souvent irrémédiables» sur ce marché «tentant mais difficile car, comme dans tout début, il est malaisé de discerner, sans expérience des conditions locales, ce qui est sérieux de ce qu'il ne l'est pas».[55] Mais cette proposition n'incite pas l'OSEC à maintenir un représentant à Lagos, ce qu'elle avait pourtant fait dans les années 1930.[56]

Une partie des commerçants suisses, selon Jean Zwahlen, serait «frappé[e] par les réalisations récentes et l'activité de maisons concurrentes» au Nigeria, et tendraient en même temps à retrouver «une vocation exportatrice qu'[ils] avaient eu tendance à négliger ou à oublier» alors qu'ils ne percevaient pas les effets des «mesures fédérales contre la surchauffe».[57] En effet, évoquant une intention de lutter contre le renchérissement, le gouvernement suisse impose des restrictions à l'utilisation du crédit[58] qui refroidissent le marché intérieur; si, depuis 1964, le volume des exportations continue son augmentation régulière, leur rapport au Produit intérieur brut qui avait légèrement baissé à partir de 1960 commence à remonter et poursuit cette tendance jusqu'en 1969.[59]

Mise à part la période de Guerre civile, la politique commerciale du Nigeria des années 1960, pas plus que celle de la Suisse, ne donne lieu à de grandes négociations. Dans le contexte de l'ouverture de la ligne Swissair Zurich-Lagos, puis à la demande de la firme Keller Shipping AG de Bâle, l'ambassadeur Fritz Real entame en juillet 1966 la négociation d'un accord contre la double imposition, qui est signé en mars de l'année suivante et

---

55 Communication secrète de l'OSEC, n° 21, 12.1964. Lettre de Jean Zwahlen, chargé d'affaires à l'ambassade de Suisse à Lagos, à la Division du commerce, 21.7.1965. AFS, E2001(E)1978/84/888.

56 Voir: chapitre II.2.

57 *Ibid.*

58 Voir: Rapport du Conseil fédéral à l'Assemblée fédérale sur l'exécution des deux arrêtés fédéraux urgents du 13 mars 1964 concernant la luttre contre le renchérissement (du 18 juin 1965). FF, 1965, vol. 2, pp. 475-505.

59 Rapport approximatif des exportations au Produit intérieur brut de la Suisse: 1960: 21.5%; 1964; 20%; 1965: 21%; 1969: 25%. Cf.: Dirlewanger, Guex, Pordenone, *op. cit.*, pp. 35, 37.

satisfait la requête de réciprocité exprimée par le Nigeria.[60] En outre, et en dépit du portrait presque idyllique que Bucher brosse de son pays de résidence, il s'efforce de sensibiliser une entreprise sur son implication dans l'équilibre entre les trois régions. Interconsulting Ltd de Zurich est mandatée pour un projet de huttes, et un autre d'acierie, contenu par le Plan national de développement de 1962. Or, elle ne semble pas réaliser immédiatement que le fait de considérer un site à l'Est et un autre au Nord provoque ce que Michael Okpara qualifie de «sérieux conflit» entre les deux régions. Par conséquent interrompus, les pourparlers au sujet de l'acierie reprennent en 1965, alors que la firme Suisse privilégie l'Est en raison de ses réserves de gaz, mais apparemment, la Guerre civile ne permettra pas au chantier de démarrer.[61]

## 2. Liaisons aériennes

### *L'intérêt de Swissair*

«Surtout, il faut permettre aux hommes d'affaires suisses d'avoir accès au marché international aussi rapidement que leurs concurrents étrangers». Entre autres échos à ce motif – avancé par le professeur de l'Ecole polytechnique fédérale Eduard Amstutz pour soutenir l'extension de la compagnie Swissair au sortir de la Seconde Guerre mondiale – vient un discours du président du Conseil d'administration Rudolf Heberlein, selon qui seule une compagnie suisse serait en mesure d'établir des plans de vols correspondant aux «besoins» des Suisses.[62] Suite à plusieurs dé-

---

60 Voir: Lettre de Jakob Burckhardt, DPF, à Heinz Suter, vice-consul à Lagos, 8.3.1961. Lettre d'Emanuel Diez, DPF, à l'ambassade de Suisse à Lagos, 3.2.1966. Lettre de Fritz Real au DPF, 21.7.1966. Communiqué du DPF, 25.10.1966. AFS, E2001(E)1978/84/887.

61 Lettres de Bucher et Suter à la Division du commerce, 16.1, 21.2.1963. AFS, E7110(-) 1974/31/143. Lettre du chargé d'affaires de Suisse à Lagos à la Division du commerce, 2.6.1966. AFS, E2001(E)1978/84/888.

62 Article d'Eduard Amstutz dans la *Neue Zürcher Zeitung*, 1944. Discours de Rudolf Heberlein, 1950. Cités par: Sepp Moser: *Die Swissair-Story*. Econ Verlag, Düsseldorf 1991, pp. 27, 34.

bats parlementaires et une Conférence nationale sur le trafic aérien, où le conseiller fédéral Enrico Celio prédit une imminente explosion des vols sur longue distance et s'engage pour que la Suisse n'en reste pas spectateur, Swissair devient en 1947 la «Compagnie aérienne nationale», désormais soutenue à 30% par des fonds publics[63] et dont le Conseil d'administration réserve la même proportion de sièges à des politiciens ou fonctionnaires.[64]

Alors qu'en 1947 les avions Swissair ne sortent d'Europe qu'exceptionnellement, le réseau de 1954 compte des destinations régulières sur les autres continents, Asie mise à part. Concernant l'Afrique, une ligne relie Le Caire avant de rejoindre Athènes, une autre passe par Dakar via Lisbonne, puis se dirige vers le Brésil. A un total de trente-trois destinations, vingt s'y ajoutent au cours des dix années suivantes, surtout en Asie.[65]

Même si les motivations qui amènent Swissair à relier Lagos dès 1962 demeurent incertaines, on ne peut oublier l'image alléchante du Nigeria qui se reflète dans les milieux d'affaires en général. Pour l'Afrique dans son ensemble, la motivation suisse à y établir des liaisons aériennes tient à l'idée que suite aux indépendances de 1960, la dureté de la concurrence dans ce domaine force à se presser.[66] Le fait que la ligne se termine à Accra, où l'implantation de UTC y est encore plus profonde et ancienne, laisse supposer que cette compagnie ait exercé un certain lobby. Auprès de l'économie privée comme de l'Administration fédérale suisses, le Nigeria est rendu plus visible par les fréquentes visites officielles au tournant des années 1960. Le Ministre des transports et de l'aviation Raymond Njoku fait le voyage en 1957, quand il cumule cette charge avec celle du Commerce et de l'industrie[67], puis la visite d'Okotie-Eboh en octobre 1961 est l'occasion pour le gouvernement suisse de faire part de son projet, auquel

63 Voir: *Ibid.*, pp. 21-36. Urs von Schröder: *Swissair 1931-2002: Aufstieg, Glanz und Ende einer Airline.* Huber, Frauenfeld 2002, p. 27.

64 En 1962, il s'agit d'Eduard Amstutz, Samuel Brawand, Charles-Frédéric Ducommun, Emile Dupont, Brenno Galli, Hugo Gschwind, Henri Huber, Emil Landolt, Paul Meierhans, Markus Redli, Alfred Schaller. Voir: Swissair, *Rapport annuel*, 1962. Bibliothèque nationale suisse.

65 Swissair, *Rapport annuel*, 1963. BNS.

66 Note de Bernard Turrettini, DPF, 16.11.1960. <dodis.ch/15517>.

67 Voir chapitre III.2.

l'assentiment se fait attendre quelques mois, peut-être parce qu'à ce moment, les Britanniques ne se sont pas complétement retirés de la gestion de l'aviation nigériane.[68]

*Zurich-Lagos, une inauguration remarquée*

L'ouverture de la ligne Zurich-Genève-Tripoli-Lagos-Accra est saluée par un échange de délégations et occasionne la première visite en Afrique d'un conseiller fédéral suisse. Alors en charge du Département des transports, Willy Spühler, pour ce voyage, s'entoure de seize personnes, dont le président du Conseil d'administration Walter Berchtold, le commandant de corps de l'armée Franz Nager et neuf journalistes.[69] Reçue par Njoku et le premier ministre Balewa, la délégation suisse ne reste pas à Lagos, mais occupe ses trois jours au Nigeria à visiter le premier ministre de la région Ouest Samuel Akintola à Ibadan, ou encore l'Alake d'Abeokuta Ademola II. A en croire la presse, les rencontres sortent rarement du registre mondain[70]; Spühler explique sa présence par l'intention «d'explorer les possibilités de lier son pays au Nigeria dans les domaines du commerce et des télécommunications»[71] et déclare que «nous espérons recevoir beaucoup de Nigérians en Suisse, à cause de l'estime que nous portons au Nigeria – le premier pays africain avec lequel nous avons une liaison aérienne directe».[72]

Neuf Nigérians, accompagnés de l'ambassadeur Bucher, embarquent pour le vol de retour. Il s'agit de trois journalistes et surtout de hauts fonctionnaires.[73] Les tracasseries qu'ils subissent lors de l'escale à Tripoli – où les douaniers menacent d'emprisonner ceux qui auraient un visa israélien – amènent Swissair à supprimer temporairement la destination

68 Lettre de Bucher au DPF, 15.12.1962. AFS, E7110(-)1973/41/120.

69 *Daily Times*, 11.5.1962. *Gazette de Lausanne*, 15.6.1962.

70 Voir chapitre III.2.

71 *West African Pilot*, 10.5.1962.

72 *Nigerian Morning Post*, 8.5.1962.

73 La plupart son des *permanent secretaries* des ministères des Transports, du Développement, des Affaires étrangères, de l'Information, des Postes et communication. S'y ajoute un représentant de Nigeria Airways. *Daily Times*, 17.5.1962.

libyenne.[74] Leurs six jours en Suisse, passés aux côtés de leurs homologues ghanéens, suivent le passage d'une délégation israélienne et précèdent la venue d'un groupe canado-américain, qui inaugurent, en ce même mois de mai, deux autres nouvelles lignes Swissair. Qualifiés par la *Neue Zürcher Zeitung* de «troupe en partie costumée et pittoresque»[75], les Nigérians et Ghanéens suivent un itinéraire touristique les menant notamment sur la côte du lac Léman et à Bâle.[76]

Swissair consacre l'entier de sa gazette du mois de juin à l'Afrique, dont l'art et la littérature y occupent une place importante. Si on reconnaît trouver à Lagos des hôtels confortables et que les pyramides de cacahuètes de Kano sont dépeintes comme une curiosité touristique, c'est plutôt la Libye qui est traitée dans l'article «Vacances – Pourquoi pas une fois l'Afrique?».[77]

Dans la presse quotidienne, on peut retenir, sur le critère du nombre de colonnes, la série de trois articles par Henri Stranner dans la *Gazette de Lausanne*, ainsi que la double page «Dramatique voyage du Nigeria en Suisse» par Akintola Bello dans le *Morning Post*.[78] Alors que les deux premiers articles de Stranner mèlent surtout donnnées encyclopédiques, anecdotes et impressions sur un régime jugé «modéré» en contraste avec le Ghana, le troisième porte un titre qui laisse songeur: «Le Blanc au service du Noir». Le sous-titre «La vache à traire» introduit le récit d'une séance de photos entravée par des villageois réclamant un pourboire; une attitude qualifiée de «reliquat du colonialisme», dû à un matérialisme hérité du «Blanc» venu chercher fortune en Afrique. Puis, se basant sur les témoignages d'un comptable irlandais et d'un mécanicien suisse, Stranner aborde la nature de la collaboration entre «Noirs et Blancs», rendue difficile par les «Noirs» qui restent entre eux et s'adaptent difficilement à la technique. Il estime pourtant cette coopération nécessaire et finit par «espérer qu'elle [...] ne sera pas compromise par des réflexes de méfiance, par des actes vexatoires de la part des Blancs ou une propagande nationaliste à outrance de la part des Noirs». En revanche, Akintola Bello insiste

74 *Nigerian Morning Post*, 20.6.1962.
75 *Neue Zürcher Zeitung*, 25.5.1962.
76 *Nigerian Morning Post*, 20.6.1962.
77 *Swissair Gazette*, juin 1962.
78 *Gazette de Lausanne*, 21.6, 23.6, 3.7.1962. *Nigerian Morning Post*, 20.6.1962.

longuement sur le confort offert par Swissair aux passagers et semble démontrer que l'objectif publicitaire du voyage est atteint. Après quelques louanges sur l'hôtel qui accueille sa délégation, Bello poursuit avec un bref historique du tourisme en Suisse, mais termine sur une pointe d'ironie: «l'air fameux appelé ‹Ranz des vaches› [...] réveillant les souvenirs de la terre natale, fait pleurer amèrement les Suisses qui l'entendent à l'étranger».

Outre un style personnel et un fossé culturel, la différence de perspective entre ces deux journalistes révèle la nature de leurs sources. Si Bello cite l'un ou l'autre récit d'écrivains sur leurs séjours en Suisse, qu'il aurait pu trouver dans une documentation officielle préparée à son intention, le point de vue de Stranner sur «les Noirs» rappelle celui de l'ambassadeur Bucher[79] qui, de plus, assure le lien avec la communauté d'expatriés. Deux vues très indirectes, mais au moins une d'elles réjouissante pour Swissair.

### *Une ligne à rentabilité durable*

«Faible au commencement, le trafic sur cette ligne s'est développé d'une façon satisfaisante au cours du deuxième semestre et offre des perspectives favorables».[80] Ces prévisions confiantes s'expriment aussi dans l'intention initiale d'effectuer un second vol hebdomadaire. L'autorisation se fait attendre, pour des raisons probablement institutionnelles; en août, puis en décembre 1962 avec statistiques commerciales à l'appui et rappelant les garanties de financement offertes par son gouvernement, Bucher visite le Ministère des affaires étrangères, où ses interlocuteurs se montrent favorables à sa requête mais paraissent incertains du processus de décision.[81] Swissair insiste néanmoins, du moment qu'elle relève une «bonne utilisation» et «un taux d'occupation favorable» de la ligne au cours des deux années suivantes. Le second vol peut débuter en 1965, alors que Nigeria Airways reçoit également l'autorisation de relier Genève.[82]

---

79 Voir chapitre III.1.

80 Swissair, *Rapport annuel*, 1962.

81 Lettres de Bucher au DPF, 1.8.1962, 15.12.1962. AFS, E7110(-)1973/41/120.

82 Swissair, *Rapport annuel*, 1963-1965. Lettre de l'Office fédéral de l'air à la direction de l'Aéroport de Genève, 28.12.1965. AFS, E8150(A)1974/16/141.

Lorsque le gouvernement militaire de Yakubu Gowon, en signe de protestation contre l'apartheid, se réserve le droit d'interdire l'atterrissage ou le survol à tout appareil se dirigeant vers Johannesburg, un climat de doute s'installe. Du côté Suisse, seules Globe Air et Balair sont concernées et n'obtiennent pas de licence.[83] Ce qui alarme Swissair, ce sont de probables mesures protectionnistes de la part du Nigeria en 1967; des rumeurs de prochaines restrictions à l'encontre des compagnies étrangères provoquent des interventions énergiques de son agence à Lagos. Il s'avère finalement que les autorités nigérianes n'ont aucune objection à ce que la Compagnie poursuive ses vols à la même fréquence et Fritz Real suggère de laisser l'affaire sans suite.[84] Ouverte l'année suivante, la ligne Swissair vers Johannesburg ne survole pas le Nigeria et contribue au «succès remarquable» des liaisons avec l'Afrique.[85]

Mise à part une baisse de passagers au début de la Guerre civile, perte éventuellement tempérée par un regain d'intérêt pour le Ghana suite au renversement de Nkrumah, les résultats de la liaison Zurich-Genève-Lagos-Accra ne déçoivent jamais; un troisième vol hebdomadaire débute en 1976, un quatrième est introduit en 1979. L'inauguration de cette ligne a ouvert une phase d'expansion générale en Afrique; dont Swissair offre 16 destinations en 1973. Face à un «marasme de la demande en Europe et sur l'Atlantique Nord», l'Afrique présente une demande que la Compagnie ne peut pas toujours satisfaire entièrement. En 1975, les recettes progressent de 25.3 mio Sfr sur ce continent, alors que celles de l'Atlantique Nord reculent de 35.2 mio Sfr.[86] Dans sa publication sur Swissair, à propos d'une période ultérieure, Urs von Schroeder utilise le sous-titre: «Quand l'Afrique subventionnait l'Atlantique Nord».[87]

---

83 Lettres de Fritz Real au DPF, 11.8.1966, 12.8.1966. AFS, E2200.168(-)1986/12/8.

84 Lettres de l'agent Swissair à Lagos A. Weber à H. Haas, Zurich, 12.5.1967, 3.11.1967. Lettre de Fritz Real au DPF, 8.3.1968. AFS, E8150(B)1981/120/41.

85 Swissair, *Rapport annuel*, 1968.

86 Swissair, *Rapport annuel*, 1975, 1977.

87 Von Schroeder, *op. cit.*, p. 90.

> Si l'on sait que le Nigeria possède un riche héritage culturel, un potentiel industriel, de grands marchés, des curiosités touristiques, des distractions de toutes sortes, etc. on ne peut que reconnaître la nécessité d'un service régulier de transport aérien efficace, rapide et fiable, comme celui de Nigeria Airways.[88]

La mise en avant des attraits touristiques, comme dans ce communiqué officiel, ne débouchera jamais sur des efforts significatifs pour développer ce secteur. On retient surtout qu'à l'inverse du gouvernement suisse considérant sa compagnie aérienne comme moyen d'expansion commerciale, les Autorités nigérianes expriment une intention d'encourager les investissements étrangers.

En vue de la proche accession à l'indépendance nationale, la West African Airways Corporation devient Nigeria Airways en 1958; 51% des parts de la Société sont alors détenues par le gouvernement, 32.3% par Elder Dempster et 16.7% par British Overseas Airways Corporation [BOAC][89], avant que le Gouvernement n'acquiert la seconde moitié des actions en 1961. Mais dans un premier temps au moins, les liaisons intercontinentales sont assurées en collaboration avec BOAC et Pan American Airways.[90] Nigeria Airways transportera d'un demi à deux millions de passagers par année vers l'Europe et l'Amérique, ce qui en fera la plus grande compagnie aérienne d'Afrique.[91] Si plus de 60% de son trafic de marchandises empruntera les voies intercontinentales, celui des passagers se concentrera à près de 70% sur l'intérieur du pays et environ 20% concernent l'extérieur de l'Afrique.[92]

88 Communiqué d'Abdul-Aziz Garuba, Ministère fédéral de l'information, « Nigerian Airways Progresses », 28.6.1966. AFS, E8150(A)1974/16/141.

89 Osi S. Akpoghomeh: « The development of air transportation in Nigeria ». In: *Journal of Transport Geography*, n° 7, 1999, p. 136.

90 Selon des *pool agreements on fifty-fifty basis*. Communiqué d'Abdul-Aziz Garuba, Ministère fédéral de l'information, « Nigerian Airways Progresses », 28.6.1966. AFS, E8150(A)1974/16/141.

91 Toyin Falola, Ann Genova: *Historical Dictionary of Nigeria*. Scarecrow Press, Lanham 2009, p. 25.

92 Donnés disponibles de 1970 à 1975. Cf.: M.O. Filani: « Air Transport Development and Traffic Trends ». In: Toyin Falola; S.A. Olanrewaju (éd.): *Transport Systems in Nigeria*. Syracuse University, New York 1986, pp. 100-101.

La ligne Lagos-Kano-Zurich-Londres, ouverte en 1965, est exploitée à une fréquence de deux vols hebdomadaires, sur une base de réciprocité avec Swissair. En 1972, alors que cinq avions relient Londres chaque semaine; Zurich, Rome et Amsterdam sont desservies deux fois; Paris, Bruxelles et Francfort une seule.[93] Genève n'est pas en reste et représente un pivot du réseau européen, d'où les nombreuses correspondances permettant de rayonner sur le reste du Continent ou l'Amérique.[94] Mais dans une annonce publicitaire, la Suisse n'est pas présentée comme un simple point de transit:

> Nigeria Airways. Sky-Power to the heart of Europe. La prochaine fois que vous allez à Londres, laissez-nous vous montrer l'edelweiss. Non, l'Angleterre n'a pas autant changé. L'edelweiss dont nous parlons se trouve exactement où vous pensez – haut dans les prairies alpines suisses. Zurich est une des trois excitantes villes européennes où vous pouvez interrompre votre vol avec Nigeria Airways entre ici et London Heathrow, sans supplément de prix. Arrêtez-vous un instant, allez voir les lacs de montagne et faites du ski. Achetez des montres et de la broderie suisses mondialement célèbres. Pour l'étape de vacances de votre vie, le point de départ est l'agence Nigeria Airways la plus proche.[95]

Une agence est aussi ouverte à Zurich en juin 1971, mais ferme en avril 1974.[96] Si les motifs de cette fermeture restent flous, elle a lieu à un moment où la qualité du service et les fréquents changements de directeurs sont régulièrement mis en cause.[97] Nigeria Airways se montre moyennement intéressée à recevoir une aide pour la formation. Il n'est pas sûr qu'elle saisisse l'offre suisse d'accueillir trois stagiaires; par contre, en juin 1970, le secrétaire permanent du Ministère des transports I.J. Ebong et le sous-directeur de l'Aviation civile O. Ogunbiyi prévoient un voyage d'étude en Suisse.[98]

---

93 *1972 Summer schedules for United Kingdom & Continental Europe – Effective 1st June to 31st October 1972*. AFS, E8150(B)1988/68/150.

94 Publicité parue dans le *West African Pilot*, 24.6.1970.

95 Annonce parue dans le *New Nigerian*, 4.8, 11.8, 28.8.1971.

96 Lettres d'Akin Fasuyi, manager de Nigeria Airways pour la Suisse, à l'Office du travail du canton de Zurich, 21.6.1971, et à M. Jaisli, Office fédéral de l'air, 17.4.1974. AFS, E8150(B)1988/68/150.

97 Problèmes relevés dans des rapports d'enquête du gouvernement nigérian sur les activités du Ministère de l'aviation civile, 1970, 1975, 1980. Akpoghomeh, *art. cit.*, p. 137.

98 Echange de lettres entre la Coopération technique et l'Office fédéral de l'air, 8.10.1968, 31.10.1968. Lettre d'O. Ogunbiyi au directeur de l'Office fédéral de l'air, 11.6.1970. AFS, E8150(B)1981/120/41.

## 3. La lutte des turbines

La production d'électricité débute au Nigeria en 1898 à l'initiative du *Public Works Department*. En 1939, aux centrales de Lagos et Kano s'ajoutent des installations privées, comme celle de Sapele approvisionnant une scierie[99], ou celle du Plateau de Jos pour les besoins de l'extraction minière. Celles-ci ne sont pas absorbées par l'Electricity Corporation of Nigeria [ECN], entreprise du gouvernement créée en 1950 pour contrôler le reste de la production. Jusqu'à la Seconde Guerre mondiale, la pauvreté populaire se reflète dans une faible demande en électricité, puis un tournant s'observe dans la décennie qui précède l'indépendance, alors que l'expansion démographique se conjugue avec un taux d'augmentation de la demande dépassant de 50% les prévisions de la Banque mondiale. En 1963, on compte au Nigeria 36 centrales électriques, soit le double qu'en 1953. Il s'agit d'une période de transition d'un secteur dominé par le charbon vers une diversification de ses sources d'énergie et une extension de son réseau de transmission.[100]

### *Offres sous garantie contre risques à l'exportation*

En Suisse, les entreprises Brown Bovery Company [BBC] et Sulzer se montrent particulièrement sensibles aux appels d'offres pour l'équipement des centrales d'Afam et d'Ughelli, toutes deux dans la région Est. Sulzer est une entreprise familiale née à Winterthur en 1784, qui compte 20'000 collaborateurs en 1960, dont 13'000 en Suisse; elle est alors spécialisée en machines pour l'industrie textile, transports par cables, diverses turbines.[101] Fondée à Baden en 1891 et pionnière dans la transmission d'électricité à haute tension et la fabrication de turbines à gaz, Brown Bovery emploie 63'000 personnes en 1960, dont un tiers en Suisse. Sur

99 *African Timber and Plywood Company.*

100 Voir: E.S. Simpson: «Electricity Production in Nigeria». In: *Economic Geography*, vol. 45, n° 3, juillet 1969, pp. 239-249.

101 Alfred R. Sulzer: *150 Jahre Sulzer, 1834 1984*. Sulzer, Winterthur 1984, p. 13.

fond de croissance économique d'après-Guerre et à cause de la séparation de ses unités de vente et production, BBC se permet de ne pas tenir de comptabilité globale en tout cas jusqu'en 1965.[102] Suite à la livraison des deux premières turbines à gaz pour la centrale d'Afam, près de Port Harcourt, on lui en commande une troisième en avril 1960, soumise à l'obtention d'un prêt sur dix ans. Du moment que les banques suisses refusent l'entrée en matière sur un quelconque crédit au Nigeria, BBC suggère à la Division suisse du commerce que seule la Garantie contre les risques à l'exportation [GRE] peut débloquer le contrat, mais la période de cinq ans sur laquelle ce crédit est habituellement octroyé ne répond guère aux besoins de l'Electricity Corporation of Nigeria [ECN]. L'importance accordée à cette livraison repose sur l'intention de se profiler pour une plus large participation à la production d'énergie dans le pays, alors que les nouvelles facilités de financement dont dispose l'industrie allemande durcissent la concurrence.[103]

Au niveau de la Confédération, la discussion est relayée au sein de la Délégation économique permanente[104] par le délégué aux accords commerciaux Edwin Stopper, qui revient sur l'image positive que le Nigeria lui a donné lors de son séjour, notamment en raison de sa «claire orientation vers l'Ouest» et de sa bonne relation avec son colonisateur.[105] Une solution consiste à étendre la Garantie sur dix ans, à l'image de l'exception venant d'être accordée à l'Inde pour des motifs proches des arguments de Stopper en faveur du Nigeria, dont la crainte qu'une déception du requérant se traduise par une exclusion des entreprises suisses du pays «le plus important

---

102 Catrina Werner: *BBC: Glanz, Krise, Fusion 1891-1991. Von Brown Bovery zu ABB.* Orell Füssli, Zurich 1991, p. 87.

103 Lettre de Lang et Stuber, BBC, à la Division du commerce, 21.4.1960. AFS, E7110(-) 1970/304/119.

104 Absente de l'organigramme fédéral suisse, la Délégation économique permanente est vraisemblablement une entité semi-officielle, qui tend à rassembler des hauts fonctionnaires des Départements politique, des Finances, de l'Economie publique, ainsi qu'un délégué du Vorort.

105 Note d'Edwin Stopper à Hans Schaffner, président de la Commission consultative de politique commerciale, Robert Kohli, secrétaire général du DPF, Victor Hermann Umbricht, directeur du Département des finances, Olivier Long, délégué aux accords commerciaux, Albert Weitnauer, délégué aux accords commerciaux, Heinrich Homberger, délégué du Vorort, 30.4.1960. AFS, E7110(-)1970/304/119.

de l'Asie libre».[106] Avant qu'une décision soit prise au sujet d'Afam, le contrat de la troisième turbine revient à la firme britannique A. Reyrolle & Co Ltd pour une raison que BBC estime liée aux facilités de remboursement.[107]

L'extension d'Afam n'est cependant pas terminée et le ministère nigérian des Finances adresse à la Suisse une demande de crédit de 20 mio Sfr sur dix à douze ans dont une partie couvrirait l'équipement des centrales de Sapele et Kaduna. Ce délai de remboursement correspond à un plafond que la Division du commerce jugera infranchissable, à cause de ce que son collaborateur Hans Marti nomme des «facteurs institutionnels relatifs à la structure du système bancaire».[108] BBC reste en lice pour Afam et Sapele, alors que Sulzer est pressentie pour un contrat de 2.2 mio Sfr à Kaduna. Cette fois-ci, la Délégation économique permanente considère sérieusement un rallongement de la Garantie à dix ans, finalisé par un échange de lettres avec le ministre des Finances Okotie-Eboh lors de son séjour à Berne en octobre 1961.[109] Il s'avère ensuite que les générateurs diesel proposés par Sulzer sont trop volumineux pour la centrale de Kaduna et ECN invite la firme à faire des offres de turbines à gaz pour Ughelli, ce qui nécessite d'élever la GRE à 100 mio Sfr.

Projet de plus grande ampleur, d'un coût global de 200 mio $, financé surtout par le gouvernement du Nigeria et la Banque mondiale, chacun à hauteur de 80 mio $, le barrage du Niger nécessite le soutien d'un consortium de banques étrangères afin de couvrir le reste; pour un premier sondage, Okotie-Eboh rencontre les ambassadeurs des Etats-Unis, Grande-Bretagne, RFA, Pays-Bas, Japon, Canada, Italie et Suisse.[110]

106 Voir: Proposition du Département des finances au Conseil fédéral, 28.2.1958. <dodis.ch/11636>. Sur les termes de l'accord, voir: procès-verbal du Conseil fédéral, 16.9.1960. <dodis.ch/14498>.

107 Lettre de Lang et Stuber à la Division du commerce, 30.12.1960. AFS, E7110(-) 1970/304/119.

108 Lettre de Hans Marti, vice-directeur de la Division du commerce, à l'ambassade de Suisse à Lagos, 4.7.1963. AFS, E2001(E)1978/84/888.

109 Voir: Lettre de J.A. Adeyeye, secrétaire permanent du Ministère nigérian des finances à Fritz Hofer, vice-consul de Suisse à Lagos, 21.12.1960. Note de Hans Schaffner, directeur de la Délégation économique permanente, 28.1.1961. AFS, 7110/ 1972/32/5. Télégramme du DPF à l'ambassade de Suisse à Washington, 28.2.1962. AFS, E2001(E)1978/84/888.

110 *West African Pilot*, 5.6.1963.

Or, cette dernière ne donne pas de garanties sur le délai de remboursement souhaité – quinze à vingt ans.[111] Le crédit de la Banque mondiale n'étant pas lié, la participation d'une entreprise suisse reste possible; les Ateliers des Charmilles et de Sécheron soumettent des offres, mais sans succès.[112] Achevé en 1968, le barrage du Niger est en majeure partie construit par la firme Impreglio de Milan, qui a aussi œuvré pour le barrage d'Akosombo au Ghana.[113]

*Canaux de négociations*

Les deux entreprise suisses se retrouvent donc en concurrence sur les mêmes projets. BBC part avec le double avantage d'avoir satisfait son client en fournissant les deux premières turbines d'Afam et de disposer de contacts plus étroits avec les milieux officiels, notamment grâce aux séjours en Suisse du premier ministre de la région Est Michael Okpara qui fait escale à Baden en 1960 et de la Mission économique d'Okotie-Eboh visitant les usines de Birrfeld en 1961.[114] Celui-ci, ainsi que le ministre des Mines et de l'énergie Maitama Sule reçoivent en entretien le cadre BBC Spoerli, lors de son passage au Nigeria en février 1962. Mais de façon plus durable, la firme est représentée au Nigeria par l'Union Trading Company, dont l'agent Mays[115]; pour sa part, Sulzer assure le lien avec ECN à travers Jean-René Pierroz du Groupement suisse industriel et financier pour

111 Lettre de Hans Marti à l'ambassade de Suisse à Lagos, 4.7.1963. AFS, E2001(E) 1978/84/888.

112 Les Ateliers des Charmilles sont une entreprise suisse créée en 1921 et spécialisée dans les turbines hydrauliques. Fondés à Genève en 1918, les Ateliers de Sécheron sont spécialisés dans l'électrotechnique, occupent 1'600 personnes en 1966 et fusionnent avec BBC en 1969. Voir: Jean de Senarclens: «Charmilles Technologies» et Bénédict Frommel: «Sécheron». In: *Dictionnaire historique suisse*, vols. III et XI, Hauterive 2003 et 2012. <dhs.ch>. A l'instar de Sulzer, les Ateliers des Charmilles sont représentés au Nigeria par Jean-René Pierroz. Lettre de Bucher à Pierroz, 4.4.1964. AFS, E2001(E)1978/84/888. Lettre de Fritz Real, ambassadeur de Suisse à Lagos, à la Division du commerce, 19.10.1966. AFS, E7110(-)1977/9/147.

113 *Daily Express*, 31.8.1965.

114 Voir chapitre III, point 2.

115 L'agent Mays est *technical manager* de UTC Lagos.

l'Afrique occidentale, basé à Lomé, et grâce à la firme grecque Mandilas & Karaberis[116], alors que l'ambassade de Suisse facilite également les contacts avec les autorités nigérianes.[117]

Le contrat pour l'extension d'Afam est aussi disputé par General Electric, capable de livrer dans un délai plus court et avec des conditions de financement plus attractives. Une incertitude subsiste sur la nature de ce crédit américain, si bien qu'ECN envisage à un moment de s'en servir pour financer des turbines Sulzer, 25 % moins chères. Qu'il ne s'agisse pas d'aide liée, l'ambassadeur Bucher peine à y croire – avec raison – et selon ses calculs, les conditions de la GRE suisse effacent la compétitivité du prix de Sulzer face à l'option américaine. Toutefois, en septembre 1962, Okotie-Eboh annonce à Bucher que BBC aurait le plus de chances, peu avant qu'ECN lui attribue le contrat à l'issue de deux jours de « séances tumultueuses ».[118] La centrale d'Afam est inaugurée par Okpara en juin 1963.

Pour équiper la centrale d'Ughelli, Sulzer soumissionne des turbines à 25 mio Sfr, face à des offres américaines couvertes par un crédit sur quinze ans. En plus de prôner un traitement équitable de BBC et de la firme de Winterthur, le Département suisse de l'économie publique ressort l'argument de la stabilité politico-économique du Nigeria et persuade le Conseil fédéral de garantir aussi ce montant.[119] Edwin Stopper considère la possibilité d'annoncer les deux crédits sous forme cumulée afin de rendre la contribution suisse plus visible, mais nous ne savons pas si l'idée se réalise. Il insiste sur la hauteur de la garantie qui atteint celle accordée au Pakistan, deux fois plus peuplé que le Nigeria et dont la balance des paiements est plus précaire. En tout cas, l'ambassadeur Bucher se réjouit de l'attitude d'Okotie-Eboh, qui mentionne l'action suisse en annonçant le budget à la radio et prévoit une conférence de presse lorsqu'il apprend l'augmentation de la garantie. Le chargé d'affaires de l'ambassade à Lagos

---

116 Mandilas est l'importatrice exclusive d'automobiles Volkswagen au Nigeria, dès 1953. Voir: <mandilasng.com>, consulté le 19.8.2011.

117 Lettre de Bucher à la Division du commerce, 19.2.1962. AFS, E2001(E)1978/84/888.

118 Lettres de Bucher à la Division du commerce, 1.6.1962, 12.10.1962. AFS, E7110(-)1973/41/120.

119 Proposition du Département de l'économie publique au Conseil fédéral, 27.5.1963. Décision, 7.6.1963. AFS, E2001(E)1978/84/888.

Heinz Suter interprète cette attitude comme une volonté de souligner que «même la Suisse prudente a suffisamment confiance en la stabilité politique du Nigeria».[120]

Jugeant l'équipement américain inadapté à la centrale d'Ughelli, ECN considère dans un premier temps sérieusement l'offre de Sulzer, puis se prononce une nouvelle fois pour des turbines BBC, nettement plus chères, mais qui ont fait leurs preuves à Afam. Un tel revirement embarrasse la Division suisse du commerce, toujours soucieuse de maintenir une égalité de traitement des entreprises, et qui se prépare désormais à accéder à la probable requête de GRE de 14 mio Sfr pour des générateurs diesel de Sulzer, qui pourraient équiper des centrales plus petites. En général, la Division s'inquiète tout de même qu'un engagement de 40 mio Sfr en faveur de BBC au Nigeria incite d'autres firmes à postuler pour des garanties.[121]

Mais, contre toute attente, le cabinet des ministres n'avalise pas le choix d'ECN et porte sa préférence vers l'entreprise suédoise Stal-Lawal. Eskilsson, le directeur suédois d'ECN, est parvenu, selon Bucher, à convaincre les ministres que BBC avait obtenu le contrat moyennant de nombreux pots-de-vin. En effet, Okotie-Eboh justifie ce retournement de situation non seulement par le facteur du prix et les recommandations de l'ingénieur-conseil et de la Banque mondiale, mais aussi par certaines «manœuvres maladroites» des firmes suisses. Apparemment équipée d'un matériel à l'état de prototype, la centrale d'Ughelli nécessitera de fréquentes réparations, si bien qu'ECN envisage un procès contre Stal-Lawal en 1968.[122]

BBC est malgré tout bien introduite au Nigeria; si elle perd le contrat pour un émetteur radio à Enugu en 1964, elle livre encore une turbine à Lagos et participera au montage de lignes à haute tension.[123] Pour

120 Lettre de Bucher à la Division du commerce, 5.4.1963. Lettre de Heinz Suter, chargé d'affaires de Suisse à Lagos, à la Division du commerce, 27.6.1963. AFS, E7110(-)1974/31/143.

121 Lettre de Marti à l'ambassade de Suisse à Lagos, 4.7.1963. AFS, E2001(E)1978/84/888.

122 Lettre de Bucher à la Division du commerce, 24.9.1963. AFS, E2001(E)1978/84/888. Lettre de Fritz Real à la Division du commerce, 11.10.1968. AFS, E7110(-)1979/14/113.

123 Lettre de Bucher à la Division du commerce, 13.10.1964. AFS, E2001(E)1978/84/888.

l'entretien de celles-ci, ECN exprime un besoin de 250 collaborateurs, alors que deux Nigérians destinés à la centrale d'Afam sont déjà encadrés par BBC qui, à travers une nouvelle offre, propose d'en former trois de plus.[124]

### *Moyens de négociations*

Les tournures surprenantes et changements de dernière minute dans ces attributions de contrats sont plus ou moins vaguement interprétés par l'ambassade de Suisse comme des symptômes de corruption. Bien qu'au cours de l'appel d'offres pour la centrale d'Afam, Bucher estime les Américains généreux en dessous de table, il dit avoir appris «de source sûre», que BBC a également adopté ces pratiques pour la négociation.[125] Cette accusation pourtant claire ne soulève pas plus de commentaires de l'ambassadeur, insistant sur la stricte confidentialité des informations, ni de discussions à Berne. A ce moment, Okotie-Eboh doit encore être «gagné à la cause suisse» et «semble demander» le versement d'une grosse somme qui lui permettrait de se réconcilier avec son parti, le NCNC.[126] La nature du conflit évoqué reste incertaine[127], mais le fait qu'Okotie-Eboh ait gagné le surnom de «Monsieur Dix Pour Cent» indique qu'une

---

124 Lettre de la Division du commerce à l'ambassade de Suisse à Lagos, 19.11.1964. AFS, E7110(-) 1975/31/153.

125 «[Die Amerikaner] sind offenbar bereit, freigebig mit Schmiergeldern zu arbeiten, um ihren Zweck zu erreichen. Aus sicherer Quelle weiss ich aber, dass auch BBC über ihren hiesigen Agenten diesen Weg eingeschlagen hat». Lettre de Bucher à la Division du commerce, 12.7.1962. AFS, E7110(-)1973/41/20.

126 *Idem.*

127 Issu de la minorité Urhobo du *Midwest*, la vision politique d'Okotie-Eboh tend à diverger de celle de la majorité de son parti, essentiellement igbo. Le recensement de mai 1962, rapportant un chiffre étonamment élevé pour la région Est, sera finalement invalidé par le Gouvernement fédéral. Alors qu'une partie du NCNC refuse toute remise en cause des résultats, Okotie-Eboh ne s'oppose pas à un nouveau recensement. Il peut y avoir là-derrière une intention d'éviter le conflit avec l'élite fédérale, attitude motivée par un déficit de soutien dans la région Est. Voir: Larry Diamond: *Class, Ethnicity and Democracy in Nigeria. The Failure of the First Republic*. Macmillan, London 1988, p. 129.

telle requête, de sa part, n'a pas forcément de motif particulier.[128] Dans le cas d'Ughelli, seul le directeur d'ECN Eskilson parle de pots-de-vin, alors qu'Okotie-Eboh évoque des «manœuvres maladroites» des firmes suisses, sans désigner précisément BBC ou Sulzer. Bucher pense que le représentant de celle-ci, Mandilas & Karaberis, se serait efforcé de porter atteinte à la réputation de BBC auprès des ministres et la firme de Baden, trop certaine de conclure son marché, aurait ensuite négligé de contrer ces critiques.[129]

Si, sous la Première République, les cas, soupçons et allégations de corruption sont déjà monnaie courante, il ne s'agit pas d'un phénomène nouveau. Les administrateurs britanniques tendent à dénoncer les abus des dirigeants africains durant la période pré-coloniale, mais, sous l'Empire, peuvent s'accomoder des irrégularités pratiquées par les rois ou chefs jugés «traditionnels» qui bénéficient d'un degré de légitimité variable. Les Britanniques, selon Tignor, préfèrent «ne pas savoir, ou plus précisément, ne pas faire état du travail illégal et des exactions financières sur lesquels reposait l'édifice de l'Administration coloniale».[130]

Suite à la Deuxième Guerre mondiale, le Colonisateur ravive «les perspectives traditionnelles sur la corruptibilité de la politique africaine», les insère dans le débat sur l'aptitude à l'indépendance et tend à accuser les élus africains d'abuser de leur influence et de n'être guidés que par l'enrichissement personnel. Le thème jalonne tout du long le chemin vers l'indépendance et les accusations émanent aussi bien des politiciens nigérians cherchant à discréditer leurs adversaires que des administrateurs coloniaux exprimant leurs doutes sur la maturité du Nigeria à s'auto-gouverner.[131] Forrest évoque toutefois un «évident déclin de moralité en affaires» après 1960, lorsque les compagnies étrangères cherchent

128 Dmitri Van den Bersselaar, Stephanie Decker: «*No longer at Ease*: Corruption as an Institution in West Africa». In: *International Journal of Public Administration*, n° 34, 2011, p. 749.

129 Lettre de Bucher à la Division du commerce, 24.9.1963 et 25.10.1963. AFS, E2001(E) 1978/84/888.

130 Robert L. Tignor: «Political Corruption in Nigeria before Independence». In: *The Journal of Modern African Studies*, vol. 31, n° 2, June 1993, p. 179.

131 *Id.*, p. 180.

davantage à exercer une influence auprès des instances gouvernementales, situation dont les partis politiques tendent à profiter pour se financer.[132]

Bucher n'insiste pas sur les implications des firmes suisses, mais son attitude ne contraste que peu avec une tendance répandue, consistant à percevoir la corruption comme un problème exclusivement africain. Déjà évoquée, l'instrumentalisation de ce type d'accusations par les Britanniques implique une large partialité: un soupçon ne débouche sur une enquête que s'il est dirigé envers des Africains. En 1960, la Barclay's Bank déplore une rapide hausse de créances douteuses ou irrécouvrables, qu'elle impute à ses clients africains, récemment plus nombreux. Il ressort que la moitié de ces mauvaises créances résulte d'une collusion entre une firme britannique et un manager expatrié, que la Banque se contente alors de remplacer discrètement. Une telle partialité incite à imaginer la période coloniale comme un «moment d'ordre et de loi, garanti par d'irréprochables fonctionnaires coloniaux»[133], une image à laquelle les investisseurs suisses ne sont pas imperméables. Heinz W. Frech, coordinateur pour Alusuisse et chef du projet Alumaco, regrette qu'au Nigeria, «l'exemple incorruptible des Anglais» ait disparu.[134]

La corruption n'est qu'une menace, parmi d'autres, pesant sur la Première République et précipitant sa chute. Que signifient les deux coups d'Etat et les deux ans et demi de Guerre civile pour les Suisses qui ont choisi de s'implanter dans le plus grand marché d'Afrique? Quelle sera l'attitude des autorités nigérianes à leur égard? Les deux ans et demi de conflit armé ne concernent pas seulement l'ambassade et une partie des milieux économiques.

132 Voir: Forrest, *op. cit.*, p. 28.

133 Van den Bersselaar, Decker, *art. cit.*, pp. 746, 748.

134 Heinz W. Frech: *Baumwolle, Stahl und Stolpersteine. 40 Jahre mit Volkart, Alusuisse und Von Roll.* Huber, Frauenfeld 2001, p. 104.

# *Partie III*
# *Tensions 1967-1970*

# Chapitre VI
# La Guerre civile du Nigeria et la Suisse

La chute de la Première République et les événements qui mènent à la Guerre civile exigent un repositionnement des diplomates suisses, qui peuvent se référer aux grands principes traditionnels de leur politique étrangère. Parmi ceux-ci, les «bons offices» – activités visant à aplanir les conflits internationaux[1], sont loin d'offrir une marche à suivre et devraient s'exercer au Nigeria dans des situations dont certains acteurs ne réalisent pas la complexité. D'autre part, la pérennité de la colonie suisse est un intérêt qui pèse dans les décisions officielles. Si ses membres évacuent progressivement la région Est, ils n'allègent pas leur présence à Lagos. L'internationalisation du conflit prend une ampleur inattendue et l'opinion publique européenne témoigne une profonde compassion aux victimes; sensibilisée en premier lieu par la télévision, la population suisse ne fait pas exception et se mobilise de différentes façons.

Avant d'engager ce chapitre, il convient de donner quelques repères chronologiques.[2] En janvier 1966, la région Ouest reste troublée par des émeutes qui ont fait plus de 150 morts, suite à des élections chaotiques. Le premier ministre Balewa annonce, le 13 janvier, que le Gouvernement fédéral n'interviendra pas. Le matin du 15, trois jeunes officiers mènent un sanglant coup d'Etat. Le major-général John Aguiyi-Ironsi prend le pouvoir, forme un gouvernement à forte dominance igbo et le 24 mai, décrète la formation d'un Etat unitaire; cette décision est suivie d'émeutes dans le Nord.

---

1 Raymond Probst: «Bons offices». In: *Dictionnaire historique suisse*, vol. II, Hauterive 2002. <dhs.ch>.

2 Ces repères sont tirés de la chronologie plus exhaustive de John J. Stremlau: *The International Politics of the Nigerian Civil War 1967-1970*. Princeton University Press, Princeton 1977, pp. xv-xix. Ils sont ici quelque peu éclairés par le récit de John de St. Jorre: *The Nigerian Civil War*. Hodder and Stoughton, London 1972 [*The Brother's War: Biafra and Nigeria*, 2009, (2nd ed.)].

Un second coup d'Etat a lieu le 29 juillet 1966, puis le lieutenant colonel Yakubu Gowon succède à Ironsi, qui est assassiné. En septembre et octobre, de nouvelles émeutes éclatent dans le Nord et plusieurs milliers d'Igbos sont massacrés; près d'un million de rescapés se réfugie dans sa région d'origine, au Sud-Est. Une conférence constitutionnelle est mise sur pieds en septembre, mais son échec amène les leaders militaires à se réunir à Aburi, au Ghana, les 4 et 5 janvier 1967. Le lieutenant colonel Odumegwu Ojukwu, gouverneur militaire de la région Est, y obtient du Gouvernement fédéral la promesse d'une réforme en vue d'un pouvoir moins centralisé. Cet engagement reste lettre morte et pour désamorcer les forces centrifuges, Gowon annonce, le 27 mai 1967, la division du pays en 12 Etats. Refusant de transiger sur les accords d'Aburi, Ojukwu, le 30 mai, proclame l'indépendance de la région Est sous le nom de République du Biafra. Gowon considère l'initiative d'Ojukwu comme un acte de rébellion et impose un blocus sur la région, qui est renforcé le 2 juillet, après que Shell-BP ait accepté de verser une part de *royalties* au Biafra.

Les premiers coups de feu de la Guerre civile sont tirés le 6 juillet 1967, lors d'une avancée des troupes fédérales. Le Biafra perd la ville d'Ogoja le 10, celle de Nsukka le 15. Ojukwu riposte en lançant des raids aériens qui atteignent Lagos et Kaduna. Le 9 août, ses troupes envahissent la région du Midwest et capturent Benin; le Gouvernement fédéral forme une seconde division d'infanterie qui reprend cette ville le 20 septembre, puis celle d'Enugu le 4 octobre. Le Biafra en avait fait sa capitale, qui sera alors successivement transférée à Aba, Umuahia, puis Owerri. Une troisième division fédérale parvient, le 18 octobre, à prendre Calabar, puis à progresser vers le Nord pour rejoindre la première division et ainsi sceller la frontière avec le Cameroun.

En 1968, les troupes fédérales continuent d'avancer, mais pas suffisamment pour porter le coup décisif au Biafra, qui produit ses propres devises à partir du 29 janvier, notamment avec le soutien de l'organisation suisse Pro Biafra.[3] La famine résultant du blocus se fait toujours plus

3 Basée à Zurich, Pro Biafra est spécialisée dans l'envoi au Biafra de «petits détails très importants», comme des pièces de rechange pour voitures ou de l'équipement agricole. Une contribution de 868'819 Sfr servirait à financer «une grande partie» de la devise biafraise. Rapport de l'assemblée finale de l'*Aktion Pro Biafra*, Zurich, 22.1.1971. AFS, E2001(E)1987/78/695.

meurtrière; l'opinion publique internationale s'en émeut et l'action humanitaire s'intensifie.

Les forces biafraises réoccupent Owerri le 25 avril 1969. S'étant rendu au Biafra pour une mission humanitaire, le Suédois Carl Gustaf von Rosen vient à offrir ses services de pilote à l'armée sécessionniste et dirige, en mai, des raids contre des bases fédérales. Ces attaques achèvent d'irriter le Gouvernement fédéral face aux interventions étrangères en général, si bien que le 30 juin, la charge de coordonner les opérations de secours est retirée au Comité international de la Croix-Rouge et confiée au Comité fédéral de réhabilitation. Le 14 décembre, les troupes fédérales ont préparé une offensive de grande ampleur et attendent le signal de Lagos; le 25 décembre, la troisième division a traversé le territoire biafrais et rejoint la première division à Umuahia, Ojukwu se réfugie en Côte d'Ivoire le 11 janvier 1970 et une délégation biafraise se rend à Lagos trois jours plus tard pour signer l'armistice.

## 1. Diplomatie et colonie suisses face au conflit

> La saisie du pouvoir par les militaires au Nigéria a pris tout le monde de court. On s'attendait généralement à des difficultés politiques intérieures en raison du pourrissement de la situation dans la région Ouest, mais pas à une intervention de l'armée.[4]

Ces lignes du chargé d'affaires à l'ambassade de Suisse Jean Zwahlen sont écrites trois jours après le coup d'Etat de janvier 1966. Déjà évoquée, la confiance quasi-aveugle d'Edwin Stopper en la stabilité du Nigeria s'explique par un mandat tendant à limiter son champ de vision aux aspects économiques, et celle de Giovanni E. Bucher repose sur l'admiration personnelle qu'il voue à Balewa. Du corps diplomatique suisse, c'est le collaborateur de la légation à Londres Erwin Bernath qui avait exprimé le commentaire politique le plus pertinent: «le Nigeria est une construction

4 Lettre de Zwahlen à Willy Spühler, chef du DPF, 18.1.1966. AFS, E2300-01/1973/156/4.

somme toute artificielle [...] ».[5] L'effet de surprise ressenti par Zwahlen ne doit toutefois peu ou rien à une éventuelle naiveté. En décembre 1965, Balewa lui-même a vent d'une conspiration militaire, mais ne prend pas l'information au sérieux, jugeant le pays assez stable pour que son gouvernement ne soit pas menacé par les forces armées. Celles-ci, lors de l'accession à l'indépendance, apparaissent justement à Bucher comme un gage de stabilité, du moment qu'elles restent encadrées par des officiers britanniques. A partir de deux heures du matin du 15 janvier 1966, les acteurs du coup d'Etat emmenés par quelques majors et capitaines, la plupart igbos, parviennent à surprendre dans le sommeil et assassiner plusieurs personnalités de la Première République, dont Tafawa Balewa, Festus Okotie-Eboh, Ahmadu Bello et Samuel Akintola. En revanche, ils ne peuvent rallier l'ensemble de l'armée, qui se montre loyale envers le major-général Johnson Aguiyi-Ironsi.[6]

*Plans d'évacuation et «émulation sociale» de la colonie suisse*

Trois jours après le Coup, bien que Zwahlen évoque une situation calme, il rapporte que

> [...] les Européens sont inquiets et s'attendent, forts des expériences du Congo et autres, à des rebondissements qui pourraient mettre leur vie en danger. [...] la question nigérienne n'est pas encore réglée. Il y a eu et il y aura encore des règlements de compte entre Africains qui pourraient s'étendre.

Il prévoit donc un «dispositif de sécurité» consistant à informer la colonie suisse des directives à suivre en cas de danger et en nommant des responsables de zones, qui deviendraient les référents de leurs compatriotes. Swissair pourrait assurer une bonne partie de l'évacuation, tandis que W. Ruoff de Panalpina, désigné responsable en cas de guerre par l'Office suisse de la navigation maritime, a déjà alerté des bateaux qui offrent une capacité supérieure à 1'000 personnes avec «priorité aux femmes et enfants, non discrimination de nationalités entre blancs». Les

5 Voir chapitre III.1.
6 Voir: *Idem*. St. Jorre, *op. cit.*, pp. 29-47.

diplomates britanniques, américains et hollandais sont disposés à la collaboration.[7]

Ni les massacres de plusieurs milliers de personnes – principalement igbos, surtout en mai et octobre, ni le second coup d'Etat qui a lieu en juillet 1966 et dont émerge le général Yakubu Gowon ne semblent alarmer la colonie suisse. Suite à un sondage positif effectué en juillet, l'ambassadeur Fritz Real, entré en fonctions en avril, forme en octobre un Comité d'action pour la fondation d'un club suisse au Nigeria. Ce projet vise à créer une «émulation sociale [...] parmi la communauté suisse», en facilitant la pratique de plusieurs sports et la mise sur pied d'une bibliothèque avec des journaux suisses. Grillades, visite de Saint Nicolas et «rally d'auto en relation avec une chasse au trésor» dans les environs de Lagos sont agendés pour les mois à venir.[8]

En mars 1967, l'ambassade concentre son «dispositif de sécurité» sur la région Est, dont le gouverneur militaire Chukwuemeka Ojukwu ne reconnaît pas l'autorité de Gowon. Les hommes de contact sont J. Gartmann pour la zone d'Enugu et Erdhart Fränkl, manager chez Shell, pour celle de Port Harcourt. L'ambassadeur Real suggère de nommer celui-ci consul honoraire, car la communication avec Lagos se fait de plus en plus difficile. Parmi la centaine de Suisses résidant à l'Est, aucun n'a l'intention de se faire évacuer à ce moment; la plupart des familles ne quitte la région qu'au mois de juin, suite à la déclaration de sécession. Fränkl part au début du mois d'août et le représentant UTC Karl Jaggi le remplace dans sa fonction d'agent de liaison avec l'ambassade. Il reste alors officiellement six suisses dans la région Est: quatre agents UTC, le directeur de l'Hôtel Presidential à Port Harcourt et l'épouse d'un Nigérian.[9]

Dans le reste du pays, la Guerre civile ne semble affecter que modérément le quotidien des résidents suisses. La Mission de Bâle rapporte que certains membres de sa communauté ont assisté aux massacres de 1966 à Maiduguri, qui auraient fait dans cette ville près de 500 victimes.

---

7 Lettre de Zwahlen au DPF, 18.1.1966. AFS, E2001(E)1978/84/887.

8 Circulaire du Comité d'action, fin octobre 1966. AFS, E2200.168(-)1986/12/2.

9 Lettre de Real au DPF, 17.3.1967. AFS, E2200.168(-)1991/79/1. Britanniques et Américains sont aussi partis, alors que la République fédérale d'Allemagne a préparé un bateau à Port Harcourt pour procéder à l'évacuation. Note du DPF, 12.6.1967. AFS, E2001(E)1978/84/887. Lettre de Real au DPF, 11.8.1967. AFS, E2200.168(-)1991/79/1.

En revanche, la mort d'Ahmadu Bello aurait provoqué «un relâchement de la pression exercée par les autorités musulmanes», ce que les missionnaires bâlois ressentent comme un soulagement. Si le pasteur Wilhelm Scheytt fait état d'une intimidation à l'encontre des élèves de la Mission, il ne remarque plus d'hostilité ouverte et affirme deux ans plus tard que les Eglises peuvent désormais travailler en paix. Celles-ci doivent néanmoins, selon lui, assumer une responsabilité de réinsertion des jeunes soldats de retour du front, qui sont peu scolarisés et risquent d'être «laissés à la rue»; mais il s'agit d'une situation qui ne fait pas d'ombre à l'évangélisation.[10]

A Lagos, «les militaires» font plusieurs fois «incursion» aux domiciles de diplomates, dont celui du collaborateur de l'ambassade de Suisse Jeanrenaud. Interpelé à ce sujet en août 1967, le Ministère des affaires extérieures déplore qu'il ne puisse exercer aucun pouvoir sur l'armée, mais rappellera, en décembre, que l'immunité diplomatique reste en vigueur.[11] Le directeur du Centre de formation horlogère Rochat serait fortement impressionné par la Guerre, au point que cela nuise à son travail.[12] Quant au Club suisse, au-delà de ses activités extraordinaires qui l'amènent par exemple à inviter le comédien Walter Roderer, il se réunit un mercredi par mois pour des parties de cartes et communique à ses membres un programme «richement affrété» pour 1969, tout en proposant la création d'un bulletin.[13] La brillante réussite[14] de cette «émulation sociale» au cours de la Guerre civile traduit-elle une indifférence, ou un besoin de se rassembler et se distraire pour mieux affronter un sentiment de danger? Ces questions restent ouvertes.

---

10 Rapports annuels du révérend A. Fankhauser, 1966, et du pasteur Wilhelm Scheytt, 1967, 1968. ABM PS2-G06-03 11596 Nordnigeria Jahresberichte 1960-1969. Voir, aussi: chapitre II.3.

11 Lettres de Real au DPF, 25.8, 4.12.1967. AFS, E2200.168(-)1986/12/1.

12 Lettre de Real à la Coopération technique, 16.10.1970. AFS, E2005(A)1983/18/299.

13 Circulaire du Club suisse, [février] 1969. AFS, E2200.168(-)1991/79/1.

14 Toutefois, le Club suisse du Nigeria restera largement plus discret que celui du Ghana, qui ouvre l'école suisse d'Accra en 1966. Dans ce dernier pays, la colonie suisse est plus ancienne, nombreuse et concentrée. René Lenzin: *Afrika macht oder bricht einen Mann. Soziales Verhalten und politische Einschätzung einer Kolonialgesellschaft am Beispiel der Schweizer in Ghana (1945-1966)*. Basler Afrika Bibliographien, Basel 1999, p. 87.

Le Nigeria demeure attractif; le volume de son commerce extérieur baisse sensiblement de 1966 à 1968, puis augmente à nouveau, mais il faut noter que la balance se redresse en sa faveur à partir de 1966. En 1968 et 1969, le Gouvernement militaire adopte une large restriction des importations, mais ni les montres, ni les produits pharmaceutiques, ni les colorants ne sont touchés.[15] L'ambassadeur Real explique que ces difficultés sont «en premier lieu politiques, ce qui affecte bien sûr aussi l'économie. Malgré cela, les perspectives économiques sur le long terme restent intactes et très prometteuses».[16] Dans son rapport annuel de 1968, Nestlé évoque un «drame [qui] n'a rien perdu de son intensité et continue à entraver sérieusement le développement économique». Mis à part l'échec de sa fabrique de viande dans le Nord, Nestlé a lancé une gamme de produits alimentaires qui connaissent un succès durable.[17] Les exportations suisses au Nigeria baissent légèrement en 1968, lorsque sont introduites des restrictions aux importations, mais remontent dès l'année suivante pour atteindre des valeurs jamais égalées avant la Guerre. Dans la région Est, les investissements suisses se montent à près de 7.8 mio Sfr.[18] En avril 1967, UTC éprouve déjà des difficultés à s'y approvisionner en huile de palme, mais ceci coïncide avec un important investissement à Lagos.[19]

### *Changement de partenaires officiels*

Naturellement, les coups d'Etat portent atteinte au réseau ministériel de la diplomatie Suisse. Okotie-Eboh, partenaire de premier ordre pour l'accord aérien, est assassiné en janvier 1966. Michael Okpara devient conseiller politique d'Ojukwu, une fonction qui ne revêt bien entendu aucune légitimité aux yeux du gouvernement fédéral nigérian. Inuwa Wada, ayant déjà

---

15 Lettre de Real à la Division du commerce, 13.6.1969. AFS, E7110(-)1980/63/108.

16 Akindele, Ate Bassey, *op. cit.*, p. 111. Lettre de Real à la Division du commerce, 31.10.1966. AFS, E2001(E)1978/84/887.

17 Nestlé, rapport annuel, 1968. AHN. Voir chapitre V.1.

18 Valeur des exportations suisses au Nigeria en mio Sfr courants: 1966: 27.2; 1967: 29.6; 1968: 26.2; 1969: 34; 1970: 60.5. Stat. DGD. Note du DPF, 12.6.1967. AFS, E2001(E)1978/84/887.

19 Voir: chapitre V.1.

séjourné officiellement en Suisse et assumant le titre de président d'honneur du conseil d'administration de Ciba (Nig.) Ltd, n'inspire pas pour autant confiance à Fritz Real, qui lui attribue un rôle clé dans le renversement d'Ironsi, ainsi que dans l'organisation des massacres de septembre et octobre 1966. L'ancien ministre se serait alimenté de pots-de-vin durant la Première République et disposerait de «remarquables comptes bancaires» en Suisse. Ces informations sont adressées au DPF lorsqu'Inuwa Wada obtient un visa de trois mois pour une consultation médicale à Zurich.[20] Real émet des suspicions identiques à l'encontre de l'ancien ministre Z.B. Dipcharima, qui s'envole vers Zurich le 22 octobre, pour des raisons inconnues.[21] En contre-partie de ces bouleversements, l'ouverture de l'ambassade du Nigeria à Berne, sous le gouvernement d'Ironsi, simplifie durablement la relation diplomatique.

La Guerre civile provoque l'interruption des projets de développement dans la région Est et le paiement des turbines livrées par Brown Bovery à la centrale électrique d'Afam reste en suspens. Bien que le chantier se trouve à l'Est, l'ambassadeur entend demander des comptes au Gouvernement fédéral, qui est le partenaire de ce contrat couvert par la Garantie contre les risques à l'exportation.[22] La démarche reste apparemment sans succès et BBC prend les devants en contactant un représentant de la Région sécessionniste, tout en consultant le Département politique sur l'opportunité d'une telle démarche. A ce propos, le chargé d'affaires de l'ambassade à Lagos Jeanrenaud précise que le fait de négocier quoi que ce soit avec le gouvernement de l'Est revient à lui conférer une légitimité qu'il recherche. BBC souhaite certes éviter que «la transaction ne soit considérée comme une reconnaissance de la province qui a fait défection» et se résigne à ne pas encaisser les 16 mio Sfr restants.[23] L'octroi de futurs

---

20 Lettre de Fritz Real au DPF, 19.11.1966. AFS, E2001(E)1980/83/539. John de St. Jorre précise qu'Inuwa Wada est soupçonné d'avoir offert de larges sommes à des soldats, mais qu'à l'instar des autres acteurs civils, il n'aurait joué qu'un rôle de second plan dans le coup d'Etat de juillet. St. Jorre, *op. cit.*, p. 78.

21 Lettre de Real à Pierre Micheli, 20.10.1966. AFS, E2001(E)1980/83/541.

22 Lettre de Real à la Division du commerce, 19.5.1967. AFS, E2001(E)1978/84/888. Voir: chapitre V.3.

23 Note du DPF, 19.9.1967. Lettre de Maurice Marcel Jeanrenaud au DPF, 29.9.1967. Lettre de BBC au DPF, 19.10.1967. AFS, E2001(E)1978/84/888.

crédits pourrait désormais être remis en cause; mais du moment que les problèmes lui apparaissent comme principalement politiques, Fritz Real estime qu'il n'y a aucune raison de douter de la solvabilité du Nigeria et de ne plus offrir de garantie contre les risques à l'exportation. Alors qu'en février 1967, Sulzer sollicite une Garantie de 9 mio Sfr sur 5 ans pour une livraison de machines à tisser dans la région Ouest, Real souligne que plusieurs de ses homologues européens à Lagos partagent son optimisme sur la situation économique, et que les Etats-Unis ont décidé de ne pas revoir leurs programmes d'assistance au Nigeria.[24]

Au lendemain du premier coup d'Etat au moins, les experts de la Banque mondiale chargés du Nigeria gardent toute confiance, à l'instar des gouvernements britannique, étasunien, canadien, allemand et hollandais qui comptent poursuivre leur contribution au Plan de développement.[25] La Suisse montre plus de retenue. A Lagos, l'ambassade attribue à l'Administration Ironsi l'intention louable de soutenir l'agriculture, un secteur négligé aussi bien par le gouvernement de la Première République que par la Banque mondiale et qui nécessite des investissements. Mais la Division du commerce n'exprime aucun intérêt à soutenir ces nouvelles priorités; elle rappelle les faibles ressources financières de la Suisse pour la coopération technique et estime qu'il revient au «pays en développement de faire le premier pas en améliorant la coordination régionale, le conseil aux producteurs, et en prêtant à faible taux aux agriculteurs».[26]

C'est suite au renversement d'Ironsi que l'incertitude s'installe au sein de la Banque mondiale, éprouvant le sentiment que «tout l'avenir du pays est désormais en suspens». Si elle accorde, en 1968, un prêt supplémentaire de 96.5 mio $ pour le barrage de Kainji, son Comité consultatif sur le Nigeria décide de suspendre toute discussion jusqu'à la fin de la Guerre civile. Sans surprise, la Suisse emboîte le pas; une attitude que le secrétaire

24 Lettres de Real à la Division du commerce, 31.10.1966, 3.2.1967. AFS, E2001(E) 1978/84/888.

25 Les 10 et 11 février, la Banque mondiale tient une «séance de consultation sur le Nigeria». Lettre de la Délégation suisse auprès de l'OCDE à la Division du commerce, 18.2.1966. AFS, E2200.168(-)1986/12/8.

26 Lettre du Chargé d'affaires de Suisse à Lagos à la Divion du commerce, 25.2.1966. Lettre du vice-directeur de la Division du commerce à la Délégation suisse auprès de l'OCDE, 16.3.1966. AFS, E2200.168(-) 1986/12/8.

permanent des Finances A.A. Atta aurait mieux compris au début du gouvernement Gowon, quand la stabilité politique reste à prouver, qu'après une année de conflit armé qui crée des besoins de reconstruction. Atta ne manque alors pas de recourir à une argumentation de Guerre froide; il en irait de l'intérêt du monde occidental que le Nigeria ne lui tourne pas le dos pour chercher de l'aide ailleurs.[27] En octobre 1969, les membres du Groupe consultatif se disent prêts à reprendre les réunions, mais la Division du commerce veut garder la distance, «pour plusieurs raisons» et tenant compte que «l'opinion suisse, pour des raisons qu'il n'y a pas besoin d'expliquer, s'intéresse au problème Nigeria».[28]

*Eventuelle reconnaissance d'un nouvel Etat*

La question de la «reconnaissance du régime militaire» se pose dès le premier coup d'Etat. Zwahlen recommande de ne pas suivre les exemples du Ghana et du Royaume-Uni, qui ont promptement reconnu le nouveau gouvernement, mais de ne procéder à aucun acte juridique; et si malgré tout, la Suisse tenait à une reconnaissance de facto, il serait préférable qu'elle n'émane pas directement du Conseil fédéral, mais plus discrètement de l'ambassade. De Berne, la réponse est évidente: la Suisse reconnaît des Etats et non des gouvernements. Le Département politique autorise donc ses diplomates à se rendre «à toutes les invitations Aguiyi-Ironsi» et espère que «les bonnes relations amicales entre les deux pays continueront comme par le passé».[29]

Une éventuelle reconnaissance du Biafra se décide moins facilement, même si la relation aux Etats séparés a déjà prêté à controverses pour l'Administration suisse. Dans le cas vietnamien, celle-ci oppose d'abord un

27 Note de Real, 31.10.1966. Lettre de Real au DPF, 6.11.1968. Lettre du vice-directeur de la Division du commerce à l'ambassade de Suisse à Lagos, 12.11.1968. Communiqué de presse du Ministère nigérian de l'information, 15.11.1968. Lettre de Real à la Division du commerce, 5.12.1968. AFS, E2200.168(-) 1986/12/8.

28 Lettre de Hans Bühler, vice-président de la Division du commerce, à l'ambassade de Suisse à Lagos, 10.10.1969. AFS, E7110(-)1980/63/108.

29 Echange de lettre et télégramme entre Zwahlen et le DPF, 21.1, 26.1.1966. AFS, E2001(E)1978/84/886.

ferme refus, puis se résigne, sous la pression de commerçants, à nommer un consul dans la région Sud en 1957. Une telle décision, entourée de la plus grande discrétion car en porte-à-faux avec l'idéal de neutralité, réussit à passer presque inaperçue de l'opinion publique. Quant au Vietnam du Nord – communiste, la Suisse le reconnaît en 1971, afin d'encourager la tenue de négociations de paix à Genève.[30] Dès l'annonce de sécession de la région Est du Nigeria, le Département politique prend conscience qu'une reconnaissance du Biafra serait perçue comme ingérence par le Gouvernement fédéral, avec qui la Suisse désire conserver «d'excellentes relations».[31] Mais en mai 1968, le conseiller national socialiste Walter Renschler demande si «une prise de contacts au moins inofficiels [avec le Biafra] ne serait pas recommandée». Selon lui, la capacité de son pays à assurer les «bons offices» et favoriser une médiation en dépend; pour preuve, la récente conférence sur le Vietnam s'est déroulée à Paris plutôt qu'en Suisse, qui n'a pas reconnu le Vietnam du Nord. Pour le conseiller fédéral Willy Spühler, la guerre civile au Nigeria est causée par un processus de sécession, et non un conflit entre deux «Etats consolidés», d'où le risque que le geste soit perçu comme une ingérence. Enfin, l'engagement du CICR permettra à la Commission du Conseil des Etats de concilier cet argument avec celui des «bons offices», du moment que l'aide humanitaire peut difficilement être acheminée à l'Est sans l'accord du Gouvernement fédéral.[32]

L'idéal de neutralité constamment revendiqué par la Suisse n'implique pas qu'elle soit la seule à refuser de prendre position. Sur la scène internationale, les événements du Nigeria se trouvent d'abord dans l'ombre de la rencontre du président des Etats-Unis Lyndon Johnson et du premier ministre soviétique Alexei Kosygin, ainsi que de la Guerre des six jours au Moyen-Orient. Dans un premier temps, la Grande-Bretagne et les Etats-Unis se contentent de qualifier la Guerre civile «d'affaire africaine». Ils se prononcent toutefois en faveur d'un Nigeria uni, à partir du moment où le

30 Urs Obrist: *Die heimliche Anerkennung Südvietnams durch die Schweiz.* Huber, Frauenfeld 2001, pp. 264-269, 290.

31 Note de Michael Gelzer au directeur du DPF, 29.6.1967. AFS, E2001(E)1980/83/538.

32 Procès-verbal de la Commission pour les affaires extérieures du Conseil national, 16.5.1968. Procès-verbal de la Commission pour les affaires extérieures du Conseil des Etats, 30.8.1968. AFS, E2001(E)1980/83/538.

Gouvernement fédéral affiche clairement sa supériorité militaire, et suite à son achat d'avions de chasse soviétiques. Ce partenariat militaire avec Moscou ne révèle pas une orientation politique du Nigeria, mais représente une solution de dernier recours après que Londres et Washington aient refusé la commande.[33]

Tanzanie, Gabon, Côte d'Ivoire, Zambie et Haiti sont seuls à soutenir la sécession par une reconnaissance explicite du Biafra, mais aucune de leurs déclarations ne les amène à y établir un consulat; pour John J. Stremlau, leur décision traduit bien plus une sympathie pour la population affamée de l'Est qu'un quelconque calcul politique.[34] Le président de Côte d'Ivoire Felix Houphouet-Boigny s'efforce de convaincre la France, qui en reste à une reconnaissance implicite, tout en devenant inofficiellement fournisseur d'armes des troupes d'Ojukwu. Parmi les motifs de Charles de Gaulle, peut être mentionnée sa volonté de «briser la Fédération du Nigeria qui [constitue], du fait de sa force économique, une menace potentielle pour l'ensemble de l'Afrique francophone».[35] Si le contexte de Guerre froide motive les grandes puissances à s'impliquer, les fronts se dessinent plutôt sur des lignes néo-colonialistes. Au fil du conflit, la Suisse tient à soigner sa relation avec le Nigeria en évitant toute prise de position officielle, et conforte son refus de reconnaître la Région sécessionniste; en septembre 1969, le Département politique insiste auprès de ses collaborateurs pour qu'ils renoncent à mentionner «Biafra» dans leur correspondance.[36] Mais il ne s'agit que d'une mesure symbolique, tant le nom est médiatisé et ancré dans les esprits.

---

33 John J. Stremlau: *The International Politics of the Nigerian Civil War 1967-1970*. Princeton University Press, Princeton 1977, p. 79.

34 *Id.*, p. 141.

35 Barbara Jung: «L'image télévisuelle comme arme de guerre. Exemple de la guerre du Biafra, 1967-1970». In: *Bulletin de l'Institut Pierre Renouvin*, n° 26, Paris, automne 2007, pp. 50-51.

36 Circulaire de la Division des affaires politiques aux autres sections du DPF, 8.9.1969. AFS, E2001(E)1987/78/695.

La crainte qu'une action de leur part n'apparaisse comme ingérence aux yeux de Lagos incite la plupart des gouvernements à laisser à l'Organisation de l'unité africaine la responsabilité de médiation. Or, se prononçant en faveur d'un Nigeria uni, l'OUA perd beaucoup de son crédit auprès de la Région sécessionniste et suite à une requête d'Ojukwu, la Suisse reconsidère sérieusement sa marge de manœuvre.

Envoyé au Biafra par Caritas Suisse en octobre 1969, le conseiller national socialiste Enrico Franzoni tente, aux côtés de Paul Ruegger du CICR, d'obtenir à nouveau l'autorisation d'acheminer les secours par voie aérienne. Cette démarche échoue pour les vols de jour, mais Franzoni ramène à son gouvernement une lettre dans laquelle Ojukwu appelle la Suisse, seule ou avec d'autres pays neutres, à s'engager pour un cessez-le-feu et des négociations sans préalable. Dans ce but, le Département politique élabore un projet de *Mercy-Week*: une semaine de trève, sans entrave pour les convois humanitaires. Si l'idée peine à se préciser davantage, elle consiste du moins à élargir la base des négociations pour leur donner plus de poids et à rechercher des partenaires organisateurs afin de répartir le risque d'échec. Premier gagné à cette cause, le gouvernement yougoslave suggère de contacter l'Ethiopie, puis le DPF juge naturel d'inviter l'Autriche et la Suède.[37] Le réseau diplomatique suisse rapporte plusieurs attitudes favorables, comme celle des Etat-Unis, du Canada et de William Tubman, président du Liberia et du groupe consultatif de l'OUA sur le Nigeria.[38]

A ce moment, un partenariat avec l'Ethiopie est difficilement envisageable. Haile Selassie, bien avancé dans ses efforts pour une ultime tentative de médiation, entend jouer sur son double rôle de souverain d'Ethiopie et de *chairman* de l'OUA, en invitant les deux parties à Addis Abeba, le 8 décembre. Dans une déclaration publique, Ojukwu se félicite de «l'initiative personnelle» de l'Empereur, tandis que Lagos cherche à s'assurer que les discussions seront encadrées par l'Organisation. Satisfait trop tard des précisions de l'ambassadeur d'Ethiopie, le Gouvernement

37 Télégramme du DPF aux ambassades de Suisse à Belgrade, Stockholm, Vienne, Addis Abeba, Londres, Lagos et Washington, 5.11.1969. AFS, E2001(E)1980/83/543.

38 Lettre de Fritz Real au DPF, 5.12.1969. Lettre de Claude Caillat, ambassadeur de Suisse à La Haye, au DPF, 10.12.1969. AFS, E2001(E)1980/83/543.

fédéral se fait représenter à Addis Abeba lorsque la délégation biafraise en est déjà rentrée.[39]

Le refus de Lagos, à la mi-décembre, scelle l'abandon du projet *Mercy-Week*.[40] L'interview accordé par Franzoni, à son retour du Biafra, peut aussi avoir joué un rôle. Déçus par cette indiscrétion, les gouvernements contactés deviennent pessimistes, mais seule la Yougoslavie se désiste, suite au contact avec Haile Selassie qui exprime une inquiétude face à toute interférence dans ses efforts.[41] Interrogé le 25 novembre par la Télévision suisse romande, Franzoni révèle qu'Ojukwu lui a confié, à l'adresse du président de la Confédération Ludwig von Moos, une lettre demandant la médiation de la Suisse. A la suggestion de Franzoni lui-même, Ojukwu y a joint des requêtes similaires destinées à d'autres Etats neutres. La nouvelle est aussitôt reprise par les journaux suisses et provoque une conférence de presse «officieuse» du Département politique, qui confirme la demande de médiation d'Ojukwu et précise qu'elle ne peut s'opérer que si les deux parties la demandent, tout en qualifiant les révélations du Conseiller national de «regrettable indiscrétion».[42]

Celle-ci, répercutée le 27 novembre par Associated Press, Agence France-Presse et Reuters, apparaîtra dans les médias d'au moins quatre continents.[43] Des commentaires favorables sur l'intention s'y mêlent souvent à du pessimisme sur la perspective de réussite. Les propos du premier ministre britannique Harold Wilson à la Chambre des communes, rapportés le lendemain par le *Daily Telegraph*, rejoignent ce point de vue:

> Il a salué la nouvelle initiative impliquant la Suisse et d'autres pays d'Europe pour mettre fin à la guerre. Mais il a également signalé que toute nouvelle démarche se heurterait aux mêmes problèmes qui n'ont pas été résolus par l'Organisation de l'Unité africaine dans ses tentatives de faire cesser la guerre.[44]

---

39 Stremlau, *op. cit.*, pp. 363-364.

40 Lettre de Real au DPF, 16.12.1969. AFS, E2001(E)1980/83/543.

41 Télégramme de Fernand Bernoulli, ambassadeur de Suisse à Addis Abeba, au DPF, 27.11.1969. Note de Langenbacher, DPF, 29.11.1969. AFS, E2807/1974/12.

42 Circulaire d'Ernst Thalmann, DPF, aux Représentations suisses, 20.2.1970. AFS, E2001(E)1980/83/543.

43 Parmi la trentaine de titres mentionnés par Thalmann dans sa revue de presse: *International Herald Tribune*, *New York Times*, *Lumea* (Bucarest), *East African Standard* (Nairobi), *The Evening Post* (Wellington). *Ibid.*

44 *Daily Express*, 28.11.1969. Cité et traduit par Thalmann, *idem*.

Parmi les plus critiques, on trouve le quotidien parisien *Combat*:

> L'éventualité d'une médiation des neutres européens [...] paraît d'autant plus farfelue aux Nigérians, que ces nations n'ont aucune influence réelle en Afrique, ni la possibilité de peser sur les deux camps ou sur leurs alliés.[45]

En tout cas, et sans grande surprise, la presse tient une longueur d'avance sur les canaux diplomatiques: selon le *New Nigerian*, le commissaire du Gouvernement fédéral pour les Affaires extérieures Okoi Arikpo annonce ne pas avoir été informé officiellement des intentions de la Suisse et que l'OUA «reste la seule autorité habilitée pour faire office de médiation dans la crise».[46]

Si la presse suisse partage le pessimisme ambiant, elle se démarque en prenant position sur l'attitude de Franzoni. Dans leur majorité, les rédactions abondent dans le sens du Département politique, à l'instar du correspondant du *Journal de Genève* Jacques-Simon Eggly: «Lorsqu'on sait à quelles susceptibilités on a affaire, il importe de marcher sur des œufs. Espérons que des langues trop déliées ne les ont pas cassés. Car en définitive, c'est de vies humaines qu'il s'agit».[47] Peter Studer, dans le *Tages Anzeiger*, adopte une position plus tranchée, à travers son article «Qui ne se tait pas, nuit à la diplomatie»:

> Quand le ministre Olivier Long tissait doucement ses fils entre le FLN algérien et Paris en 1961/62, l'opinion publique ne l'a appris que lorsqu'il n'y avait plus rien à gâcher. Si le Département politique avait été consulté par le certainement bien-pensant conseiller national Franzoni, il lui aurait immédiatement recommandé de ne pas se tourner vers l'espace public.[48]

Les critiques du conseiller national socialiste Jean Ziegler, dans l'hebdomadaire *Weltwoche*, portent plus précisément sur l'usage de la diplomatie traditionnelle, alors que «seuls des ambassadeurs spéciaux auraient pu accomplir un travail intensif et rapide». Puis, Ziegler vient à souhaiter

45 *Combat*, 28.11.1969, cité par: *Ibid.* Le fait que le Journal ait été créé en 1944 au sein d'un mouvement de Résistance explique éventuellement cette opinion mitigée sur la neutralité.

46 *New Nigerian*, 28.11.1969, *ibid.*

47 *Journal de Genève*, 4.12.1969.

48 *Tages Anzeiger*, 28.11.1969, *ibid.*

un engagement plus courageux du Conseil fédéral, qui «ne devrait pas se contenter de quelques phrases générales sur «la tradition humanitaire de la Suisse», mais dire vraiment pourquoi une impressionnante majorité des citoyens suisses souffre du massacre au Biafra et pourquoi notre peuple veut faire tout ce qu'il a en son pouvoir pour mettre fin à la mort des masses en Afrique de l'Ouest».[49] Cette suggestion semble être entendue, de même que celle de l'ambassadeur d'Italie qui, lors de l'effondrement des forces biafraises en janvier 1970, invite la Suisse à se tourner encore une fois vers Haile Selassie[50]:

> Le Conseil fédéral pense se faire l'interprète du peuple suisse tout entier en exprimant sa ferme décision de contribuer dans une large mesure à l'allègement des souffrances. Il joint sa voix à tous les appels lancés par le Pape, pour que l'adversaire soit traité conformément à la dignité humaine. Il s'adresse en particulier avec d'autres Gouvernements à l'Empereur d'Ethiopie en sa qualité de Président du Comité consultatif [de l'OUA] en l'invitant instamment à user de toute son influence pour que soit évitée une effusion de sang inutile.[51]

Certes, la victoire n'amène en rien le Gouvernement fédéral à s'ouvrir aux offres d'assistance et secours étrangers, mais ne provoque pas pour autant l'effusion de sang redoutée. Gowon annonce qu'«il n'y aura pas, ici, de procès de Nuremberg». Si certaines troupes, avant d'être démobilisées, ne dérogent pas à l'instinct militaire et s'adonnent aux viols et pillages des vaincus, John de St. Jorre évoque «une remarquable atmosphère de réconciliation, spécialement au niveau politique, mais aussi au niveau de la population».[52] La masse des témoignages semble lui donner raison.

### *Droit d'asile en Suisse pour Ojukwu?*

Le major Effiong et d'autres hauts fonctionnaires biafrais se trouvent encombrés par Ojukwu pour la négociation de paix. Sur leur conseil, il s'envole en catastrophe pour trouver refuge à Abidjan. En avril, le suspectant

---

49 *Weltwoche*, 5.12.1969, *ibid.*

50 Note de Pierre Micheli au DPF, 12.1.1970. AFS, E2001(E)1980/83/543.

51 Communiqué de presse du DPF, 12.1.1970. AFS, E2001(E)1980/83/543.

52 John de St. Jorre, *op. cit.*, pp. 405-407.

de vouloir désormais s'établir en Europe, le gouvernement nigérian met en garde la Grande-Bretagne, la France et la Suisse de lui accorder le droit d'asile. A.A. Baba Gana, secrétaire général des Affaires étrangères, précise à l'ambassadeur Real que «l'octroi du refuge à Ojukwu par la Suisse ne favoriserait pas du tout nos bonnes relations avec votre pays».[53] Pour autant, Lagos ne cherche pas l'extradition et ne voit pas d'un mauvais œil qu'Ojukwu reste en Côte d'Ivoire, où il vivrait trop isolé pour exercer une influence. Pas plus que pour les autres pays ayant reconnu le Biafra, la présence du leader déchu n'y entraverait la réconciliation avec le Nigeria. Mais si un gouvernement européen accédait à une requête, l'acte pourrait être interprété comme un changement de camp. En promettant de faire passer les propos de Baba Gana à Berne, Real ne manque pas de relever «la longue tradition suisse d'accorder l'asile à des réfugiés politiques».[54] Lors de son passage à Kinshasa, le lendemain, le conseiller fédéral Pierre Graber ne semble pas encore conscient de la délicatesse de l'Affaire, quand il répond à un journaliste:

> La Suisse a une tradition séculaire. Elle a de tout temps été un asile politique pour toutes sortes de gens, sans aucune discrimination. Je pense que si la question était posée, on accorderait l'asile politique à l'ex-général Ojukwu aux conditions habituelles, c'est-à-dire qu'il devrait cesser toute activité politique unquote.[55]

Soucieuse de normaliser sa relation avec le Nigeria, la France montrerait plus de réticence, alors que son ambassadeur à Lagos suspecte Houphouet-Boigny d'activer des contacts parisiens pour se débarrasser de son hôte.[56]

En effet, Ojukwu peine à accepter la retraite qu'Abidjan s'est engagé à lui imposer et en octobre, l'interview accordé à un journal étasunien et à une chaine de télévision britannique offre un prétexte à Houphouet-Boigny pour lui demander de quitter le territoire «dans les plus brefs délais».[57] Avant que la presse n'évoque une probable destination, le cabinet

---

53 Cité dans la lettre de Real au DPF, 8.4.1970. AFS, E2001(E)1980/83/540.

54 *Ibid.*

55 Lettre du DPF à l'ambassade de Suisse à Kinshasa, 10.4.1970. AFS, E2001(E)1980/83/540. Information reprise le même jour par la presse suisse. En tout cas: *Journal de Genève*, *Gazette de Lausanne*.

56 Lettre de Real au DPF, 16.4.1970. AFS, E2001(E)1980/83/540.

57 *New Nigerian*, 9.10.1970.

juridique genevois Pictet & Vernet approche la Police suisse des étrangers en prétendant qu'au Nigeria, Ojukwu risque d'être «immédiatement abattu [et que] sa tête a été mise à prix».[58] Mais le gouvernement ivoirien se montre irrité par la démarche des avocats et tient à négocier lui-même la destination d'Ojukwu. Houphouet-Boigny projette de lui faire signer une déclaration par laquelle il s'engage «à ne pas déployer d'activité politique» et de lui trouver un domicile dans le canton de Vaud.[59]

Même si les hauts fonctionnaires biafrais ne sont apparemment pas inquiétés et le slogan de Gowon: «pas de procès de Nuremberg ici» apparaît alors crédible[60], l'Administration suisse laisse au requérant le bénéfice du doute. Le Département de justice et police [DFJP] considère clairement qu'Ojukwu risque la condamnation à mort. Mais mise à part la relation diplomatique avec Lagos, d'autres motifs sont avancés pour appuyer une réticence. Le procureur de la Confédération soulève le besoin de protection d'une telle personnalité, à un moment où les forces de police seraient déjà très occupées, et doute qu'il puisse renoncer à toute activité politique, alors qu'il vient de recevoir des journalistes. A l'intention du Conseil fédéral, le DFJP suggère que la Grande-Bretagne, la France ou le Portugal seraient de meilleures destinations et pose ainsi la question: Si ces pays devaient refuser au nom de la raison d'Etat, pourquoi la Suisse en ferait autrement? Pour y répondre, il est décidé d'évaluer ce qu'on désigne par: «dignité d'asile»[61]. Par ces termes, le DFJP veut mesurer la responsabilité d'Ojukwu pour «les grandes souffrances du peuple biafrais» et lance donc le réquisitoire:

58 Lettre de Pictet & Vernet, avocats au barreau de Genève, à l'attention de Maeder, Police fédérale des étrangers, 12.10.1970. AFS, E2001(E)1980/83/540.

59 Lettre de Jean-Louis Rinsoz, consul honoraire de Côte d'Ivoire à Vevey, à Ernst Thalmann, DPF, 16.10.1970. AFS, E2001(E)1980/83/540.

60 John de St. Jorre, *op. cit.*, p. 412.

61 «Als ausschlaggebend betrachten wir die Beurteilung der Frage der Asylwürdigkeit». Proposition du DFJP au Conseil fédéral, 19.10.1970. AFS, E2001(E)1980/83/540. L'usage du mot «dignité» repose sur ma préférence pour le littéralisme. Dans sa documentation officielle d'aujourd'hui, le DFJP utilise la formule creuse: «possibilité de l'octroi de l'asile», malgré la part d'arbitraire que revêtent les procédures. <www.bj.admin.ch/content/bj/fr/home/die_oe/organisation/db_strafrecht.html>. Consulté le 8.3.2012.

> […] il est certain qu'[il] a mené le Biafra dans une guerre de sécession, dont la justification prête à un débat en toute bonne foi. Il est certain qu'[il] a lui-même continué cette lutte qui paraissait clairement sans issue. A ce moment, justement, des miliers de Biafrais sont morts au front […] ou de la famine causée par la guerre.[62]

Autre élément retenu à charge, le fait de mener un train de vie peu austère : comment peut-il se permettre, durant son exil, d'entretenir une secrétaire, deux gardes du corps et quatre autres assistants ? D'où la suspicion que les fonds nécessaires aient été «injustement retirés au peuple». Ce raisonnement révèle que le DFJP n'a pas, ou ne veut pas avoir conscience de parler du fils de Louis Ojukwu – marchand le plus fortuné du Nigeria. Avant de conclure par une recommandation de refus, le Département suggère de considérer deux variables : l'attitude de l'opinion publique, dont la sympathie pour la cause biafraise est évidente, et la relation diplomatique avec le Nigeria.[63]

Les Autorités suisses traitent le dossier «Ojukwu» isolément et rien n'indique qu'elles cherchent à faire jurisprudence à partir d'un autre cas. En janvier de la même année, Halm, ayant dirigé la Banque centrale du Ghana sous la présidence de Nkrumah, dépose une requête que la Police fédérale recommande d'accepter *de facto*, du moment qu'elle estime sa vie menacée. Cependant, l'ambassadeur à Accra Emil F. Schnyder avait souligné sa participation au gouvernement Nkrumah – communément reconnu pour avoir mené le pays à la ruine, ainsi que les retombées possibles sur les rapports bilatéraux.[64] Mais, faits importants, quatre ans ont passé depuis le coup d'Etat au Ghana et personne ne soupçonne Halm de crimes de guerre.

Dans le cas «Ojukwu», les relations officielles avec Lagos représentent un enjeu majeur. Afn d'appuyer la démarche de Baba Gana auprès de Real, le chargé d'affaires de l'ambassade du Nigeria à Berne Rufus O. Omotoye rend visite au DPF pour se renseigner sur l'avancement de la procédure et encore souligner qu'une décision positive du Conseil fédéral «ne serait pas dans l'intérêt des bonnes relations» entre les deux pays. Après lui avoir rappelé «la longue tradition et expérience pratique de la Suisse dans le

---

62 Proposition du DFJP au Conseil fédéral, 19.10.1970. AFS, E2001(E)1980/83/540.

63 *Ibid.*

64 Voir : Page, *op. cit.*, p. 123.

traitement des requêtes d'asile de réfugiés politiques», le collaborateur Gerber peut seulement préciser que s'il est accueilli, Ojukwu ne serait pas autorisé à exercer d'activité politique.[65]

Aussi vagues que puissent paraître les propos de la diplomatie nigériane, ils précèdent des mesures très concrètes: le matin du 21 octobre, la police de Kaduna emmène au commissariat Paul Hubmann, représentant régional de Union Trading Company. On l'y informe que tous les Suisses sont expulsés, que leurs avoirs ont été gelés, puis on lui demande de faire ses valises sur le champ, car il sera escorté le jour même vers Lagos, en vue de son rapatriement. Frank, collaborateur de Kaduna Textile Mills, connaît le même sort. A Kano, la police insiste, surtout auprès des agents UTC, pour qu'ils remettent leurs papiers d'ici le soir même et déclarent les avoirs financiers de leur entreprise. L'ambassadeur Real note que ces mesures sont adoptées à un moment où le Nigeria se sent en position de force, où une certaine animosité envers l'Europe de l'Ouest s'est ancrée dans l'opinion suite aux interventions dans la Guerre civile et où le gouvernement, dépassé par les dossiers de politique intérieure, pourrait se rassurer en s'imposant sur des problèmes extérieurs. En plus, si l'asile était octroyé, Real s'attend à des campagnes de presse négatives et à d'éventuelles manifestations d'étudiants ou de syndicats contre les entreprises suisses et l'ambassade.[66]

La prompte intervention diplomatique ordonnée par le Département politique n'obtient pas d'effet immédiat. Très surpris par le cours des événements, Baba Gana prétend que son ministère n'est pas au courant de ces mesures de rétorsion et assure vouloir s'enquérir de précisions auprès de la police.[67] Cette attitude n'est pas forcément sournoise. Au milieu de la nuit précédente, l'agent UTC Sannemann reçoit l'appel de son «ami» Alhaji Yussuf, chef des Services secrets, selon qui le Conseil militaire suprême, à l'issue d'une réunion de deux heures, avait décidé les mesures qu'on connaît. Le 22 octobre, suite à une seconde intervention de Real, la Police centrale demande à ses subordonnés de rendre aux citoyens suisses

65 Note de Michael Gelzer, DPF, au conseiller fédéral Pierre Graber, 19.10.1970. AFS, E2001(E)1980/83/540.

66 Télégrammes de Real au DPF, 21.10.1970, 9h00, 12h35, 19h45. AFS, E2001(E)1980/83/540.

67 Télégramme de Real au DPF, 21.10.1970, 16h00. AFS, E2001(E)1980/83/540.

leurs passeports et de lever les quelconques menaces pesant sur eux. Rufus Omotoye transmet au DPF les regrets de son gouvernement.[68] Cependant, la chaine de décision reste difficile à établir. Le cadre UTC Willi rapporte d'un entretien avec le gouverneur de l'Etat de Kano Abdu Bako, que ce dernier, ainsi que son homologue de l'Etat central Nord et l'inspecteur général Kem Salem, tous trois membres du Conseil militaire suprême, auraient anticipé les «mesures drastiques» prévues à l'encontre de la Suisse, si elle décidait d'accueillir Ojukwu. Informé le soir même, Yussuf aurait immédiatement donné l'ordre aux unités de police.[69]

En conséquence non négligeable, la campagne d'intimidation multiplie les sources de pression sur le Conseil fédéral. Dans son appel téléphonique au DPF du 23 octobre, le président du CICR prétend qu'en cas d'acceptation de la requête, la position de son organisation en Afrique serait «gravement compromise». Trois jours plus tard, au nom de UTC, Ciba-Geigy, Alusuisse, Nestlé, Swissair et Panalpina, le conseiller national et président de cette dernière compagnie Alfred Schaller recommande à von Moos, par le biais d'un télégramme, de refuser l'asile. N'ayant pas été consultée, Nestlé voudra se distancer de cette intervention, pour des raisons peu claires.[70] L'opinion publique ne se manifeste guère et il semble que la diplomatie ivoirienne reste le seul soutien d'Ojukwu: le consul Rinsoz évoque une menace de condamnation à mort et s'efforce de dissiper certains soupçons du DPF, en l'informant que le requérant est issu d'une famille aisée.[71] A la veille de la décision du Conseil fédéral, le DPF note que la France, la Grande-Bretagne, l'Irlande et les Etats-Unis ont tous repoussé la demande. Par contre, il rappelle que Lagos n'a pas d'objection à ce qu'Ojukwu reste en Côte d'Ivoire. Un scénario de séjour provisoire en Suisse ne le convainc pas: il serait plus logique que le requérant reste «sous la main» d'Houphouet-Boigny, le temps que celui-ci lui trouve une

68 Télégrammes de Real au DPF, 21.10.1970, 9h00 et 22.10.1970. Note de Gelzer au DPF, 26.10.1970. AFS, E2001(E)1980/83/540.

69 Lettre de Real au DPF, 6.11.1970. AFS, E2001(E)1980/83/540.

70 Lettre de Schaller à von Moos, 29.10.1970. CH AHN NES C1.5/3260 Nigeria 1969-1973.

71 Note de Ludwig von Moos, directeur du DFJP. Copie au président de la Confédération Hanspeter Tschudi, au conseiller fédéral Pierre Graber, à la Division de police, à la Police des étrangers, au Ministère public, 27.10.1970. AFS, E2001(E)1980/83/540.

destination pour le long terme. Mais, ce qui introduit et clot l'argumentation de Gelzer, n'est autre que la considération des intérêts suisses au Nigeria, dûment chiffrés, qualifiés de «significatifs» et dont les récentes mesures policières ont montré la vulnérabilité.[72]

Le 28 octobre, le Conseil fédéral communique son refus en soulignant que «le général Ojukwu a déjà trouvé refuge dans un autre pays où il ne court pas de danger».[73] De ce dénouement, la presse nigériane n'en fait pas grand cas: le *Daily Times*, sous le titre «Ojukwu perd à nouveau», résume l'attitude du gouvernement nigérian à «une incitation du gouvernement suisse à ne pas accorder l'asile». Le *New Nigerian* publie un article qui n'en diffère que par la syntaxe.[74] Ojukwu reste en Côte d'Ivoire durant plusieurs années et retourne au Nigeria en 1982, accueilli triomphalement dans sa région.

## 2. Information, propagande et mobilisation populaire

«Le corps sans tête» d'une personne décapitée lors des massacres de 1966 dans le Nord et envoyé par train à Enugu, devient le titre d'une pièce de théâtre fréquemment organisée par le gouvernement biafrais à l'intention de ses troupes. Moyens de communication plus classiques, la presse et la radio offrent une large docilité à chacune des deux autorités militaires. Du côté sécessionniste, la propagande vise à soutenir le moral et justifier les sacrifices, tandis que du côté fédéral, bien moins affecté par les combats et dont la victoire apparaît constamment à portée de main, elle cherche à maintenir la population suffisamment intéressée, afin que cette même victoire ne lui échappe pas par défaut.[75]

Autre différence: Lagos entend mener *sa* Guerre civile, en la considérant comme une «affaire nigériane», alors que le Biafra redouble d'efforts

72 Note de Gelzer au directeur du DPF, 27.10.1970. AFS, E2001(E)1980/83/540.

73 Communiqué de presse du DFJP, 28.10.1970. AFS, E2001(E)1980/83/540.

74 *Daily Times* et *New Nigerian*, 29.10.1970.

75 St. Jorre, *op. cit.*, p. 347.

pour internationaliser la question et prend une longueur d'avance dans la communication avec l'étranger. Sur ce terrain, le Nigeria fédéral dispose d'un réseau d'ambassades, mais doit compter avec le retournement de quelques diplomates originaires de l'Est, à l'instar de Raph Uwechue à Paris, décoré lors du premier anniversaire de l'indépendance du Biafra. La Région sécessionniste, elle, opte pour un système sophistiqué et émancipé du classique «Ministère de l'information», en créant le Directoire de la propagande qui comprend une quarantaine de comités de chacun quatre à douze membres. A la tête du Directoire, le Comité de la psychologie de guerre détermine, chaque mardi, le thème à privilégier pour la semaine à venir. L'objectif consiste, en premier lieu, à raffermir la volonté populaire de poursuivre la guerre quoi qu'il en coûte, puis à faire connaître cette détermination le plus largement possible sur la scène internationale. Pour celà, trois lignes directrices se dessinent: une insistance sur les soi-disantes atrocités nigérianes, l'impossibilité de tout compromis avec l'ennemi implacable et la volonté inflexible du peuple biafrais.[76]

La thèse la plus utilisée est celle du génocide, pour démontrer que seule une autonomie territoriale peut l'empêcher. D'abord présenté sous un angle religieux évoquant une guerre sainte déclarée par les musulmans du Nord, ce que la confession chrétienne de Gowon et d'une partie de son cabinet ne crédibilise pas, le thème se déclinera aussi sous forme de «génocide par la famine» ou de «génocide économique».[77] Certes, ce raisonnement peut s'appuyer sur les pogroms dans le Nord en 1966, mais à observer le déroulement de la Guerre civile qui se déclenche l'année suivante, il perd de sa substance. Si d'autres massacres seront perpétrés par les deux parties, ce sera de façon sporadique, surtout dans les moments les plus tendus de la Guerre, et rien ne permet d'y voir un plan d'extermination.[78]

Chargé d'exporter les messages, le Service de presse du Biafra pour l'Outre-mer opère une dernière censure et transmet les bulletins du Directorat à l'agence de relations publiques Markpress, basée à Genève.[79]

---

76 Stremlau, *op. cit.*, pp. 113-115.

77 St. Jorre, *op. cit.*, p. 352.

78 *Id.*, p. 285.

79 Stremlau, *op. cit.*, p. 115.

William Bernhardt, d'origine étasunienne, établit son entreprise H. Wm. Bernhardt Inc. en Suisse au début des années 1950. Bien que spécialisé en relations publiques, ses domaines d'activités s'étendent de l'hôtellerie au transport aérien, en passant par les produits cosmétiques. Quand à la fin de l'année 1967, la mission biafraise à Paris lui propose un contrat, il s'agit de son premier engagement politique et le Biafra n'évoque pour lui rien de très concret. A cette occasion, la section de son entreprise nommée *Marketing Press* devient *Markpress.* Connectée au Directorat par telex via Lisbonne – principale représentation biafraise en Europe, elle distribue les bulletins et photos à 3'000 adresses, dont cinq agences de presse majeures, les chambres de Grande-Bretagne et des Etats-Unis.[80]

Markpress opère une censure supplémentaire en appliquant quelques retouches de forme aux messages qu'elle diffuse et en refusant de traiter ceux qui lui paraissent le plus invraisemblable.[81] Référer les demandeurs de renseignements à des articles de presse plutôt qu'à la source – le gouvernement biafrais, sert à crédibiliser le contenu. Selon Bernhardt, la clé du succès réside dans le contact avec les journalistes, pour qui il organise des séances d'informations et, pour quelques-uns, des séjours au Biafra. L'opinion publique européenne s'éveille pleinement à partir de l'été 1968, lorsque la famine apparaît sur des images chocantes de corps décharnés. C'est cette réalité, bien plus que le mythe du génocide véhiculé par Markpress, qui contribue à internationaliser la cause biafraise.[82]

Au début de l'ère télévisuelle et au cours de l'année 1968 marquée par divers mouvements contestataires et manifestations d'étudiants, le plublic en aurait pris connaissance, avec ou sans le travail de Bernhardt. L'Eglise catholique, avec 600 missionnaires blancs refusant de quitter le Biafra, donne aux événements une résonnance de plus à ne pas négliger.[83] Bernhardt sera pourtant qualifié de «l'homme qui a vendu la Guerre»[84],

80 St. Jorre, *op. cit.*, pp. 305-306.

81 Note de la Police fédérale, 27.10.1969. AFS, E2001(E)1980/83/543.

82 St. Jorre, *op. cit.*, p. 307.

83 Stremlau, *op. cit.*, p. 118.

84 *Daily Mail*, Londres, 21.1.1970. Cité par St. Jorre, *op. cit.*, p. 305.

attaqué au Parlement britannique et cible privilégiée de la colère du Gouvernement fédéral. Selon Adekunle Ajala, président de l'Union des étudiants africains de Berlin durant le conflit, la propagande biafraise élaborée en Suisse fonctionne si bien que la plupart des Allemands ne sont pas en mesure d'adopter une vue contraire.[85] Du moins, les prises de positions passionnées et les mobilisations populaires à propos de la Guerre civile ne concernent pas les seules métropoles européennes.

## *SOS Famine à la Télévision suisse romande*

Le 2 septembre 1968, la Télévision suisse romande diffuse un reportage sur le Biafra, suivi des images d'une récolte de fonds. Le gain d'importance de la télévision se laisse mesurer au nombre d'abonnés; en Suisse, il passe de 129'000 en 1960 à un million en 1968. Regroupant les organes des diverses régions linguistiques, la Société suisse de radiodiffusion et télévision [SSR] est un monopole d'Etat et évolue sous un certain contrôle du Conseil fédéral, qui nomme le président ainsi que huit des dix-sept membres du Comité central. Le financement est assuré par la redevance des abonnés.[86]

Si le magazine *Continents sans visa* «dévoile des horizons internationaux encore inconnus à un public qui voyage peu et qui n'est pas encore saturé par les images satellites», la Guerre civile du Nigeria est plutôt abordée par *Carrefour*[87], une émission d'actualité régionale dont les gouvernements des cantons francophones financent l'équipement technique.[88] Dans la première rubrique du 14 mai 1968 est interviewé Pierre Gaillard,

---

85 Adeolu Durotoye: *Nigerian-German Relations. The Role of Political Culture*. Lit, Münster 2001, p. 139.

86 François Vallotton: «Anastasie ou Cassandre? Le rôle de la radio-télévision dans la société helvétique». In: Theo Mäusli, Andreas Steigmeier (éd.): *La radio et la télévision en Suisse. Histoire de la société de radiodiffusion et télévision SSR 1958-1983*. Hier+Jetzt, Baden 2006, p. 43. Voir: Adrian Scherrer, «La SSR en tant qu'institution du paysage médiatique suisse». In: *id.*, p. 25.

87 Selon les clips archivés sur le site de la Radio télévision suisse: <rts.ch/archives>, consulté le 9.6.2012.

88 Vallotton, *art. cit.*, pp. 50, 62.

chargé des affaires africaines au CICR, qui expose les raisons du récent appel aux sociétés nationales de la Croix-Rouge. On y apprend que des centaines de milliers de réfugiés vivent dans une situation alimentaire et sanitaire précaire, de part et d'autre du front. A la mi-juillet, *Carrefour* offre deux nouvelles tribunes au CICR. Le mercredi 10, une courte séquence illustre les propos de Gaillard, en montrant des camps de réfugiés et l'acheminement de secours par la Croix-Rouge; la foule affluant pour la distribution de nourriture confirme une certaine précarité, mais les enfants joufflus et souriants relativisent la détresse. Dans une interview à Genève, diffusée deux jours plus tard, le délégué Michel qualifie la situation au Biafra de «très sérieuse en raison de la famine épouvantable et de très nombreux massacres», entrainant la mort de deux-cents personnes par jour. Suivent les images d'un bâtiment en ruines à Umuahia, après un bombardement, et le commentateur interroge: «Que peut-on faire pour que cette guerre [...] ne devienne pas un hallucinant génocide indigne du vingtième siècle?». Les deux dernières minutes du reportage présentent le fonctionnement d'un centre administratif de la Croix-Rouge avant que la caméra n'entre dans une chambre d'hôpital accueillant de nombreux blessés. Cependant, un écart demeure entre ces images et l'alarmisme des déclarations.

«Des interviews toujours en situation, montrant bien le côté dramatique des choses: personne derrière un bureau, mais le médecin dans son hôpital, [...]»: c'est ce que la SSR attend de sa délégation formée à la mi-août, composée de reporters alémaniques et francophones, de radio et de télévision. Cette action conjointe avec le CICR, la Croix-Rouge suisse, Caritas, Eper et Terre des Hommes[89] veut montrer les carences des équipes de secours face à l'ampleur des besoins. Diffusées dans l'émission *Carrefour* du 19 août, les premières séquences exposent des corps squelettiques et des situations d'agonies en gros plans. Devant sa station missionnaire qui accueille deux-cents enfants, «Père Louis» en tient un dans ses bras, gémissant, qui ne devrait pas survivre jusqu'au lendemain.

89 Le fondateur de Terre des Hommes, Edmond Kaiser, est du voyage. Son organisation s'apprête à évacuer des enfants biafrais au Gabon. Clips «La lutte de Kaiser», 23.8.1968», «Exterminer par la faim», 6.9.1968: <rts.ch/archives>, consulté le 9.6.2012.

Le produit final du 2 septembre intègre largement ce type de gros plans et repousse encore un peu le seuil de morbidité, en montrant, par exemple, une personne «qui n'a pas fini de mourir», en mouvement sous un linceul, allongée au bord de sa tombe. La situation est résumée par le fait qu'à peine la moitié des vivres nécessaires parviennent au Biafra, acheminés par les seuls «avions pirates qui enfreignent le blocus». Une telle détresse amène des civils de mener des battues afin «d'empêcher l'ennemi de s'infiltrer à l'intérieur du pays». Mis à part des acteurs humanitaires, dont August Lindt, la parole est donnée à deux des quatre Blancs qui encadrent le quatrième commando du Biafra, mais «refusent d'être appelés affreux ou mercenaires». Dans sa majestueuse rhétorique, Ojukwu achève de consolider l'image d'une nation pré-existante, repoussant une tentative d'invasion. Il explique au journaliste Jean Martel que «lorsqu'un homme est sur le point d'être égorgé par un lion, il doit trouver un moyen de s'en sortir», parabole de sa prétention que l'enjeu du conflit réside bien moins dans une volonté d'indépendance que dans la survie d'un peuple que le Nigeria voudrait exterminer. Ojukwu affirme que si le Biafra était reconquis par les troupes fédérales, les combats ne cesseraient en aucun cas, mais entreraient dans une nouvelle phase.

Suite à vingt-sept minutes de reportage, apparaissent des séquences tournées dans chacun des cantons francophones, où vient d'être menée la collecte *SOS Famine Biafra-Nigeria* de la Chaîne du Bonheur, organisation caritative fondée en 1946 par deux animateurs radio. Au lendemain des premières séquences diffusées le 19 août, le *Journal de Genève* estime qu'une telle émission,

> [...] diffusée à 20h30, a dû gâcher bien des digestions. Mais que nos réactions apitoyées ne s'en tiennent pas à ces légers troubles organiques. La Chaîne du bonheur vient d'être lancée par la SSR à l'aide du Biafra qu'il va falloir maintenant saisir».

Dans la *Gazette de Lausanne* du 2 septembre se trouvent des lignes plus émotionnelles:

> Après les enfants du Vietnam, bombardés, mutilés, arrosés au napalm par les «civilisateurs» occidentaux, les enfants squelettes du Biafra. Comment vivre avec ces images, comment échapper à cette hantise, comment se délivrer du cauchemar qui pèse sur nos nuits et nos jours, sur notre confort et notre opulence, nous privant de la simple joie d'exister? [...] Toute la journée, des cars sillonneront le pays romand

pour recueillir votre argent. Soyez prodigues, soyez fous, videz vos portefeuilles et vos porte-monnaie. Pour que cesse l'enfer des enfants victimes de la folie des hommes.

On voit, dans l'émission *Carrefour* du même jour, des collaborateurs de la SSR rassemblant les dons de passants de tous âges dans les rues des villes romandes, ainsi qu'à la frontière franco-suisse. Dans le canton de Fribourg, les reporters ne choisissent pas la capitale, mais la petite ville de Romont. L'animateur y est peu entouré, si ce n'est par quelques enfants, remettant le fruit de la vente des pendentifs qu'ils ont confectionnés. Avant l'arrivée de la caméra, une délégation apporte la contribution du village de Promasens, dont le prêtre et la Société de jeunesse sont parvenus à rassembler 1'100 Sfr. La presse, les jours suivants, mentionne d'autres cotisations atypiques, comme celle d'une école de recrues à Fribourg versant l'équivalent d'un jour de solde, soit 1'950 Sfr, ou celle d'écoliers du village de Courchapoix, affectant la caisse de classe à la collecte et renonçant à leur course d'école. Le 7 septembre, la Chaîne du bonheur a récolté plus de 2 mios Sfr.[90]

L'émission régionale *Carrefour* offre le moyen d'introduire une actualité internationale dans le quotidien populaire, à un niveau local. L'effet mobilisateur des images est évident, car les Suisses découvrent visuellement toute cette souffrance à partir d'août 1968; si certains captent la Télévision française, elle n'adopte pas ce style de reportage avant la SSR, mais en même temps.[91] Présentés explicitement comme instruments d'une récolte de fonds, les *Carrefour* des 19 août et 2 septembre ne prétendent pas à un rôle informateur. Cependant, la vision des enjeux de la Guerre transmise par les interviews unilatérales d'Ojukwu et de militaires biafrais forgent une opinion dont l'influence ne peut guère faciliter des médiations.

---

90 *Gazette de Lausanne*, 5.9, 6.9, 7.9.1968.

91 Voir: Barbara Jung: «L'image télévisuelle comme arme de guerre. Exemple de la guerre du Biafra, 1967-1970». In: *Bulletin de l'Institut Pierre Renouvin*, n° 26, Paris, automne 2007, pp. 57-58.

*Opération Double votre argent des magasins Migros*

Parmi les émules de *SOS Famine*, il y a la collecte Migros qui, lancée par une conférence de presse au début décembre 1968, se termine un mois au-delà des fêtes de fin d'année. Les dons sont recueillis à l'intérieur des magasins et par virements bancaires. Fondée en 1925 pour la vente de produits alimentaires, Migros devient en 1946 une fédération de coopératives régionales et en tant que principale enseigne de grande distribution en Suisse, pénètre la société à plusieurs niveaux, notamment par le mécénat culturel et un journal hebdomadaire dans les trois langues nationales.[92] L'Entreprise s'engage à doubler la somme rassemblée; le 29 janvier 1969, deux représentants font le voyage de Sao-Tomé pour remettre un chèque de 500'000 Sfr à Joint Church Aid tandis que les 1.5 mio Sfr restants sont également répartis entre Caritas Suisse et Eper, aussi pour le financement du pont aérien qui permet d'approvisionner les victimes de la Guerre civile.[93]

Le choix de soutenir les seules organisations ecclésiastiques et d'exclure le CICR est justifié à la conférence de presse par le président de Caritas Peter Kuhn lui-même, ce qui jette un flou sur l'origine de l'initiative, émanant de Migros ou conçue en partenariat avec les bénéficiaires, suite à une requête de leur part. Soulignant la performance de neuf à douze vols par nuit pour Caritas contre trois à quatre pour le CICR, Kuhn ne se limite pas à railler l'action de ce dernier, et interpelle la Confédération qu'il accuse de garder un «attentisme égoïste» en négligeant de soutenir les Eglises. Sur ce point, nulle allusion dans son discours aux motifs que Thalmann et Langenbacher du DPF lui ont déjà exposés.[94] Il n'est toutefois pas vraisemblable qu'une atmosphère de concurrence humanitaire autant malsaine règne sur le terrain; cette question est abordée dans le prochain chapitre.[95] La personnalité

---

92 Ingrid Liebeskind Sauthier: «Migros». In: *Dictionnaire historique suisse*, vol. VIII, Hauterive 2008. <dhs.ch>. Beat Grossrieder: «Starkes Wir-Gefühl für schwierige Zeiten. Der «Brückenbauer» zwischen Kundenbindung und Krisenbewältigung». In: Katja Girschik, Albrecht Ritschl, Thomas Welskopp (Hg.): *Der Migros Kosmos.* Hier+Jetzt, Baden 2003, p. 207.

93 *Journal de Genève* et *Gazette de Lausanne*, 29.1.1969.

94 Voir: note de Heinz Langenbacher, 4.12.1968. AFS, E2003(A)1980/85/295.

95 L'action du CICR se distingue considérablement de celle des Eglises, car ses principes fondateurs le soumettent à beaucoup plus de contraintes. Voir: Chapitre VII.2.

de Kuhn explique probablement son attitude, et à entendre la déclaration télévisée d'August Lindt, le citoyen suisse peut aussi croire à une situation angélique d'osmose entre toutes les organisations d'entraide.[96]

La campagne Migros se déroule, en partie, à travers sa publication hebdomadaire, dont la version alémanique *Wir Brückenbauer* atteint un tirage de 587'000 exemplaires. On y trouve quelques images d'enfants biafrais, qui ne provoquent pas le malaise ressenti face à celles de *SOS Famine*, car elles n'exposent pas la déchéance physique des victimes. Un rédacteur estime que le prolongement de la Guerre peut lasser l'opinion publique, qui deviendrait insensible aux « images et reportages chocants, [...] saturée de ces horribles nouvelles ».[97] En revanche, dans la presse romande, un encart publicitaire cherche à activer un esprit de responsabilité nationale en s'appuyant sur l'Affaire Bührle:

> Les souffrances que supporte le Biafra ont été en partie causées par des armes provenant de Suisse. C'est avec indignation que notre peuple a appris qu'une fabrique suisse avait livré des canons au Nigéria belligérant. L'action d'aide au Biafra que Migros organise actuellement doit donc connaître un résultat efficace. Nous ne pouvons, hélas! pas effacer la sordide et impardonnable « affaire » faite par une entreprise suisse! Mais nous voulons montrer par des actes que l'immense majorité de l'opinion suisse désire soulager la souffrance et non pas l'aggraver.[98]

Cette prise de position spontanée contraste avec les articles parus dans l'hebdomadaire Migros. Si, pour aborder la situation, un récit est emprunté au dernier livre de Jean Buhler[99], soutenant la thèse du génocide, un article ultérieur tient à afficher une neutralité en précisant que les leaders biafrais ne souffrent pas plus de la faim que leurs homologues du Gouvernement fédéral. La collecte entend venir en aide aux victimes innocentes et impuissantes; désormais, la ligne rédactionnelle se concentre sur les enjeux du pont aérien.[100] Adopter un ton plus mesuré ne nuit pas

---

96 August Lindt interrogé par Catherine Charbon, 20.12.1968. *L'engagement du CICR*, disponible sur: <rts.ch/archives>, consulté le 15.6.2012.

97 *Wir Brückenbauer*, 28.11.1968.

98 *Gazette de Lausanne*, 7.12.1968.

99 Jean Buhler: *Tuez-les tous! Guerre de sécession au Biafra*. Flammarion, Paris (octobre) 1968.

100 Contrairement aux propos de Kuhn, le CICR n'y est pas dénigré. *Wir Brückenbauer*, 6.12.1968, 21.2.1968.

aux objectifs: le million finalement amassé confirme des prévisions de la mi-décembre.[101]

*Mobilisation des Eglises*

Mis à part l'engagement de leurs organisations humanitaires, les Eglises se mobilisent en groupes de pressions. A l'initiative des trois grandes Eglises suisses – Evangélique, Catholique romaine et Catholique-chrétienne – une délégation de quatre personnalités religieuses[102], emmenée par l'ancien conseiller fédéral F.T. Wahlen, se constitue en mai 1968. Par une visite à Londres, la Délégation espère susciter l'engagement des leaders des Eglises britanniques et du gouvernement pour un règlement «juste et humain» du conflit. Elle reconnaît l'apport du talent diplomatique de Wahlen, qui détendrait l'atmosphère en dissipant d'éventuels soupçons d'ingérence et permettrait de mener des discussions «fructueuses».[103]

Les «propositions constructives» issues de la visite consistent en l'instauration d'un corridor pour l'acheminement des secours et l'interposition de troupes du Commonwealth, afin de favoriser des négociations de paix sous l'égide britannique. Difficile de savoir quel sérieux est accordé à l'option d'intervention militaire, idée vraisemblablement inédite dans ce conflit et qui s'inscrit surtout en profond décalage avec les intérêts britanniques au Nigeria. Il faut souligner que la Délégation arrive à Londres en voulant soumettre les négociations de paix à la garantie d'existence du Biafra. Ses interlocuteurs lui exposent une intention de concilier

101 «Swiss chain store's ‹Double your Money› campaign for Biafra heading for million franc mark». Communiqué Markpress, 12.12.1968. A cette date, 632'000 Sfr ont été récoltés. AFS, E2003(A)1980/85/295.

102 Alexandre Lavanchy, président de la Fédération suisse des Eglises évangéliques, Johannes Vonderach, président de la Conférence suisse des évêques, les pasteurs Peter Vogelsanger et Eduard Wildbolz. Parmi les personnes rencontrées: Michael Ramsey, archevêque de Canterbury; James Longmuir, porte-parole de l'Eglise presbytérienne d'Ecosse, John Heenan, cardinal; Kenneth Sansbury, évêque et secrétaire général du Conseil britannique des Eglises; Lord Shephard, ministre pour les Relations avec le Commonwealth.

103 Communiqué de presse sur la Délégation des Eglises suisses en Angleterre pour la guerre Nigeria/Biafra, 25-28.6.1968. AFS, E2001(E)1980/83/542.

l'aide aux victimes avec le désir de conserver la meilleure influence auprès de Lagos. Ainsi, l'entrevue la plus fructueuse est celle de Wahlen avec Lord Goodman, ami de Louis Mbanefo, un ancien *Chief Justice* de la région Est. Le premier insiste sur le caractère purement humanitaire de sa visite et Goodman déclare que même si les Biafrais ont commis des erreurs, leur cause mérite d'être comprise. Concrètement, il dit vouloir parler de cette visite suisse au premier ministre H. Wilson et à la Chambre des Lords.[104]

La Délégation tire malgré tout un bilan positif et décide de relayer ces propositions auprès de l'assemblée du Conseil oecuménique des Eglises, où elles seraient soumises aux représentants du Biafra et du Nigeria, qui exerceraient à leur tour une pression sur leurs gouvernements. Tenu à Uppsala du 4 au 20 juillet, l'événement rassemble des personnalités des deux parties et la Guerre civile, à l'instar du conflit vietnamien, figure à l'ordre du jour. Il en résulte un appel plus large, mais moins direct et moins courageux: on demande à toutes les délégations d'inciter leurs gouvernements à demander à l'Organisation pour l'unité africaine de négocier l'acheminement des secours avant le cessez-le-feu. La Fédération des Eglises protestantes de Suisse y renonce, considérant le «grand engagement» diplomatique du Conseil fédéral, dont elle le remercie.[105] Du côté catholique, la Conférence des évêques suisses se joint à un appel à reconnaître le devoir de prévention du génocide et de secours aux victimes. Le message, porté par plusieurs organisations catholiques et civiles, est aussi soutenu par vingt personnalités, dont F.T. Wahlen, et plusieurs d'entre elles sont protestantes. Ce comité s'adresse aux Nations Unies, aux gouvernements africains et à ceux des «Grandes puissances», par le biais de l'avocate Odile Roulet, consultante du Bureau international catholique de l'enfance auprès des Nations Unies à Genève, qui demande au Département politique de transmettre l'appel au gouvernement fédéral nigérian.[106] Sans doute, le DPF a conscience qu'un message au contenu si vague et général, qui de surcroît évoque un risque de génocide, n'apporterait rien à ses démarches, pas plus qu'à celles du CICR.

104 *Idem*. Note de René Keller, ambassadeur de Suisse à Londres, 1.7.1968. AFS, E2001(E) 1980/83/543.

105 Lettre de A. Lavanchy et H. Ruh, Fédération des Eglises protestantes de Suisse, à Michael Gelzer, DPF, 26.8.1968. AFS, E2001(E)1980/83/542.

106 Note de Humbert au chef du DPF, 28.8.1968. AFS, E2001(E)1980/83/542.

A Zurich, quatorze jeunes étudiants ou travailleurs se réunissent chaque fin d'après-midi, à partir de juillet 1968, pour mener une « grève de la faim partielle », qui cherche simplement à « dénoncer l'indifférence face à la misère, dont le Biafra donne un parfait exemple ». Dirigé par « un Suisse et un Biafrais », ce modeste rassemblement parvient tout de même à se voir consacrer trois minutes à la Télévision.[107] En effet, au lendemain des 29 et 30 juin, quand les affrontements entre la police et les occupants du magasin Globus laissent 60 blessés, l'opinion publique reste probablement attentive à tout signe de mobilisation estudiantine. Ueli Pfenninger, le gréviste interrogé, insiste sur la pluralité des orientations politiques de ses collègues, qui ne devraient pas passer pour un groupuscule gauchiste ou dangereux.

A Lucerne, une manifestation sollicite directement le gouvernement suisse en exigeant qu'il fasse cesser toute exportation d'armes à destination du Nigeria. Le Département militaire se contente de rappeler les principes censés régir les exportations de matériel de guerre, que le Conseil fédéral s'efforcerait d'interdire lorsqu'elles concernent « des régions où un conflit se déroule ou menace d'éclater ».[108] Adressée au Conseil fédéral à la fin septembre, une pétition lancée par trois étudiants du Gymnase de Münchenstein rassemble 8'079 signatures, qui proviennent de 35 établissements suisses, surtout des gymnases et écoles de commerce. Le Comité d'initiative estime qu'un « simple laisser-faire au Biafra aurait de grandes conséquences dans le monde et aussi sur notre peuple ». La voie d'action proposée rejoint plus ou moins celle de la Délégation des Eglises : en prenant soin de ne pas condamner la politique d'un pays en particulier – on comprend, ici, la Grande-Bretagne, la Suisse devrait se prononcer contre toute livraison d'armes et interpeler tout gouvernement capable « d'exercer une influence sur le Nigeria ».[109]

---

107 Télévision suisse alémanique, Emission *Rundschau*, 3.7.1968. Clip nommé : « Hungerstreit sorgt für Aufmerksamkeit », disponible sur : <www.wissen.sf.tv/Dossiers/Historisch/68er-Studentenproteste#!videos>, consulté le 27.6.2012.

108 Communiqué de presse du DMF, 10.7.1968. AFS, E2001(E)1980/83/541.

109 Lettre de Markus Keller, Peter Hagemann, Christoph Brassel, étudiants au Gymnase de Münchenstein, au Président de la Confédération et au Conseil fédéral, 24.9.1968. AFS, E2001(E)1980/83/542.

Autre pétition, celle du Mouvement pour la reconnaissance du Biafra, à Zurich, réunit 5'726 signatures jusqu'au 1er août. Comprenant aussi un appel à soutenir l'action du CICR, cette initiative suscite évidemment une réponse en demi-teinte: le Conseil fédéral énumère les engagements humanitaires qu'il a déjà pris et souligne combien ils seraient compromis par une reconnaissance de la Région sécessionniste.[110] Cette dernière demande ne traduit pas forcément un alignement sur la politique d'Ojukwu, mais semble plutôt venir d'une sensibilité à la souffrance des victimes et d'une connaissance trop approximative des enjeux de la Guerre civile.

Ces appels au gouvernement ne sont pas automatiquement relayés par le Parlement. Au début juin 1968, avant l'éveil de l'opinion publique et le plus gros des engagements populaires, le Conseil fédéral répond à la «petite question urgente» du conseiller national Paul Eisenring que l'extension du soutien au CICR qu'il souhaite dépend des moyens alloués par le Parlement et que sa suggestion d'une prise de contact avec les autorités biafraises ne favoriserait une médiation que si Lagos était consulté au même titre.[111] Lors de la session suivante, en septembre, la quasi-absence du thème de la Guerre civile laisse supposer que l'Assemblée se satisfait de la politique du Conseil fédéral, mis à part que sur le plan international, la récente invasion soviétique en Tchécoslovaquie donne aussi à débattre. Enfin, l'éclatement de l'Affaire Bührle est ce qui occupe le devant de la scène en décembre, donnant lieu à deux interpellations, deux petites questions urgentes et un postulat.[112] A cette occasion, du moins, le député Jean Riesen porte un message populaire: «il y a un abîme entre le fait d'avoir fourni des armes meurtrières et des instructeurs hautement qualifiés au Nigeria et le fait de demander à la population suisse de secourir le Biafra».[113]

---

110 Lettre de Karl Huber, chancelier de la Confédération, au Mouvement pour la reconnaissance du Biafra, Zurich, 19.9.1968. AFS, E2807(-)1974/12/38.

111 Réponse de Spühler à la petite question urgente d'Eisenring, 6.6.1968. AFS, E2001(E) 1980/83/543.

112 Voir: Interpellation Max Aebischer, 24.9.1968. *Bulletin officiel de l'Assemblée fédérale*, 1968, vol. III, pp. 483-518. Pour décembre: *Id.*, vol. IV, pp. 677-689.

113 *Bulletin officiel de l'Assemblée fédérale*, 1968, vol. IV, p. 680.

Concentrée dans le canal diplomatique, la communication à l'étranger du gouvernement fédéral nigérian s'exerce en partie à travers l'ambassade à Berne. Sule Kolo, fin août 1968, avant son embarquement à Lagos pour le vol qui le ramène en Suisse, déclare aux journalistes: «le gouvernement suisse réalise que la crise est une affaire interne au Nigeria et maintient sa politique de non-ingérence». Rapportés par le *Daily Sketch*, ces propos pour le moins simplificateurs tendent même à se contredire, du moment que Kolo aurait «réitéré le soutien et la loyauté continus du gouvernement suisse au gouvernement militaire fédéral dans la crise du pays».[114] Difficile, ici, de distinguer une probable exagération de l'ambassadeur d'une déformation de ses propos par une presse disposée à user de divers procédés pour marquer son alignement sur le gouvernement.

En quelques circonstances, il arrive aux journalistes nigérians de traiter l'actualité suisse en lui apportant les retouches nécessaires pour l'instrumentaliser. Selon le *New Nigerian*, deux cadres de Bührle sont arrêtés en novembre pour avoir exporté illégalement des armes aux «rebelles», alors que le réel client était bel et bien le Gouvernement fédéral.[115] Le plus farfelu est un article du *Morning Post* qui, pour dénoncer l'appui informel de la France au Biafra, vient à comparer celui-ci au canton du Jura, qui causerait en Suisse «une sérieuse menace de guerre civile»: «La France livre aux rebelles suisses de grandes quantités d'armes. En même temps, on rapporte que le gouvernement suisse procède à d'importants préparatifs militaires pour écraser la rébellion du Jura».[116] Cet article est éventuellement inspiré par le colonel Benjamin Adekunle, prétendant que «la Suisse a cessé d'être neutre depuis qu'elle est engagée dans le conflit du Jura».[117]

Depuis 1968 au moins, la priorité de l'ambassade à Berne consiste à lutter contre la propagande du camp adverse qui, selon le premier secrétaire Rufus Omotoye, a en Suisse plusieurs organisations travaillant pour

---

114 *Daily Sketch*, 24.8.1968.

115 *New Nigerian*, 29.11, 3.12.1968.

116 *Morning Post*, 9.11.1968. Commenté dans la lettre de Jeanrenaud, ambassade de Suisse à Lagos, au DPF, 14.11.1968. AFS, E2001(E)1980/83/40.

117 August R. Lindt: *Generale hungern nie. Geschichte einer Hilfsaktion in Afrika*. Bern 1983, p. 165.

lui, notamment Markpress et Caritas. Les moyens de l'ambassade, forte de cinq diplomates, sont partagés entre Berne et la représentation aux Nations Unies à Genève. Elle entretient peu de contacts avec les journalistes, mais s'efforce d'assurer la communication avec le Département politique, auprès duquel, par exemple, elle insiste pour qu'il bannisse le terme «Biafra» des déclarations officielles. Quarante ans plus tard, Omotoye continuera de désigner les habitants de la Région sécessionniste par: «ceux de l'autre côté».[118]

Un appui vient du ministre de l'Information Anthony Enahoro, de passage à Berne en septembre 1968, après avoir fait escale à Helsinki et Stockholm. En vain, la visite en Finlande cherche à dissuader le gouvernement de participer à l'action du CICR qui, avec August Lindt aux commandes, aurait outrepassé le champ humanitaire. Face au président suisse Willy Spühler, Enahoro ne se risque pas à des propos autant abrasifs et précise que le Nigeria apprécie la position «réaliste et non-émotionnelle» du Conseil fédéral à propos de l'aide humanitaire. Bien que seules quelques organisations internationales privées sont ici mises en cause, telle Caritas qui, dans des brochures, aurait fait état de chiens enragés lâchés sur les Igbos par les troupes fédérales, Spühler défend préventivement le CICR en soulignant son indépendance de la Suisse. Enahoro explique que le gouvernement nigérian se bat contre des rebelles armés et ne se montre pas insensible au sort de la population igbo. Pour s'en assurer, la Suisse est invitée à envoyer un «observateur neutre», comme la Grande-Bretagne l'a déjà fait avec le major Alexander.[119] Le séjour du Ministre se prolonge par une conférence de presse, dont Harry Hohler de l'ambassade de Grande-Bretagne à Berne attribue l'audience éparse au fait que l'opinion suisse soit déjà fermement acquise à la cause biafraise.[120]

Avec ces quelques audiences et notes transmises au niveau officiel, l'ambassade du Nigeria ne joue pas sur le même terrain que la propagande biafraise, travaillant l'opinion publique. Bien que cohérent avec la volonté de considérer le conflit comme une affaire nigériane, le procédé de Lagos

118 Note du DPF, 8.9.1969. AFS, E2001(E)1987/78/695. Entretien Omotoye, Lagos, 5.10.2009.

119 Lettre du Chargé d'affaires à l'ambassade de Suisse à Helsinki au DPF, 9.9.1968. Note de Thalmann, DPF, 9.9.1968. AFS, E2003(A)1980/85/295.

120 Lettre de Hohler à John Peck, FCO, 6.2.1969. NAUK, FCO 26/300.

se retrouve en décalage avec l'évidence que les Sécessionnistes sont malgré tout parvenus à internationaliser leur cause. Selon l'ambassadeur de Grande-Bretagne à Berne P. Arengo-Jones, cette réussite biafraise a été facilitée par la «considérable présence d'Igbos en Europe, dans les universités, le commerce, diverses organisations ecclésiastiques et programmes de formation en tout genre; ceci, après quelques années, a construit l'impression que, s'il y a, selon nos standards, une élite en Afrique noire, ils la représentent».[121] Partagée par l'ambassade à Bonn[122], cette analyse se vérifie éventuellement dans le canton d'Argovie[123], mais au-delà, il est peu probable que la population suisse entretienne une image des Igbos très différente de celle des autres Africains. Quoiqu'il en soit, la diplomatie britannique est consciente que les communiqués de Markpress bénéficient d'un terreau fertile et ne sont pas les seuls à promouvoir la vision adverse.

Le *Foreign & Commonwealth Office* [FCO], dès l'automne 1968, décide de réfléchir à sa ligne de communication sur le Nigeria, ce qui l'amène à analyser les canaux de propagande biafrais. L'ambassade à Berne et les consulats à Zurich et à Bâle reçoivent alors chacun plus de quarante lettres par jour, la plupart écrites «dans les termes les plus forts», proférant des accusations de meurtre et de génocide; cette animosité culmine en septembre, avec l'annulation de la *British Shopping Week* à Bâle.[124] Principal objet de critique, les livraisons d'armes au Gouvernement fédéral se poursuivent à un moment où le territoire biafrais ne correspond plus qu'à un dixième de l'ex-région Est; Whitehall exclut de les interrompre lorsque la victoire de Lagos semble si proche. Or, ce motif peine à être compris par l'opinion suisse que l'ambassade estime «exposée à une habile propagande» et devenue «fanatiquement pro-biafraise».[125]

En janvier 1969, si Arengo-Jones perçoit «des signes encourageants que le message [britannique] commence à passer», il reconnaît aussi avoir reçu «soudainement un bonus inattendu» de l'Affaire Bührle, suite à laquelle

121 Lettre d'Arengo-Jones au FCO, 6.3.1969. NAUK, FCO 26/300.

122 Lettre de Roger Jackling à Peck, 10.2.1969. NAUK, FCO 26/300.

123 En raison du programme de formation organisé en 1963 pour des étudiants de la région d'Enugu. Voir: Chapitre IV.2.

124 Note de C. Thompson à B.R. Curson, 28.10.1968. NAUK, FCO 26/299. Lettre de Hohler à Peck, 6.2.1969. NAUK, FCO 26/300.

125 *Ibid.*

les Suisses peinent à s'indigner face à l'étranger pour ce qui est également pratiqué par leurs compatriotes. Le flot de lettres se tarit, les médias rendent une image plus objective, mais l'ambassadeur voit «un grand soutien pour le Biafra qui subsiste juste en-dessous de la surface, et qu'un rien pourrait faire à nouveau émerger».[126] La situation générale, en Europe de l'Ouest, suit la même tendance; en Allemagne fédérale, l'opinion s'apaise aussi, mais moins qu'en Suisse: l'ambassade l'explique en partie par un complexe de culpabilité hérité de la Shoah, d'où une sensibilité particulière pour la thèse du génocide. Les sentiments pro-biafrais largement répandus en France reflèteraient plus l'attitude du général De Gaulle, ayant «toujours raison», que des efforts de propagande. Bien que jugés réceptifs face à l'image d'une minorité chrétienne assiégée, les Italiens, dans leur majorité, refuseraient de prendre partie, alors que les médias norvégiens résisteraient à la propagande.[127] Mais dans la majorité des cas, les diplomates britanniques tendent à expliquer les opinions adverses par l'impact de Markpress et parmi eux, aucun ne se préoccupe autant de la question et ne l'analyse si profondément que l'ambassade à Berne.

Une stratégie de contre-propagande, en Suisse, ne peut se concevoir sans coordination avec les diplomates nigérians. Ceux-ci ne sont pas nombreux, parlent peu l'allemand ou le français, et leurs démarches ne sont pas jugées suffisantes par les Britanniques. Hohler entend néanmoins éviter de sembler «mener la bataille du Nigeria à leur place»; ainsi, il lui arrive de les inviter à agir quand il les estime mieux placés pour se prononcer sur certains points.[128] En octobre 1968, Arengo-Jones entretient un contact avec le journaliste Jacob Fischer, qui «devrait se montrer redevable pour tout service rendu» et cherche «par coïncidence» à acquérir une maison et s'établir en Grande-Bretagne. Fischer est disposé à suivre un briefing du *Foreign Office* pour écrire dans un grand quotidien et un hebdomadaire suisses. *Der Beobachter*, à travers un article d'une page, condamne fermement les lettres anonymes adressées à l'ambassade, en s'appuyant notam-

126 *Ibid.*

127 Lettres de John Campbell, ambassade de Grande-Bretagne à Bonn, à N. Gaydon, FCO, 29.1.1969, de W.B.J. Ledwidge, ambassade à Paris, à Peck, 12.2.1969, de T.F. Brenchley, ambassade à Oslo, à Peck, 18.2.1969, de C.P. Scott, ambassade à Rome, à Peck, 26.2.1969. NAUK, FCO 26/300.

128 Lettre de Hohler à Peck, 6.2.1969. NAUK, FCO 26/300.

ment sur l'Affaire Bührle. Reconnu pour son indépendance, ce journal n'appelle pas à soupçonner que l'initiative a été prise par les diplomates britanniques, qui ont pourtant approché la Rédaction.[129]

Selon B.R. Curson du *Foreign Office*, la «propagande [biafraise] ne peut pas être anticipée ou contrée à l'avance, mais seulement compensée par de l'éducation et des explications patientes [...]».[130] En réponse aux lettres offensives, l'ambassade à Berne envoie un argumentaire standard réfutant point par point les habituels reproches et un document semblable sert de base pour un discours prononcé à plusieurs reprises. Outre les ventes d'armes, l'idée qu'un fédéralisme inopérant ait été imposé au Nigeria, ou que la Grande-Bretagne privilégie ses intérêts économiques et néglige ses rôles médiateur et humanitaire, font partie des thèmes récurrents.[131] Arengo-Jones, en mars 1969, se félicite d'avoir persuadé l'Agence télégraphique suisse d'opposer une grande méfiance aux produits de Markpress, de l'Agence France-Presse ou de United Press International; il prévoit aussi de poursuivre ses efforts d'information auprès des milieux scolaires et commerçants. La majorité des Suisses serait alors devenue suspicieuse face à la propagande et «prête à considérer que le problème est plus complexe que ce qu'elle a été portée à croire». Pour consolider cette évolution, l'ambassadeur suggère de combler l'ignorance qu'il reconnaît

---

129 Citoyen suisse, Fischer a aussi de bonnes entrées en Allemagne fédérale, auprès de la Télévision, du magazine *Stern* et du gouvernement, qui l'emploierait, en quelque sorte, comme un journaliste officiel. Télégramme d'Arengo-Jones au *Foreign Office*, 14.10.1968. Note de B.G. Birkmyre, FO, 15.10.1968. Lettre d'Arengo-Jones à Gaydon, 17.1.1969, en annexe: *Der Beobachter*, 15.1.1969. NAUK, FCO 26/299.

130 Lettre de B.R. Curson à Peck, 23.1.1969. NAUK, FCO 26/299.

131 Lettre de Hohler à Peck, 6.2.1969. Les notes de discours réfutent neuf points critiques: (a) Les Britanniques ont causé les problèmes actuels en imposant une constitution fédérale inopérante au Nigeria; (b) La Grande-Bretagne soutient une guerre d'agression; (c) La Grande-Bretagne a un comportement criminel en fournissant des armes au Nigeria; (d) Le gouvernement britannique soutient un génocide; (e) Les Britanniques devraient en faire plus pour résoudre la situation actuelle tragique; (f) Le gouvernement britannique soutient une attaque de Musulmans contre des Chrétiens; (g) La Grande-Bretagne poursuit uniquement ses intérêts économiques et ignore la souffrance; (h) Le gouvernement britannique a fourni au Nigeria des conseillers politiques et militaires pour l'aider à mener la Guerre civile; (i) Le gouvernement britannique n'a pas assez soutenu le travail du CICR. NAUK, FCO 26/300.

à la population avec des éléments historiques sur le Nigeria.[132] Une brochure en trois versions – française, allemande et anglaise – sur «la situation au Nigeria» est ainsi publiée en mai; reçue «extatiquement» au Nigeria, elle est considérée comme très utile par la plupart des représentations britanniques en Europe, bien que l'ambassade à Berne aurait souhaité un travail plus détaillé.[133]

A défaut de concevoir clairement les enjeux de la Guerre civile, l'opinion publique suisse exerce une certaine pression sur son gouvernement, amené à réagir aux exportations d'armes et à soutenir l'intervention humanitaire.

132 Lettre d'Arengo-Jones au FCO, 6.3.1969. NAUK, FCO 26/300.

133 Note de B.R. Curson à Barrington, FCO, 12.3.1969. NAUK, FCO 26/301. Note de Curson au FCO, 9.10.1969. NAUK, FCO 26/302.

# Chapitre VII
# Partenariat militaire et humanitaire

Pour le gouvernement suisse, la livraison au Nigeria de canons Oerlikon-Bührle et l'aide humanitaire représentent les plus épineux dossiers de la Guerre civile. L'Affaire Bührle recouvre une vente d'armes certes illégale, mais favorisée par une législation contradictoire. Comment l'armée nigériane en vient-elle à s'intéresser à des armes suisses ? De quel œil l'Administration suisse voit cet intérêt, alors que le Nigeria glisse vers la Guerre civile ? Il ne s'agira pas de la première exportation illégale d'armes suisses, mais de la première qui devienne une *affaire*, provoque autant d'indignation et donne lieu à une condamnation, ce qui pousse à se demander en quoi cette vente diffère des précédentes.

Non moins sous les feux de la presse et de l'opinion publique, le CICR, pour son intervention au Nigeria, bénéficie d'un soutien financier et diplomatique de la Confédération. Dégagées périodiquement et au prix de quelques acrobaties budgétaires, les ressources allouées à l'Organisation – tant en espèce qu'en nature – permettent de sauver des vies, mais pas d'éviter l'éclatement d'une crise diplomatique qui force le CICR à se retirer plusieurs mois avant la fin de la Guerre.

## 1. L'Affaire Bührle

« J'ai aujourd'hui reçu des informations de source sûre, qui indiquent clairement une flagrante violation des dispositions d'exportation par la firme Bührle ».[1] En ce 12 juin 1968, l'ambassadeur Real apprend que l'armée nigériane dispose d'une centaine de canons anti-aériens Bührle, livrés de Zurich par voie aérienne.

1 Lettre de Fritz Real au DPF, 12.6.1968. AFS, E2001(E)1980/83/541.

Les fabricants suisses de matériel de guerre sont soumis à une interdiction générale d'exporter; mais, pour reprendre les termes de R. Moosmann, il s'agit d'un règlement «qui prend l'eau».[2] Réintroduite en 1944, assouplie par l'exception des explosifs en 1946, puis celle du «matériel défensif» l'année suivante, l'interdiction est toutefois confirmée en 1948, à la déception du Département militaire [DMF]. Contrairement au Département politique, plus attentif à l'idéal de neutralité, le DMF prône une procédure d'autorisations au cas par cas. Cette position est soutenue par un argument liant la possibilité d'exporter – donc, d'entrer plus largement en concurrence – à la qualité de l'équipement fourni à l'armée suisse. La limite du raisonnement tient au fait que les fabricants, parvenant à tirer plus grand profit des exportations que des contrats avec l'armée suisse, tendent à lui livrer du matériel de second choix, voire dans un délai plus long.[3] En 1950 déjà, sous pression des milieux industriels, le Conseil fédéral accepte de donner une «interprétation plus large» à l'interdiction. Le conseiller juridique du DPF Rudolf Bindschedler reconnaît alors le «caractère relatif» de celle-ci et un manque de logique dans la réglementation.[4] Concrètement, le DMF et les fabricants sont parvenus à faire adopter le système d'autorisations individuelles; la décision de ne pas renoncer officiellement à l'interdiction tient au désir de tenir cette question à l'écart de l'espace public. A partir de 1955, une interdiction complète ou partielle est appliquée à certaines destinations: elle concerne d'abord Israël et les pays arabes, puis l'Indonésie, l'Afrique du Sud, la Grèce, la Turquie et Chypre.[5]

Le secrétaire général du DPF Pierre Micheli écrit en 1965 que «la pratique régulière du Conseil fédéral consiste à ne pas autoriser d'exporta-

---

2 Reto Moosmann: «Die Verwässerung des «generellen Ausfuhrverbots» im Dienste von Armee und Rüstungsindustrie: zur Kriegsmaterialausfuhrpolitik des Bundesrates in den 1950er und 60er Jahren». In: *Schweizerische Zeitschrift für Geschichte*, n° 56/2, 2006, pp. 152-167.

3 Cf.: Jean-Marie Pellaux: *L'affaire Pilatus. Les milieux engagés et la Suisse officielle face aux exportations d'armes (1978-1985)*. Aux sources du temps présent, Fribourg 2008, p. 31.

4 Voir: Moosmann, *art. cit.*, p. 160.

5 *Id.*, pp. 162-165.

tions de matériel de guerre vers des régions où un conflit armé a lieu ou menace d'éclater».[6] Sans surprise, l'interprétation de la réglementation laisse une place non négligeable à l'arbitraire et la jurisprudence; mais malgré ce flou, il reste des contrevenants. Une fois leur culpabilité établie, les autorités les soumettent à ce que R. Tobler qualifie de «rituel informel». Autrement dit, jusqu'à l'affaire nigériane, on ne donne jamais suite aux enquêtes dont ils font l'objet.[7]

### *L'armée nigériane et les fabricants suisses*

A effet du 1er octobre 1960, Muhammadu Ribadu est nommé ministre de la Défense, fonction qu'il assume jusqu'à sa mort en 1965. Sa politique se traduit surtout par des constructions et rénovations de casernes, mais aussi par l'expansion de la marine, le rétablissement de l'artillerie et la création des forces aériennes. Pour la coopération militaire, comme dans les autres domaines, le Colonisateur perd son exclusivité, tout en restant le premier partenaire. Quelques officiers choisiront d'achever leur formation non pas en Grande-Bretagne, mais au Pakistan, aux Etats-Unis, au Canada, en Australie, en Inde ou en Ethiopie. Les fournisseurs d'armes se diversifient également; l'Armée acquiert, par exemple, des mitrailleuses allemandes, des pièces d'artillerie italiennes, des lance-mines suédois.[8]

Au retour de sa visite en Inde, en 1961, Ribadu reste impressionné par la fabrique de machines outils[9] Bührle que lui a montrée le président Nehru. Fort de cette inspiration, son passage en Suisse à la fin septembre – entre un séjour en Suède et un autre au Canada – vise à intéresser une entreprise à ériger une fabrique d'armes au Nigeria et à collaborer pour la formation de techniciens. L'ambassadeur Bucher montre très peu d'enthousiasme

---

6 Cité par: *Id.*, p. 153.

7 «Weiterungen immer unterblieben», propos de Max Rottenberg, avocat de Lebidinsky au procès Bührle. Cité par Ruedi Tobler: «Der Bührle-Skandal und die Waffenausfuhrinitiative». In: *Waffenplatz Schweiz*. Für das Leben produzieren (éd.), Bern 1983, pp. 140-142.

8 Norman J. Miners: *The Nigerian Army 1956-1966*. Methuen, London 1971, pp. 94, 102-103.

9 La fabrique produit des machines destinées à produire des armes.

face aux intentions de Ribadu et précise que la filiale de Bührle en Inde résulte d'un partenariat entièrement privé. Notant une réaction si mitigée, ce dernier annonce que son séjour ne prétend pas à un caractère officiel, mais exprime le souhait d'être reçu par le ministre des Affaires étrangères et celui de la Défense. Apparemment à juste titre, Bucher présente Ribadu au DPF comme un homme particulièrement puissant, bras droit d'Ahmadu Bello. Quelque chose contraste avec la préparation d'autres visites de ministres nigérians et semble refléter les réticences de Bucher ; s'il qualifie Ribadu de corrompu, « comme la plupart des autres membres du gouvernement », c'est le seul qu'il accuse si directement.[10]

Le chef du DPF et président de la Confédération Friedrich T. Wahlen est lui aussi préoccupé par ce projet d'« internationalisation » de l'industrie suisse d'armement, au point de porter le sujet à l'ordre du jour du Conseil fédéral. En revanche, le DMF se révèle plus avenant et ressort son argumentation classique en faveur des exportations, à un moment où le divisionnaire Peter Burckhardt vient d'entrer à la direction de Bührle. Ribadu est introduit par le DMF auprès de cette entreprise, ainsi que d'Hispano Suiza et Sig. Si les deux premières reçoivent directement le préavis négatif du DPF sur le projet de fabrique, ce n'est pas le cas de la troisième, que le DMF néglige d'informer. Le secrétaire du DPF Raymond Probst signale, par exemple, qu'Hispano Suiza est déjà une multinationale[11], mais Wahlen tient à faire connaître son mécontentement :

> J'aimerais vous charger d'insister vigoureusement sur ma position. Nous ne pouvons simplement pas nous permettre de mener, d'un côté, une politique de neutralité et de promotion de la paix, alors que d'un autre côté, nos fabriques d'armes continuent d'ériger des filiales à l'étranger. Vous savez que j'émets beaucoup de réserves sur certaines livraisons d'armes à l'étranger. La multiplication de filiales devrait renforcer ce sentiment, ainsi que la position du Département quant aux autorisations d'exportation.[12]

Bührle prétend ne pas s'intéresser à ouvrir une fabrique d'armes au Nigeria, mais être au mieux disposée à entrer en matière pour un projet d'usine

10 Lettre de Bucher au DPF, 9.9.1961. AFS, E2001(E)1976/17/104. Miners, *op. cit.*, p. 94.

11 Note de Probst à Wahlen, 9.11.1961. <dodis.ch/30377>.

12 Le Conseil fédéral s'est entendu pour charger Probst de représenter cette position auprès du DMF. Note de Wahlen à Probst, 15.11.1961. <dodis.ch/30368>.

de machine outils, sur le modèle de sa filiale en Inde.[13] Hispano Suiza déclarera n'avoir même pas engagé de pourparlers avec le Nigeria et le contrat pour une fabrique d'armes et de munitions sera attribué à la maison ouest berlinoise Fritz Werner.[14] Aucune firme suisse n'ouvre de filiale à Lagos, mais il n'est pas certain qu'on le doive à Wahlen et au DPF, dont les moyens de pression, selon Probst, se limitent à la sphère morale. De plus, ce dernier se laisse moins tourmenter que son supérieur: «De tous les pays africains, le Nigeria est bien celui où une telle fabrication, même si elle reste, en principe, indésirable, donne le moins de soucis politiques».[15] Au sujet des exportations, il se démarque encore davantage:

> On a aussi pu remarquer que cette industrie pouvait s'intéresser à une telle prise de contact, ne serait-ce que pour une éventuelle exportation de matériel de guerre à la Félération du Nigeria. Notre réticence quant au projet d'une fabrique suisse d'armement au Nigeria ne devrait pas être une raison, pour notre industrie, de ne pas commercer d'une autre manière avec ce pays qui, par sa grandeur, son influence et son orientation politique, constitue un facteur appréciable de stabilisation en Afrique.[16]

Rien ne permet de mettre au jour un quelconque conflit d'intérêts vécu par Probst, qui a jusqu'ici mené l'entier de sa carrière au sein du DPF. Son positionnement démontre peut-être cette préférence pour les «démarches actives et pragmatiques» que lui prête le rédacteur P. Stettler.[17] Concernant le séjour de Ribadu, c'est le DMF qui exprime le mieux son malaise quant aux contradictions émanant d'un tel pragmatisme: il prétend n'avoir pris connaissance de la position officielle du DPF qu'après la visite et estime ne pas comprendre le sens des démarches – mises en contact, répercussion d'une partie des coûts sur les entreprises – si on entend décourager le type de coopération dont cette visite fait l'objet.[18]

---

13 Note de Probst sur la visite de Peter Burckhardt, 23.11.1961. AFS, E2001(E)1976/17/104.

14 Lettre de la Division du commerce à l'ambassade de Suisse à Lagos, 9.10.1962. AFS, E2001(E)1978/84/888. Lettre de Bucher au DPF, 6.2.1963. AFS, E2001(E)1976/17/104.

15 Note de Probst à Wahlen, 9.11.1961. <dodis.ch/30377>.

16 Lettre de Probst à la Division du commerce, 2.2.1962. AFS, E2001(E)1976/17/104.

17 Peter Stettler: «Raymond Probst». In: *Dictionnaire historique suisse*, vol. X, Hauterive 2011. <dhs.ch>. Probst adoptera un pragmatisme similaire à propos d'exportations d'armes à l'Afrique du Sud. Cf.: Lettre de Probst à Kaech, directeur de l'Administration militaire fédérale, 16.8.1963. <dodis.ch/30432>.

18 Lettre du DMF au directeur du DPF, 5.10.1961. AFS, E2001(E)1976/17/104.

L'année suivant le séjour de Ribadu, deux officiers sont envoyés en Suisse à la recherche de mitrailleuses. Sollicité par eux pour préciser les adresses de Bührle et Hispano Suiza, le chargé d'affaires de l'ambassade s'empresse de consulter le DPF pour savoir si d'autres firmes sont susceptibles de les intéresser.[19] Si cette requête obtient une réponse, il ne semble pas qu'elle ait été archivée. En 1965, c'est à la Division du commerce que le chargé d'affaires Jean Zwahlen recommande Faltas, récemment engagé comme conseiller-représentant par le Ministère de la défense. Déçu par la lenteur de la firme allemande Rheinmetall GmbH à honorer sa commande de pièces détachées pour mitrailleuses, Faltas songe désormais à se tourner vers Bührle. Malgré les précisions de Zwahlen sur la solvabilité du client, la Division du commerce, d'entente avec le DPF, «ne peut malheureusement pas, [...] pour des raisons fondamentales, établir le lien avec l'Entreprise».[20]

Faltas, à travers le double rôle qui lui est assigné, devient représentant d'Hispano Suiza au Nigeria et arrange la visite de la maison mère pour quatre officiers, en juillet 1966. Bührle n'est pas en reste; en 1961 déjà, son agent Sieger séjourne à Lagos afin d'y négocier un contrat de livraison pour lequel, selon Probst, une autorisation devrait être obtenue sans problème. En 1966, en plus des intérêts de fabricants d'armes allemands, français, suédois et étasuniens, la filiale lagosienne de la firme zurichoise IPTC[21] représente ceux de Bührle. L'agent IPTC Walter Squindo semble bien introduit auprès des autorités militaires et du Ministère de la défense, ce qui lui permet d'organiser le passage en Suisse d'une délégation d'officiers en avril 1967.[22]

19 Lettre de Zwahlen au DPF, 15.8.1962. AFS, E2001(E)1978/84/887.

20 Echange de lettres entre Zwahlen et la Division du commerce, 14.1, 25.1.1965. AFS, E2001(E)1978/84/887.

21 *Industrial Products Company Limited.* Selon l'Annuaire suisse du registre du commerce de 1968, il s'agit d'une entreprise d'import-export de produits industriels de toutes sortes. Le président du conseil d'administration se nomme Jean-Marie Clerc, le délégué Constantin Ghertsos et le directeur Albert Ulrich.

22 Lettre de Fritz Real à Pierre Micheli, 19.4.1967. AFS, E2001(E)1980/83/541.

Suite aux massacres de septembre 1966, le repli de la région Est s'opère d'abord par un retour massif d'Igbos jusque là implantés au Nord. Même dans la région Ouest, les Igbos font face à une opinion publique empreinte d'indifférence et encline à percevoir les massacres comme une fatalité, malgré l'évidence de leur préméditation et de leurs motifs politiques. Ils sont aussi victimes, au niveau officiel, d'une discrimination grandissante, voire d'intimidations.[23] Depuis l'assassinat d'Ironsi, Ojukwu considère que le Nigeria ne dispose plus de gouvernement central et prône un système confédéral, selon lequel les soldats de chaque région demeureraient dans leurs casernes respectives. Or, des troupes de la région Nord restent stationnées dans le Sud-Ouest et Gowon tient à être reconnu comme chef d'Etat, bien que la hiérarchie militaire ne légitime pas clairement cette prétention.

Un marchand d'armes américano-allemand effectue une livraison à la région Est en octobre[24], puis un major de la région Nord s'envole vers l'Europe pour une mission d'achats. Le secrétaire permanent des Affaires étrangères Ogbu et son suppléant Adegoroye approchent l'ambassadeur Real, afin d'en savoir plus sur les pratiques suisses en matière d'exportation de matériel de guerre et plus précisément, d'exprimer leur souhait qu'elle n'encourage pas les tendances sécessionnistes de la région Est en lui livrant des armes. Demandant aussi des précisions sur la politique de visas, ils suspectent que certains délégués aux séances du Commonwealth à Londres poursuivent leur séjour en Europe. Adegoroye aimerait connaître les noms des Nigérians arrivés en Suisse d'un pays tiers avec visa diplomatique, mais Real juge la procédure trop compliquée, sachant que le Ministère n'est lui-même pas en mesure de produire la liste des délégués qui ne sont pas rentrés, mais pense qu'il s'agit principalement d'Igbos.[25]

---

23 Voir: St. Jorre, *op. cit.*, p. 101.

24 Si l'idée de sécession a été un constant objet de chantage politique, surtout pour le Nord, et si l'Est commence à acheter des armes au lendemain du renversement d'Ironsi, en août 1966 (St. Jorre, *op. cit.*, p. 111), on peut néanmoins admettre que les massacres de septembre-octobre jouent un rôle déclencheur essentiel.

25 Lettres de Real à Micheli et au DPF, 20.10, 28.10.1966. AFS, E2001(E)1980/83/541.

Début mars 1967, Real apprend de représentants suisses à Lagos, dont celui de Bührle, que la région Est, aussi bien que le Gouvernement fédéral, s'efforcent d'acquérir des armes en Suisse. A l'insu de celui-ci, une délégation de la région Nord est récemment parvenue à s'en procurer en Italie au moyen de fonds non-identifiés. Les tensions diplomatiques qui y font suite amènent l'Italie à interdire les exportations de matériel de guerre à destination du Nigeria. Real recommande que son gouvernement en fasse de même, estimant que «les procédés des militaires sont si peu transparents, que personne ne sait exactement qui veut acheter des armes pour qui».[26] Fin avril, lors du passage dans les fabriques Bührle et Hispano Suiza d'une délégation d'officiers emmenée par les lieutenant colonel et commandant de l'Armée de l'air fédérale Joseph Akahan et Shittu Alao, Michael Gelzer du DPF se prononce à son tour en faveur de l'interdiction, rappelant à la Division du commerce et au DMF que désormais, «personne n'ignore la situation politique très explosive du Nigeria».[27]

La délégation d'Akahan et Alao désire passer commande de canons anti-aériens 20 mm auprès de la maison Bührle. Malgré les réticences toujours plus marquées de l'ambassadeur Real au sujet des exportations et ce qui apparaît comme une soudaine prise de conscience du DPF, Bührle émet une offre pour 24 canons, puis le Ministère de la défense annonce en vouloir le double et organise une nouvelle mission au 2 juin pour finaliser le contrat. Alors qu'entre temps, une autre délégation a visité Hispano Suiza, une rumeur indique que les pièces d'artillerie se trouvent déjà en haute mer, ce que le représentant de Bührle à Lagos dément formellement, car l'autorisation d'exportation n'aurait pas pu être obtenue.[28] En août, deux agents Bührle séjournent à Lagos pour former des troupes fédérales à l'usage de canons anti-aériens, mais l'exercice se déroule avec du matériel britannique.[29]

La diplomatie suisse raffermit sa position à l'encontre des exportations d'armes au Nigeria surtout dans le courant des mois de mars et avril,

---

26 Lettre de Real à Micheli, 2.3.1967. AFS, E2001(E)1980/83/541.

27 Lettre de Real à Micheli, 19.4.1967. Lettre de Gelzer à la Division du commerce et au DMF, 28.4.1967. AFS, E2001(E)1980/83/541.

28 Fritz Real ne connaît pas la composition de cette mission. Lettres de Real au DPF, 2.6.1967.AFS, E2001(E)1980/83/541.

29 Lettre de Real au DPF, 24.8.1967. AFS, E2001(E)1980/83/541.

quand l'Italie décide de les interdire et la France refuse d'autoriser une livraison de «petites armes», puis une autre de dix blindés de la maison Panhard. A l'instar de l'Allemagne, la France semble adopter l'interdiction à la fin mai.[30] Cependant, les grandes agences de presse – Reuters, AFP – ne manquent pas de faire état des massacres d'octobre 1966 et, par exemple, les principaux journaux suisses romands relaient l'information en annonçant 300 morts à Kano, y consacrant des articles à plusieurs colonnes durant trois jours. Le 7 octobre, la *Gazette de Lausanne* titre: «Dans un ouragan de haines tribales, le Nigeria tente encore l'union», et le *Journal de Genève*: «Nigeria: ‹Désintégration›».[31] On note la tendance persistante à qualifier les massacres de heurts entre «tribus rivales»[32], sans évoquer une planification ou instrumentalisation politique. Puis, bien que l'alarmisme se révèle jour après jour mieux fondé, ces journaux se détournent de l'actualité nigériane et en janvier 1967, le dramatique échec de la Conférence d'Aburi y trouve un écho limité. C'est à partir du 20 mars qu'ils publient des rapports d'agences, appuyés de ceux de correspondants, qui dépeignent à nouveau «une situation alarmante» et parlent d'une veille de guerre civile.[33] La presse, et probablement l'opinion publique, n'apparaissent pas étrangères à l'attitude officielle face aux exportations d'armes. Mais à la différence du grand public, ne disposant guère d'autres sources d'information que la presse, l'Administration suisse reçoit le courrier de son ambassade à Lagos; les lettres de Real sont en général détaillées et équilibrées, elles mentionnent des rumeurs et rapportent différents points de vue. Le fait que celui-ci qualifie la crise de «politique et non économique»[34] tend éventuellement à dédramatiser la situation, vue de Berne. Dans tous les cas, les critères qui amènent le gouvernement suisse à considérer qu'un conflit «menace d'éclater» – élément officiellement déterminant pour les autorisations d'exportation – restent ici de l'ordre du mystère.

---

30 Lettres de Real à Micheli et au DPF, 2.3, 2.6.1967. AFS, E2001(E)1980/83/541.

31 *Journal de Genève*, et *Gazette de Lausanne*, 3.10.1966.

32 *Gazette de Lausanne*, 4.10.1966.

33 Le *Journal de Genève* consacre un article à la Conférence d'Aburi, le 10 février.

34 Lettres de Real à la Division du commerce, 31.10.1966, 3.2.1967. AFS, E2001(E)1978/84/888.

Quel matériel de guerre suisse est parvenu au Nigeria? Mis à part les produits de ses fabricants, la Suisse offre un endroit propice à la négociation de contrats avec des firmes d'armement établies en pays tiers. En mars 1967, la «Société pour le développement de l'agriculture» acquiert 4'000 fusils automatiques belges, 300 fusils mitrailleurs allemands, 500 pistolets mitrailleurs danois et 3 mio de cartouches. La facture est réglée par un intermédiaire basé en Suisse, probablement l'ambassadeur Kolo, qui dépose un accréditif de 1.05 mio $ à la Banque commerciale SA de Genève.[35] Annoncée avec enthousiasme par le gouverneur de la région Nord Hassan Katsina à l'ambassadeur Real, cette livraison est parvenue à Kaduna et semble être destinée à la seule Région. Même si le nom de la société indiquée sur la commande laisse supposer un financement par des fonds d'aide au développement, Real souligne que la seule aide en liquide provient des Etats-Unis, qui la soumettraient à un contrôle étroit; il soupçonne donc que les fonds proviennent de personnalités influentes du Nord, tel l'ancien ministre Inuwa Wada.[36]

Au cours des mois suivants, toujours à partir de la Suisse, Sule Kolo procure du matériel tchécoslovaque à l'Armée fédérale: six avions de chasse, 600 bombes à 100 kg et 600 missiles. Confiant dans sa méthode d'achats, à la mi-mai, il transmet une note au président de la Confédération Roger Bonvin, précisant que son gouvernement souhaite en toute circonstance éviter un conflit armé et lui demande donc de tout faire pour empêcher les exportations d'armes à destination du Nigeria. Un nouveau fonds de 1 mio £ est alloué à Kolo en août pour acquérir des casques, des bazookas, des lance-mines et des lance-flammes.[37]

Fin décembre 1967, Real apprend que l'Armée fédérale possède des canons anti-aériens Bührle. Du moment qu'aucune autorisation d'exportation n'aurait récemment été délivrée, il considère que la livraison a pu passer par le Niger ou avoir eu lieu quand la situation était encore jugée stable.[38]

---

35 Rapport du brigadier Conne, Police du canton de Genève, 10.3.1967. AFS, E2001(E)1978/84/887.

36 Lettre de Real au DPF, 31.5.1967. AFS, E2001(E)1980/83/541.

37 Lettre de Rudolf Bieri, vice-directeur de l'Adinistration des finances, au DPF et DMF, 29.5.1967. Lettre de Real au DPF, 22.8.1967. AFS, E2001(E)1978/84/887.

38 Lettre de Real au DPF, 29.12.1967. Lettre de Ruedi, DPF, au DMF, 10.1.1968. AFS, E2001(E)1980/83/541.

Ayant organisé les visites de sept délégations militaires nigérianes auprès de firmes suisses, l'agent IPTC Walter Squindo marque depuis peu une plus grande distance vis-à-vis de l'ambassade. Pour tenter de faire la lumière sur la livraison Bührle, Real se fie désormais à des « sources sûres » et « un informateur », confirmant qu'une méfiance s'est installée entre les fabricants d'armes et les réseaux diplomatiques: des partenaires français auraient demandé à Squindo de ne plus entrer en contact avec leur ambassade. Real implore donc le DPF d'éviter, lors de ses démarches auprès de Bührle, de mentionner l'ambassade de Suisse en tant que source d'information.[39]

Il semble très probable, au début février 1968, que 16 canons aient transité par le Niger vers la région Nord, qui aurait réglé la facture par des fonds opaques et indépendants des finances fédérales. N'ayant pas été en mesure d'assurer une livraison directe, Squindo se voit privé de commission et exprime sa colère. Au flou des circonstances d'importation, s'ajoute la difficulté de quantifier la marchandise; en mars, l'Administration suisse estime que 40 canons Bührle sont passés par le Niger et Real rapporte que les troupes biafraises en disposeraient également; en mai, celui-ci parle d'un nombre « considérable » réparti sur plusieurs fronts.[40] Des canons Bührle sont en service sur les fronts de Calabar et Bonny, d'autres à l'aéroport international d'Ikeja et sur des navires de guerre récemment livrés et équipés par la Grande-Bretagne, d'où des Crown Agents auraient en outre procuré 14 pièces à l'Armée fédérale. En août, des estimations que Real juge fiables portent le nombre à 200, alors qu'aucune de ces pièces d'artillerie ne se serait trouvée au Nigeria avant le 1er janvier.[41]

La fraude devient évidente à la mi-juin, lorsque Real apprend de son « informateur », lui-même renseigné par un « homme de liaison » au sein du Ministère de la défense, que des canons Bührle et leur munition ont été livrés directement de Zurich, par voie aérienne. Selon l'homme du Ministère, la transaction a été facilitée par un « habile jeu de documents ».[42]

---

39 Lettre de Real au DPF, 6.2.1968. AFS, E2001(E)1980/83/541.

40 *Idem*. Lettres de Real au DPF, 7.3, 16.5.1968. Lettre du DMF à la Direction d'Oerlikon Bührle, 7.3.1968. AFS, E2001(E)1980/83/541.

41 Lettre et télégramme de Real au DPF, 16.5, 6.8.1968. AFS, E2001(E)1980/83/541.

42 Lettre de Real au DPF, 12.6.1968. AFS, E2001(E)1980/83/541.

C'est à ce moment que l'Administration suisse se souvient avoir récemment autorisé une livraison Bührle à l'Ethiopie, soumise à une déclaration de non-réexportation. Mais l'ambassadeur à Addis Abeba Fernand Bernoulli découvre que son pays de résidence n'a jamais passé ces commandes et que les déclarations en question portent le sceau de la Réforme agraire, de fausses signatures, fausses adresses et faux numéros de téléphone.[43]

### *Motifs d'une condamnation*

Sur recommandation du DPF et DMF, le Conseil fédéral lance une procédure judiciaire à l'encontre de Bührle; en novembre 1968, deux cadres de l'Entreprise sont arrêtés. De nouvelles mesures de contrôle sont adoptées à partir de mars 1969, dont la mise sur pieds d'une commission d'experts pour les questions d'exportation d'armes. Le procès de novembre 1970 aboutit à une peine de 18 mois de prison pour le directeur des ventes Lebedinsky et 20'000 Sfr d'amende pour le chef de l'entreprise, par ailleurs forcé de se retirer du Conseil d'administration de la Société de banques suisses et de renoncer à certaines prérogatives à l'Armée. Déçu de la timidité des propositions de la Commission d'experts, l'ONG Conseil suisse de la paix lance une initiative populaire plus contraignante, votée en 1972 et refusée, mais de justesse, malgré l'opposition du Conseil fédéral.[44]

Sachant que Bührle obtient à nouveau des autorisations d'exportation à partir de janvier 1969 et un contrat de 150 mio Sfr de la part du Conseil fédéral le mois suivant, les peines peuvent paraître légères. Néanmoins, le simple fait que les Autorités aient refusé de pratiquer le «rituel informel» normalement de rigueur et qu'elles aient engagé une procédure judiciaire est un événement sans précédent. Max Rottenberg, avocat de la défense, rapporte l'incompréhension de son client Lebedinsky face à l'acharnement dont il fait l'objet, alors que tous les cas des contrevenants précédents ont

---

43 Lettres de Bernoulli et Real au DPF, 22.7, 20.9.1968. AFS, E2001(E)1980/83/541.

44 Voir: Tobler, *art. cit.*, pp. 139, 149. Pour une analyse approfondie des répercussions de l'Affaire Bührle: soient le procès, l'initiative et la votation, voir: Monica Kalt: *Tiersmondismus in der Schweiz der 1960er und 1970er Jahre. Von der Barmherzigkeit zur Solidarität*. Peter Lang, Bern 2010, pp. 347-386.

été classés sans suite.[45] Or, plutôt que la question: Pourquoi lui?, légitimement formulée par l'Avocat, il convient de poser celle des circonstances temporelles: Pourquoi à ce moment?

Lebedinsky et son collègue Meili, collaborateur pour l'Afrique, sont convoqués par le Département militaire le 29 avril 1968 à propos de la livraison au Niger. Le premier insiste sur la conviction de Bührle que les canons s'y trouvent encore et précise que deux délégués de l'armée du Niger ont séjourné en Suisse pour se former à leur usage. Il saisit l'occasion pour redemander l'autorisation, momentanément suspendue, de livrer 50'000 pièces de munition à cette même armée, et apprend que l'entrée en matière requiert la déclaration de non-réexportation des canons. Mais, compte tenu de la «sensibilité des Africains», Lebedinsky juge ce document difficile à obtenir. S'en suit une discussion, «sur un ton tout à fait amical», des «aspects politiques des livraisons de matériel de guerre en Afrique et particulièrement dans la région autour du Nigeria».[46] Dans une attitude similaire, le DPF garde une confiance relative en l'efficacité du système: Gelzer soulignera la faible garantie offerte par une déclaration de non-réexportation, mais prétendra que les «contrôles stricts» opérés par le DMF et les douanes rendent un contournement des directives «pratiquement exclu».[47] L'ambassadeur Real se montre moins crédule: admettant que les indications de l'attaché militaire britannique n'ont pas force de preuve, il rappelle la présence «incontestable» de nombreux canons Bührle au Nigeria et qu'il ne peut s'imaginer le séjour de deux instructeurs à Lagos sans relation avec une perspective de vente.[48]

Une fois la fraude rendue évidente, les fonctionnaires de Berne rappellent au Conseil fédéral la sensibilité de l'opinion publique face au conflit et aux exportations d'armes.[49] En même temps, de l'Afrique, plusieurs diplomates suisses manifestent une conscience du préjudice porté à l'image de leur pays. Ce que Real appelle une «fausse appréciation de la position suisse dans le conflit» se répendrait dans «certains cercles» à Lagos; par exemple, «un diplomate africain» affirme que la Suisse n'est pas meilleure

45 Tobler, *art. cit.*, p. 140.

46 Note de Jacques Ruedi au DPF, 30.4.1968. AFS, E2001(E)1980/83/541.

47 Lettre de Gelzer à Spühler, 12.8.1968. AFS, E2001(E)1980/83/541.

48 Lettre de Real au DPF, 16.5.1968. AFS, E2001(E)1980/83/541.

49 Note de Gelzer à Spühler, 15.10.1968. AFS, E2001(E)1980/83/541.

que l'Angleterre, car elle livre aussi des armes au Nigeria. Ce type de jugement devient récurrent dans le milieu diplomatique et Real s'efforce de démentir le fait que son gouvernement aurait autorisé ou du moins toléré les exportations.[50] Dès le début de son enquête à Addis Abeba, Bernoulli est confronté à la stupeur du ministre des Affaires étrangères, qui aurait «compris qu'une fraude de ce genre arrive dans un pays en voie de développement mais pas en Suisse, connue pour sa précision».[51] Celui-là laisse aussi apparaître d'autres enjeux:

> Aux affaires étrangères, j'ai dû me laisser dire des choses peu agréables. J'avoue que pour moi aussi c'est une énigme qu'une pareille fraude ait été possible en Suisse. [...] Le Premier Ministre et le Ministre des affaires étrangères tremblent à l'idée de devoir informer l'Empereur de ce qui est arrivé. Celui-ci revient de Niamey, l'Ethiopie étant membre du Comité consultatif de l'OUA, chargé d'une médiation entre le Nigéria et le Biafra. La possibilité que des armes achetées sous le couvert de l'Aviation militaire éthiopienne aient été livrées au Nigéria risquerait d'avoir des répercussions très fâcheuses pour la diplomatie éthiopienne.[52]

L'empereur Haile Selassie, à travers le Comité consultatif de l'OUA, restera un des médiateurs les plus écoutés tout au long de la Guerre civile, et Addis Abeba un lieu potentiel de négociations.[53] Mais aussi bien que Real à Lagos, Bernoulli doit constater l'ombre portée par l'affaire Bührle à des piliers de l'image idéale de la Suisse, comme la neutralité ou les bons offices.

En charge de l'intervention du CICR, August Lindt fait part de son inquiétude et recommande au DPF de se «préparer à [une] attaque foudroyante de la presse internationale qui peut avoir vent de l'affaire à tout moment». Il craint qu'une telle tempête médiatique nuise à ses négociations avec le gouvernement nigérian, qui pourrait s'en servir afin de résister aux pressions.[54] Enfin, un scénario tragique d'une certaine portée symbolique vient à être pris en compte par ce même gouvernement; le secrétaire du Conseil des ministres Gobir souligne, auprès de Real, combien l'incident serait «fatal» si un avion suisse du CICR était abattu par un canon suisse.[55]

50 Lettres de Real au DPF, 16.5, 6.8.1968. AFS, E2001(E)1980/83/541.
51 Lettre de Bernoulli au DPF, 22.7.1968. AFS, E2001(E)1980/83/541.
52 Lettre de Bernoulli à Micheli, 26.7.1968. AFS, E2001(E)1980/83/541.
53 Voir: chapitre VI.1.
54 Télégramme de Lindt à Micheli, 8.8.1968. AFS, E2001(E)1980/83/541.
55 Lettre de Real au DPF, 16.5.1968. AFS, E2001(E)1980/83/541.

## 2. L'engagement humanitaire de la Confédération

Le Sud-Est, région la plus densément peuplée du Nigeria, finance le gros de son approvisionnement en protéines par des exportations d'huile de palme et les revenus de ses ressortissants travaillant à l'extérieur. Nombre de ceux-ci fuient les massacres de 1966 dans le Nord et leur retour fragilise davantage le ravitaillement. Sous-estimé dans un premier temps par les sécessionnistes, le blocus imposé par Lagos à partir de juin 1967 achève de mener à une crise humanitaire, reconnue dans l'appel à l'aide des Eglises biafraises à la fin de l'année. Dès janvier 1968, des organisations catholiques et protestantes acheminent des vivres en louant des avions à la compagnie Hank Warton, qui assure des livraisons d'armes depuis Sao Tomé. L'autre acteur principal, le CICR, offre ses services aux deux parties suite à la déclaration de sécession, en insistant sur le respect des Conventions de Genève, puis engage une équipe médicale de part et d'autre du front. Le procédé de négociations soumet l'extension de ses activités à l'obtention d'un accord, conclu en avril 1968 et permettant d'établir un pont aérien pour les secours alimentaires. Cette insistance sur le cadre légal explique, sur la durée du conflit, une performance chiffrée à 21'000 tonnes de vivres et médicaments, en-deça de celle des Eglises, qui ne recherchent pas l'accord des belligérants et en transportent 57'000.[56] Toutefois, pour le CICR, l'ampleur de cette intervention est sans précédent depuis la Seconde Guerre mondiale.

Dès la fondation de la Croix-Rouge à Genève en 1863, les membres directeurs s'efforcent de formuler ses «principes fondamentaux», définis en 1965 par: humanité, impartialité, neutralité, indépendance, caractère bénévole, unité, universalité. En résumé, les deux premiers et le dernier expriment un idéal de non-discrimination entre les personnes à secourir. Quant au principe d'unité, il signifie qu'une seule société nationale de la Croix-Rouge ne peut exister par pays. En 1952, la Croix-Rouge britannique fonde une section à Abeokuta sur l'initiative de Mme Schoffield et une autre à Ibadan, par Mme Warren. Deux ans plus tard, 34 sections ont essaimé à travers le Nigeria; elles organisent des collectes de fonds

56 Thierry Hentsch: *Face au blocus. Histoire de l'intervention du Comité international de la Croix-Rouge dans le conflit du Nigéria, 1967-1970.* Genève 1973, p. 240.

et d'habits en cas de catastrophe, de livres et jouets pour des personnes hospitalisées, ainsi qu'une banque du sang dans la région Nord.[57] Rassemblées sous la dénomination *Croix-Rouge nigériane* lors de l'indépendance, ces sections disposent de moyens évidemment dérisoires face aux conséquences de la Guerre civile.

Les sociétés nationales doivent être reconnues par le CICR, qui a également un droit d'initiative: offrir ses services à toutes les parties d'un conflit, venir en aide aux victimes et les protéger. Ce comité international est basé à Genève et ses membres – d'origine exclusivement suisse – élus par cooptation, un système censé maintenir une indépendance vis-à-vis du gouvernement. Et pour qui partage suffisamment le mythe, la composition mononationale du Comité offre justement une garantie de neutralité, du moment qu'il ne rassemble que des Suisses, citoyens d'un pays neutre.[58] Le financement, lui, est assuré essentiellement par des gouvernements, dont celui de la Suisse qui assume, certaines années, plus de la moitié des coûts du siège central. Ceux des interventions sur le terrain sont plus répartis; la contribution de la Suisse représente un modeste pourcentage, mais calculée en rapport au nombre d'habitants, elle apparaît une des plus élevées.[59]

### *Soutien financier et laitier*

Au total, le Conseil fédéral finance les interventions humanitaires en faveur des victimes de la Guerre civile à hauteur de 14.4 mio Sfr, dont 11.1 mio au travers du CICR. Un premier montant de 50'000 Sfr est octroyé à la Croix-Rouge suisse en juillet 1967, pour l'engagement de ses deux équipes médicales.

---

57 On compte alors 2 sections à Lagos, 13 dans la Région ouest, 11 dans la Région est et 8 dans la Région nord. NAI Abeprof 2, 2nd acc., ABP 1809/2 British Red Cross Society, Nigeria Central Council Branch, Annual Reports.

58 Hans Haug partage ce point de vue dans son article: « Die Schweiz, die Rotkreuz- und Rothalbmondbewegung und das Internationale Komitee vom Roten Kreuz ». In: Alois Riklin, Hans Haug, Raymond Probst (Hg.): *Neues Handbuch der schweizerischen Aussenpolitik*. Haupt, Bern 1992, p. 686.

59 Chiffres compilés par Albert Wirz: « Die humanitäre Schweiz im Spannungsfeld zwischen Philanthropie und kolonialismus: Gustave Moynier, Afrika und das IKRK ». In: *Traverse*, 1998/2, pp. 100-101.

En novembre 1967, 100'000 Sfr sont versés au CICR, après que le Département politique relève «l'abstention des gouvernements influents» et estime que «Les Nations Unies elles-mêmes ne semblent pas en mesure d'intervenir ni même de condamner ces massacres confinant au génocide».[60] A ces impressions s'ajoute une sollicitation, non de la part du bénéficiaire, mais du vice-directeur de l'UNICEF, qui approche l'observateur suisse auprès des Organisations internationales à New York pour lui communiquer sa «profonde anxiété [...] et demander si le CICR ne pourrait pas alerter l'opinion publique mondiale».[61]

Attentifs à ne pas risquer l'ingérence dans un conflit qu'il considère comme «un héritage de la colonisation britannique», le DPF recommande au Conseil fédéral de s'en tenir au plan humanitaire, sans lancer lui-même d'appel à l'opinion publique, afin d'éviter que le mobile d'une telle démarche ne soit déformé par «la faiblesse des structures gouvernementales africaines et les ambitions tribales qui entretiennent leur instabilité». Selon le DPF, même un appel à une négociation de l'OUA pourrait amener ses membres à s'aligner sur Lagos. Le CICR apparaît alors comme l'acteur à soutenir et le DPF pense que de lui accorder une contribution «qu'il n'a pas demandée», permettrait de souligner l'appui de la Confédération. En outre, le Conseil fédéral est invité à l'annoncer et à marquer sa «profonde anxiété» à travers un communiqué de presse, ce qui «répondrait au souci [...] d'appeler l'attention de l'opinion publique sur le drame nigérien, sans pour autant comporter les inconvénients d'un appel destiné directement aux parties belligérantes et à l'opinion mondiale».[62]

Cette distinction entre une «opinion mondiale» et une «opinion publique» laisse supposer que la seconde se réfère au territoire suisse, mais on comprend mal comment la portée d'un communiqué de presse peut s'y limiter. Peut-être qu'ayant jugé les pouvoirs étrangers indifférents, le DPF entend d'abord sensibiliser la population nationale, voire susciter une générosité privée. En tout cas, l'opinion publique s'éveillera au cours de l'année suivante et ne manquera pas de constituer un facteur de décision à part entière, y compris pour le gouvernement suisse. Lors de

60 Proposition du DPF au Conseil fédéral, 27.11.1967. AFS, E2003(A)1980/85/295.

61 *Ibid.*

62 *Ibid.*

l'interruption du pont aérien du CICR en 1969, le DPF suggère d'appuyer l'action des Eglises qui, malgré leur manque de neutralité, lui apparaissent comme l'unique partenaire disponible. Ce que reflète ce choix, c'est une volonté d'éviter la passivité, que «le peuple suisse ne comprendrait guère». Le même argument justifie l'octroi aux Eglises de 600'000 Sfr en février, geste alors qualifié d'«exception nécessaire», et de 1 mio Sfr en juillet.[63] Parmi les motifs du troisième versement – 1 mio Sfr en septembre – est considérée l'image nationale; plus précisément, le fait que Caritas Suisse et Eper représentent le pays auprès de Joint Church Aid, qui rassemble des organisations chrétiennes d'une vingtaine de nations.[64]

La contribution au CICR de novembre 1967 provient du crédit de programme de 43 mio Sfr alloué au Conseil fédéral par les Chambres pour la poursuite des œuvres d'entraide internationales sur la période 1967-1969. Ce point budgétaire n'est de loin pas consacré au Comité, mais sert davantage aux projets des Nations Unies. Une autre source de financement est le crédit d'urgence de 7.5 mio Sfr accordé au CICR par le gouvernement suisse en 1946. Son quasi-épuisement, en fin d'année 1967, amène les Chambres à le transformer en subvention et à voter une nouvelle avance de 10 mio Sfr, à un moment où le nombre et l'ampleur des interventions – au Proche-Orient, Vietnam, Yemen – amenuisent davantage les ressources du Comité.[65]

Ces fonds s'avèrent insuffisants sur la durée du conflit, si bien que la Confédération finit par recourir à un capital dont l'attribution lui pose une question morale: le million Bührle. Il s'agit du solde de la liquidation des ventes d'armes réalisées au moyen du clearing[66] par Oerlikon-Bührle durant la Seconde Guerre mondiale, une somme que le Conseil fédéral avait prévu de réserver au CICR. En août 1969, le DPF vient à douter que

---

63 Propositions du DPF au Conseil fédéral, 30.1, 8.7.1969. Acceptées les 5.2, 9.7.1969. AFS, E2003(A)1980/85/295.

64 Proposition du DPF au Conseil fédéral, 29.9.1969. AFS, E2003(A)1980/85/295.

65 Voir: «Message du Conseil fédéral à l'Assemblée fédérale concernant l'appui financier de la Confédération au Comité international de la Croix-Rouge (Du 28 novembre 1967)». In: *Feuille fédérale*, 1968, vol. 1, pp. 45-66. <amtsdruckschriften.bar.admin.ch>.

66 Voir: Martin Meier: «Clearing». In: *Dictionnaire historique de la Suisse*, vol. 3, Hauterive, Gilles Attinger, 2004. <dhs.ch>.

ce moyen de financement ne suscite aucune critique de l'opinion publique, pour autant qu'elle l'apprenne, et il estime que ce genre de publicité ne viendrait pas en aide au Comité, de surcroît à un moment où ses opérations au Nigeria se trouvent dans l'impasse. Par contre, ce fonds pourrait être versé aux Eglises, moins exposées à cette critique, car elles «acceptent depuis longtemps de l'argent du péché».[67] Si ce raisonnement obtient un écho, il n'est que limité; le soutien aux Eglises continue à provenir des fonds habituels, alors que le CICR reçoit le million Bührle en décembre, pour maintenir son infrastructure au Nigeria en vue d'une prochaine reprise de ses activités.[68] Il semble que le recours à cette somme reste entouré d'une grande discrétion.

Les aides de la Confédération sont en général réservées à des projets particuliers, comme le financement d'équipes médicales ou l'acheminement de vivres. Par exemple, les 600'000 Sfr aux Eglises servent à l'achat de 35 tonnes de nourriture et médicaments sur le marché suisse, devant être transportées au Biafra sur deux vols. Parmi les contributions en nature, les produits laitiers occupent de loin le premier rang. L'aide du gouvernement suisse aux victimes de la Guerre civile, jusqu'en août 1968, se monte à 650'000 Sfr en espèces et à 2.5 mio Sfr de lait en poudre.[69]

L'usage de produits laitiers dans les interventions humanitaires devient régulier pour le DPF à partir de 1960. Puis, aussi bien dans la presse qu'au Parlement, s'exprime l'idée de «mettre la surproduction agricole de la Suisse au service de l'alimentation des pays en voie de développement». Le Conseil fédéral, en octobre 1967, ouvre un crédit de 5 mio Sfr à la Division de l'agriculture pour allouer des produits laitiers aux œuvres d'entraide. Dans son étude commandée par le Département de l'économie publique, le DPF précise:

> Il va sans dire que les besoins alimentaires dans le monde sont à l'heure actuelle tels qu'il n'y a pas de limite à l'absorption de produits laitiers dans les pays du Tiers monde lorsqu'il s'agit de lait en poudre. Une limite existe en ce qui concerne le fromage qui n'est pas nécessairement apprécié par toutes les populations souffrant

67 Note du DPF au chef du Département, 19.8.1969. AFS, E2003(A)1980/85/295.

68 Proposition du DPF au Conseil fédéral, 29.9.1969. Procès-verbal du Conseil fédéral, 15.12.1969. AFS, E2003(A)1980/85/295.

69 Note du DPF au chef du Département, 7.8.1968. AFS, E2003(A)1980/85/295.

de la faim, celles-ci étant, suivant les latitudes, accoutumées à d'autres modes de nourriture qu'en Suisse.[70]

Outre les différentes cultures alimentaires et plusieurs défis d'ordre technique, le type de procédé pose quelques questions d'ordre économique. Le prix du lait suisse atteint près du double de celui qui est pratiqué sur le marché mondial:

> Il est en effet quelque peu choquant que sur les 8 millions disponibles pour l'aide aux populations sous-alimentées environ 5 millions reviennent en fin de compte à une partie de la population suisse et qu'en même temps les quantitiés que nous allouons soient diminuées de près de la moitié par rapport à celles que nous pourrions livrer si notre crédit n'était pas grevé par la subvention accordée à notre agriculture.[71]

La solution proposée par le DPF consiste à faire supporter la différence entre le prix suisse et le prix mondial de la marchandise par les fonds normalement assignés à l'agriculture. Il n'est pas certain que ça se réalise; du moins, ce ne devrait pas être le cas au cours de la guerre civile du Nigeria.

Fidèle à son projet initial « d'attirer l'attention sur le drame nigérian », le gouvernement suisse ne se contente pas d'afficher ses propres contributions financières dans la presse, mais entreprend une collecte auprès des grandes puissances. A Londres, l'ambassadeur René Keller accompagne l'ancien président du CICR Paul Ruegger auprès du premier ministre Harold Wilson, qui convaincra le *Foreign Office* de verser les 700'000 £ demandés par le Comité. A Washington, l'ambassadeur Felix Schnyder s'apprête à organiser la visite de l'ancien conseiller fédéral Max Petitpierre, devenu membre du Comité, au Département d'Etat et à la Maison blanche. La démarche sera jugée superflue, du moment que les Etats-Unis octroient un troisième million de dollars et en promettent deux autres avant qu'elle ne s'effectue.[72] En janvier 1969, Petitpierre rencontre le ministre français des Affaires étrangères Michel Debré, qui rappelle les divers engagements humanitaires de son gouvernement. Le partenariat français implique sur-

---

70 Note du DPF au Département de l'économie publique, 28.2.1968. AFS, E2003(A)1980/85/295.

71 *Ibid.*

72 Télégramme du DPF à Pierre Dupont, ambassadeur de Suisse à Paris, 23.12.1968. AFS, E2003(A)1980/85/295.

tout la Croix-Rouge nationale, Terre des Hommes, Caritas et l'Ordre de Malte, tandis que l'Armée accueille des réfugiés dans son hôpital de Libreville, d'où elle assure aussi trois vols de secours par semaine. En plus de la campagne nationale de récolte de fonds programmée pour février, Debré s'apprête à faire débloquer des moyens financiers d'autres ministères et indique qu'il «verra s'il est possible d'en distraire une partie à l'intention du CICR».[73]

Si la question du financement reste centrale, la plus grande difficulté du Comité réside toujours dans l'obtention des droits de vols, et pour cela, Debré se montre mieux disposé. Il estime que le Dahomey peut offrir une base d'envol convenable et promet d'intervenir auprès du président Emil Zinsou; douze jours plus tard, le Comité effectue un premier décollage de Cotonou.[74]

### *Appui diplomatique*

Bien que le CICR compte un ancien conseiller fédéral parmi ses membres, il ne peut dédaigner l'appui diplomatique de la Confédération, qui contribue par interventions spontanées ou mise à disposition de personnel. En 1968, le Comité lance une large campagne de recrutement s'adressant aux cadres de l'économie privée et faisant aussi appel à des volontaires de toutes classes sociales.

Un millier de citoyens suisses s'annonce; en novembre, 398 européens sont engagés pour le travail de terrain au Nigeria, au Biafra et à Fernando Po, où se répartit déjà près d'un millier d'autres collaborateurs.[75] Dans une circulaire aux unions patronales, le CICR demande aux chefs d'entreprises d'inviter leurs cadres «rompus aux relations publiques, aux voyages, aux relations internationales», à s'engager pour des périodes de

73 Télégramme de Dupont au DPF, 17.1.1969. AFS, E2003(A)1980/85/295.
74 La rencontre a lieu le 16.1 et le premier vol le 28.1.1969. *Ibid.* Hentsch, *op. cit.*, p. 162.
75 Lettre de l'ambassadeur de Suisse en Irlande, 16.10.1968. AFS, E2003(A)1980/85/295. Pour une vue d'ensemble: voir: *Id.*, p. 137. A propos du personnel européen en région sécessionniste, voir la liste transmise par Real au DPF, 16.10.1968. AFS, E2003(A) 1980/85/295.

six semaines.[76] Le succès de cette formule de recrutement n'est pas vérifié; toutefois, à Genève, l'administrateur Nestlé Enrico Bignami, ayant participé à l'implantation de sa compagnie à Apapa et Nguru, assume la fonction de conseiller spécial auprès de la présidence du CICR pour les affaires du Nigeria. Il accompagne notamment le président Naville lors de sa visite à Lagos en juillet 1969.[77]

Jusqu'à l'éveil de l'opinion publique et les déclarations du secrétaire général des Nations Unies U Thant en juillet 1968, le Comité reconduit son action mois par mois, sans planifier davantage ou se projeter à plus long terme. Mais à ce moment, une volonté de meilleure coordination amène le recrutement du directeur de Panalpina Robert Hitz, chargé de représenter le Comité auprès des autorités fédérales à Lagos. Sa présence est très vite jugée indispensable, mais insuffisante: le CICR «sent la nécessité de confier l'ensemble de l'action à une personnalité de grande envergure».[78]

Les regards se tournent vers August Lindt, ambassadeur de Suisse à Moscou, après l'avoir été à Washington. Lindt s'est déjà affirmé dans l'action humanitaire en tant que délégué du CICR à Berlin en 1945 et haut commissaire des Nations Unies pour les réfugiés en 1956. Pour diriger l'ensemble de l'action en Afrique occidentale, il se voit attribuer un représentant auprès du Comité à Genève, le lieutenant colonel de l'armée suisse Hans Schaedler, et un adjudant personnel, Hans Egli, chef de section à la Division du personnel de la Poste suisse. Décidant de placer Egli à Lagos comme chef de mission, Lindt obtient finalement des adjoints parmi les jeunes recrues du corps diplomatique: à François Pictet succède Jean-Pierre Zehnder, que le DPF rappelle en avril pour renforcer une autre mission et propose de remplacer par Jacques R. Simon, fraichement engagé et ayant assumé la fonction d'administrateur du CICR à Lagos depuis octobre 1968. Cependant, le choix du Comité se porte sur Yves Besson, chargé de cours à l'Institut africain à Genève et auteur d'une étude sur l'action du CICR en Afrique.[79]

---

76 Circulaire du CICR au Vorort, à l'Union centrale des associations patronales, au *Schweizerischer Gewerbe-Verband*, à l'Union suisse des paysans et l'Union suisse des banquiers, 11.9.1968. AFS, E2003(A)1980/85/295.

77 Voir: chapitre V.1. Hentsch, *op. cit.*, p. 197.

78 *Id.*, p. 102.

79 Lettres de Lindt à Spühler, 20.12.1968, de Bieri, DPF, au CICR, 28.3.1969, de Jacques Freymond, vice-président du CICR, au DPF, 20.5.1969. AFS, E2003(A)1980/85/295.

Lindt concentre ses efforts sur les difficultés liées au pont aérien qui permet l'acheminement des secours. En résumé, Ojukwu refuse les vols de jour, de crainte que les troupes fédérales retirent un avantage stratégique de la trêve, tandis que Lagos n'accepte pas officiellement les vols de nuit, qui pourraient faciliter les livraisons d'armes aux sécessionnistes. De plus, évoquant des risques de sabotage, Ojukwu exclut les vols en provenance du sol fédéral.[80] Lindt est donc amené à négocier avec une multitude de partenaires, ce pourquoi le réseau diplomatique suisse lui prête régulièrement assistance. Les ambassades à Lagos, Londres et Paris offrent de précieuses sources d'information sur les positions et intentions de ces gouvernements, alors que la Confédération est parfois choisie comme interlocuteur intermédiaire. C'est à son homologue suisse que le président de la Guinée équatoriale Francisco M. Nguema expose les motifs d'interdiction des vols de nuit à partir de son territoire; faisant écho à l'argument du Gouvernement fédéral, il entend éviter les transports d'armes, mais rappelle son soutien à l'action du CICR, tant qu'elle se maintient dans un cadre strictement humanitaire.[81]

Le Comité devient confronté à une hostilité croissante du Gouvernement fédéral, qui culmine par la détention de Lindt et Besson durant une nuit en mai 1969, puis la démission de celui-là le mois suivant, et enfin le transfert de la coordination des secours aux autorités nigérianes. En juin, un avion de la Croix-Rouge suédoise est abattu; contrairement aux suppositions du pilote, le projectile ne vient pas d'un canon Bührle, mais d'un avion Mig, fabriqué en Union soviétique. Le ministre fédéral de l'Information Anthony Enahoro aurait expliqué en conférence de presse qu'après «toute la série d'explosions suivant sa chute, il devint clair que l'avion transportait autre chose que du riz».[82] Rien ne permet de vérifier cette allégation, à placer dans le contexte des efforts de propagande.

Au-delà de formuler les protestations d'usage, Real tente de discerner, au sein du gouvernement nigérian, où la cause du CICR pourrait trouver

---

80 Voir: Hentsch, *op. cit.*; Stremlau, *op. cit.*; St. Jorre, *op. cit.*

81 Télégramme de l'ambassade de Suisse à Londres, 16.8.1968. AFS, E2807(-)1974/12/38. Lettres de Nguema au Président de la Confédération, 21.1.1969, et d'Alfred Rappard, conseiller de l'ambassade de Suisse à Paris, au DPF, 24.2.1969. AFS, E2003(A)1980/85/294.

82 Télégramme de Real au DPF, 23.6.1969. AFS, E2003(A)1980/85/294.

la meilleure sensibilité. Habituellement, les «faucons» sont distingués des «colombes»; Awolowo serait à classer parmi les premiers et Gowon les secondes, bien que dans l'ensemble, Lindt parle de fronts mouvants au gré de l'ambiance nationale et des pressions extérieures.[83] Dixon, le commandant de l'aéroport, accuse Lindt d'avoir décollé de Lagos sans autorisation – ce que celui-ci nie catégoriquement – et ordonne son arrestation. Informé de l'incident à l'aube du jour suivant, Real se presse sur les lieux en brandissant un ordre de libération signé par le brigadier général Hassan Katsina. Dixon s'excuse sans autre justification et le dénouement porte à croire qu'il a agi isolément. D'ailleurs, le brigadier Ekpo déclarera à Lindt avoir «honte que cela puisse se passer dans [son] pays»[84] et le *Deputy Permanent Secretary* aux Affaires étrangères Blessing A. Clark se souviendra de Dixon comme un homme au comportement imprévisible.[85]

Malgré tout, le cercle des «faucons» parvient à prendre l'ascendance, au point que le gouvernement vient à instrumentaliser l'Affaire en relayant pleinement les accusations de Dixon. Suspecté par Real d'être à l'origine de cette récupération, Enahoro oppose à la protestation officielle suisse «toute une liste de péchés» commis par Lindt et communique l'insistance du Ministère des affaires étrangères pour «une action rapide», sans quoi il deviendrait *persona non grata* au Nigeria. Si Gowon, le commissaire aux Affaires étrangères Arikpo et le secrétaire permanent du Ministère Baba Gana prennent immédiatement connaissance de la note, Real remarque qu'on a négligé d'en informer le brigadier Ekpo. Puis, dans le rapport d'un entretien, l'ambassadeur Kolo communique à Lagos que le vice-président du Comité Jacques Freymond lui a laissé entrevoir la possibilité pour Lindt de travailler depuis Genève en effectuant des navettes directes vers le Biafra, que le Gouvernement fédéral considère évidemment sous sa souveraineté.[86]

A la mi-juin, Gowon «ne veut plus voir Lindt au Nigeria», mais affirme qu'il tient à éviter une complète rupture avec le CICR: une position

---

83 August R. Lindt: *Generale hungern nie. Geschichte einer Hilfsaktion in Afrika*. Bern 1983, p. 37.

84 *Id.*, p. 237.

85 «[...] and unfortunately for [Lindt], as soon as he landed in Lagos, we had one crazy man of the Air Force». Entretien, Lagos, 12.5.2011.

86 Télégrammes de Real au DPF, 2.6, 16.6.1969. AFS, E2003(A)1980/85/295.

aussi soutenue par le *Chief Justice* et président de la Croix-Rouge nigériane Adetokunbo Ademola. Pour éclaircir la situation, tous deux appellent le Comité à envoyer une haute personnalité autre que le délégué général pour l'Afrique Georg Hoffmann, qu'ils présument responsable de la poursuite des vols de nuit. Accueilli «amicalement» par Gowon, le président Naville est informé que le transfert de la responsabilité des secours s'effectuera sur trois mois et que Lagos reste prêt à quelques concessions, «à condition que cela n'apparaisse pas au grand jour».[87]

## *Facteurs de crise*

«S'il parle aux Américains et aux Russes comme à nous, c'est un miracle que la Suisse continue d'exister». En citant les mots de ce «diplomate nigérian» à l'issue d'une séance de négociation, St. Jorre entend illustrer le caractère de Lindt qu'il juge inadéquat et bien plus propre à un homme d'action qu'à un savant négociateur.[88] En revanche, ni le Comité, ni la Confédération ne semblent à un seul instant mettre en cause ses qualités: l'un et l'autre lui manifestent plein soutien lorsque les tensions atteignent leur sommet, en juin 1969.[89] Le ton de son témoignage publié, au-delà du titre *Les généraux n'ont jamais faim*, ne se révèle pas particulièrement aigri ou justificateur.[90] Mise à part l'éventuelle nature de son tempérament, le rôle qu'on lui demande d'assumer ne contribue certainement pas à établir des liens de confiance. Sources de suspicion, les incessantes navettes entre les deux parties pourraient être évitées par la nomination d'un négociateur auprès de chacune.[91] Cette dernière solution est pourtant retenue par la mission exploratrice du CICR en Afrique orientale et centrale, en 1962. Mais en général, cette mission amène le Comité à ressentir une «aspiration civilisatrice», un désir de «renouer avec l'esprit libéral européen de lutte contre l'esclavage avant que la colonisation ne soit devenue un sys-

87 Télégramme de Real au DPF, 14.6.1969. AFS, E2003(A)1980/85/295.

88 St. Jorre, *op. cit.*, pp. 242-243.

89 Cf.: télégramme de Micheli à Lindt, 4.6.1969. AFS, E2807(-)1974/12/38.

90 Lindt, *op. cit.*

91 Sur ce point-là, nous rejoignons St. Jorre, *op. cit.*, p. 243. A noter qu'il sonsacre son chapitre neuf à l'activité des organisations humanitaires.

tème d'exploitation [...]». La culture africaine, dans cette perspective, est pleinement dévalorisée et perçue comme un obstacle à surmonter pour diffuser les principes humanitaires occidentaux.[92]

L'hostilité du Gouvernement fédéral envers le CICR est encouragée par une atmosphère que les adversaires d'une quelconque aide «aux rebelles» parviennent à installer, notamment par le biais de la presse. A partir de juillet 1968, le quotidien *New Nigerian* consacre à l'intervention du CICR, en moyenne, un article tous les deux mois: au simple reproche de «nourrir l'ennemi»[93] en dépit du blocus, s'ajoute le soupçon de favoriser les livraisons d'armes, ce qui reflète, entre autres, un manque de distinction entre le Comité et les Eglises.[94] Alors que pour une partie du gouvernement, l'intervention humanitaire contribue surtout à prolonger la Guerre, d'autres voix, dont celle de Gowon, estiment que faire systématiquement obstacle à l'aide aux victimes relève d'un mauvais calcul en politique internationale.[95] Le premier argument gagne évidemment du poids au fil du temps, mais l'étincelle de la crise est produite par l'intervention du comte suédois Carl Gustaf von Rosen. D'abord coordinateur et pilote pour l'organisation Nordchurchaid, Von Rosen offre ensuite ses services au Biafra en prenant la direction d'une flotte militaire et conduisant plusieurs raids sur des bases aériennes fédérales, en mai 1969. Le tir de l'armée fédérale sur l'avion de secours suédois s'inscrit en riposte. Il n'est pas exclu qu'un malentendu sur sa nationalité porte préjudice à Lindt; lorsque celui-ci interroge un visiteur du commissariat sur les raisons de sa détention, on lui répond: «Qu'attendez-vous d'autre, si votre compatriote bombarde nos bases aériennes?».[96]

---

92 Juan Manuel Cano: *Le CICR face à l'Afrique à l'exemple de la mission Gonard (1962)*. [s.n.], Fribourg 2009 [Mémoire de Master], pp. 41, 50, 73.

93 «ICRC has 800 tons of food at Fernando Po for rebels». *New Nigerian*, 13.7.1968.

94 Pour illustrer l'article d'une page: «The role of the missionary zealots in the civil war», le *New Nigerian* publie, le 28.12.1968, la photo d'une manifestation s'étant probablement déroulée à Zaria et met en évidence une pancarte: «ICRC stop arms deal to the rebels». L'article précise: «These organisations abused their welcome by allowing arms and ammunition under cover of relief materials to the rebels».

95 Voir: St. Jorre, *op. cit.*, p. 244.

96 Lindt, *op. cit.*, p. 235.

L'importance accordée à la nationalité de Lindt et des membres du Comité se reflète dans les articles du *New Nigerian*, qui se garde d'exprimer «CICR» en toutes lettres, mais s'y réfère constamment par la formule «comité entièrement suisse». Sous la rubrique du courrier des lecteurs, Donald Ekong se demande si la Croix-Rouge est «plus suisse qu'internationale»:

> Les Nigérians doivent être avertis que la soi-disante Croix-Rouge internationale n'est en fait pas un organisme international au sens commun, mais plutôt une organisation complètement suisse. Si on considère les activités d'autres citoyens suisses vis-à-vis de la crise nigériane, le comportement si particulier de la Croix-Rouge «internationale» devient plus facile à expliquer.[97]

Premiers visés, des banquiers auraient acheté au Biafra une quantité massive de livres nigérianes à bas prix, en prévoyant qu'elles redeviennent convertibles à la fin de la Guerre, et ainsi fourni des devises bienvenues pour les acquisitions d'armes.[98] Ensuite, Ekong rappelle l'annulation de la semaine britannique à Bâle, sous la pression de manifestants dénonçant le soutien à Lagos, et en déduit:

> En permettant à la Croix-Rouge suisse d'opérer dans les zones de conflit, le Gouvernement militaire fédéral doit réaliser qu'il laisse entrer une organisation d'un pays dont un grand nombre de citoyens se montre hostile au Nigeria.

A noter que ces propos sont imprimés à côté d'une annonce publicitaire de la firme bâloise UTC.

En plus de la mononationalité des membres du Comité, son organisation logistique au Nigeria n'aide pas à le distinguer du gouvernement suisse. Lindt et son secrétaire utilisent un bureau mis à disposition par le DPF à l'intérieur de l'ambassade, d'où ils assurent la correspondance et des rencontres avec les autorités nigérianes. Au sommet de la crise, en juillet 1969, le chef du Département Willy Spühler, suggère que le CICR, à l'avenir, sollicite plutôt le siège de sa délégation que l'ambassade à Lagos.[99]

---

97 *New Nigerian*, 16.10.1968.

98 Cette accusation n'est pas vérifiée. En revanche, les dépenses des équipes humanitaires postées au Biafra constituent inévitablement une source de devises étrangères.

99 Lettre de Real à Micheli, 8.7.1969. AFS, E2003(A)1980/85/294.

Dans l'édition du 7 février 1969 déjà, R.A.K. Adegboye suggère de s'inspirer du courage de Fidel Castro dans la Baie des Cochons et de Gamal A. Nasser dans la nationalisation du Canal de Suez pour expulser le CICR, sans «l'interférence [duquel] la rébellion serait près d'être écrasée». Parmi ses méfaits, le Comité aurait «épandu dans ce pays des traficants, des escrocs oisifs, des espions et d'autres individus de leur trempe», ce qui serait dû au fort soutien qu'il reçoit des pouvoirs occidentaux. D'où l'appel à «faire face à ces impérialistes».[100] Ici, la Suisse n'est pas nommée, et pour préciser cette idée de souveraineté blessée, un article du 22 août 1969[101] met en évidence l'apport financier des «Etats-Unis et leurs alliés [au CICR], la plus importante agence de promotion de [leurs] intérêts et objectifs idéologiques et néo-colonialistes». L'intervention du Comité serait ainsi à interpréter comme une punition adressée au gouvernement nigérian «pour avoir péché contre le Saint-Esprit, poursuivi une politique étrangère indépendante, acheté des armes soviétiques». Il ne faut pourtant pas exagérer le facteur de la Guerre froide dans l'attitude étasunienne; l'acquisition de Migs par Lagos ne suffit pas à inscrire sérieusement la crise nigériane dans l'agenda de l'Administration Lyndon B. Johnson, alors occupée par le Vietnam, et quand son successeur Richard Nixon envoie Clarence C. Fergusson comme coordinateur pour l'aide humanitaire, la décision répond en grande partie à des considérations de politique intérieure.[102]

Ce qui ressort des critiques de la presse est avant tout le sentiment de subir une action néo-colonialiste. Lindt, dans son ouvrage, en montre le reflet en illustrant une réaction courante des fonctionnaires – mais pas des ministres – qu'il visite:

> Le CICR se prétend international. Mais tous ses membres ne sont-ils pas suisses? Est-ce qu'un seul Africain se trouve parmi eux? En quoi consiste alors son internationalité? Il s'agit clairement d'une organisation blanche. Même notre guerre civile, les Blancs ne nous laissent pas la mener tous seuls. Pour s'emmêler, ils utilisent l'instrument de la Croix-Rouge internationale. C'est typiquement du néo-colonialisme.[103]

100 *New Nigerian*, 7.2.1969.

101 *Ibid.*

102 Cf.: Marie-Luce Desgrandchamps: *Les Etats-Unis et la crise du Biafra 1966-1970.* [Mémoire de Licence à l'Institut d'études politiques de Paris, non publié] 2008, pp. 34-54, 89-92.

103 Lindt, *op. cit.*, p. 35.

Le CICR, en octobre 1968, compte 109 collaborateurs en zone sécessionniste, tous d'Europe occidentale, à l'exception de trois Israéliens, trois Américains et un Australien. Parmi eux ne se trouvent que dix Suisses, dont le délégué chef Heinrich Jaggi, alors que les Suédois sont les mieux représentés, à raison de 65.[104] Si ni leurs fonctions, ni leurs formations ne figurent sur cette liste, St. Jorre affirme en avoir rencontré beaucoup qui étaient «inadaptés à ce travail», à l'image d'un cuisinier suisse posté à Enugu, où les cuisiniers nigérians n'ont pourtant aucune raison de manquer. A Lagos, les excès de certains collaborateurs suisses dans leur vie nocturne tendent à faire scandale et à ternir l'image du Comité.[105]

Lorsqu'en décembre 1968, un rapport de l'OUA évoque une «absence de personnel de la Croix-Rouge nigériane dans l'Etat-major du CICR pour l'action de secours», cette observation est qualifiée par le Comité de «sérieuse erreur» due à un manque d'information. À travers un communiqué de presse, le démenti est appuyé par quelques détails sur le Relief Centre à Lagos, présenté comme le quartier général de «l'action conjointe» du CICR et de la Croix-Rouge nigériane. Sur les 29 responsables de cet organe fédérateur, 13 sont nigérians, et à sa tête se trouvent deux personnalités de la CRN, S. Ade Ojo et Saïdu Z. Mohamed.[106] Or, la littérature sur la Guerre civile[107] demeure très discrète à leur égard, ce qui laisse songeur quant au rôle et à la signification du Relief Center. Selon l'auteur John J. Stremlau, il s'agit d'une agence gouvernementale et son directeur Mohamed, prompt à déplorer que l'activité humanitaire prolonge la Guerre, est à compter parmi les fonctionnaires qui se réjouissent le plus qu'un avion de secours ait été abattu.[108]

A l'opposé de cette attitude, celle du président de la CRN A. Ademola rendrait possible ce que Lindt nomme «une étroite symbiose» entre cette section et le Comité international, sans pour autant démontrer ce qu'il

104 *List of ICRC staff in the secessionist areas.* Real au DPF, 23.10.1968. AFS, E2003(A) 1980/85/295.

105 St. Jorre, *op. cit.*, p. 239.

106 Communiqué du CICR, 12.12.1968. AFS, E2003(A)1980/85/295.

107 Ces deux noms sont absents de l'ouvrage de St. Jorre, *op. cit.*, et même de celui de Hentsch, *op. cit.*, qui traite précisément de l'intervention du CICR dans la Guerre civile.

108 Stremlau, *op. cit.*, p. 339, n. 90.

entend.[109] En effet, du moins postérieurement, il avoue partager la remarque du colonel Benjamin Adekunle sur le manque de Nigérians au sein des équipes du CICR et le paternalisme qui s'en dégage. Sur le moment, il lui rétorque que « nous intégrons dans nos équipes tous les Nigérians que la CRN met à notre disposition. Il y aura aussi bientôt des chefs d'équipe nigérians ».[110] La CRN ne se sent clairement pas associée aux décisions et ressent le fait qu'elles soient prises à Genève comme une aliénation. À partir de mars 1969, le CICR prévoit une réunion avec l'ensemble des sociétés nationales africaines, mais elle n'a finalement pas lieu.[111]

Le coup d'arrêt à l'activité du CICR au Nigeria et l'ambiance qui y mène ne constituent pas des atouts pour la diplomatie suisse. Il faut se demander quel poids ces tensions exercent sur la relation bilatérale, une fois la Guerre terminée.

109 Lindt, *op. cit.*, p. 33.

110 *Id.*, p. 164.

111 Voir: Hentsch, *op. cit.*, pp. 232-233.

# *Partie IV*
# *Apaisement 1970-1980*

# Chapitre VIII
# Dégel diplomatique

Au cours de la décennie 1970, l'évolution de la relation dépend, dans une certaine mesure, de la conception que les diplomates se font de leur mission et de la façon dont ils se représentent leur pays de résidence. La presse offre quelques reflets de l'opinion publique, dont l'influence potentielle a été observée dans les deux chapitres précédents. Parmi les signes d'apaisement, l'invitation de représentants suisses à la conférence internationale sur le fédéralisme à Lagos marque une intention d'échanger sur d'autres plans que le commerce, pilier central des rapports bilatéraux. Comment le système politique suisse y est-il présenté et à quel point inspire-t-il la constitution de la Seconde République? En revanche, les visites ministérielles, si nombreuses au lendemain de l'indépendance, se raréfient. Un des trois séjours réalisés sur cette période est celui du conseiller fédéral Pierre Aubert à Lagos, dans le cadre d'une tournée en Afrique de l'Ouest, en 1979. Si les voyages de conseillers fédéraux sont systématiquement controversés, aucun n'a encore autant agité la presse et le parlement suisses que celui-ci.[1] A cette occasion, la signature avec le gouvernement nigérian d'un communiqué conjoint condamnant l'apartheid rencontre un écho en demi-teinte dans les milieux économiques suisses.

## 1. Perspectives des ambassades

Malgré l'exclusion d'August Lindt en juillet 1969 et les mesures de rétorsion exercées sur la colonie suisse en mai 1970, la relation bilatérale, en décembre de cette même année, est qualifiée par l'ambassadeur de Suisse à Lagos Fritz Real de «bonne et amicale». Il rapporte que les différends

1 Voir: Kaufmann, *op. cit.*, p. 84.

s'étant succédés au fil de la Guerre civile n'ont pas donné lieu a des tensions profondes et que l'ambassade n'a jamais subi d'animosité du gouvernement fédéral nigérian. Le groupe de médecins suisses stationné à l'Est a pu y rester, alors que des contingents d'autres pays ont dû plier bagages. En raison d'une attitude peu appréciée par Lagos, la Croix-Rouge française, l'Irlande, Israël et les pays scandinaves de Joint Church Aid ont été inscrits sur une «liste noire» dressée au lendemain de la Guerre. Le Gouvernement fédéral aurait désormais «pris de la distance» et serait venu à mieux considérer l'intervention humanitaire, ainsi que la «stricte et constante neutralité» de la Suisse.[2]

Blessing A. Clark, *Deputy Permanent Secretary* aux Affaires étrangères à Lagos, remarque particulièrement l'aide apportée par certains Suisses pour le rapatriement d'enfants qui avaient été évacués de l'ex-Biafra.[3] En mai 1971, son collègue de ministère le secrétaire général A.A. Baba Gana accompagne le général Gowon à Nairobi et y dîne aux côtés de l'ambassadeur de Suisse Hans-Karl Frey, convié au banquet en tant que doyen du corps diplomatique. Avec celui-ci, Gowon se montre très cordial en ne laissant rien transparaître de négatif, et Baba Gana vient à évoquer la mission d'August Lindt, dont il dit louer le fort caractère, mais qui a créé des tensions en agissant quelquefois sans préavis. Autre point sensible relevé, l'absence de démarche de la Suisse à l'encontre de l'agence Markpress, basée à Genève.[4]

En août 1969, à la demande de l'ambassade du Nigeria à Berne, le Département politique a enquêté sur les activités de Markpress et conclu, d'entente avec la Police fédérale, que tant que l'agence se limite à transmettre des bulletins, aucune intervention judiciaire ne se justifie.[5] Toute-

---

2 Rapport final de Real au DPF, 23.12.1970. AFS, E2001(E)-01(-)1991/17/990. Sur la sélection des organisations humanitaires par le Gouvernement fédéral suite à l'armistice, voir: note du DPF, 14.1.1970. AFS, E2003(A)1984/84/338.

3 Entretien B. A. Clark, Lagos, 12.5.2011. Le rapatriement des enfants évacués en Suisse par le CICR est coordonné par le DPF et Département de justice et police. Lettre de Gelzer, DPF, à l'ambassade de Suisse à Lagos, 4.6.1970. AFS, E2003(A)1984/84/338.

4 Lettre de Frey au conseiller fédéral Pierre Graber, 13.5.1971. AFS, E2001(E)1987/78/695.

5 Lettre du DPF au Ministère public, 8.8.1969. Note de la Police fédérale, 27.10.1969. AFS, E2001(E)1980/83/543.

fois conscient du poids que cette situation fait peser sur la relation bilatérale, le DPF reprend contact et le directeur Bernhardt fait savoir qu'il n'entend pas interrompre son travail d'information à un moment où la vengeance de Lagos et la famine menace toujours des milliers d'Igbos. Auprès de l'ambassadeur Real, en avril 1970, Baba Gana fait connaître son mécontentement quant à la poursuite de ces activités. Une année plus tard, si les propos de H.K. Frey sur l'absence de base légal pour agir ne le convainquent pas, il n'insiste pas pour autant.[6] Le sujet est évoqué au fil de la conversation, tout comme ça a été le cas avec Real; pour reprendre les termes de ce dernier, il s'agit d'un différend pas assez profond pour causer des tensions à long terme.

Lorsque B.A. Clark est nommé ambassadeur à Berne, en 1973, il considère que les «malentendus» issus de l'action du CICR ne portent plus du tout atteinte à l'image de la Suisse au Nigeria. En recevant ses lettres de créance, le président de la Confédération Roger Bonvin lui souhaite la bienvenue de manière surprenante: «J'espère que vous apprécierez votre séjour ici. Nous sommes un pays très stable et n'avons pas de problèmes de gouvernement, contrairement à chez vous». Tout en admettant ne pas être en mesure de le contredire, Clark trouve ses propos peu diplomatiques et peu adéquats pour une cérémonie de remise des lettres.[7]

### *Blessing A. Clark et Oluyemi Adeniji ambassadeurs à Berne*

Suite au départ de l'ambassadeur Sule Kolo en 1969, le poste reste vacant jusqu'à l'arrivée de Clark. Le premier secrétaire Rufus O. Omotoye devient chef de mission jusqu'en 1970, quand sa fonction est transmise au premier secrétaire Sabo Sarki Mohammed et au chargé d'affaires I.P.J. Obebe. Celui-ci, en avril 1973, lance une revue trimestrielle en anglais, intitulée *Nigeria Today & Tomorrow.* Editée à l'ambassade, sa diffusion n'est pas connue, mais elle s'adresse à la communauté nigériane, aux «hommes

6 Lettre de Gelzer, DPF, au conseiller fédéral Willy Spühler, 19.1.1970. AFS, E2001(E)1980/83/543. Lettre de Real au DPF, 8.4.1970. AFS, E2001(E)1980/83/540. Lettre de Frey à Graber, 13.5.1971. AFS, E2001(E)1987/78/695.

7 Entretien B.A. Clark.

d'affaires et touristes suisses en espérant [...] qu'elle trouve une place honorable dans les bibliothèques scolaires et privées, ainsi que dans les foyers de nos millions d'amis suisses». Cette publication vise à faire connaître en Suisse «les efforts quotidiens du gouvernement nigérian pour construire une société égalitaire basée sur le respect des lois et les contributions du Nigeria à la paix et à la sécurité internationales».[8]

Le premier numéro de *Nigeria Today & Tomorrow* traite surtout de l'histoire du récent boom pétrolier et de la politique d'indigénisation. Puis, en l'absence d'Obebe, mais toujours éditée par S.S. Mohammed, en tout cas jusqu'à sa huitième et probablement dernière parution en mai 1975, la revue ne consacre à la Suisse plus que quelques photos, illustrant les rencontres officielles de Clark. Le gros du contenu se limite désormais à un survol des actualités politiques et économiques du Nigeria. La première parution nous apprend aussi l'arrivée à l'ambassade en tant que quatrième secrétaire de Mandu S. Ekpo, titulaire d'un bachelor en anglais et en français de l'Université d'Ibadan et qui représente la seule femme du corps diplomatique africain «physiquement accréditée à Berne». Une double page amplement illustrée revient sur la célébration du nouvel-an 1973, à Berne, organisé conjointement par l'ambassade et l'Union des étudiants nigérians en Suisse. Avant d'ouvrir la danse avec son épouse, Obebe prononce un discours où il «implore les étudiants ayant terminé leur programme de retourner au Nigeria et d'apporter leur contribution au développement de leur patrie». Une image montre «une fille suisse apparemment transportée par les rythmes mélodieux de *highlife*, [...] prouvant que le *highlife* et d'autres sons africains peuvent être internationalisés».[9] Par des clichés similaires, la parution d'octobre 1973 illustre la récente fête nationale du Nigeria, organisée à Berne par Mme Clark. Avec son mari, elle y commémore l'indépendance aux côtés d'étudiants nigérians et de leurs amis suisses.

Le nombre officiel de Nigérians résidant en Suisse n'est connu qu'à partir de 1981, alors qu'on en compte 303.[10] Une certitude: cette commu-

8 Préface de *Nigeria Today & Tomorrow*, n° 1, avril-mai 1973. Bibliothèque nationale suisse.

9 *Ibid.*

10 Donnée communiquée par Denise Efionayi-Maeder, du Forum suisse pour l'étude des migrations et de la population, Université de Neuchâtel.

nauté est essentiellement formée d'étudiants. Des personnes issues «du côté biafrais» sont arrivées durant la Guerre civile, parmi elles des enfants adoptés par des familles suisses, tandis qu'à Genève réside une petite colonie nigériane active auprès des Nations Unies. L'ambassade «essaie de suivre» et encourage tous ces résidents à venir s'enregistrer. Quand des mariages unissent des étudiants nigérians à des Suisses, Clark est appelé à enquêter sur leur «légalité», afin de savoir s'ils ne cachent pas un motif migratoire.[11]

En soumettant ses lettres de créance, Clark résume les intérêts de son gouvernement pour la Suisse:

> Vos accomplissements dans les arts et la science, la technologie et l'industrie et pour la cause de la paix internationale et de l'humanitarisme sont à ce point remarquables qu'ils ont été bénéfiques à tout le genre humain. [...] En tant que pays non-aligné en paix avec lui-même, sensiblement orgueilleux de son intégrité, de son indépendance et pronfondément engagé pour la cause de la liberté, du progrès et de la stabilité en Afrique, le Nigeria voit d'énormes possibilités de promouvoir une entente mutuelle et une coopération entre lui-même et votre grand pays, qui a à juste titre été décrit comme occupant une position de carrefour en Europe au sens culturel, économique et géographique.[12]

Interrogé postérieurement, il précise, dans des formules plus ramassées: «La Suisse est un pays très riche, capitaliste. Donc, les instructions normales que vous recevez de votre gouvernement quand vous êtes envoyé en Suisse, c'est de voir comment vous pouvez en obtenir des investissements». Évoquant la «longue relation» de son pays avec UTC, il mentionne aussi l'implantation de Ciba-Geigy.[13] En 1974, séjournant une semaine à Bâle pour y visiter les directions de ces deux compagnies, ainsi que de Sandoz et Panalpina, il y approche aussi le gouvernement cantonal et offre au président du Conseil d'Etat Eugen Keller un moulage en bronze représentant la tête de l'Oba de Benin.[14] Les résultats de ce séjour ne sont pas connus. A propos des échanges commerciaux, Clark accorde la première importance

11 Entretien B. A. Clark.

12 Ici, «grand pays» traduit «great country». *Nigeria Today & Tomorrow*, n° 3, octobre-novembre 1973. Bibliothèque nationale suisse.

13 Entretien B. A. Clark.

14 *Nigeria Today & Tomorrow*, n° 7, décembre 1974-janvier 1975. Bibliothèque nationale suisse.

au cacao, de même que son successeur Oluyemi Adeniji certifiant qu'à ce moment - 1977-1981 - les achats de pétrole «ne sont pas très importants».[15] A la lumière des statistiques, cette vision surprend et ne se laisse pas expliquer.[16] En tout cas, Clark se rend auprès de la direction Nestlé, à Vevey, et devient très jaloux de l'ambassadeur de Côte d'Ivoire, qui parviendrait mieux que tout le monde à susciter des investissements suisses, notamment en obtenant que Nestlé ouvre une unité de production pour l'Afrique de l'Ouest dans son pays.

L'ambassadeur assume aussi des responsabilités liées à la campagne anti-apartheid de son gouvernement et pour cela, il se réjouit de la bonne coopération avec le chef du DPF Pierre Graber. Quand celui-ci dirige la Conférence sur le droit humanitaire de 1976[17], Clark est à la tête d'une «très forte» délégation du Nigeria, qui doit sa taille à son expérience dans ce domaine, à l'instar, par exemple, du Vietnam. Malgré cette bonne entente, un obstacle se dresse lorsque Lagos lui demande son assistance pour récupérer les fonds qu'un ancien ministre - qu'il refuse de nommer, bien qu'il puisse s'agir de Joseph Tarka[18] - a laissé en Suisse. Graber se montre «très poli» et lui recommande quelques avocats. L'expérience se révèle «informative et impressionnante» d'apprendre que la Suisse considère le secret bancaire comme «faisant partie des droits humains», car au Nigeria, si un gouvernement étranger formule la même requête, il suffirait d'invoquer l'article 419 pour ouvrir une enquête.[19]

Clark est nommé ambassadeur à Addis Abeba en 1977, et Adeniji lui succède à Berne. Passant également le plus clair de son temps à Genève auprès des Nations Unies, où il est amené à négocier le Fonds commun pour les produits de base[20], Adeniji ne se souviendra pas de quelque dossier

15 Entretien avec Oluyemi Adeniji, ambassadeur du Nigeri a à Berne, 1977-1981. Lagos, 15.10.2010.

16 Voir Chapitre X.

17 D'avril à juin 1976, le gouvernement suisse convie des délégations de près de 150 pays, afin d'établir des protocoles additionnels aux Conventions de Genève de 1949.

18 En 1974, accusé de corruption et d'abus de pouvoir, Tarka est forcé à démissionner du Ministère des communications.

19 Entretien B.A. Clark. L'article 419 de la constitution nigériane traite des fraudes, notamment économiques.

20 *Common Funds for Commodities*, accord conclu en 1980.

important ayant pu le retenir à Berne. Jugeant les relations commerciales satisfaisantes, il voit la Suisse comme un endroit tranquille où «tous les ambassadeurs européens y sont pour leur dernière mission, avant leur retraite», qu'ils ont ainsi l'occasion de préparer. Il qualifie de «plutôt bonne» l'image du Nigeria en Suisse, car pas encore entachée des escroqueries par courrier électronique.[21] Clark le rejoint sur ce point, en précisant que l'attitude de Gowon au lendemain de la Guerre civile y a contribué. En 1973, dans le *Journal de Genève*, on remarque que «grâce à la stature et à l'intelligence politiques de son chef, le général Gowon, le Nigeria a réintégré les ex-Biafrais dans la vie nationale. Le général a même tenu à prendre dans leurs rangs les hommes de sa garde personnelle».[22]

### *Image de la Suisse dans la presse nigériane*

D'un sondage de la presse nigériane, l'image de la Suisse apparaît tout en contraste. A l'occasion du 1er août 1970, le *Daily Times* publie sur une page ce qui se présente comme une fiche technique de la démocratie suisse, traitant notamment du fédéralisme et de la *Landsgemeinde*[23]. Le 13 mars 1972, le *Nigerian Tribune* titre: «La Suisse, une terre inconnue». Au goût de Peter Erni du DPF, cet article anonyme de deux pages véhicule une «regrettable image biaisée» et selon le directeur de l'Office national du tourisme Werner Kämpfen, il «donne à penser».[24] Désigné comme «un correspondant», l'auteur débute avec des clichés qu'il attribue «à la légende, aux livres de tourisme et d'école primaire»:

> Tout le monde a entendu parler de la Suisse. Ce petit pays quelque part au Nord de l'Italie, qui ne va jamais en guerre, qui fabrique des pendules à coucou, du chocolat, et où il y a de grands hommes avec de petits shorts en cuir qui se yodelent les uns

---

21 Entretien O. Adeniji.

22 Entretien B.A. Clark. Sous le titre «Les militaires ne réussiront pas ainsi», Claude Monnier se penche sur les exécutions politiques qui se multiplient au Chili et cite le gouvernement Gowon comme un exemple à méditer pour la junte d'Augusto Pinochet. *Journal de Genève*, 13.10.1973.

23 Tradition du vote populaire à main levée dans certains cantons campagnards.

24 Circulaire d'Erni à Pro Helvetia, ONST, OSEC, 24.3.1972. Réponse de l'ONST, 13.3.1972. AFS, E2001(E)1982/58/441.

les autres pendant qu'ils roulent des fromages en-bas de la montagne. Il y a aussi les banques, où des personnes malhonnêtes peuvent placer honnêtement leur argent et des gnomes qui manipulent sinistrement les finances du Monde. Et, bien sûr, il y a Guillaume Tell qui tire dans une pomme perchée sur la tête de son jeune fils.

Pour aller au-delà de ces préjugés, sans pour autant revenir sur le secret bancaire, il maintient que les Suisses forment un peuple de la montagne, sachant «que la vie est dure et qu'il faut travailler dur pour obtenir souvent que de maigres résultats». Après être passé sur le fédéralisme et le plurilinguisme, il évoque cette «étrange armée» de milice, dont les soldats gardent leur arme à domicile, puis enchaine sur l'importance de la vie associative, impliquant que «le plus individualiste appartient au moins à des associations de contemporains, qui regroupent tous ceux de la localité nés la même année». L'article traite enfin de l'économie, des «travailleurs, employés et hommes d'affaires suisses [qui] sont lents mais consciencieux, recherchant la perfection», et qui soutiennent ainsi l'industrie, «plus grande richesse de la Suisse». L'auteur précise qu'en vue d'assurer l'autosuffisance en cas de crise, les paysans reçoivent de généreux subsides et vivent mieux que leurs voisins français. D'où un manque de main d'œuvre dans l'industrie, qui a mené à faire appel aux travailleurs italiens, ensuite victimes d'une xénophobie ayant culminé avec l'initiative Schwarzenbach.

En dépit du lien discutable entre la paysannerie et la pénurie de personnel, aucun autre article de la presse nigériane ne présente la Suisse avec autant d'exactitude, de concision et d'équilibre. Pour Peter Erni, il s'agit toutefois de la goutte qui fait déborder le vase, après que l'ambassade à Addis Abeba eût déjà fait état d'une «connaissance insuffisante des réalités suisses dans la presse d'Afrique noire». D'entente avec l'Office du tourisme et l'OSEC, Erni prévoit d'adresser des invitations ciblées à un ou deux journalistes des pays concernés, ainsi que de rassembler «une documentation standard appropriée en anglais, en français et dans une importante langue africaine». Seule Pro Helvetia met en garde contre une réaction hystérique face à ce qui ne renverrait pas une image biaisée, mais tout au plus un ou l'autre cliché et en tout cas une réjouissante reconnaissance des qualités du travailleur suisse.[25] A propos du Nigeria, les projets

25 Circulaire d'Erni à Pro Helvetia, ONST, OSEC, 24.3.1972. Réponses, 30.3, 4.4, 4.7.1972. AFS, E2001(E)1982/58/441.

d'Erni ne se réalisent pas. Ce qui le trouble autant, à la lumière de l'ambassade à Lagos qui introduit le *Tribune* comme une feuille à sympathie de gauche,[26] ce peut être cette liberté que prend l'auteur de s'écarter des mythes, de qualifier d'«étrange» certains traits spécifiques, voire d'adopter un ton trop familier:

> Les hommes suisses se sentent plus à l'aise entre eux. Peu importe leur classe sociale, ils aiment se rassembler sans leurs femmes autour d'un pot de bière ou d'un litre de vin. Et ils racontent et re-racontent des histoires de leur service militaire.

En juillet 1972, S.A. Akinsanya présente la Suisse dans les colonnes de *The People*, un mensuel à l'édition soignée, mais au modeste tirage de 10'000 exemplaires.[27] Son article de quatre pages commence par rappeler l'absence d'accès à la mer et qu'une grande partie du territoire est couverte de lacs et montagnes. Il précise que malgré cela, les autorités mènent une politique agricole ambitieuse, ce qui devrait faire réfléchir le Nigeria, disposant de vastes terres arables et pourtant étroitement dépendant des importations. Le multilinguisme est aussi exposé comme un exemple à méditer et la neutralité est approchée sous diverses facettes. Une d'elle est jugée quelquefois troublante, vue de l'étranger, soit le fait que les citoyens restent libres de sympathiser avec une ou l'autre partie d'un conflit, comme le soutien de la cause biafraise l'a prouvé. Aucune dyatribe sur le secret bancaire, tout juste la mention d'une blague nigériane, racontant que lorsque les ministres de la Première République voyageaient en Europe, ils faisaient des pauses «obligatoires» en Suisse, sans donner de raison. Enfin, il ajoute que «même maintenant, selon des rumeurs, fondées ou non, des Nigérians importants auraient des comptes bancaires secrets en Suisse. Abondamment illustrée par des firmes suisses – UTC, Nestlé, Steiner, Panalpina, Sandoz, on peut penser que cette parution a été documentée par elles, mais Akinsanya garde une pointe d'esprit critique et ne se prête pas à la révérence.

L'ambassade à Lagos juge l'ensemble de cet article «correctement rédigé» et transmet au DPF une requête de la rédaction pour faciliter un

26 Lettre de l'ambassadeur de Suisse Friedrich Andres au DPF, 16.3.1972. AFS, E2001 (E)1982/58/441.

27 Parution attachée à la lettre du chargé d'affaires à l'ambassade de Suisse à Lagos au DPF, 25.10.1972. AFS, E2001(E)1987/78/694.

séjour en Suisse de l'auteur, afin qu'il s'en fasse une image plus réaliste. Sollicitées dans ce but, Swissair s'engage à céder un billet d'avion à demi-prix, Pro Helvetia à participer à l'organisation du séjour mais refuse de contribuer au financement, l'Office national du tourisme à offrir un billet de train, voire un week-end d'excursion, tandis que l'OSEC se défile en invoquant des ressources financières limitées et le fait que *The People* soit un organe à faible diffusion. Ce dernier argument l'emporte sur celui du DPF, relevant que «le Nigéria compte parmi nos partenaires les plus importants en Afrique Noire, que ce pays dispose de bases et de perspectives économiques excellentes».[28]

Bien qu'Eddy Omotosho réside à Genève, son article dans le *Sunday Times* du 26 août 1973 peine à dépasser les clichés et va jusqu'à affirmer qu'en vertu de sa neutralité, la Suisse n'a pas d'armée. Sur le secret bancaire, il se montre plus abrasif qu'Akinsanya:

> les Suisses [...] ne révèlent jamais les numéros de compte de ces sommes, qui sont souvent acquises par fraude, vol, jeu d'argent ou détournement par des sheikhs, gouverneurs, présidents, premiers ministres, chefs militaires, rois et autres potentats corrompus, ou juste par de purs escrocs en tout genre.

L'article, dans son ensemble, ne peut être perçu comme agressif; cherchant à expliquer le titre de «pays le mieux gouverné du monde» décerné à la Suisse par une «prestigieuse organisation internationale de recherche», Omotosho établit par exemple un parallèle avec les Etats-Unis, soit «la même richesse sans les extrêmes aux plus haute et plus basse couches du système socio-économique».

Dans le sillage de l'affaire Tarka, Omo Oye, par le biais du *Daily Times* du 5 août 1974, aborde la question de «L'argent du Nigeria en Suisse», sans pour autant s'en prendre aux banques. Ce qui l'indigne plus que tout, c'est que des Nigérians investissent dans une nation aussi prospère, quand leur propre pays manque de fonds pour son développement. Il juge que «s'il peut être prouvé qu'une telle richesse a été acquise au dépens du public, les Nigérians concernés devraient être traités comme des cambrioleurs armés et être exécutés». Friedrich Andres, ambassadeur à Lagos, transmet

---

28 Circulaire de P.S. Erni, DPF, à Pro Helvetia, OSEC, ONST, Swissair, 6.11.1972. Réponses, 16.11, 20.11, 1.12, 6.12.1972. AFS, E2001(E)1987/78/694.

l'article au DPF car il mentionne une accusation portée contre Tarka, qui posséderait un compte à Genève auprès de la Banque populaire suisse. Le DPF ne donne pas suite à cette affaire, car il estime – avec raison – qu'en dépit de la pression exercée par la presse, le gouvernement nigérian n'est pas prêt à ouvrir une enquête.[29]

### *Le Nigeria vu de l'ambassade de Suisse*

Clark juge «très bonne» l'image de la Suisse au Nigeria[30] et la colonie ne semble pas souffrir de la réputation de son pays d'origine. Au terme de son mandat à Lagos en 1976, l'ambassadeur Andres résume:

> La Suisse apparaît comme le pays du bien-être, de la minutie et du travail, qui prospère grâce à l'ordre et la stabilité intérieure. Notre politique de neutralité est évoquée avec reconnaissance et Genève toujours prisé comme lieu de conférence neutre.[31]

La colonie suisse passe de 450 membres en 1971 à 800 en 1977, dont près de la moitié dans la région de Lagos, alors que le Swiss Club, fondé en 1967[32] et faisant partie de la Nouvelle société helvétique, porte son effectif de 130 à 150 entre 1970 et 1976. En 1970, entre l'ambassade et les Suisses d'Ibadan, Enugu, Jos, Kaduna et Port Harcourt, des agents UTC assurent la liaison, alors que pour Kano, c'est un collaborateur de la SCOA. Il n'existe pas d'école suisse au Nigeria, des enfants de la colonie fréquentent l'école allemande de Lagos, une solution que Real juge satisfaisante.[33]

A partir de l'armistice, l'ambassade de Suisse à Lagos observe son pays hôte à travers la politique de réconciliation annoncée par Gowon. Real, moins d'un mois après l'armistice, confirme auprès de Berne la persistance de la famine, mais aussi l'absence de génocide. Lagos montrerait de l'ex-Biafra une image «beaucoup trop rose», que viennent de nuancer l'UNICEF et plusieurs collaborateurs de la Croix-Rouge. Ceux-ci excluent

29 Lettre d'Andres au DPF, 6.8.1974. AFS, E2001(E)1988/16/915.

30 Entretien B.A. Clark.

31 Rapport final d'Andres au DPF, 31.5.1976. Rapport final de l'ambassadeur de Suisse à Lagos Alfred Rappard au DPF, 3.8.1977. AFS, E2001(E)-01(-)1991/17/990.

32 Voir chapitre VI.1.

33 Rapport final de Real au DPF, 23.12.1970. AFS, E2001(E)-01(-)1991/17/990.

tout massacre systématique, mais font état d'une situation de chaos avec des actes de vengeance isolés, des pillages et des viols commis par des troupes pas encore démobilisées, avant que les faits émergent dans la presse internationale et Lagos décide de confier l'occupation à des divisions plus disciplinées.[34] En juillet 1971, une visite du premier collaborateur de l'ambassade «au cœur du pays des Igbos» dénonce la vision d'une région «bombardée, affamée et sous la botte de l'armée fédérale», récemment exposée par un quotidien suisse.[35] Des entretiens avec «des cercles dirigeants» révéleraient une tendance à la retenue sur la scène politique nationale et une volonté de développement économique. La région bénéficierait pour cela d'une main d'œuvre formée et bon-marché, ainsi que d'une classe bourgeoise «pas du tout ruinée par la Guerre», désireuse d'investir. Le diplomate prévoit donc que le pays igbo exerce à nouveau, d'ici trois à cinq ans, «un poids sensible» au sein du Nigeria.[36]

Si Real perçoit chez Gowon de la sincérité, du patriotisme et une nature conciliante qui lui valent une large popularité, il pense que des qualités nécessaires de leader lui font défaut, telle que la force de décision. Issu du peuple minoritaire Angas, Gowon apparaîtrait comme un arbitre des groupes principaux. Real juge le gouvernement militaire de faible, estimant la situation de 1970 peu différente de celle de 1965: l'interdiction des partis politiques n'étouffe pas les discordes, mais implique qu'elles se développent en sous-terrain.[37] En mai 1972, le successeur de Real, Friedrich Andres, informé par un compatriote et l'ambassadeur yougoslave, reconnaît la faiblesse du sentiment national nigérian, tout en considérant que grâce à la politique de réconciliation poursuivie par Gowon, la Guerre civile fait désormais partie de l'histoire. Cela n'empêche pas que les Igbos pansent toujours leurs plaies; quant au Nord, il s'emploierait à rattraper son retard dans la scolarisation.[38]

«Une agitation croissante dans les milieux politiques nigérians ainsi que de l'opinion publique» est observée par le chargé d'affaires à l'ambassade Pierre Barraz, en septembre 1974. Il note que Gowon a maintenant

---

34 Lettre de Real à Graber, 3.2.1970. AFS, E2300-01(-)1977/28/12.

35 *Die Tat*, 13.7.1971.

36 Lettre d'Andres à Graber, 13.7.1971. AFS, E2300-01(-)1977/29/4.

37 Lettre de Real à Graber, 29.12.1970. AFS, E2300-01(-)1977/28/12.

38 Lettre d'Andres à Graber, 25.5.1972. AFS, E2300-01(-)1977/29/14.

recours à une protection militaire «inhabituelle»; suite à des accusations par la presse de hauts responsables du régime, le général ne se sentirait plus à l'abri de toute attaque.[39] Contre toute attente de libéralisation, son discours à l'occasion des quatorze ans de l'indépendance annonce un prolongement indéterminé du régime militaire. Selon Barraz, la presse, qui était devenue plus critique, comprend alors que sa liberté d'expression garde des limites, dont le dépassement peut l'exposer à des «vexations policières». Ce tour de vis pourrait ainsi «entraîner les politiciens déçus et les notables civils vers l'opposition voire l'action clandestine».[40]

Au lendemain de la prise de pouvoir par le général Murtala Mohammed, en août 1975, Andres s'informe auprès des ambassadeurs de Belgique, d'Autriche et de Côte d'Ivoire. La politique de réconciliation, sur fond de boom pétrolier, semble hisser le Nigeria à une position de leader parmi les nations africaines. Le prestige de Gowon aurait néanmoins souffert de l'impression répandue que son régime, en neuf ans, n'a pas su affronter les problèmes socio-économiques quand une grande partie des Nigérians «n'a pas pu profiter» du boom.[41] Andres craint que Mohammed soit moins consensuel que son prédécesseur et ne gouverne «en tant que représentant du puissant Nord, avec ses émirs en arrière-plan».[42] Son assassinat l'année suivante, toujours selon Andres, ne correspond pas à «la suite logique des événements, car les apports du régime Murtala Muhammed étaient largement reconnus. Il faut toujours se rappeler que la façon de penser africaine est différente de la nôtre et amène des développements inattendus».[43] En octobre 1976, alors que le général Olusegun Obasanjo remplace Mohammed à la présidence, l'ambassadeur de Suisse Alfred Rappard partage la perception d'un «contraste entre la progression économique et la fragilité politique du pays».[44]

Concernant les régimes de Gowon et Mohammed, les diplomates suisses n'évitent pas le thème du contrôle de la presse. Andres estime que la «liberté critique avec laquelle certains correspondants s'exprimaient

39 Lettre de Barraz à Graber, 20.9.1974. AFS, E2300-01(-)1977/29/14.
40 Lettre de Barraz à Graber, 21.10.1974. AFS, E2300-01(-)1977/29/14.
41 Rapport politique d'Andres [adressé au DPF], 1.8.1975. AFS, E2300-01(-)1977/30/22.
42 Rapport politique d'Andres, 11.8.1975. AFS, E2300-01(-)1977/30/22.
43 Lettre d'Andres au DPF, 8.3.1976. AFS, E2001(E)1988/16/918.
44 Rapport politique d'Andres, 4.10.1976. AFS, E2300-01(-)1988/91/4.

sous le gouvernement du général Gowon était notoire, bien qu'elle mena quelques journalistes au cachot». Suite à leur amnistie par Mohammed, ils auraient fait preuve de modération. Ce gouvernement en vient toutefois à «tanc[er] vertement les représentants de la presse [pour cause] d'indiscipline et d'écarts de langage dans leurs critiques à son égard», puis à acquérir 60% des actions du *Daily Times* et une majorité du capital du *New Nigerian*.[45] En fait, le contrôle s'exerce également à travers la menace: un décret rend illégal toute fausse accusation de corruption ou de mauvaise gestion à l'encontre du gouvernement.[46]

Sous Gowon, l'ambassade perçoit une politique étrangère équilibrée entre un engagement contre l'apartheid et le colonialisme et une considération pragmatique des intérêts nationaux; ceci expliquerait, en 1973, la vente de vin portugais à Lagos et le relâchement d'un bateau en provenance d'Angola.[47] La prétention que la visite officielle de Gowon en URSS cherche un équilibre des relations, car son séjour suit des visites en Grande-Bretagne et au Canada, n'est pas remise en cause par Andres. Cette rencontre a permis au général de promettre le soutien de son pays à l'URSS dans son combat contre l'apartheid, l'impérialisme et le colonialisme, en particulier en Angola, au Mozambique, au Zimbabwe et en Guinée-Bissau. Pour un haut fonctionnaire des Affaires étrangères à Lagos, le plus remarquable tient à ce que l'Union soviétique ait traité d'égal à égal un pays en développement comme le Nigeria. Cependant, cette impression confirme à Andres le sentiment que «les pays de l'Est, avec leurs représentants si adroits et prévenants, peuvent beaucoup impressionner les pays en développement, du moins au premier contact».[48]

«Pour la première fois depuis des années, un ministre des Affaires étrangères a reçu le corps diplomatique», dans un hôtel et de façon informelle, en août 1975; une rencontre jugée par Andres de «positive et promettant une meilleure collaboration qu'auparavant». L'ambassadeur peut se réjouir des assurances données par son hôte Joe Garba: maintien

45 Lettre d'Andres au DPF, 2.9.1975. AFS, E2001(E)1988/16/915.

46 Falola, Heaton, *op. cit.*, p. 196.

47 Lettre de Barraz à Graber, 15.10.1973. AFS, E2001(E)1977/30/5.

48 Le «haut fonctionnaire» servant ici d'informateur à Andres est le chef de la division pour l'Europe au Ministère des affaires étrangères, dont le nom n'est pas connu. Lettre d'Andres à Graber, 24.5.1974. AFS, E2300-01(-)1977/30/14.

de relations amicales avec tous les pays, protection des étrangers et des investissements, appel à un échange de vues régulier avec le corps diplomatique.[49] Et quand Obasanjo déclare vouloir mener une politique en continuité avec celle de son prédécesseur, Andres n'en doute pas.[50] Un bémol est tout de même apporté par l'ambassadeur Rappard en 1977 :

> [...] les personnalités nigérianes sont, d'une manière générale, difficiles d'accès. Le régime militaire actuel, qui devrait durer jusqu'en octobre 1979, en est une cause : les militaires, par inexpérience des relations internationales, craignent le contact avec les missions étrangères. A l'échelon de l'administration, la purge, depuis 2 ans, de 10'000 fonctionnaires (fédéraux et étatiques), soupçonnés de corruption, crée un climat d'incertitude qui n'encourage guère les survivants à s'engager.[51]

La plupart des rapports de l'ambassade de Suisse se montrent nuancés, précis, et avancent des analyses pertinentes. Cela dit, une pointe d'anticommunisme amène Andres à voir un effet de propagande soviétique dans les propos de son interlocuteur sur la visite de Gowon en URSS. De même, présenter Mohammed comme une marionnette potentielle des émirs repose sur des présupposés qui ne seront pas vérifiés. Quant à l'explication de son assassinat par la mentalité africaine, elle révèle combien le concept de race peut continuer à imprégner l'imaginaire d'un ambassadeur en 1976. De tels stéréotypes n'apparaissent cependant ni sous la plume du chargé d'affaires Pierre Barraz, ni sous celle des ambassadeurs ultérieurs.

## 2. Le fédéralisme comme point commun

A quelques occasions, des dirigeants nigérians expriment de l'intérêt pour les institutions et le système politique suisses. En vue de la révision de la constitution en 1965, le voyage d'observation du ministre de la Justice de la région Est Mojekwu, effectué pour le compte du Gouvernement fédéral, inclut la Suisse, au même titre que les Etats-Unis, le Canada, l'Australie, la

49 Lettre d'Andres au DPF, 18.8.1975. AFS, E2001(E)1987/78/695.

50 Rapport politique d'Andres, 16.2.1976. AFS, E2001(E)1988/91/4.

51 Rapport final de Rappard, 3.8.1977. AFS, E2001(E)-01(-)1991/17/990.

Nouvelle-Zélande et l'Inde. Le critère du fédéralisme ne peut être étranger à cet itinéraire. Les quatre jours en Suisse sont surtout consacrés à des entretiens avec le Département de justice et police et le DPF se déclare «favorablement impressionné par le sérieux et la compétence» de la petite délégation.[52] La même année, Igwe John Nwodo, ministre des *Local Government Affairs* de la région Est, agende en août une visite en Suisse, où il désire s'informer des problèmes financiers entre la Confédération et les cantons, de la juridiction et du système fiscal et des revenus propres des cantons, du taux de taxation et des élections cantonales. Des rencontres avec des autorités fédérales, cantonales et municipales sont ainsi prévues. Repoussée dans un premier temps, cette visite n'aura pas lieu.[53]

Inversément, jamais le gouvernement suisse ne s'engage pour davantage de dialogue ou d'échanges sur les thèmes politiques, si ce n'est à travers des dons de livres assurés par Pro Helvetia.[54] L'unique initiative suisse, non réalisée, vient de UTC, dont l'agent Muazu participe à l'Assemblée constituante mise à l'œuvre par Obasanjo pour le retour à un gouvernement civil. Constatant que Muazu possède de faibles connaissances du «système suisse de démocratie de référendum», le directeur A. Wachter souhaite qu'une délégation de la Constituante effectue un voyage d'étude en Suisse. Il partage d'abord son idée avec le conseiller national Paul Eisenring, invité au Nigeria par UTC en 1976, puis se tourne directement vers Pierre Graber. Le projet intéresse le DPF, qui lance un sondage sur la faisabilité et le financement, mais sa réalisation n'est pas certaine.[55]

### *La constitution de la Seconde République*

Nommé par Mohammed en octobre 1975, le *Constitution Drafting Committee* [CDC] élabore un projet voté en 1978 par l'Assemblée constituante, ce qui mène aux élections de 1979. Si la question du référendum sur le mo-

---

52 La visite se déroule du 30.6 au 3.7.1965. Lettre de Bucher au DPF, 5.5.1965. Lettre de Probst à l'ambassade de Suisse à Lagos, 6.7.1965. AFS, E2001(E)1978/84/886.

53 Lettres de Zwahlen au DPF, 6.7, 16.7.1965. AFS, E2001(E)1978/84/886.

54 Voir: chapitre III.1.

55 Lettre de A. Wachter, UTC, à Graber, 5.7.1977. Réponse du DPF, 8.7.1977. AFS, E7110(-) 1988/12/104.

dèle suisse émerge des débats à un moment ou à un autre, elle ne compte pas parmi les préoccupations majeures.

Ce chantier de démocratie, mis en branle par le gouvernement militaire, ne s'éloigne pas trop des réformes initiées sous Gowon. En 1967, la création de douze Etats a occasionné le tranfert au Gouvernement fédéral de dossiers tels que l'éducation, les transports, la communication et l'agriculture. Autre forme de centralisation: en l'absence d'élections, la nomination des gouverneurs d'Etats s'opère à partir du sommet hiérarchique de l'armée. Suite à la Guerre civile, les projets de réconciliation renforcent cette tendance, mais la nature fédéraliste de la consitution n'est jamais remise en cause. Mohammed inaugure le CDC en annonçant la création de sept Etats pour 1976, portant leur nombre à dix-neuf, dans le but d'éliminer «la crainte de domination d'une région par une autre».[56] Pour l'auteur Oyovbaire, ceci traduit un idéal de «dispersion du pouvoir au niveau des Etats pour encourager un esprit de justice commune, en répartissant l'accès des Etats et des groupes ethniques aux postes importants du gouvernement».[57]

Tandis que la Première République s'efforce de tisser une cohésion nationale entre trois régions qui n'ont pas été colonisées de la même façon, la constitution de la Seconde s'inscrit dans un processus intégratif autour d'un centre fort. Des travaux de la Constituante résulte un unique document réglant vingt gouvernements, soient ceux des dix-neuf Etats et de la fédération, ce qui sous-entend: «vous devez lire tout le document et être nigérian». Dans le même esprit, seuls les partis organisés sur une base nationale, autant dans leurs buts que l'origine de leurs membres, sont autorisés à présenter des candidats aux élections de 1979.[58]

Une structure à trois niveaux – fédération, Etats, gouvernements locaux – est retenue pour la Seconde République et marque le passage du modèle de Westminster, retenu lors de l'indépendance, à celui des Etats-Unis.[59] Cela dit, on ne doit exagérer l'inspiration extérieure de cette constitution, largement préparée selon l'expérience des crises de la

56 Cité par: Sam Egite Oyovbaire: *Federalism in Nigeria: a study in the development of the Nigerian state*. St. Martin's Press, New York 1985, p. 233.

57 *Id.*, p. 235.

58 *Id.*, pp. 233, 246.

59 Falola, Heaton, *op. cit.*, p. 198.

Première République et de la Guerre civile, et aussi en fonction des appétits générés par les rentes pétrolières. Dans la phase initiale du chantier, toutefois, une conférence internationale sur le fédéralisme se tient à Lagos.

*La conférence internationale sur le fédéralisme*

> Un régime militaire qui prépare le pays à un retour au gouvernement civil pour le 1er octobre 1979 fera largement confiance à une conférence qui sera dédiée à trouver des solutions aux fonctionnements internes d'une structure de gouvernement fédéral.

Dans cette intention, à la lumière de l'histoire nigériane, les organisateurs entendent examiner les rapports entre le centre et les Etats aux niveaux exécutif, législatif, judiciaire, et s'intéresser aux expériences fédérales d'autres pays.[60]

L'événement se déroule en mai 1976 au *Nigerian Institute of International Affairs*, organisme de recherche financé par le gouvernement[61] et dont le directeur Bolaji Akinyemi a été nommé par Mohammed. Docteur en Lettres de l'Université d'Oxford, celui-là publie en 1974 *Foreign Policy and Federalism – the Nigerian experience*[62], à propos de l'influence du fédéralisme sur l'exercice de la politique étrangère. En tant que directeur, il bénéficie d'un accès direct au ministre Garba, qui lui communique des thèmes de recherche.[63]

La cinquantaine de participants est issue des milieux gouvernementaux et académiques, en premier lieu du Nigeria mais aussi d'Allemagne, du Canada, d'Australie, de Belgique, d'Angleterre, des Etats-Unis, de Yougoslavie et de Suisse. Après une visite d'Akinyemi en décembre 1975, Jacques Freymond, directeur de l'IUHEI[64] à Genève, se rend à Lagos en avril 1976 pour y donner trois conférences publiques sur la politique inter-

60 Brochure, *International Conference on Federalism 7th -14th March 1976*. NIIA, Lagos. La conférence est repoussée à mai en raison de l'assassinat de Mohamed.

61 Voir chapitre III.3.

62 Ibadan University Press.

63 Joe Garba: *Diplomatic Soldiering*. Spectrum, Ibadan 1991 (1987), p. 16.

64 Institut universitaire des hautes études internationales.

nationale.[65] L'année suivante, Akinyemi obtiendra une charge de professeur invité à l'IUHEI, où il publiera *Nigeria and Angola*. Pour représenter la Suisse à la conférence, Freymond suggère l'intellectuel Denis de Rougemont et l'ancien conseiller fédéral Nello Celio. Tous deux déclinent et c'est finalement le docteur en droit Max Frenkel, directeur de la Fondation *ch* pour la collaboration confédérale[66], qui accepte.[67]

Sa présentation traite de la viabilité de la formule fédérale pour de nouvelles nations. Partant d'un constat d'échec pour beaucoup d'entre elles, puis exposant les raisons du « succès » suisse, il conclut :

> Tout constitutionnalisme nécessite une culture civique basée sur un haut niveau d'éducation populaire et une croyance généralement partagée que les lois, plutôt que le pouvoir, sont à même de résoudre les conflits. Mais le fédéralisme est le plus exigeant de tous les contitutionnalismes, car il présuppose une mesure supplémentaire de tolérance politique et le sens de la responsabilité.[68]

Les nouvelles nations qui choisissent malgré tout le fédéralisme, selon Frenkel, se voient contraintes à ne l'appliquer qu'en surface et gouverner à partir d'un centre fort. En revanche, la Suisse et les autres « fédérations occidentales classiques » se seraient construites lentement et « par en-bas », ce qui aurait laissé au système le temps de mûrir. Sur ce point, aucune référence à l'histoire, si ce n'est la mention qu'à peu de choses près, le gouvernement suisse n'a jamais changé depuis 1848. Ce pays devrait aussi sa stabilité au fait de ne pas avoir été « structuré selon des lignes ethniques » ; pour l'illustrer, le bilinguisme de plusieurs cantons. Il en résulterait que les

> [...] alliances entre les cantons changent continuellement. Maintenant ce pourrait être les germanophones contre les francophones et/ou les italophones, ensuite la

---

65 *The changing nature of war, A global humaniatrian Strategy, Europe and the new International Order.* Audience moyenne estimée à 100-150 personnes. Lettre d'Andres au DPF, 20.4.1976. AFS, E2001(E)1988/16/918.

66 Cette fondation crée le *Joint Centre for Federal and Regional Studies* à Riehen, rattaché en 1984 à l'Université de Fribourg sous le nom : Institut du fédéralisme. <max-frenkel.ch>. Consulté le 31.8.2012.

67 Lettres d'Andres au DPF, 27.1, 20.4.1976. AFS, E2001(E)1988/16/918.

68 Max Frenkel [Frankel dans la publication] : « Viability of the federal formula for new nations ». In : A. Bolaji Akinyemi, P. Dele Cole, Walter I. Ofonagoro (ed.) : *Readings on Federalism*. NIIA, Lagos 1979, p. 266.

montagne contre la plaine, ou l'industrie contre l'agriculture, la frontière contre l'intérieur, etc, etc. Ainsi, le conflit est diffus et largement neutralisé.[69]

Omo Omoruyi de l'Université de Benin s'appuie sur les exemples des Etats-Unis et de la Suisse pour traiter la question de la représentation des Etats au sein d'un gouvernement fédéral. Partageant avec Frenkel l'image d'une Suisse construite «par en-bas», il précise plusieurs jalons du processus, dont les années 1291, 1798 et 1848, afin de démontrer une pré-éminence des cantons sur le centre. Ici, à l'instar des Etats-Unis, la stabilité tiendrait à un règlement adroit de la représentation des Etats. Ce problème se poserait désormais au Nigeria qui, malgré sa construction «par en-haut», pourrait désamorcer les conflits ethniques en considérant les Etats comme unités de représentation et bases de mobilisation. Les découpages de 1967 et 1976 offriraient cette opportunité, car ils reflètent moins le facteur ethnique que sous la Première République.[70]

Dans un commentaire à trois mains, Akinyemi, P. Dele Cole du *Daily Times* et Walter I. Ofonagoro du Département d'histoire de l'Université de Lagos expriment plus de sympathie pour la perspective de Frenkel, qualifiant la comparaison Suisse-Nigeria avancée par Omoruyi de peu pertinente, vue la différence de taille entre la première qui rassemblerait «trois groupes ethniques basiques» et le second «une myriade de cultures ethniques». Même si le découpage de l'indépendance met en évidence trois groupes, chacun serait traversé de fractures si profondes, comme entre un Igbo d'Onitsha et un Igbo d'Enugu, que même la crainte commune d'une domination du Nord ne permettrait pas de les combler. Et pour une meilleure représentation des Etats, un quelconque principe de rotation leur parait trop difficile à concevoir. D'où la préférence de la Constituante pour un centre fort et des partis à caractère national, qui transcenderaient toutes les frontières internes.[71]

Néanmoins, Frenkel se voit reprocher une simplification exagérée, due à une négligence de l'histoire; soit l'oubli du conflit jurassien issu de tensions linguistiques dans l'ancien Evéché de Bâle en 1815 et toujours pas réglé, et l'affirmation que les «fédérations classiques» se sont développées «par

69 *Id.*, p. 264.

70 Omo Omoruyi: «Representation in federal (plural) systems: a comparative view». In: Akinyemi, Dele Cole, Ofonagoro (ed.), *op. cit.*, pp. 372-380.

71 *Id.*, pp. 1-10, 429-433.

en-bas». L'image est jugée crédible pour le cas suisse, même si la formation de certains cantons aurait occasionné des réunions forcées de populations. Par contre, cette perception ne se révélerait que partiellement juste pour les Etats-Unis et carrément erronnée pour le Canada, l'Inde, l'Afrique du Sud et l'Allemagne de l'Ouest, «certainement construites du dessus, tout autant que le Nigeria». Les contributions d'Omoruyi et Frenkel sont les plus commentées, car elles privilégient davantage la perspective comparatiste.[72]

Les commentateurs, en conclusion, se félicitent de l'atmosphère de cette conférence ayant permis de discuter «les mérites, problèmes, difficultés et forces» de différents systèmes et appellent les nouvelles fédérations à apprendre des fautes et de l'expérience «des vieux pionniers». Mais à propos du Nigeria en particulier, les décisions récentes ne sont pas remises en cause: si le dernier découpage nécessite un ou l'autre ajustement, chacun des nouveaux Etats «a déjà et va continuer à acquérir une conscience de sa propre identité, dans un sens territorial et non-ethnique».[73]

## 3. Le séjour lagosien du conseiller fédéral Pierre Aubert

A partir de la Guerre civile, les visites officielles ou voyages d'études de ministres nigérians en Suisse se font plus rares. Cette retenue va de pair avec une réorientation de la politique extérieure vers les affaires africaines. Par contre, du côté suisse, le conseiller fédéral Pierre Aubert effectue une visite officielle en Afrique de l'Ouest, qui fait escale au Nigeria.

### *Rareté des voyages d'études nigérians*

Le colonel Wali, en février 1971, approche l'ambassade à Lagos pour se renseigner sur l'organisation, les buts, les moyens, l'histoire de l'armée suisse et les possibilités pour une délégation d'officiers nigérians de visiter des

72 *Ibid.*

73 *Id.*, p. 431.

installations et assister à des exercices militaires. A en croire le chargé d'affaires suisse, les militaires nigérians, même ceux issus du Nord musulman, ne cachent pas leur admiration pour la force de frappe de l'armée d'Israël, organisée sur le modèle suisse. De plus, l'attitude de la Suisse durant les deux guerres mondiales amènerait «beaucoup de Nigérians» à faire un «rapprochement inquiétant» avec la politique de non-alignement.[74]

A Berne, le Département militaire se réjouit de l'intérêt porté à l'armée suisse, mais pour le directeur Arnold Kaech, c'est au Département politique, qui a commencé à traiter l'affaire, de couvrir les frais de logement et de repas. Quant au déplacement, il serait assuré gratuitement par Nigeria Airways. Le DPF souligne qu'il ne dispose pas de crédits pour des délégations militaires et invite l'ambassadeur Andres à faire savoir qu'une délégation serait la bienvenue, à la condition de son auto-financement.[75] Le projet est laissé sans suite.

En février 1975, l'ambassade du Nigeria à Berne annonce la prochaine arrivée d'une délégation du Ministère du commerce pour étudier les infrastructures touristiques. L'Office national suisse du tourisme n'entre pas en matière sur le financement, si ce n'est le transport à l'intérieur de la Suisse, mais avance des suggestions pour le programme.[76] Même si les

---

74 Lettre du chargé d'affaires à l'ambassade de Suisse à Lagos au DPF, 12.2.1971. AFS, E2001(E)1982/58/442.

75 Lettres de A. Kaech, directeur du DMF, au DPF, 23.2.1971, de Michael Gelzer, DPF, à l'ambassade de Suisse à Lagos, 22.3.1971. AFS, E2001(E)1982/58/442.

76 1) Visite de l'office du tourisme local avec étude de ses fonctions (réservation d'hôtels, organisation d'excursions etc.): Genève, Berne, Zurich ou stations de montagne. 2) Ecole hôtelière à Lausanne ou Institut international de formation supérieure en hôtellerie et tourisme à Glion-sur-Montreux. Ce dernier institut est connu pour le grand nombre d'étudiants des pays de développement de l'Afrique et d'autres continents. 3) Organisation des offices régionaux de tourisme. Exemples: Région du Léman à Lausanne, ou Suisse centrale à Lucerne, avec orientation sur les nouvelles méthodes du Marketing et sur la modernisation de stations de villégiature comme Villars dans les Alpes vaudoises, (Coupe Méditerranée etc.). 4) A Berne: Caisse suisse de voyage (REKA, tourisme social, problèmes de financement), Fédération suisse du tourisme, Institut de recherches touristiques à l'Université de Berne, et Société suisse des hôteliers. 5) Touristconsult SA à Bâle et Séminaire touristique de l'Ecole des hautes études économiques et sociales à St-Gall. (Nous apprenons que Touristconsult SA a effectué une étude sur le développement touristique du Nigéria). 6) A Zurich: Office national suisse du tourisme (projections de films documentaires et

coûts ne posent pas de problème aux Nigérians, ils repoussent une première fois leur visite de juin à fin juillet, une seconde fois au mois d'août et enfin à mi-septembre, pour cause de changement de régime politique. Le voyage n'a vraisemblablement pas lieu.[77]

Autre abandon: la visite du ministre de l'Energie, prévue en juin 1976. Parmi ses objectifs, le recrutement de géologues et spécialistes de métallurgie pourrait s'opérer, selon le DPF, par annonces dans le bulletin *Stellen im Ausland*. Le but principal consiste à trouver une firme suisse de taille moyenne pour superviser les travaux sur le réseau d'électricité nigérian. Cette intention est jugée trop vague par le DPF; puis, le projet de séjour semble rester lettre morte. Il n'est pas clair non plus si le désir, exprimé en juin, de visiter un institut de géologie en Suisse se réalise.[78]

Ce sont des projets d'écoles qui motivent les deux seules délégations nigérianes séjournant en Suisse au cours de la décennie. En août 1970, deux fonctionnaires du Ministère de l'éducation de l'Etat de l'Ouest, soit le secrétaire permanent Adebayo et le chef de l'éducation technique O.A. Ajayi, s'entretiennent avec la Coopération technique à propos du Polytechnique d'Ibadan, ouvrant ses portes la même année.[79] Mandu Ekpo, qui a gradé au rang de première secrétaire de l'ambassade à Berne, accompagne Frank J. Oduah et James Efekodo, deux représentants du Ministère fédéral de l'éducation, dans leur visite à Berne en août 1976. Ici, la coopération recherchée porte sur la construction de *colleges of technology*.[80] Aucune de ces deux requêtes n'est satisfaite, pour des raisons expliquées au prochain chapitre.

---

publicitaires dans notre salle de cinéma) ou la Société suisse de crédits hôteliers également à Zurich: siège social de la Swissair. Lettres de l'ONST au DPF, 9.4.1975, du DPF à l'ambassade de Suisse à Lagos, 14.4.1975. AFS, E2001(E)1987/78/695.

77 Lettre de l'ambassade du Nigeria à Berne au DPF, 12.2.1975. Réponse, 14.4.1975. Note du DPF, 28.5.1975. Note de Fred Birmann, ONST, 28.8.1975. AFS, E2001(E)1987/78/695.

78 Note de Jürg Iselin, DPF, 10.5.1976. Lettre de Jean-Daniel Biéler, chargé d'affaires de Suisse à Lagos, à la Division du commerce, 22.6.1976. AFS, E7110(A)1987/20/107.

79 Note de la Coopération technique, 24.8.1970. AFS, E2005(A)1983/18/299.

80 Note d'Othmar Hafner, Coopération technique, à la Division du commerce, 1.9.1976. AFS, E7110(A)1987/20/107.

Le flot de visites officielles en Suisse connu sous la Première République se tarit éventuellement à cause de l'ambassade à Berne, qui rendrait certains déplacements superflus. Peut-être que l'augmentation des représentations nigérianes à l'étranger de 47 en janvier 1970 à 78 en décembre 1973 s'inscrit dans cette logique.

En politique étrangère, le gouvernement Gowon esquisse des priorités. Afin d'isoler le continent de pressions externes ressenties comme trop intrusives durant la Guerre civile, il s'emploie à renforcer l'OUA.[81] En 1975, face aux accords de Lomé marquant une poussée du marché étendu de la Communauté économique européenne en Afrique, Gowon supervise la conclusion de la charte de Lagos, instituant la Communauté économique des Etats d'Afrique de l'Ouest [CEDEAO].

L'engagement du Nigeria pour la décolonisation de l'Afrique et contre l'apartheid forme une pierre angulaire de sa politique internationale; Mohammed et Obasanjo inscrivent les luttes de libération en Angola et au Zimbabwe en première ligne de leurs agendas. En 1978, la nationalisation des avoirs nigérians de Shell-BP, ayant exporté du pétrole au Zimbabwe malgré les sanctions, est l'épisode le plus souvent évoqué pour illustrer la prise de poids du Nigeria dans les affaires africaines.[82] Cette action exerce une influence certaine sur l'attitude britannique quant au conflit du Zimbabwe, mais l'impact à moyen terme ne doit pas être exagéré: des indemnités seront versées et la compagnie autorisée à reprendre ses activités au Nigeria en 1981. Bien qu'un peu amoindrie, la dépendance économique vis-à-vis de l'ex-colonisateur reste importante. Il s'agit d'un facteur parmi d'autres, dont l'instabilité politique chronique, qu'E. Nwokedi utilise pour déconstruire ce qu'il nomme «le mythe d'un leadership nigérian dans les relations inter-africaines».[83]

---

81 Olayiwola Abegunrin: *Nigerian Foreign Policy under Military Rule 1966-1999.* Praeger, Westport 2003, p. 36.

82 Voir: Stephen Wright: «Nigerian Foreign Policy: a case of Dominance or Dependence?». In: Shaw, Timothy M.; Aluko, Olajide (éd.): *Nigerian foreign policy: alternative perceptions and projections*. Macmillan, London 1983, p. 113.

83 Emeka Nwokedi: «Le mythe d'un leadership nigérian dans les relations inter-africaines». In: *Études internationales*, vol. 22, n° 2, 1991, pp. 360-362.

Certes, le leadership continental du Nigeria, mesuré au niveau concret, accuse un décalage sur les intentions ou les prétentions de son gouvernement. Il est malgré tout certain que l'Afrique devient le centre de gravité de sa politique étrangère, en témoigne la place que le ministre Joe Garba (1975-1979) y accorde dans ses mémoires. Selon lui, les relations avec les pays de la CEE – il développe brièvement le cas de la France et de la RFA – se résument à leur dimension économique et l'aspect politique ne fait pas partie de l'équation.[84] Le conseiller fédéral Pierre Aubert, de son côté, souhaite que les relations de son pays avec les nations africaines se développent dans un champ plus large.

### *La mission de Pierre Aubert*

Originaire du canton de Neuchâtel et membre du Parti socialiste, Pierre Aubert est élu au Conseil fédéral en 1977 et placé à la tête du DPF en 1979, qui devient alors le Département des affaires étrangères [DFAE]. Sa position en matière de relations extérieures se révèle plutôt ouverte et rejoint en quelque sorte le slogan «neutralité et solidarité», mis en avant plus tôt par un de ses prédécesseurs, Max Petitpierre. Invité à prononcer une conférence à l'Université de Zurich sur le thème: «Problèmes du petit Etat dans un monde de superpuissances», Aubert présente «la neutralité permanente et armée, la solidarité, la disponibilité, l'universalité» comme bases d'une politique visant «l'indépendance du pays, sa sécurité et celle de ses habitants, la prospérité des citoyens et la défense de leurs droits».[85]

Soulignant à quel point l'économie suisse dépend des exportations et du tourisme, il rappelle que les deux guerres mondiales

> [...] nous ont montré que l'image d'une Suisse isolée, à l'abri des événements, est illusoire. [...] Par les temps troublés où nous vivons, nous avons fait l'expérience

---

84 Garba, *op. cit.*, p. 182.

85 Pierre Aubert: «Problèmes du petit Etat dans un monde de superpuissances». In: Daniel Frei (Hg.): *Machtpolitik in der heutigen Welt.* Schulthess, Zurich 1979, p. 90. Conférence à l'*Institut für Auslandforschung.* Université de Zurich, semestre d'hiver 1978/79.

> que [les] conflits lointains affectent sinon directement notre existence, du moins se répercutent sur notre situation économique et souvent sur le dialogue intérieur entre Suisses.[86]

Considérant le déséquilibre entre pays industrialisés et pays en développement comme «un des principaux problèmes du monde actuel», il affirme:

> Dans les négociations du dialogue Nord-Sud, comme on appelle l'effort global de coopération en vue du rééquilibrage du système, nous nous trouvons dans le rôle, avec lequel notre public n'est pas familier, de puissance économique moyenne. Il n'est donc pas question pour nous de prendre prétexte de notre petite taille pour esquiver nos responsabilités.[87]

Aubert s'engage à étendre les contacts bilatéraux, afin de renforcer un dialogue qui ouvre à d'autres «sons de cloche» et permet de faire connaître la «position de pays neutre»:

> L'année prochaine, je rencontrerai en Afrique d'éminents représentants de ce continent. Bien évidemment, le dialogue avec nos interlocuteurs traditionnels, tant en Europe qu'en Amérique du Nord, sera maintenu. Pour protéger son indépendance, défendre ses intérêts et apporter la contribution qu'on est en droit d'attendre d'elle à la coopération internationale, la Suisse aura besoin d'user de tous les canaux, de toutes les ouvertures vers le monde extérieur.[88]

De tous temps, l'image d'une Suisse dépendante de l'étranger, concernée et responsable de ce qui s'y passe, se heurte à des mythes populaires tenaces, liés à la neutralité et dont découle un idéal abstentionniste. En 1979, le déplacement à l'étranger d'un conseiller fédéral peine encore à se faire accepter de l'opinion.[89] Deux mois avant son séjour, Aubert accorde un interview à un correspondant du mensuel nigérian *Afriscope*:

> [...] la visite est essentiellement un geste de solidarité. C'est une manifestation de notre intérêt, et concrètement, de la nature mondiale de nos relations diplomatiques

---

86 Pierre Aubert: «Pour une politique étrangère plus active». In: Amnesty International Schweizer Sektion (Hg.): *Menschenrechte im Spannungsfeld. Eine Herausforderung für die Schweiz.* Haupt, Bern 1978, pp. 15-16.

87 Aubert 1979, *art. cit.*, p. 96.

88 Aubert 1978, *art. cit.*, p. 24.

89 Voir chapitre III.2.

> et de notre volonté d'être accomodants avec le monde. […] [Mon voyage] est purement et simplement politique. Il ne vise en aucun cas à étendre ou créer de nouveaux débouchés commerciaux pour la Suisse.[90]

Dans une formulation qu'il avoue exagérée, l'historien Urs Altermatt précise que d'habitude, on attend d'un diplomate suisse en déplacement qu'il ramène cinq kilos d'or au pays.[91] Suite à la reproduction de l'interview par l'*Appenzeller Zeitung* et un résumé de celui-ci dans la *Neue Zürcher Zeitung*, le DFAE résume les objectifs de la mission, qui cherche désormais à manifester l'intérêt de la Suisse pour les problèmes de l'Afrique, exposer les grandes lignes de la politique étrangère suisse, soutenir des intérêts communs, tels l'économie et le commerce, et enfin parler de coopération au développement.[92]

Mises à part les crispations de la presse provoquées par les premières intentions d'Aubert[93], les intérêts économiques sont rappelés par la Division du commerce. Le Nigeria souhaite alors faire contrôler la marchandise suisse qu'il importe par la Société générale de surveillance [SGS], établie à Genève. Ces contrôles porteraient essentiellement sur la qualité et les prix. Après consultation, début décembre 1978, du Ministère public, du Vorort et des «fédérations intéressées au commerce avec le Nigeria», le vice-directeur de la Division du commerce Emilio Moser estime que ce pays ne devrait pas recourir aux services de la SGS. Car selon une décision prise une année auparavant, seuls «les pays en développement les plus pauvres qui ne disposent pas de l'infrastructure et de l'administration nécessaires» devraient recevoir une licence de la Confédération pour procéder à des contrôles en Suisse et d'après Moser, le Nigeria ne remplit pas ces critères. L'ambassadeur Riesen dément ce dernier point et manifeste son étonnement face à l'insistance de la Division, qui veut surtout éviter un précédent pouvant encourager une expansion de la SGS, alors que «la Suisse est particulièrement intéressée à un commerce international des

---

90 *Afriscope*, 11.1978. Reproduction de l'interview attaché à une circulaire interne du DPF, 22.11.1978. AFS, E2001(E)1988/16/919.

91 Urs Altermatt: *Die Schweizer Bundesräte. Ein biographisches Lexikon.* Artemis & Winkler, Zürich; München 1992, p. 570.

92 NZZ, 9.1, 12.1.1979.

93 Voir Kaufmann, *op. cit.*, pp. 83-86.

marchandises avec le moins d'entraves possible et sur la base de la libre concurrence».[94]

Riesen juge le moment peu propice à des négociations économiques autant ciblées et en décalage avec les objectifs avoués de la visite d'Aubert. Voyant ses homologues italien et français à Lagos «pas du tout inquiets» de l'introduction des contrôles et soulignant qu'aucune firme suisse présente au Nigeria ne s'en est plainte, il s'interroge sur la pertinence-même d'une intervention. Toutefois qualifiée par la Division de «problème délicat mais en ce moment très important pour les exportations suisses», la question du contrôle des prix sera traitée à Lagos par Emilio Moser, Alexandre Jetzer du Vorort et le conseiller économique de l'ambassade Nicolas von der Weid.[95] Ces personnes manifesteront aussi leurs inquiétudes quant aux restrictions des importations de montres et textiles, et tenteront de relancer les négociations pour un accord de commerce, débutées deux ans plus tôt.

Malgré le réajustement des objectifs du voyage, Aubert, même sur le thème économique, persiste à ne pas se limiter aux questions du commerce bilatéral. Telles qu'elles se présentent à la fin décembre, ses notes de discours abordent des problèmes liés au boom pétrolier, comme le déclin de l'agriculture, et prévoit des questions précises sur «les mesures envisagées pour [le] freiner», ou «dans quelle mesure le Nigéria désire-t-il ou prévoit-il de développer ses ressources énergétiques non pétrolières?».[96]

Accompagnés de Moser, Jetzer et deux autres collaborateurs, Pierre Aubert et son épouse, dont le séjour est financé par une collecte de la Radio suisse romande, s'envolent pour l'Afrique de l'Ouest le 14 janvier. Ils sont suivis par une douzaine de journalistes de la presse écrite, radio et télévision. L'itinéraire comporte le Nigeria, le Cameroun, le Burkina-Faso, la Côte d'Ivoire et le Sénégal. Pour le choix de ces étapes, Aubert évoque les liens humains, culturels et économiques entre ces pays et la Suisse; commencer par Lagos lui a été inspiré par «l'influence étendue du Nigeria

94 Lettre de Moser à l'ambassade de Suisse à Lagos, 13.12.1978. Télégramme de Riesen à la Division du commerce, 22.12.1978, 14h. AFS, E2001(E)1988/16/919.

95 Télégrammes de Paul Jolles, secrétaire d'Etat à l'Économie, à l'ambassade de Suisse à Lagos, 22.12.1978, 11h, de Rieser à la Division du commerce, 28.12.1978, 15h15. AFS, E2001(E)1988/16/919.

96 Notes de discours d'Aubert, 27.12.1978. AFS, E2001(E)1988/16/919.

dans le monde et le rôle considérable qu'il assume en apportant une stabilité politique à l'Afrique».[97]

Une partie de la presse suisse[98] dépeint l'étape lagosienne comme un succès politique, mais un échec économique, bien que Moser fasse part de sa satisfaction à l'ATS.[99] Ceci l'amène à se justifier auprès de la Division, en précisant que si la plupart des dossiers restent en suspens - comme l'accord commercial jusqu'aux proches élections, ou la proposition de remplacer le travail de la SGS par des certificats d'origine délivrés par les chambres de commerce suisses[100], ces négociations avec le pays devenu le plus grand client africain de la Suisse n'assombrissent en rien les perspectives commerciales.[101]

Sur le plan politique, Aubert donne notamment des explications sur la neutralité, alors que son homologue Henry Adefope souligne l'importance de l'Afrique dans la politique étrangère nigériane[102], et de là émerge le point fort de la rencontre: un communiqué conjoint contre l'apartheid. La condamnation du «non-respect des droits de l'homme dans le monde entier et de l'Apartheid en particulier» est bien reçue par la presse nigériane[103], mais en Suisse, pas tous les journaux la voient d'un bon œil. En décembre, dans l'*Appenzeller Zeitung*, une traduction trop éloignée des propos recueillis par *Afriscope* rapportait qu'Aubert, s'il était placé devant un choix entre l'Afrique du Sud et l'Afrique noire, se prononcerait en faveur de cette dernière: une interprétation fermement démentie par le DFAE, au nom de la neutralité.[104] En fait, quand *Afriscope* lui demande s'il est en faveur d'une réduction du commerce avec l'Afrique du Sud et d'une augmentation compensatoire avec l'Afrique noire, le conseiller fédéral répond que le gouvernement suisse, compte tenu de l'économie libre,

---

97 *Afriscope*, 11.1978.

98 Dont le *Tagesanzeiger* du 18.1.1979.

99 Communiqué du 17.1, repris le 18 par la *Gazette de Lausanne* et le *Journal de Genève*.

100 *Gazette de Lausanne*, 18.1.1979.

101 Lettre de Moser, postée de l'ambassade à Yaoundé, à la Division du commerce et au DFAE, 20.1.1979. AFS, E2001(E)1991/17/994.

102 *Daily Times*, 19.1.1979.

103 *Ibid. New Nigerian*, 19.1.1979. *Daily Sketch*, 25.1.1979.

104 *Journal de Genève*, 12.1.1979.

ne détient pas le pouvoir de diriger les flux d'exportations. A la suite de quoi il exprime une «forte sympathie personnelle» pour l'Afrique noire. Puis, en réaction au communiqué, le conseiller national de droite et historien Walther Hofer dénonce une entorse à la neutralité et une partialité, soit une complaisance face aux régimes communistes et aux pays où «des dirigeants noirs tourmentent et massacrent leurs propres sujets».[105]

Bien que depuis 1978, les exportations suisses à destination du Nigeria en fassent le premier client du continent devant l'Afrique du Sud, celle-ci reste un partenaire de poids et les relations financières, malgré leur opacité, demeurent considérables.[106] L'étroitesse de ces liens est rappelée par Georg Sulzer – président de la firme du même nom – lorsque Aubert expose le bilan de son voyage à quelques représentants de l'industrie[107]. G. Sulzer dit partager le constat de succès général, y compris pour les perspectives commerciales, mais ne manque pas de déplorer le «Communiqué de Lagos», qui aurait suscité beaucoup de commentaires négatifs en Afrique du Sud. S'ajoutant à d'autres condamnations de l'apartheid de la part de la Suisse, ce communiqué inspirerait la plus grande retenue à l'ambassade à Pretoria dans sa défense des intérêts commerciaux. Prétendant que la stabilité politique se fait toujours plus rare dans le monde et qu'on ne puisse bientôt plus que l'observer en Suisse et en Afrique du Sud, G. Sulzer invite Aubert à visiter ce pays, car ce serait l'unique moyen de s'en faire une image objective.[108] En tant que président de la Swiss-South African Association [SSAA] depuis 1964, Sulzer participe forcément à une construction idéologique faisant de l'apartheid un mal nécessaire à la survie de la minorité blanche, garante du bastion de la civilisation occidentale que l'Afrique du Sud serait censée constituer.[109]

---

105 *NZZ*, 26, 29.1.1979.

106 Voir: Bott, Guex, Etemad, *op. cit.*, pp. 237-306.

107 Présents: Georg Sulzer (président, Gebr. Sulzer), Erwin Bielinski (directeur général, Brown Bovery Co), J. Waldvogel (directeur adjoint, Ciba-Geigy), P. Villard (directeur adjoint, Nestlé). Pour l'Administration: E. Moser, J. Iselin, J. Zwahlen et R. Stauch. Notes de conversation, 19.3.1979. AFS, E2001(E)-01(-) 1991/17/994.

108 *Ibid.*

109 Cf.: David Gygax: *La Swiss-South African Association (1956-2000). Un organe du capital helvétique en Afrique du Sud.* Aux sources du temps présent, Fribourg 2001, p. 155.

J. Waldvogel, directeur adjoint de Ciba-Geigy, entreprise également membre de la SSAA, appuie les propos de Sulzer et assure qu'un séjour sur place permettrait de se faire une idée plus équilibrée de l'Afrique du Sud. Du côté de l'Administration, Moser de la Division du commerce semble se limiter aux détails techniques des négociations, tandis que Jürg Iselin et Jean Zwahlen du DFAE s'efforcent de rectifier la vision des industriels. Iselin précise que le gouvernement sud-africain a pris connaissance du communiqué et que d'autre part, en inscrivant la discrimination raciale dans sa constitution, celui-ci veut bien s'exposer à la critique. Zwahlen, au nom de l'objectivité réclamée par Sulzer, rappelle qu'une analyse des facteurs économiques – flux de capitaux, réticence de plusieurs pays à octroyer des crédits – indiquent une Afrique du Sud plus dépendante de la Suisse que ce ne pourrait être le cas en sens inverse.[110]

De l'ambassade à Lagos, le séjour nigérian d'Aubert apparaît plus clairement dans sa portée politique. S'adressant à ses compatriotes lors de leur fête nationale à Lagos, Riesen revient sur la récente nationalisation de Shell-BP et n'exclut pas que la communauté britannique soit un jour expulsée du Nigeria, en fonction de décisions prises à Londres. La colonie suisse serait elle aussi dépendante de son gouvernement à Berne et de l'adresse dont il fait preuve pour éviter les problèmes.

> La visite de notre ministre des Affaires étrangères en janvier avait pour but d'exposer une fois de plus les bases de notre politique extérieure neutre et de susciter de la sympathie pour cela. Cependant, nous ne devons pas seulement compter sur la solidarité de notre patrie. A travers notre comportement et notre travail, nous aussi devons montrer que ça vaut la peine de nous avoir ici et que nous pouvons apporter une précieuse contribution au développement de ce pays. Vous êtes ceux qui, chaque jour, formez l'image que les gens d'ici se font de notre pays. Et je suis convaincu qu'il s'agit uniquement d'améliorer davantage notre bonne réputation, de travailler dur pour rapporter des contrats à notre économie et aux travailleurs en Suisse, et ainsi également se montrer solidaires envers notre patrie.[111]

S'il appartient à la colonie suisse de consolider la sympathie gagnée par Aubert, celle-ci est en tout cas bien réelle et le communiqué conjoint pas étranger à cela. Commentée par au moins trois grands journaux

110 Notes de conversation, 19.3.1979. AFS, E2001(E)-01(-)1991/17/994.

111 Notes de discours de Riesen, 1.8.1979. AFS E2200.168(-)1994/229/3.

nigérians[112], dont les plus proches du pouvoir – *Daily Times* et *New Nigerian*, cette condamnation de l'apartheid exprime un accord avec ce que le Nigeria a placé au centre de sa politique étrangère. Et cette convergence de vues suit de six mois la visite du chancelier de la République fédérale d'Allemagne Helmut Schmidt, face à qui les autorités nigérianes se sont contentées de ne pas perdre la face.[113]

Aubert, au cours des autres étapes de sa tournée africaine, s'entretient aussi de la coopération au développement, comme en Côte d'Ivoire où la Suisse participe à la fondation d'une école d'ingénieurs et s'engage à mettre des professeurs à disposition. Au Nigeria, les projets de coopération impliquant la Suisse sont peu nombreux.

---

112 *New Nigerian* et *Daily Times*, 19.1.1979. *Daily Sketch*, 25.1.1979.

113 Rapport politique de Stephan Nellen, ambassade de Suisse à Lagos, 4.7.1978. AFS, E2300-01(-)1988/91/22. Bien que la condamnation de l'apartheid ressorte également du communiqué conjoint Nigeria-RFA, elle concerne précisément le «système politique» et Schmidt insiste sur la dépendance entre l'économie allemande et l'Afrique du Sud pour refuser une condamnation plus ferme. A son tour, le gouvernement nigérian considère les liens de son pays avec les entreprises allemandes et préfère qualifier la rencontre de succès plutôt que de risquer leur retrait. Cf.: Durotoye, *op. cit.*, pp. 149-151.

# Chapitre IX
# Coopération minimale

Le Nigeria, dans la foulée de la reconstruction et de la réconciliation, élabore de nouveaux plans de développement qui mettent l'accent sur l'agriculture et expriment l'intention de se rapprocher des aspirations populaires. Pour plusieurs raisons, les résultats restent éloignés des attentes, mais les revenus du pétrole laissent espérer une plus grande indépendance financière. En parallèle, la reformulation de l'aide suisse au développement privilégie le secteur rural et veut encourager le bénéficiaire «à s'aider lui-même». Cette convergence de vues mise à part, le choix d'une concentration géographique de l'aide sur le critère de pauvreté écarte le Nigeria des pays prioritaires.

Conscients que les besoins en savoir-faire restent importants, le Gouvernement fédéral à Lagos et ceux des Etats adressent de nombreuses requêtes d'aide aux nations industrialisées, dont la Suisse. Pour décliner sa participation à plusieurs projets qu'elle juge pourtant utiles, la Coopération technique évoque tour à tour son manque de ressources financières et la situation économique du Nigeria. Quand celui-ci propose d'assumer les frais d'une collaboration, ce sont les limites en ressources humaines qui retiennent officiellement l'Administration suisse. Le centre de photogrammétrie aérienne représente l'unique projet significatif de coopération initié par les deux pays dans les années 1970; cet engagement coïncide plus ou moins avec le retrait de l'aide publique suisse du centre de formation horlogère à Lagos.[1] Enfin, il tient compte d'intérêts du secteur privé, avec qui le gouvernement et l'Administration suisses montrent moins de réticences à collaborer qu'auparavant. L'analyse de ce projet s'efforce d'évaluer le poids des différents objectifs et intérêts de la Suisse au miroir des attentes ou besoins nigérians, ainsi que d'identifier les facteurs décisifs permettant d'établir et pérenniser la coopération.

1 Voir chapitre IV.3. A part ceci, quelques contributions sont néanmoins accordées à la Mission de Bâle pour ses activités dans le Nord Est. Voir chapitre II.3.

## 1. Visions croisées du développement

### *Planification nigériane*

> Il n'y a jamais eu de mécanisme de planification au Nigeria. [...] Le centre n'a jamais effectivement contrôlé l'investissement dans les régions ou les Etats. Le Gouvernement fédéral n'a pas non plus développé les moyens de planifier le secteur public.[2]

Ici, l'historien Tom Forrest tient à relativiser l'importance qu'une vaste littérature accorde aux plans nationaux de développement. Mais en dépit d'une faible coordination et de nombreux blocages dont les résultats mitigés se ressentent, ces plans contiennent une vision du développement et entretiennent un débat sur ces questions.

Le Second plan national de développement 1970-1974, à la différence du Premier[3], est de conception entièrement nigériane et se base sur une conférence d'une semaine rassemblant fonctionnaires et universitaires à Ibadan en mars 1969. Dans ces deux milieux se recrutent les planificateurs.[4] L'organisation des secours, la réhabilitation et la reconstruction des zones affectées par la Guerre sont reconnues comme priorités immédiates. Considérées priorités *sui generis*, la défense et la sécurité ne devraient pas absorber les ressources « au point qu'il n'y ait plus rien à défendre ». Au-delà, l'agriculture, l'industrie, les transports et la main-d'œuvre se trouvent dans le premier groupe de priorités; l'électricité, la communication et la distribution d'eau dans le second, puis tout le reste dans un troisième.[5]

Pour la formulation du Troisième plan 1975-1980, le *National Eonomic Advisory Council* voit le jour en 1972; ses membres, assurant un lien entre le gouvernement, les chambres de commerce et les syndicats, suivent une formation organisée conjointement par l'Université d'Ibadan et la Banque mondiale avant de soumettre leurs programmes au *Central Planning*

---

2 Tom Forrest: *Politics and Economic Development in Nigeria.* Westview Press, Oxford 1993, p. 141.

3 Voir chapitre IV.1.

4 Sam Egite Oyovbaire: *Federalism in Nigeria: a study in the development of the Nigerian state.* St. Martin's Press, New York 1985, pp. 210-211.

5 Federal Ministry of Economic Development: *Second National Development Plan 1970-74.* Lagos 1970, p. 35.

*Office*, une division du Ministère fédéral du développement économique qui rassemble 140 collaborateurs. L'ordre des priorités n'est pas remis en cause, mais au-delà de la hausse du produit intérieur brut, les objectifs se précisent: plus large redistribution du revenu, réduction du chômage, meilleure qualification des travailleurs, diversification de l'économie.[6]

Si la croissance du PIB s'est révélée constante sous le Second Plan, de nombreuses activités productrices d'avant-guerre ont repris et plusieurs projets ont été menés à terme, face au bilan général, la déception l'emporte. Au même titre que le suivant, ce plan entend remédier à un manque d'ancrage populaire, un développement élitiste. Or, l'année suivant son lancement, un commentaire publié par l'Université d'Ile-Ife souligne plusieurs distorsions, dont l'affectation de 80% des dépenses aux zones urbaines, ne concernant ainsi qu'une minorité de la population.[7] Bien qu'au centre des intentions, les projets agricoles restent éloignés de leurs objectifs et reflètent plusieurs blocages récurrents. Le Gouvernement fédéral estime que dans plusieurs régions, le Troisième plan doit initier des réformes plus urgentes que la mécanisation de l'agriculture, repoussée à plus tard. Mais à ce moment, les Etats ont déjà importé machines et tracteurs, ce qui l'incite à modifier sa position.[8] Puis, le manque d'instructions ne permet pas aux paysans de faire bonne usage de cet équipement. Dans la presse et les cercles académiques, on dénonce une négligence de l'irrigation, du régime foncier et des incitations économiques.[9]

Les projets industriels sont grippés, entre autres, par la rareté de main d'œuvre qualifiée. Lors d'une cérémonie des diplômes à laquelle assiste Gowon, le chancelier de l'Université d'Ile-Ife H.A. Oluwasanmi déclare que «dans le monde scientifique et technologique, nous ne sommes pas seulement attardés, nous n'existons simplement pas».[10] Ce problème renvoie à la formation académique, mais aussi à la scolarité de base. Professeur à l'Université d'Ibadan, Ayo Ogunseye juge les planificateurs trop élitistes et appelle à diriger plus d'efforts vers les échelons inférieurs de

---

6 Central Planning Office: *Third National Development Plan 1975-80*. Lagos 1975, p. 29.

7 Commentaire du Second plan, ouvrage collectif. Voir: *New Nigerian*, 5.8.1971.

8 Cf.: Oyovbaire, *op. cit.*, p. 212.

9 *Daily Times*, 29.8.1973, 27.2.1978. Fadahunsi, *art. cit.*, p. 17.

10 *Daily Times*, 15.10.1970.

l'éducation.[11] Des progrès sont enregistrés aux deux niveaux, mais ne suffisent pas à procéder pleinement à l'indigénisation sans perte de savoir-faire.

En contre-partie des faibles progrès agricoles et industriels, le secteur minier, grâce au pétrole, se développe au-delà de toute attente et double son apport en cinq ans. Acquérant 55% des actions de toute compagnie pétrolière établie au Nigeria, le Gouvernement fédéral en partage les fruits.[12] Donc, à la différence du Premier plan 1962-1968 qui prévoyait 50% du financement par des fonds étrangers, le Second restreint cette part à 20% et le Troisième entend s'en passer complètement. La décision d'auto-financement est prise en conscience de la contingence des réserves de pétrole et de la volatilité des cours: en 1975, le plan prévoit que ces revenus soient employés à diversifier l'économie.[13]

Inaugurant le bureau des impôts à Kano en 1973, le ministre fédéral des Finances Shehu Shagari présente l'extension de la fiscalité comme moyen de s'affranchir « de la vieille idée de chercher des pays amis pour de l'assistance financière ».[14] Qu'une telle ambition se heurte aux mêmes obstacles systémiques – concurrence entre les régions, corruption, manque de données démographiques et foncières – que les autres objectifs du plan ne mérite pas d'être détaillé. Néanmoins, tout comme les appels à la « nigérianisation » de l'économie et de la main-d'œuvre, cette déclaration révèle une frustration face à l'indépendance nationale qui semble inachevée.

Dans les colonnes du *Daily Times*, l'économiste Samuel Aluko rappelle que malgré les mesures annoncées dans le Second plan pour favoriser l'emploi de Nigérians, les principaux contrats de construction routière reviennent à des compagnies étrangères. Il dénonce une discrimination systématique des experts, universitaires, techniciens et hommes d'affaires nigérians, en dépit de leur qualification, ce qu'il attribue à la corruption et à l'élitisme des planificateurs:

---

11 *New Nigerian*, 23.4.1970.

12 En mio de nairas constants de 1974-75, le secteur minier contribue au PIB à hauteur de 3'127 en 1970-71 et 6'552 en 1974-75. Central Planning Office 1975, *doc. cit.*, pp. 20-21.

13 *Id.*, p. 30.

14 *New Nigerian*, 20.8.1973.

> Le drame de ce pays, c'est que les conseillers gouvernementaux sont éloignés des aspirations et sentiments dominants des Nigérians. Ils se sentent particulièrement flattés d'être démarchés par des têtes roses et blanches portant des attaché-cases et dont le contrôle de notre économie a augmenté, est en train d'augmenter, mais doit être réduit.[15]

Une discrimination existe probablement, mais n'est pas la seule cause du recours aux services d'expatriés. Aluko cite des ingénieurs nigérians «hautement qualifiés», mais ne mentionne pas l'évident déficit de savoir-faire, pourtant souligné par Oluwasanmi dans son discours aux diplômés. S'adressant à l'Université de Zaria, Joe Garba déclare que le Nigeria «est prêt à acheter, emprunter, et si nécessaire, voler de la technologie et du savoir-faire de n'importe quel pays, quelle que soit son idéologie».[16] Dans ce but, la présence d'experts étrangers joue un rôle majeur, mais le sens de leur engagement dépend de la manière de procéder. Prince Lamuye, commissaire de l'Agriculture de la région Ouest, souligne le besoin de formation dans tous les domaines, en insistant sur l'exploitation forestière; d'où une préférence pour des experts plus portés vers l'enseignement que la technique. Et pour une meilleure continuité, il souhaite des séjours plus longs.[17]

### *Coopération suisse décomplexée*

Au cours de la décennie 1970, l'aide suisse au développement fait objet de débats qui amènent à reformuler des priorités à travers la Loi fédérale sur la coopération au développement et l'aide humanitaire internationales, du 19 mars 1976.[18]

La Guerre civile du Nigeria, comme celle du Vietnam, donne en Europe une nouvelle résonnance aux actualités des pays décolonisés. Telle qu'émergée à la fin de la Seconde Guerre mondiale, la doctrine développementaliste est remise en question, en ce moment où les forces profondes sont davantage mises en évidence. L'ascendance du mouvement

15 *Daily Times*, 16.1.1970.

16 Ici, dans le contexte de Guerre froide, Garba proclame que le Nigeria ne fait partie d'aucun bloc. *Daily Times*, 17.2.1978.

17 Propos tenus à l'ambassadeur du Canada A.S. Gill. *Nigerian Tribune*, 24.2.1971.

18 *Feuille fédérale*, 1976, vol. 1, pp. 1067-1071. <amtsdruckschriften.bar.admin.ch>.

tiers-mondiste marque une attitude plus critique envers les relations internationales, où les concepts «exploitation», «impérialisme» ou «néo-colonialisme» servent à expliquer la pauvreté ou les conflits. Dans cet ordre d'idées, l'aide publique au développement est perçue comme un moyen offert aux investisseurs privés de tirer profit du Tiers-monde.[19]

En 1968, pour le publiciste de gauche Theo Pinkus, l'affaire Bührle ne résulte pas d'un délit exceptionnel: au contraire, «cupidité, falsifications et contournement des règles participent pleinement au système capitaliste».[20] Dans sa campagne pour l'interdiction des exportations d'armes votée en 1972, le Conseil suisse des associations pour la paix mise sur le soutien des organisations d'aide au développement. Parmi elles, la Déclaration de Berne estime qu'aucun groupe ou individu actif dans ce domaine ne peut éluder la question des exportations d'armes. Selon l'économiste et membre du Groupe de travail tiers-monde Berne[21] Rudolph Strahm, le besoin d'armes des pays du Sud provient d'un mécanisme enclenché par les pays développés afin de conserver leur influence au-delà de l'époque coloniale. Il insiste encore sur les multiples enjeux de la prochaine votation, dont la campagne offre l'opportunité de montrer que «l'armement représente plus ou moins l'antithèse du développement, que la politique de paix et la politique de développement vont de paire».[22]

Suite au refus de l'initiative par une faible majorité populaire, une vingtaine d'organisations continuent à se réunir et produisent en 1975 le rapport «Maldéveloppement», qui voit un lien étroit entre le «développement chaotique» du Sud et une mauvaise orientation de l'aide par les pays industrialisés. Ce document appelle à se préoccuper des besoins fondamentaux des plus pauvres, utiliser des techniques plus adaptées, mieux surveiller les multinationales, viser un changement de structures, et souligne

> [...] une incompatibilité fondamentale entre une politique de développement qui se veut au service des pauvres d'une part, et, dautre part, la politique étrangère ainsi que les relations économiques internationales de la Suisse, qui servent ses propres intérêts.[23]

---

19 Kalt, *op. cit.*, pp. 269, 296.

20 Cité par *id.*, p. 377.

21 *Arbeitsgruppe Dritte Welt Bern*, ou AG3W Bern.

22 Kalt, *op. cit.*, pp. 393, 395.

23 Cité par De Dardel, *op. cit.*, p. 153.

Au niveau du Parlement, le débat sur le développement s'intensifie aussi dès la fin des années 1960, mais aboutit à des conclusions différentes de celles des organisations tiers-mondistes. Face à la constante augmentation des crédits à la coopération technique, des députés conservateurs promeuvent l'adoption d'un article constitutionnel soumettant l'octroi des futures sommes au référendum populaire. Cette proposition est écartée en 1973 par une forte majorité, d'avis que la politique étrangère nécessite une approche plus globale et ne peut se fragmenter en une série d'articles. Toutefois, le Conseil fédéral ressent le besoin d'une base légale et lance un projet de loi.

Au premier projet avancé en 1973, le député républicain J. Schwarzenbach oppose l'argument frontal du gaspillage et souhaite que la Suisse se limite à une aide humanitaire. Du côté gauche, une des voix les plus critiques est celle du socialiste J. Ziegler, qui relaie les conceptions des organisations tiers-mondistes en appelant à agir sur les relations économiques dans leur ensemble. Ces positions obtiennent un écho extrêmement faible à l'Assemblée, qui s'achemine vers un consensus autour du rôle positif des investissements privés.[24] Celui-ci résulte d'un tournant amorcé vers 1966-1969, alors que W. Spühler tient les rênes du DPF et envisage le développement non pas comme un processus d'égalisation des ressources entre riches et pauvres, mais au travers d'une «collaboration entre partenaires égaux, dans leur intérêt bien compris».[25] Dans cette optique, le Conseil fédéral prône un soutien accru aux investisseurs et place l'accent de ses messages sur les intérêts économiques suisses.

> [...], le fait que l'aide est souvent intéressée est admis et même vanté, car «même une aide ‹intéressée› peut avoir une grande valeur pour les pays en développement», et, d'autre part, «les sentiments altruistes ne sont pas un stimulant suffisant pour provoquer une aide substantielle».[26]

Cette vision angélique des contributions privées, avec abstraction totale des externalités négatives, le politologue De Dardel l'attribue à un appareil statistique trop lacunaire et la place dans un contexte où le slogan *trade, not aid* pénètre profondément les idéologies. La croissance économique

---

24 *Id.*, pp. 212-219.

25 *Id.*, p. 79.

26 Ici, De Dardel cite le message du Conseil fédéral à l'Assemblée, 21.5.1969. *Id.*, p. 84.

générale fait croire à des retombées positives pour toutes les parties et la théorie de la dégradation des termes de l'échange vient à apparaître désuète, au profit d'un idéal d'intégration dans le marché mondial, qui «ne peut être que bénéfique aux pays pauvres».[27]

Au sein de l'Administration fédérale, la Division du commerce défend une orientation de l'aide vers les intérêts économiques suisses privés, tandis que la Coopération technique penche encore vers une approche désintéressée. La charge de concilier ces vues dans le projet de loi revient au vice-directeur de la CT Thomas Raeber. Il accéde à ce service en 1967 grâce à l'appui d'un ami industriel, à un moment où il avoue ne pas mieux connaître l'aide au développement qu'un lecteur régulier de la *Neue Zürcher Zeitung*. D'un surplomb avoué au-dessus des partisans du désintéressement, qu'il nomme «les croyants», Raeber n'exclut pas d'élever le soutien de l'industrie suisse en finalité.[28] Le projet de loi accepté en 1976 dirige l'aide vers les pays les plus pauvres, mais souligne largement les intérêts suisses.

Le Nigeria n'est pas retenu selon le critère de pauvreté; en Afrique de l'Ouest, les choix de la Coopération technique se portent notamment sur le Burkina Faso et le Niger. Les principaux domaines d'action que la loi privilégie sont, par ordre décroissant d'importance: le développement rural, l'amélioration alimentaire, la promotion de l'artisanat et de la petite industrie locale, la recherche et le maintien d'un équilibre économique et démographique. Un objectif central consiste à mettre les destinataires de l'aide «en mesure d'assurer leur développement par leurs propres forces».

## 2. Projets considérés

Une des premières requêtes d'aide adressées à la Suisse au lendemain de la Guerre civile provient du gouvernement de l'Etat Est central, en juillet 1970. Trois ans plus tôt, à Enugu, la firme suisse Brown Bovery a installé une antenne radio qui fut ensuite utilisée à des fins militaires par

27 *Id.*, pp. 86-87.

28 Propos recueillis par René Holenstein. *Wer langsam geht, kommt weit. Ein halbes Jahrhundert Schweizer Entwicklungshilfe*. Chronos, Zürich 2010, pp. 68-73.

le Gouvernement fédéral nigérian, puis reprise par les autorités de l'Etat lors de l'armistice. Ces dernières souhaitent désormais équiper l'antenne d'un modulateur de fréquence estimé à 60'000 Sfr et se tournent vers l'ambassade de Suisse pour une aide financière. Bien que le chargé d'affaires leur précise qu'il s'agit d'une affaire purement commerciale, il situe cette demande dans une zone grise entre la coopération technique et le soutien aux exportations. Selon lui, la Suisse aurait, grâce à son engagement humanitaire, acquis une excellente réputation dans l'Est au prix de légères frictions[29] avec Lagos. Prévoyant que les Igbos récupèrent une position proéminente au niveau national, Jeanrenaud recommande de soigner la relation avec eux, tout en estimant que «dans cette région du monde», on accorde plus de signification politique à une station radio qu'en Europe. Lagos pourrait donc voir d'un mauvais œil que la Suisse soutienne un gouvernement de l'Est dans cette entreprise.[30]

A point nommé, la procédure laisse du temps de réflexion: on invite le requérant à contacter le fabricant qui pourra ensuite demander une garantie contre les risques à l'exportation. Gelzer, du DPF, songe à la probabilité qu'ayant obtenu du Nigeria des contrats pour une somme d'environ 13 mio Sfr, Brown Bovery accepte de céder l'instrument à des conditions généreuses. Mais si la diplomatie suisse était à nouveau sollicitée, il insiste pour que le gouvernement fédéral nigérian soit consulté.[31] L'affaire reste en suspens.

Le même type de facteurs politiques émerge en 1972, lorsque le Dr. Ezenwa argumente en soulignant le besoin de reconstruction de l'Est après la Guerre et en déplorant que le soutien de la population suisse au Biafra ne se soit pas perpétué une fois la paix revenue. Ezenwa est directeur d'une division de l'Institut tropical de Bâle et expose à la Coopération technique les besoins financiers relatifs à la construction et l'équipement de l'*Enugu Specialist Hospital*. On lui répond que «de telles considérations d'ordre politique ne devraient pas être déterminant pour le choix [des] projets, mais les chances que le projet en question a de contribuer au développement du pays». Ici encore, la procédure indiquée permet de ne pas refuser

29 De l'allemand: «um den Preis eines leichten Missmutes».

30 Lettre du chargé d'affaires à Lagos au DPF, 10.7.1970. AFS, E2001(E)1982/58/443.

31 Lettre de Gelzer à l'ambassade de Suisse à Lagos, 16.7.1970. AFS, E2001(E)1982/58/443.

d'emblée. La CT juge inadéquat de traiter directement avec Lagos, sachant que la santé n'est pas un «domaine prioritaire» et le Nigeria un «pays de concentration» géographique de l'aide, mais n'exclut pas une contribution si le projet était pris en main par une organisation, telle Caritas.[32]

Deux requêtes informelles concernant le tourisme – autre domaine non-prioritaire de la coopération suisse – sont adressées à l'ambassadeur Andres lors de visites de courtoisie. Anthony Enahoro, ministre fédéral de l'Information et du travail, évoque des besoins de formation en hôtellerie et d'investissements, alors que le brigadier C.O. Rotimi, gouverneur de l'Etat Ouest, a séjourné en Suisse à plusieurs reprises, y apprécie les facilités touristiques et souhaite l'envoi d'experts pour le développement d'infrastructures. Andres lui communique sa réticence en promettant de transmettre la demande à Berne.[33] En 1975, la visite en Suisse prévue par le Ministère du commerce pour y étudier les infrastructures touristiques est annulée, en partie à cause du coup d'Etat.[34]

Admettant que Lagos «déborde d'ordures dont l'élimination est très attendue pour des raisons sanitaires», le chargé d'affaires soutient le projet de la ville, qui espère une participation suisse de 40'000 Sfr à une installation de traitement des déchets. Informée par l'ambassade, la firme Gebrüder Bühler AG sonde la Coopération technique qui lui oppose le critère des pays de concentration adopté sous pression du Parlement, ainsi que la pénurie de main d'œuvre en Suisse. L'issue de ce projet auquel l'ambassade «n'a aucune objection [...] et peut, au contraire, facilement argumenter en sa faveur», n'est pas connue.[35]

En 1971, la CT reconnaît le besoin de planter des arbres dans le Nord-Est du Nigeria pour lutter contre l'érosion et développer l'économie forestière. Dirigé par la FAO, ce projet apparaît comme «totalement intégré dans [les] objectifs locaux, [...] indispensable à long terme». Or, il

32 Note de la Coopération technique, 21.7.1972. AFS, E2005(A)1983/18/298.

33 A propos d'Enahoro: Communiqué de presse n° 747, 6.8.1971. NIIA, Dossier de presse *Switzerland*. Sur la visite à Rotimi: lettre d'Andres à la CT, 22.11.1971. AFS, E2005(A)1983/18/298.

34 Pour l'itinéraire préparé par l'Office national suisse du tourisme, voir chapitre VIII.3.

35 Lettres du chargé d'affaires de Suisse à Lagos à la CT, 18.10.1972, et de Sigismond Marcuard, délégué de la CT, à Gebrüder Bühler AG, 7.11.1972. AFS, E2005(A)1983/18/298.

est probable qu'à ce moment, la Confédération ne privilégie pas explicitement le secteur rural. L'utilité supposée ne suffit pas à la CT pour lever des obstacles qu'elle juge financiers, tout en évoquant à nouveau le critère de concentration géographique.[36]

Dans des termes plus clairs, pour justifier le refus d'octroyer des bourses, le coopérant I. Cornaz qualifie le Nigeria d'«un des pays les plus avancés d'Afrique». Enfin, la crise économique qui débute en 1973 et les restrictions migratoires imposées par la Confédération compliquent un peu plus la situation, comme le DPF l'explique aux diplomates nigérians en poste à Berne qui s'informent de la possibilité, pour leurs compatriotes, d'effectuer des stages de perfectionnement en Suisse.[37] Cela dit, l'ambassade du Nigeria insistera sur le fait que plusieurs stagiaires ou étudiants n'ayant obtenu qu'un visa de tourisme ont de surcroît la plus grande peine à le faire prolonger pour terminer leur formation. Jürg Iselin du DPF relaie pleinement cette intervention auprès des instances concernées et cite les 400 Suisses du Nigeria face au nombre négligeable de Nigérians en Suisse, qu'il recommande de traiter avec bienveillance, «dans l'intérêt de nos relations bilatérales [...] et notamment afin d'éviter d'éventuelles mesures de ‹représailles›» à leur égard. Il conclut qu'il en va d'une «contrepartie bien modique dans le cadre de l'offensive vitale menée par la Suisse pour conquérir de nouvaux marchés et débouchés dans le Tiers-monde et auprès de partenaires importants comme le Nigéria en particulier».[38]

Les requêtes appuyées avec le plus d'insistance auprès de l'Administration suisse concernent la formation. Pro Helvetia traite promptement les demandes de l'Université d'Ile-Ife et de la bibliothèque d'Orlu, en envoyant une trentaine de livres à la première et une cinquantaine à la seconde, qui a été érigée grâce à des fonds suédois.[39] Au sujet du futur

---

36 Note de la CT, 8.11.1971. Lettre de Wilhelm, CT, au représentant de la Suisse auprès de la FAO à Rome, 17.11.1971. AFS, E2005(A)1983/18/298.

37 Note d'I. Cornaz, CT, 6.12.1973. AFS, E2005(A)1985/101/274.

38 Lettre du DPF à l'ambassade du Nigeria, 23.5.1975. Lettre d'Iselin à la Police fédérale des étrangers, l'OFIAMT et l'ambassade de Suisse à Lagos, 29.11.1975. AFS, E2005(A)1985/101/274.

39 Lettre de Pro Helvetia à l'ambassade de Suisse à Lagos, 22.11.1971. AFS, E2005(A)1983/18/299. Lettre d'Osigweh Emman à Serge Salvi, CT, 13.9.1973. Lettre de Pro Helvetia à Osigweh Emman, 17.10.1973. AFS, E2005(A)1985/101/274.

polytechnique d'Ibadan, une délégation de l'Etat Ouest[40] approche le DPF en août 1970 et souhaite une contribution dans trois domaines de formation, ce qui impliquerait l'engagement de quatre à cinq experts, des coûts de 1 à 2 mio Sfr d'équipement et l'octroi de bourses pour 200'000 Sfr. La CT apparente le projet au Polytechnique de Nairobi ou au *Yaba College of Technology*, considère sa dimension internationale et poursuit les discussions. Également sondée, la Fondation suisse pour la coopération technique laisse entrevoir sa participation pour la phase de formation en usine, mais la délégation explique que l'industrialisation nigériane est trop faible pour permettre un programme de stages. En décembre, le projet est toujours jugé intéressant par la CT, mais entre temps, huit pays africains de concentration ont été choisis et le Nigeria n'en fait pas partie. Un mois plus tard, le coopérant Serge Salvi souligne que l'entier du budget jusqu'à fin 1972 est affecté à la poursuite de projets déjà initiés, mais n'exclut pas de reconsidérer l'affaire en temps voulu.[41]

Une délégation du gouvernement fédéral nigérian rend elle aussi visite au DPF, en juin 1976, afin de transmettre des appels d'offres pour la prochaine construction de *colleges of technology*. Elle requiert une aide sous forme de coopération technique payée, soit sans coût significatif pour le gouvernement suisse, selon une procédure qui vise à décourager les pots-de-vin en évitant que les firmes n'aient à négocier directement avec les autorités locales. Le DPF servirait ainsi d'intermédiaire en recueillant les offres, ce que le chargé d'affaires à Lagos Jean-Daniel Biéler juge d'un grand secours pour les entreprises suisses de construction, étant nombreuses à prospecter le Nigeria mais peu à surmonter «les embûches dont leur chemin est pavé».[42] Agendée pour novembre et sur deux semaines, la mission de prospection composée du coopérant K. Seiler, d'un collaborateur d'un technicum suisse et d'un architecte convient parfaitement à la délégation nigériane, qui insiste pour en exclure tout représentant du secteur privé. Celle-ci suggère aux autorités suisses de former un consortium, prendre le projet en régie et coordonner toutes les phases de construction. Mais en

40 Pour sa composition, voir chapitre VIII.3.

41 Note à Sigismond Marcuard, délégué à la CT, 24.8.1970. Notes de la CT, 1.9, 10.12.1970. Lettre de Salvi à l'ambassade de Suisse à Lagos, 27.1.1971. AFS, E2005(A)1983/18/299.

42 Lettre de Hansjakob Kaufmann, DPF, à l'OSEC, 15.6.1976. AFS, E2001(E)1988/16/919. Lettre de Biéler à la Division du commerce, 22.6.1976. AFS, E7110(A)1987/20/107.

dépit des facilités financières, le coopérant Othmar Hafner estime qu'une telle responsabilité excède les moyens en personnel de la CT et préfère une «variante minimale», consistant à se retirer après la mission de prospection et recommander l'organisation Swisscontact[43] pour la régie. En outre, la formule de «l'aide payée», en cette période d'affermissement de la *Realpolitik* suisse[44], ne fait toutefois pas l'unanimité. Si Hafner salue l'occasion de montrer au contribuable que son argent n'est dépensé que là où manquent les fonds des pays bénéficiaires, le délégué à la CT Marcel Heimo, s'appuyant sur les propos du vice-directeur Rolf Wilhelm, met en garde que son service «pénètre dans un domaine fort proche de l'économie privée», qui ne correspond pas toujours à sa vocation et dépasse ses moyens.[45]

## 3. Le centre de photogrammétrie aérienne

En tant que procédé de mesure à partir de photos pour relever des cartes, la photogrammétrie est utilisée au Nigeria, durant la période de décolonisation, par les services de *Federal* et *Regional Surveys*. En 1957, des relevés aériens ont été effectués sur la région Ouest et des travaux devraient démarrer dans la région Nord, pour des «motifs géologiques», tandis que la région Est manque encore de «cartes basiques».[46] La rivière Sokoto, deux ans plus tard, est perçue comme une menace pour les terres agricoles et sa canalisation demande une cartographie sur base de photos aériennes.[47]

43 Nouveau nom de la Fondation suisse pour la coopération technique.

44 De Dardel, *op. cit.*, p. 173.

45 Note de Hafner, 1.9.1976. AFS, E7110(A)1987/20/107. Note de Heimo à Graber, jointe à la note de Wilhelm, 4.11.1976. AFS, E2001(E)1988/16/919. Wilhelm souligne le manque de personnel, mais au contraire de son supérieur Heimo, ne ressent pas le conflit d'intérêts entre l'aide publique et le secteur privé. Il cite l'exemple de la Suède qui a créé une division administrative responsable de ce type d'aide, permettant à plusieurs de ses entreprises de prendre pied dans les pays requérants.

46 Lettre de Stamers Smith, directeur des *Federal Surveys* à Lagos, au Département de coopération technique, Londres, 13.11.1957. NAUK, OD 6/686.

47 Lettre de *Northern Nigerian Survey* au directeur des *Overseas Surveys*, Surrey, 9.12.1959. NAUK, OD 6/827.

A la veille de l'indépendance, le directeur des *Federal Surveys* R.B. McVilly ressent une situation d'urgence: ses activités, entièrement financées par les caisses coloniales, dépendront bientôt des moyens de la coopération technique, nécessitant des procédures de requêtes qui risquent de ne pas aboutir avant le 1^er^ octobre. Les ressources humaines causent la plus grande inquiétude. Une *Survey Training School* existe à Oyo en 1957, alors qu'une autre doit être érigée près d'Abeokuta, mais il reste difficile de trouver des Nigérians qualifiés pour cette formation.[48]

Le service de cartographie subsistera auprès du *Ministry of Works*, sans que nous en sachions plus sur son mode de travail ou ses éventuelles difficultés. Les universités de Nsukka et Zaria, respectivement ouvertes en 1960 et 1962, offrent des cours de photogrammétrie. Toutefois, dès 1963, la Commission économique des Nations Unies pour l'Afrique [UNECA] envisage la création d'un centre régional de formation en photogrammétrie aérienne. Il s'agit d'intéresser trois gouvernements d'Afrique de l'Ouest à ce projet commun, mais dans un premier temps, seuls le Ghana et le Nigeria s'annoncent, avant que le Dahomey et le Sénégal les rejoignent. En 1970, le Nigeria construit des locaux sur le campus de l'Université d'Ile-Ife, puis le directeur des *Federal Surveys* Oluwole Coker cherche du soutien, entre autres, auprès du gouvernement suisse. Les maisons Atlas (nig.) Ltd et Steiner & Co, écoulant toutes deux des instruments de mesure suisses au Nigeria, sont représentées à l'inauguration en 1972.[49]

### *Évaluation des besoins et financement*

L'atout d'une bonne cartographie pour le développement industriel, agricole ou tout aménagement du territoire n'est jamais remis en question par la Coopération technique suisse. Précisément, elle juge le besoin de « techniciens en photogrammétrie» plus important que celui d'« ingénieurs de planification» et estime que ceux-là ne devraient pas être formés avec des instruments trop automatisés.[50] Ici, se reflète la considération que dans

48 Lettres de H.A. Stamers Smith et R.B. Mc Willy au Département de coopération technique, 13.11.1957 et 17.8.1960. NAUK, OD 6/686.

49 Rapport de l'ambassade de Suisse à Lagos, 31.10.1972. AFS, E2005(A)1983/18/299.

50 Note de la Coopération technique, 19.11.1971. AFS, E2005(A)1983/18/299.

une perspective d'aide au développement, il ne convient pas d'utiliser un équipement complexe au point que son entretien établisse un trop fort lien de dépendance envers le fournisseur.

C'est avant tout pour l'équipement et le corps enseignant que Coker espère une assistance de pays industrialisés. Une expérience de plus de dix ans l'a convaincu que les instruments suisses n'ont pas d'égal sur le plan fonctionnel et qualitatif, une impression confirmée par un récent séjour en Europe de l'Est, où ils étaient aussi très appréciés. En 1963 déjà, les universités de Nsukka et Zaria s'intéressaient à un instrument de la maison Wild, dont le coût élevé les incitaient à requérir le soutien de la diplomatie suisse. L'ambassade se réjouit tout autant que la CT de soutenir un projet dont l'utilité pour le Nigeria lui apparaît si clairement et qu'il soit de surcroît bénéfique au secteur privé. En termes de cartographie, Andres qualifie l'Afrique de «terra incognita» et du moment que les firmes Wild et Kern[51] sont déjà bien représentées au Nigeria, équiper le Centre assurerait leur renommée auprès des futurs professionnels, y compris dans les pays voisins.[52]

Augmenter ses débouchés industriels ne résume pas toute la motivation de la Confédération, qui tient aussi à contribuer au corps enseignant et afin que les fonds le permettent, souhaite un rabais de 50% sur les instruments Wild et Kern. Une négociation s'engage: en décembre 1972, les entreprises offrent, selon elles, la limite du possible, soit 26.6%[53]; le mois suivant, la CT tente d'obtenir tout de même 35%, laissant donc la situation en suspens jusqu'en août 1973, quand elle cède à la proposition de l'autre partie. Aux réductions budgétaires de la Confédération pour l'année à venir et à l'effet de promotion annoncé, Wild et Kern opposent les «hauts impôts» dont elles s'acquittent et la marge de gain sur les instruments jugée faible à cause des salaires. En premier lieu, 50% dépasseraient «les conditions normalement garanties pour l'équipement d'établissements de formation» et les entreprises offrent la formation en Suisse d'un technicien

51 Ces deux firmes sont amenées à collaborer car leur domaine de spécialisation se recoupe, mais elles restent administrativement indépendantes jusqu'à leur fusion en 1988. Voir: Rolf Simmen: *Firmengeschichte Wild Heerbrugg-Leica AG.* [s.n.], 1993.

52 Lettre de Bucher à Lindt, délégué à la Coopération technique, 4.9.1963. AFS, E2003-03(-)1976/44/194. Lettre d'Andres au DPF, 14.6.1971. AFS, E2001(E)1982/58/443.

53 Ces 26.6% tiennent compte des récents 10% d'inflation et correspondent à 16.6% sur la base des prix de 1972.

nigérian qui sera chargé de l'entretien.[54] La première contribution de la CT, mis à part l'envoi d'un enseignant, se monte à 903'000 Sfr pour les instruments, 36'000 Sfr pour des bourses sur place et 11'000 Sfr pour le déplacement et le séjour du futur technicien d'entretien.[55] La participation suisse concernera également les phases ultérieures du projet.[56]

Le sentiment d'urgence amène la CT à abandonner ses exigences. Au Centre, l'enseignement commence en 1972 avec du matériel hollandais, uniquement adapté à la première phase du cursus. L'argument publicitaire n'est pas contré par les entreprises, ce qui laisse supposer qu'elles l'acceptent, et étrangement, elles déplorent une sérieuse concurrence de la maison allemande Zeiss, mais se montrent inflexibles sur les prix. Peut-être que Wild et Kern se satisfont de leur ancrage au Nigeria et ne s'intéressent guère au reste du marché africain. De son côté, la CT est convaincue de la pertinence du projet par l'ambassade, trois missions de prospection et l'avis du directeur du Service topographique fédéral Ernst Huber.

### *Une gestion multilatérale*

Dans la phase initiale, l'ambassadeur Andres évoque une probable participation de la France, l'Italie, la Tchécoslovaquie, l'Union soviétique, la Grande-Bretagne et la Hollande. Il estime que l'intérêt de ces deux dernières reposerait sur l'activité de Shell-BP au Nigeria, mais rien ne permet de le confirmer.[57]

---

54 Note de Hafner, CT, 1.5.1972. Note de la CT pour la conversation avec Wild & Kern, 20.12.1972. AFS, E2005(A)1983/18/299. Lettre de Sigismond Marcuard, délégué à la CT, à Wild & Kern, 9.1.1973. Réponse, 22.2.1973. Lettre de Marcuard à Willy Rohner, conseil d'administration de Wild, 22.8.1973. AFS, E2005(A)1985/101/275.

55 Proposition de la CT au DPF, 11.10.1973. AFS, E2005(A)1985/101/275.

56 Proposition de la CT, 8.8.1975 : 195'000 Sfr, dont : experts : 70'000, bourses sur place : 36'000, deux bourses en Suisse pour l'entretien des instruments : 22'000, instruments : 48'000, frais administratifs : 5'000, missions : 5'000. Proposition de la CT, 8.7.1976 : 320'000 Sfr, dont : experts : 160'000, bourses : 120'000, frais administratifs : 20'000. Accord entre le Centre et la Confédération, 30.10.1978 : mise à disposition d'un expert suisse pour une année, une bourse de 5 mois en Suisse pour l'entretien des instruments, bourses : 125'000 Sfr, formation des enseignants : 20'000 Sfr. AFS, E2005(A)1985/101/275, E2001(E)1982/58/443.

57 Lettre d'Andres à la CT, 14.6.1971. AFS, E2001(E)1982/58/443.

Les quatre pays membres du projet sont représentés au conseil d'administration, présidé par une personne de l'UNECA. Organe décisionnel supérieur, il ne se réunit que deux fois par année et exerce ainsi moins d'emprise sur la gestion que le groupe de travail, exclusivement composé de Nigérians, «pour des raisons géographiques».[58] Un directeur vient à être nommé, mais ne provoque pas la dissolution du groupe. Premier à occuper le poste, Zorn, issu de l'école hollandaise ITC[59], cède la place en 1973 à Daramola, élu par le conseil d'administration et jusque là employé de Geodetic Survey, firme dirigée par le Suisse Keller. Cette passation de pouvoir coïncide avec l'entrée en fonction du Hollandais D'Audretch, en tant que conseiller du directeur. Suite à la mission d'enseignement de l'expert suisse en photogrammétrie J.-P. Perret, la CT finance le travail d'un instructeur hollandais devant former deux Nigérians à l'entretien des instruments. Dans les débuts du projet, la collaboration d'experts canadiens et finlandais fait figure d'exception; en 1975, le corps enseignant est composé d'un directeur nigérian issu des *Federal Surveys* et disposant d'un conseiller hollandais, de deux instructeurs hollandais – dont un financé par la Suisse, d'un instructeur nigérian et d'un instructeur sénégalais.[60]

La Suisse et la Hollande sont les deux nations extra-africaines qui assument un engagement significatif. La seconde ne souhaite pas impliquer la première dans la conception du programme d'études, façonné sur le modèle de l'école ITC, mais cette attitude ne mène pas au conflit. Ce qui préoccupe davantage la Suisse, ce sont les divergences de vues entre expatriés et personnel local, d'abord mis en évidence par les plaintes de l'expert Perret. En février 1974, il annonce que sa patience est à bout: le directeur Zorn aurait saboté son cours, tandis que son collègue Osaikhuiwu, trop sûr de lui et davantage porté sur les aspects théoriques que pratiques, ne disposerait pas des compétences requises. D'où sa déduction:

> La position sociale revêtant une signification énorme pour les gens d'ici, leurs efforts pour l'améliorer passent avant tout le reste. L'enseignement se déconnecte ainsi complètement de ses objectifs concrets. Toute discussion raisonnable avec ces gens est exclue d'emblée, car ils se sentent tout de suite attaqués personnellement.[61]

58 Note de la CT, 26.3.1974. AFS, E2005(A)1985/101/275.

59 *International Institute for Aerial Survey and Earth Science*, Enschede.

60 Proposition du délégué à la CT au DPF, 8.8.1975. AFS, E2005(A)1985/101/275.

61 Lettre de Perret à la CT, 18.2.1974. AFS, E2005(A)1985/101/275.

Un tel rapport et la décision de ne pas renouveler son contrat incite la CT à rencontrer ses partenaires hollandais pour éclaircir la situation. Si Zorn, rentré au pays, souligne les compétences de Perret, il lui attribue une personnalité égocentrique. Cela dit, la discussion relève une frustration des «experts», dont l'esprit d'initiative se verrait entravé par le groupe de travail, soucieux de son prestige: par exemple, celui-ci interdit au corps enseignant de mener des actions de propagande, car il en revendique la responsabilité, mais n'entreprend rien. Dans ces circonstances, l'entrée en scène du conseiller d'Audretch, perçu par les Suisses comme calme et pragmatique, permettrait d'exercer plus d'influence qu'un homme brusque, aussi car sa position ne menace les prérogatives de personne.[62]

Confiants en ces ajustements, les coopérants suisses et hollandais partagent l'avis que les difficultés rencontrées sont propres à la phase de lancement, mais se montrent inquiets face à l'apparente «nigérianisation» du Centre. En 1974, à la différence du Nigeria, les autres nations membres ne paient pas leur cotisation et ne s'impliquent qu'à travers les rares réunions du conseil d'administration. Les étudiants sont avant tout nigérians: dans un premier temps, les cours n'existent qu'en anglais et la France ferait des offres intéressantes à ses anciennes colonies pour la cartographie. De plus, le Cameroun aurait espéré que le Centre se construise sur son sol.[63] Pour favoriser la diversité, la Suisse prévoit d'octroyer des bourses: sur les vingt-neuf étudiants du terme suivant, onze ne viennent pas du Nigeria et ceux de pays membres sont désormais exemptés de taxes.[64]

L'usage de la photogrammétrie est moins répandu hors du Nigeria, donc dans un premier temps, le besoin d'opérateurs y dépasse celui de techniciens. Jusqu'en 1974, ceci se reflète dans la tendance des experts européens à mettre l'accent sur la formation des premiers et celle des Nigérians, concentrés sur la filière de techniciens. Puis, conformément aux statuts du Centre qui le destinent à enseigner toutes les facettes de la photogrammétrie aérienne, des cours de photo-interprétation sont intro-

62 Note de la CT, 26.3.1975. AFS, E2005(A)1985/101/275.

63 *Ibid.*

64 Nigeria: 14, Ghana: 4, Sénégal: 2, Dahomey: 2, Zaire: 2, Sierra Leone: 1. Pour le terme 1975-1976, inscriptions du Nigeria, Ghana, Sénégal, Lybie et Ethiopie. Proposition de la CT au DPF, 8.8.1975. AFS, E2005(A)1985/101/275.

duits en 1978. Chaque année, la vingtaine de diplômés intègre un service de cartographie gouvernemental et les demandes d'inscriptions tendent à excéder les capacités des locaux.[65]

A la vue de cet afflux continu d'étudiants, la CT renforce son intention d'œuvrer à la continuité et à l'extension du Centre. Les difficultés liées à la gestion, comme les quatre changements de directeur au cours des trois premières années, sont définitivement jugées surmontables. Selon l'ambassadeur Andres, les rapports invitent à ne pas interrompre la collaboration suisse avec le Centre, «ceci d'autant plus que notre coopération technique avec le Nigeria est à considérer comme modeste. Même une prolongation du contrat pour une seule année me parait justifiée».[66] Sur sa recommandation, le coopérant Andri Bisaz inclut une étape à Ile-Ife dans sa tournée africaine en décembre 1975 et se dit «positivement impressionné par l'enseignement au Centre. Le niveau correspond à celui d'ITC et va même plus loin dans certains domaines (p.ex. théorie, mathématiques)».[67]

Bisaz recommande le maintien de personnel européen jusqu'à ce que la gestion se stabilise. L'entier du corps enseignant est africain en 1978, mais la Suisse finance le poste d'un instructeur béninois jusqu'à l'année suivante, puis celui d'un expert suisse, pour une année également.[68] Au 21<sup>e</sup> siècle, le Centre régional de formations aux techniques des levés aérospatiaux reste «sous les auspices» de l'UNECA et compte huit membres: Nigeria, Ghana, Bénin, Sénégal, Niger, Cameroun, Mali et Burkina Faso. Plus de trente enseignants – tous africains – se répartissent entre les départements de cartographie, d'information géographique, de télédétection ou d'autres. Les cursus de douze à dix-huit mois aboutissent à des diplômes reconnus par le Conseil africain et malgache pour l'enseignement supérieur. Souvent recommandés par leurs gouvernements, les étudiants continuent à intégrer les ministères. Des ordinateurs sont

65 Note de la CT, 26.3.1974. AFS, E2005(A)1985/101/275. Proposition de la CT au DPF, 28.7.1978. AFS, E2005(A)1991/16/323.

66 Lettre d'Andres à la CT, 15.8.1975. AFS, E2005(A)1985/101/275.

67 Les autres étapes du voyage sont le Cap Vert, la Guinée-Bissau et la *West Africa Rice Development Association*, au Bénin. Rapport d'A. Bisaz, suppléant du chef du groupe Afrique de l'Ouest, CT, 2-19.12.1975. AFS, E2005(A)1991/16/323.

68 Proposition de la CT au DPF, 28.7.1978. AFS, E2005(A)1991/16/323. Accord entre le Centre et la Confédération, 30.10.1978. AFS, E2005(A)1991/16/323.

désormais préférés aux instruments suisses et hollandais, vraisemblablement depuis les années 1990, de même que les images satellites remplacent les photos aériennes.[69]

La coopération de la Suisse au centre de photogrammétrie est probablement facilitée par une perception nuancée de la situation économique du Nigeria, bien qu'il ne compte pas parmi les pays prioritaires. Dans sa note sur la «coopération technique payée» de novembre 1976, Wilhelm admet les moyens importants offerts par le boom pétrolier, mais souligne un «très bas niveau de développement» au regard du revenu par habitant.[70] Il est temps de voir jusqu'où ces deux facettes influencent les rapports économiques entre le Nigeria et la Suisse au sens large.

69 Entretien avec Joseph Oloukoi, directeur du Département de cartographie, Ile-Ife, 4.11.2010. Voir, aussi: <rectas.org>, consulté le 11.9.2012.

70 Note de Wilhelm, 4.11.1976. AFS, E2001(E)1988/16/919.

# Chapitre X
# Resserrement des liens économiques sous le boom pétrolier

Aussi bien par l'augmentation de sa production que par l'ascension de son prix, le pétrole transforme profondément le Nigeria, qui s'achemine ainsi vers une économie de rente. Des géologues suisses ont contribué aux explorations décisives dans les années 1950, puis aux découvertes ultérieures de gisements. A partir de 1974, le Nigeria devient tour à tour second ou troisième fournisseur de la Suisse en pétrole brut. Celle-ci, en sens inverse, améliore ses ventes dans les secteurs traditionnels des machines et de la chimie, alors que la broderie tend à passer par la contrebande. Quant à l'embargo sur les armes, une dixaine d'années après la Guerre civile, l'Administration suisse le considère comme désuet. Le Nigeria est-il devenu aussi stable qu'elle le prétend ? Un flux significatif de capitaux suisses s'y déverse dès 1978 ; ils ne proviennent pas des grandes banques et sont surtout affectés au développement en infrastructures de l'Etat Imo. Pour une estimation des fonds nigérians placés en Suisse, la documentation se révèle quasi inexistante[1]. En général, il faut se demander pourquoi les échanges commerciaux s'amplifient à ce point, alors que plusieurs paramètres continuent à entraver les affaires des exportateurs suisses. L'ambassade à Lagos en a conscience et se dote d'un attaché commercial.

La balance commerciale nigériane affiche le plus souvent un excédent, mais celle des paiements accuse un déficit croissant qui provoque des mesures gouvernementales. Par exemple, une diversification des réserves se traduit par une acquisition de Deutsche Marks, de Yens et de Francs suisses.[2]

1 En 1986, l'édition du 30.8 du quotidien nigérian *The Punch* avance la somme de 663 mio N, en se basant sur une étude de la revue londonienne *West Africa*. NISER, dossier de presse *2c loans and aids from banks*.

2 Eminue, *op. cit.*, p. 376. Le Nigeria veut détenir 3-5 % de ses réserves en Sfr, soit entre 425 et 700 mio Sfr. Procès-verbal du comité directeur de la Banque nationale suisse, 29.7.1976. BNS, 279/2.

Autre mesure, le recours à la Société générale de surveillance incommode la Division du commerce[3]; mais ce qui préoccupe le plus les marchands suisses sont les restrictions aux importations.

Nous avons évoqué les résultats mitigés rencontrés par l'ambassadeur Clark dans sa recherche d'investisseurs suisses.[4] Ceux-ci se voient soumis aux décrets d'indigénisation, qui les amènent à céder jusqu'à 60% de leur capital à des associés nigérians. Mais à part Steiner & Co, les entreprises installées avant la Guerre civile – UTC, Alumaco, Panalpina, Nestlé – appliquent ces normes tout en accroissant leur profit et d'autres firmes suisses s'implantent dans le pays, surtout par le biais de *joint ventures*. Pour affronter son indigénisation, la filiale de Nestlé puise parmi les stratagèmes propres aux multinationales qu'analyse Biersteker[5]. Même si cette attitude lui permet de protéger l'influence de sa centrale à Vevey, la politique nigériane l'incite efficacement à ouvrir des unités de production sur place, comme pour la fabrication du cube de bouillon Maggi, un produit bouleversant durablement les habitudes alimentaires nigérianes.

## 1. Amplification des échanges commerciaux

Constamment excédentaire pour le Nigeria depuis les années 1950, la balance commerciale avec la Suisse tend vers l'équilibre sous la Guerre civile, puis s'inverse en 1971. Il ne s'agit pas d'un retournement significatif: le Nigeria reprend l'avantage en 1973, puis la Suisse en 1975. C'est en 1974 que la valeur des importations du Nigeria en Suisse, considérée en Sfr constants de 1970, franchit pour la première fois les 100 mio; pour le flux inverse, ce sera l'année suivante. La hausse du prix du pétrole explique ces

3 Voir chapitre VIII.3.
4 Voir chapitre VIII.1.
5 Thomas J. Biersteker: *Multinationals, the State, and Control of the Nigerian Economy*. Princeton 1987.

augmentations de valeur[6], et facilite aussi l'écoulement de marchandises suisses dans ce pays producteur qui, en 1978, remplace l'Afrique du Sud en tant que premier client africain de la Suisse.

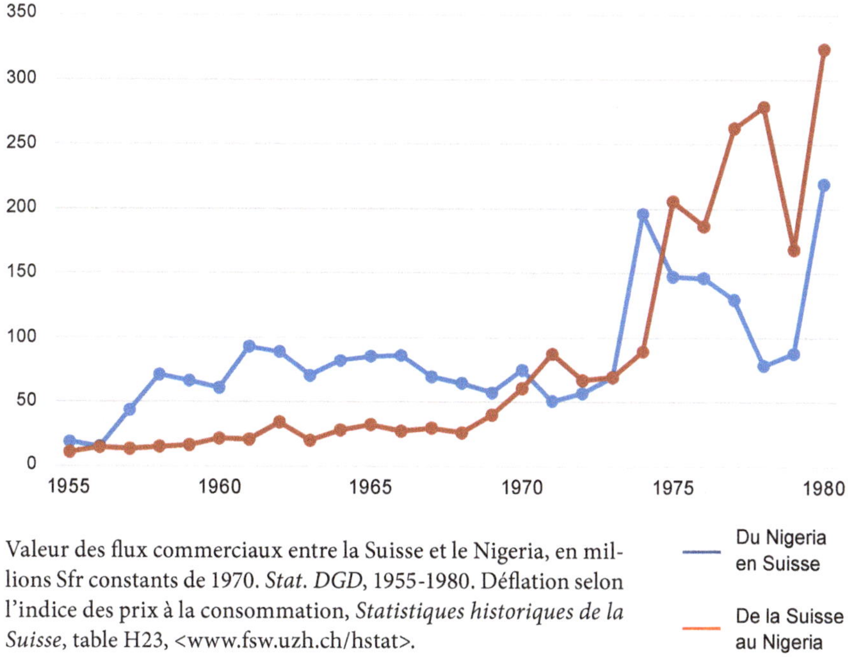


Valeur des flux commerciaux entre la Suisse et le Nigeria, en millions Sfr constants de 1970. *Stat. DGD*, 1955-1980. Déflation selon l'indice des prix à la consommation, *Statistiques historiques de la Suisse*, table H23, <www.fsw.uzh.ch/hstat>.

## *Poids du pétrole nigérian*

Shell-BP obtient une licence d'exploration pétrolière pour le Nigeria en 1938 et découvre le premier gisement important à Oloibiri, dans le Delta du Niger, en 1956.[7] Les recherches sont menées par la filiale de Port Harcourt,

6 En 1973, l'importation totale de pétrole brut en Suisse se monte à 6.092 milliards de kg pour 662 mio Sfr. En 1974, 6.008 milliards de kg pour 1.634 milliard Sfr. En provenance du Nigeria, 241'886 tonnes pour 32'037'102 Sfr en 1973 et 850'812 tonnes pour 223'433'703 Sfr en 1974. Direction générale des douanes: *Statistique du commerce de la Suisse avec l'étranger*, 1945-1980.

7 Sarah Ahmad Khan: *Nigeria. The Political Economy of Oil*. Oxford 1994, pp. 19, 39.

qui compte plusieurs collaborateurs venus de Suisse, un des rares pays à former des géologues spécialisés dans l'exploitation pétrolière au lendemain de la Seconde Guerre mondiale.[8] Selon l'ambassadeur Bucher, «ce sont exclusivement des ingénieurs suisses qui ont découvert le pétrole au Nigeria». Au moins 45 de ses compatriotes résident à Port Harcourt en 1961, dont «beaucoup d'ingénieurs et de géologues».[9] Parmi eux, Erdhart Fränkl, *Exploration Manager* puis *Deputy Director* pour la compagnie Shell, est arrivé à Port Harcourt en 1959 et précisera que les premières découvertes sont à mettre sur le compte de la compagnie dans son ensemble plutôt que sur celui de certains de ses employés, qui n'étaient pas tous de la même nationalité.[10] Un autre Suisse, Luc Saugy, occupe la fonction de chef-géophysicien de la compagnie française Elf au Nigeria, de 1970 à 1977.[11]

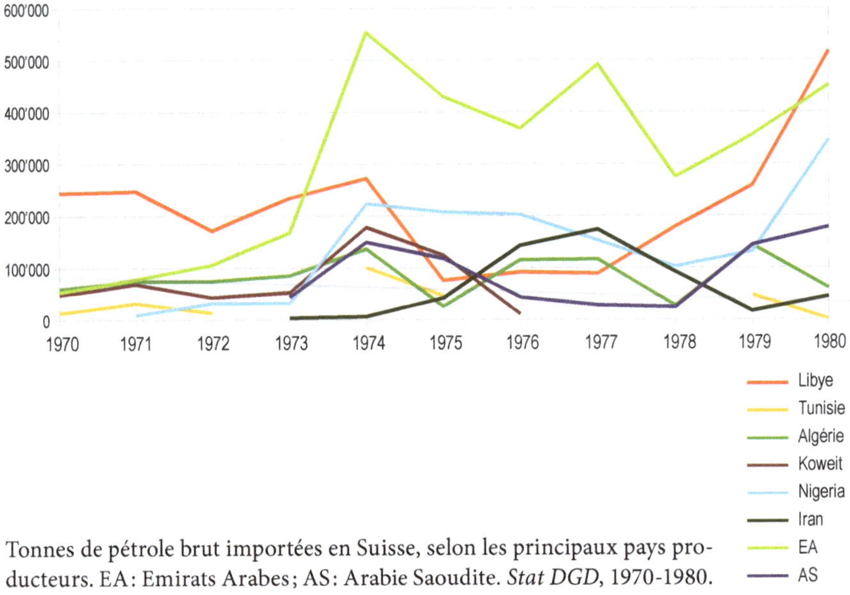


Tonnes de pétrole brut importées en Suisse, selon les principaux pays producteurs. EA: Emirats Arabes; AS: Arabie Saoudite. *Stat DGD*, 1970-1980.

8 Entretien téléphonique avec Erdhart Fränkl, 21.12.2012.

9 Lettre de Bucher au DPF, 24.10.1961. AFS, E2003-03(-)1976/44/194. Lettre de Real au DPF, 17.3.1967. AFS, E2200.168(-)1991/79/1. Lettre d'Andres au DPF, 12.2.1973. AFS, E2001(E)1987/78/695.

10 Entretien E. Fränkl.

11 Voir son blog: <saugy-photo.fr>, sonsulté le 14.11.2012.

Les découvertes s'enchainent et la production, en barils par jour, décline à 141'000 sous la Guerre civile, rebondit à 1.083 mio en 1970, franchit les 2 mio trois ans plus tard et ne descend plus au-dessous de 1.783 mio jusqu'en 1980.[12] Ces chiffres représentent 2.4% de la production mondiale en 1970, 3.67% en 1973 et 3.44% et 1980; sur ces mêmes années, la part du Nigeria aux exportations mondiales de pétrole se monte à 4.47%, 6.24% et 6.57%.[13] Si d'autres compagnies pétrolières s'implantent au Nigeria, Shell-BP assure continuellement plus de la moitié de la production.[14] En 1972, chacune doit céder 60% des actions de sa filiale au gouvernement. La part des revenus pétroliers à ceux des exportations nigérianes est de 57% en 1970, 94% en 1975 et 96% en 1980; en pourcentages du revenu national, pour les mêmes années: 43, 77 et 69.[15] L'apport de l'agriculture devient dérisoire, bien que ce secteur ne connaisse ni déclin, ni stagnation, mais une «croissance ralentie», qui ne parvient pas à satisfaire la demande nationale et favorise les importations.[16]

A partir de 1971, c'est aux Etats-Unis que se destine la plus grande part des exportations de pétrole nigérian, soit jusqu'à 44% en 1975. Le débouché du Royaume-Uni s'amoindrit de 23% en 1970 à 5.26% en 1979; les Pays-Bas absorbent environ 15%, la France et la RFA chacune de 5 à 10%. Quant à la Suisse, sa part est de 0.47% en 1974 et plafonne à 1.06% en 1980.[17]

Soutenue par la croissance économique d'après Deuxième Guerre mondiale, la consommation d'énergie, en Suisse, atteint un pic en 1974. Suite à la hausse du prix du pétrole décidée par l'OPEP, dont le Nigeria est membre depuis 1971, le recours à cette énergie – quantitativement – ne faiblit guère, mais les parts de l'électricité et du gaz augmentent sensiblement.[18]

---

12 Khan, *op. cit.*, pp. 88-89.

13 Akindele, Ate Bassey, *op. cit.*, p. 116.

14 Par exemple, production de 1975 en milliers de barils par jour: Shell-BP (Hollande/Grande-Bretagne): 1.118; Gulf (Etats-Unis): 227; Mobil (Etats-Unis): 196; Agip-Philipps (Italie/Etats-Unis): 156; Elf (France): 73; Texaco (Etats-Unis): 7. Khan, *op. cit.*, pp. 88-89.

15 Akindele, Ate Bassey, *op. cit.*, pp. 114-115.

16 Forrest 1993, *op. cit.*, pp. 136-138.

17 Akindele, Ate Bassey, *op. cit.*, p. 123.

18 Ueli Haefeli: «Umwelt, Raum, Verkehr». In: Patrick Halbeisen, Margrit Müller, Béatrice Veyrassat (Hg.): *Wirtschaftsgeschichte der Schweiz im 20. Jahrhundert.* Schwabe, Basel 2012, p. 716.

Structure des exportations du Nigeria en Suisse 1971-1980

## *Sfr courants*

| | Huiles brutes de pétrole | Fruits oléagineux | Cacao | Bois | Métal ou aluminium | Textile | Alimen-tation | Autres | Total |
|---|---|---|---|---|---|---|---|---|---|
| 1971 | 9'021'140 | 24'304'474 | 13'421'994 | 2'624'598 | – | 2'059'374 | 852'205 | 1'673'021 | 53'956'806 |
| 1972 | 31'850'535 | 20'374'427 | 7'318'139 | 2'979'429 | 1'159 | 1'107'410 | 296'018 | 574'174 | 64'501'291 |
| 1973 | 32'037'102 | 38'677'307 | 10'926'848 | 3'410'749 | 764 | 1'926 | 139'064 | 187'651 | 85'381'411 |
| 1974 | 223'433'703 | 31'637'211 | 5'768'908 | 3'489'815 | 8 | 397 | 13'773 | 1'503'351 | 265'847'166 |
| 1975 | 207'566'212 | 2'283'333 | 1'449'656 | 1'426'589 | 210'146 | 668 | 14'363 | 407'728 | 213'358'695 |
| 1976 | 202'595'539 | 3'691'289 | 8'219'689 | 238'500 | 364'080 | 70 | 24'504 | 190'910 | 215'324'581 |
| 1977 | 152'416'696 | 8'047'977 | 30'851'283 | 236'613 | 1'427'935 | 1'080 | 49'174 | 56'987 | 193'087'745 |
| 1978 | 102'277'554 | 3'101'690 | 10'538'735 | 57'278 | 1'362'293 | 172'351 | 10'240 | 530'970 | 118'051'111 |
| 1979 | 131'344'656 | – | 3'664'951 | 12'652 | 482'697 | 1'147'430 | – | 300'469 | 136'952'855 |
| 1980 | 346'443'059 | 508'430 | 9'326'277 | – | 1'340 | 60 | – | 234'478 | 356'513'644 |

*Stat. DGD*

## *Sfr constants de 1970, en millions*

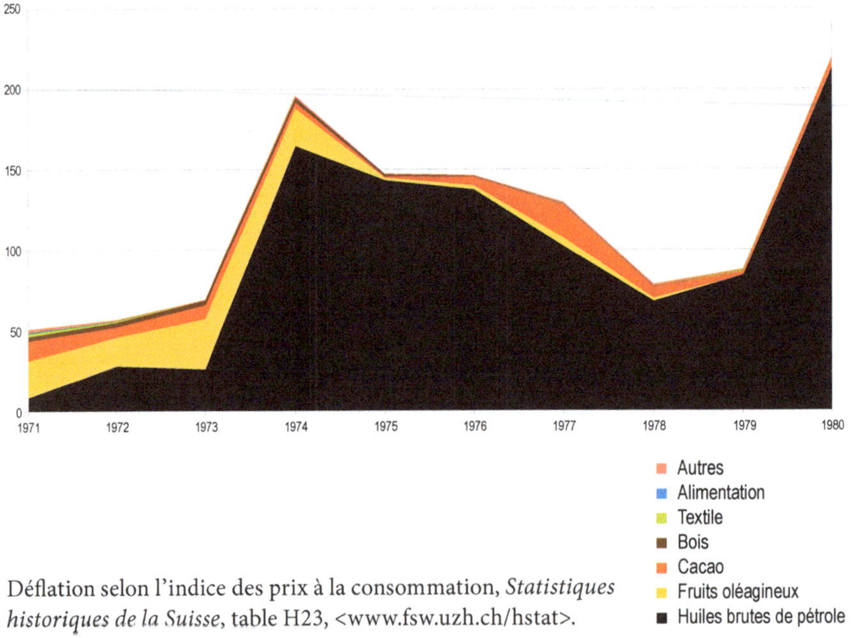


Déflation selon l'indice des prix à la consommation, *Statistiques historiques de la Suisse*, table H23, <www.fsw.uzh.ch/hstat>.

## Structure des exportations de la Suisse au Nigeria 1971-1980

### *Sfr courants*

| | Machines | Chimie | Montres | Métal ou aluminium | Alimen-tation | Textile | Bijouterie | Autres | Total |
|---|---|---|---|---|---|---|---|---|---|
| 1971 | 33'068'328 | 24'866'761 | 17'504'440 | 9'120'989 | 4'072'535 | 2'636'809 | 191'003 | 1'553'799 | 93'014'664 |
| 1972 | 24'483'741 | 25'586'185 | 10'385'190 | 7'742'976 | 2'411'758 | 3'506'277 | 378'781 | 1'375'625 | 75'870'533 |
| 1973 | 20'003'293 | 41'780'140 | 7'243'343 | 10'690'079 | 1'996'501 | 2'403'800 | 168'126 | 1'278'705 | 85'563'987 |
| 1974 | 36'482'739 | 47'510'930 | 14'645'640 | 13'894'312 | 2'613'488 | 3'194'560 | 209'729 | 2'354'034 | 120'905'432 |
| 1975 | 118'545'004 | 77'393'794 | 37'055'378 | 32'507'353 | 7'228'309 | 21'316'908 | 564'394 | 3'206'437 | 297'817'577 |
| 1976 | 91'365'935 | 77'856'519 | 39'744'636 | 21'256'790 | 14'537'911 | 22'843'478 | 1'442'175 | 5'040'412 | 274'087'856 |
| 1977 | 164'012'806 | 86'474'586 | 48'681'568 | 40'777'702 | 19'079'660 | 15'815'535 | 8'880'556 | 7'765'938 | 391'488'351 |
| 1978 | 176'504'376 | 85'888'560 | 58'105'455 | 42'261'939 | 33'011'917 | 6'998'612 | 8'015'155 | 9'726'677 | 420'512'691 |
| 1979 | 83'071'570 | 84'279'205 | 32'228'561 | 19'469'166 | 31'663'631 | 5'604'792 | 2'496'148 | 4'288'470 | 263'101'543 |
| 1980 | 220'863'243 | 119'502'399 | 58'255'757 | 43'842'933 | 62'211'249 | 12'208'131 | 1'730'806 | 7'844'970 | 526'459'488 |

*Stat. DGD*

### *Sfr constants de 1970, en millions*

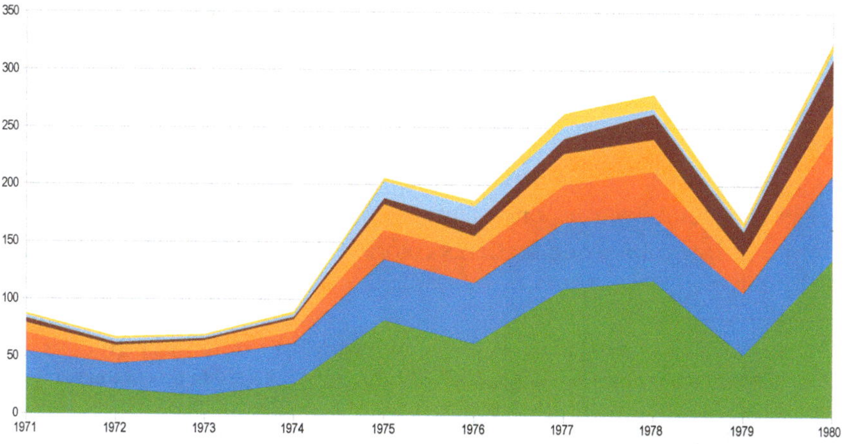


Déflation selon l'indice des prix à la consommation, *Statistiques historiques de la Suisse*, table H23, <www.fsw.uzh.ch/hstat>.

La Suisse importe, en 1974, 1.489 mio de tonnes de pétrole retravaillé, essentiellement sous forme de benzine à partir des pays limitrophes, et 6.008 mio de tonnes de brut. Aux côtés des Emirats Arabes d'où proviennent 2.062 mio de tonnes et de la Libye qui en vend 935'000 tonnes, le Nigeria s'affirme alors comme un des trois principaux fournisseurs de brut avec 850'000 tonnes. En d'autres termes, il assure à ce moment 14.15% des importations de brut en Suisse. Son prix ne se révèle pas plus avantageux qu'un autre, mais sa qualité est constamment évoquée.[19]

La Suisse, dans les années 1970, s'affirme vraisemblablement déjà comme lieu de négoce pour le pétrole. En 1974, l'ambassade de Suisse à Lagos apprend que le directeur de UTC Nigeria René Goettin sert d'intermédiaire à la société zougoise Euravia pour le négoce de pétrole. En outre, la maison genevoise Socodex SA entretient des contacts avec le citoyen nigérian Samuel Renner, actif dans l'import-export et intéressé à créer une *joint-venture.*[20] Vitol s'établit à Genève en 1972 et se spécialisera dans le négoce de brut nigérian.[21]

### *Marchandises et capitaux suisses*

Parmi les exportations suisses globales, le secteur des machines, ceux de la chimie et des montres restent en tête tout au long de la décennie 1970.[22] Cette règle ne diffère guère pour les marchandises destinées au Nigeria. Celles-ci, en 1975, se composent à 39.8% de machines, appareils motorisés et élévateurs sont les plus demandés; 25.9% de produits chimiques, soit pour 26.4 mio Sfr de matières colorantes et 13.7 mio Sfr de médica-

---

19 Stat. DGD. A propos de la qualité, voir, par exemple: Khan, *op. cit.*, p. 101.

20 Lettre de Pierre Barraz, chargé d'affaires à Lagos, à la Division du commerce, 10.9, 9.10.1974. AFS, E2001(E)1988/16/919.

21 Voir: Déclaration de Berne (éd.): *Swiss Trading SA. La Suisse, le négoce et la malédiction des matières premières.* Éditions d'en bas, Lausanne 2011, pp. 177-181. Déclaration de Berne: *Swiss trader's opaque deals in Nigeri*a, 2013. <http://www.bernedeclaration.ch/fileadmin/files/documents/Rohstoffe/BD-Nigeria-EN-20131101.pdf>. Consulté le 31.8.2014.

22 Voir: Margrit Müller: «Internationale Verflechtung». In: Halbeisen, Müller, Veyrassat, *op. cit.*, p. 398.

ments; 12.7% de montres; 10.9% de produits métalliques, demande probablement suscitée par Alumaco; 2.4% de produits alimentaires, résultat surtout dû au succès du cube de bouillon Maggi.[23]

Selon les types de produits, la Suisse se profile parmi les trois premiers fournisseurs du Nigeria. Par exemple, en 1972, aucun pays n'écoule plus d'aluminium qu'elle sur le marché nigérian. Ses ventes de matières colorantes pour 2.1 mio $ ne sont surpassées que par la RFA, avec 5.4 mio $. Dans les domaines des machines et de la chimie, à deux exceptions près, la Suisse obtient des résultats sensiblement meilleurs que l'Autriche, la Norvège, la Suède ou le Danemark.[24]

En revanche, ses exportations de broderie ne satisfont pas les industriels concernés et l'ambassadeur Andres est navré «de voir ici à quel point cette activité typiquement helvétique échappe au contrôle de notre industrie».[25] Ces propos datent pourtant de 1975, alors que le Nigeria n'a jamais autant importé de broderie suisse, soit pour plus de 15 mio Sfr. Mais ces chiffres ne correspondent probablement pas aux espoirs suscités par l'ampleur de la demande – la broderie est un produit de luxe constamment apprécié en Afrique de l'Ouest pour la confection de vêtements, et l'Autriche semble accaparer le marché nigérian. Andres parle d'un secteur «typiquement helvétique», car la branche textile fut le fleuron de l'industrialisation et des exportations suisses jusqu'à la Grande dépression des années 1930. Un nouvel essor de la broderie a lieu après 1945, mais elle ne retrouve pas l'importance qui était la sienne au début du siècle en Suisse orientale.[26]

Apparemment gênée par le succès de ses concurrents autrichiens, l'Union suisse des exportateurs de broderie finit toutefois par renoncer

23 Stat. DGD.

24 Ces exceptions sont les «machines spécialisées pour l'industrie» (Danemark: 348'000 $, Suède: 324'000 $, Suisse: 275'000 $) et les matières plastiques (Autriche 202'000 $, Suisse 89'000 $). Secteur plus représentatif, celui des «machines en général sauf éléctriques» (Suisse: 2'377'000 $, Suède: 509'000 $, Autriche: 114'000 $). Extraits de statistiques de l'OCDE, fiche documentaire Nigeria, présence suisse et concurrence étrangère. AES, H XI 1b.

25 Lettre d'Andres à la Division du commerce, 31.7.1975. AFS, E7110(A)1986/24/113.

26 Voir: Müller, *art. cit.*, pp. 364, 398. Albert Tanner: *Das Schiffchen fliegt, die Maschine rauscht. Weber, Sticker und Fabrikanten in der Ostschweiz.* Unionsverlag, Zürich 1985, pp. 203-205.

à envoyer une délégation au Nigeria, contrairement à la suggestion d'Andres. Celui-ci conseille de soigner les contacts avec les intermédiaires locaux, en considérant qu'ici réside le secret des méthodes autrichiennes. Selon son idée, l'ambassade peut faciliter une mise en réseau, mais n'entend pas s'impliquer davantage dans ces transactions, alors dominées par la contrebande. Andres décrit le fonctionnement d'une «filière assez bien structurée [...] entre quelques entreprises autrichiennes et le Nigéria». D'abord, le fabricant présente ses échantillons sur place et encaisse de main à main un premier tiers de la facture. Le second tiers est réglé à la réception de la première moitié de la commande qui entre au Nigeria sous de fausses étiquettes ou par la valise de l'importateur, moyennant un dédouanement «selon les méthodes ‹amicales› qu'il est possible d'utiliser ici». Enfin, la livraison et le paiement du solde s'opèrent en toute légalité et souvent sous garantie contre les risques à l'exportation.[27]

La réticence des brodeurs suisses à plus s'engager face à l'Autriche tient au fait qu'ils profitent indirectement de cette filière. En effet, une partie des commandes autrichiennes placées en Suisse se destine au Nigeria et occuperait près d'un septième des machines à broder du pays. Cette proportion est avancée par l'Union suisse, lorsque Lagos, en 1976, interdit les importations de broderie et se met à combattre la contrebande afin de réduire les dépenses somptuaires. L'Autriche réagit avec une délégation commerciale, mais les producteurs suisses refusent de s'avancer et demandent l'action de leur ambassade, en lui proposant d'argumenter que si la contrebande diminue les recettes douanières nigérianes, une interdiction le fait davantage. La situation demeure au point mort.[28]

Contrairement aux ventes de broderie, le commerce de capitaux entre les deux pays connaît un boom à la fin de la décennie. Ce secteur n'est pas plus connu pour sa transparence; par exemple, un document du DPF énumérant les exportations de capitaux à destination des pays en développement entre 1945 et 1967 place la Banque mondiale en tête des partenaires

27 Lettres d'Andres à la Division du commerce, 31.7, 1.9.1975. AFS, E7110(A)1986/24/113.

28 Lettres de Rappard, ambassadeur de Suisse à Lagos, à la Division du commerce, 13.7, 21.9.1976. AFS, E7110(-)1987/20/107. Lettre de l'Union suisse des exportateurs de broderie à Moser, Division du commerce, 28.4.1977. Lettre de Jean-Daniel Biéler, chargé d'affaires à l'ambassade de Suisse à Lagos, à la Division du commerce, 9.5.1977. AFS, E7110(-)1988/12/103.

de la Suisse avec 839 mio Sfr, suivie par le Congo belge avec 240 mio, Argentine: 198 mio, Espagne: 180 mio, Inde: 167 mio, Turquie: 164 mio, etc., mais ne fait aucune mention des montants octroyés à l'Afrique du Sud qui atteignent, jusqu'en 1961, au moins 451.5 mio de Sfr courants.[29] A propos du Nigeria, nous nous basons sur un dossier des Archives fédérales suisses qui rassemble les transactions enregistrées par le Département des finances et des douanes.[30]

L'Union de banques suisses, en 1972, prête 15.278 mio Sfr pour une fabrique de polyester construite à Lagos par Nichemtex Industries Ltd, filiale nigériane de la compagnie CHA Textiles[31], établie à Hong Kong. Puis, il n'y a aucune trace d'un autre crédit jusqu'à juin 1979, quand la compagnie Benue Cement de Lagos emprunte 30 mio Sfr à la Société de banques suisses. En septembre de la même année, les transferts décollent: les archives révèlent treize transactions entre cette date et novembre 1981, pour un total de 734.7 mio Sfr, plus 25 mio $ et 15 mio DM.

Mis à part 67.3 mio Sfr octroyés à l'Etat Ogun, 54.4 mio Sfr pour Delta Hotels à Port Harcourt, 18 mio Sfr pour Gaskiya Textile Mills Ltd à Kano – projet auquel participent le consultant valaisan Grichting & Valterio SA ainsi que Sulzer[32], 15 mio DM à l'Etat Anambra et 29.9 mio au Gouvernement fédéral, le reste des capitaux, soit 565.1 mio Sfr et 25 mio $, est affecté à l'Etat Imo. Celui-ci naît du morcellement national de 1976 et prend pour capitale la ville d'Owerri. Le prêteur principal ne figure pas parmi les trois grandes banques, il s'agit de Ultrafin AG-Finanzgesellschaft, enregistrée à Zurich avec un conseil d'administration à prépondérance tessino-italienne.[33] Si Banca del Gottardo octroie 25 mio $ à Imo State Water Corporation, Ultrafin avance 396.9 mio Sfr à ce même Etat, qui a un autre lien avec la Suisse: l'extension urbaine d'Owerri s'opère sur la base

29 Kapitalexport nach Entwicklungsländer 1945 bis Ende 1967. AFS, E2001(E)1980/83/188. Bott, Guex, Etemad, *op. cit.*, p. 58.

30 Dossier C.41.152 Nigeria: Schw Kredite an Regierungen. AFS, E2001(E)-01(-)1991/17/995.

31 <www.chatextiles.com/english/aboutUs/history.html>, consulté le 12.12.2012.

32 Brochure de Grichting & Valterio, 26.1.2010. En ligne sous <www.gvlcs.com/liens/grichting.pdf>, consulté le 12.12.2012. Sur Gaskiya: Forrest 1994, *op. cit.*, p. 203.

33 Ultrafin est alors dirigée par Carlo von Castelberg de Disentis. *Annuaire suisse du registre du commerce*, 1978.

des mesures de la firme zurichoise Geodetic Surveys Ltd et des plans de l'architecte Carl Fingerhuth. Il ne s'agit pas pour autant d'un consortium suisse. Fingerhuth pense à offrir ses services grâce au contact de son frère, actif dans l'exportation avec un partenaire nigérian, lui-même introduit dans le cercle gouvernemental de l'Etat Imo.[34]

Le montant des sommes prêtées à l'Etat Imo interpelle. Aucun élément n'indique pourquoi elles ont été empruntées en Suisse, et rien ne laisse non plus connaître les raisons du choix d'Ultrafin, organisme financier très peu connu, tout comme les membres de son conseil d'administration, dont les noms ne semblent cités que par l'Annuaire suisse du registre du commerce. A ce jour, il est tout aussi difficile de connaître l'affectation exacte de ces sommes. Cela dit, les projets lancés en 1976 pour le développement urbain d'Owerri peuvent être considérés comme très ambitieux et nécessiter un financement important. Ndubuisi Kanu, premier gouverneur de l'Etat Imo, semble avoir joué un rôle majeur dans la genèse de ces projets.[35]

### *Affaires entravées et réactions diplomatiques*

Fingerhuth communique une version provisoire de ses plans d'urbanisme pour Owerri en juillet 1976, mais en décembre de l'année suivante, le projet est suspendu. Le *Daily Times* met en cause le partenaire Geodetic Surveys, qui n'aurait pas tenu ses délais, et Fingerhuth qui aurait ainsi réalisé son travail sans se baser sur des données indispensables.[36] De son côté, l'ambassadeur Rieser relève des problèmes locaux d'ordre politique et psychologique. Fingerhuth obtient tout de même un paiement de 50'000 Nairas au lieu des 400'000 initialement convenus, et accepte de mettre à disposition quatre ingénieurs sur une durée de quatre ans.[37] C'est en fait

34 Entretien téléphonique avec Carl Fingerhuth, 13.12.2012.

35 Obinna Nwanze: "Leaders Are Making Things Difficult in Nigeria -Njemanze". In: *Daily Champion*, Lagos, 12.10.2009. Accès via <allafrica.com>.

36 Fingerhuth and Partners, Owerri and Zurich, Imo State Capital Owerri, Master Plan Report Phase I, 7.1976. AFS, E2200.168(-)1991/79/10. «N65m City Plan shelved». *Daily Times*, 14.12.1977. Coupure conservée aux AFS, E7110(-)1988/12/104.

37 Lettre de Rieser à la Division du commerce, 6.2.1978. AFS, E2001(E)1988/16/919.

le changement de gouverneur qui cause la suspension du projet pour une année; ensuite, les travaux se déroulent comme prévu.[38]

«Des problèmes comme celui-ci sont courants au Nigeria», précise Rieser qui évoque des retards de plusieurs mois et de longues négociations, ce à quoi de petites et moyennes entreprises peinent à faire face. Il défend donc un meilleur soutien de la part de la Confédération, notamment à travers la Garantie contre les risques à l'exportation, dont bénéficiera d'ailleurs Fingerhuth pour achever son contrat.[39]

En 1975, Saurer obtient une garantie de 60% pour la livraison de 390 camions, dont 200 se destineraient à des transports entre le port de Tema et Lagos. La commande émane du gouvernement ghanéen, mais d'un commun accord, le Nigeria devrait couvrir «une partie considérable» des frais. Si la Suisse n'octroie aucune garantie au Ghana depuis le coup d'Etat de 1972, le partenariat avec le Nigeria et la crainte d'un chômage partiel pour près de 2'000 employés amènent les autorités à faire exception.[40]

Le scandale du ciment est également un dossier qui préoccupe la Division du commerce et l'ambassade de Suisse. Sous le gouvernement Gowon, le Ministère de la défense place en 1975 des commandes astronomiques de ciment, soi-disant pour construire de nouvelles casernes. A cause des infrastructures insuffisantes du port de Lagos, on prévoit des indemnités de surestaries[41]; mais dans le climat de corruption grandissante, certains contrats sont artificiellement gonflés et des bateaux arrivent avec des cargaisons incomplètes, en vue de générer des indemnités.[42] D'où le blocage du port durant plusieurs mois. La firme Utex SA de Genève ne parvient pas à encaisser les 10.8 mio Sfr[43] de son contrat et un dixième

38 Entretien Fingerhuth.

39 *Ibid.* Lettre de Rieser à la Division du commerce, 6.2.1978. AFS, E2001(E)1988/16/919.

40 Lettres de Moser à l'ambassade de Suisse à Lagos, 6.9, 7.10.1975. AFS, E2200.168(-)1991/79/10.

41 Ces indemnités compensent l'attente excessive avant le déchargement. Selon le chargé d'affaires à l'ambassade de Suisse Jean-Daniel Biéler, il s'agit d'environ 15'000 Sfr par jour et par bateau. Lettre à la Division du commerce, 4.11.1975. AFS, E7110(A)1986/24/113.

42 Falola, Heaton, *op. cit.*, p. 187.

43 Selon la lettre d'Utex SA, Genève, à Moser, 20.5.1976. AFS, E7110(A)1987/20/107, 4.325 mio $ valent 1.8 mio Sfr.

de sa cargaison aurait été saisie sans contrepartie. Lasse des comités de renégociations mis sur pied par le gouvernement Mohammed – qui veut réviser tout contrat signé avant le coup d'Etat, Utex décide de recourir à l'arbitrage de la Chambre de commerce internationale de Paris.[44] L'issue n'est pas connue.

Il y a aussi la firme Panta AG, enregistrée à Zurich et ayant obtenu une commande de 240'000 tonnes de ciment pour 35.5 mio Sfr. En novembre 1975, c'est elle-même qui propose une modification du contrat et demande le soutien de l'ambassade dans cette démarche, mais deux mois plus tard, la frustration l'emporte et Panta considère une action en justice contre le gouvernement nigérian.[45] La diplomatie suisse aimerait l'en dissuader, car elle imagine une campagne de presse et les incidences désatreuses que cela exercerait sur la relation bilatérale. Mais au plus tard en novembre 1976, les renégociations parviennent à détendre la situation générale, lorsque seules deux des 82 entreprises impliquées persistent dans une action judiciaire. Et finalement, la Division du commerce apprend qu'au moment du coup d'Etat, Panta n'avait encore rien livré, mais tout juste commandé la marchandise en Turquie.[46]

En ce qui concerne les exportations de matériel de guerre suisse, les entraves reposent sur l'embargo adopté en 1967, lors de la Guerre civile. Trois requêtes d'exportation laissent apprécier l'évolution de l'attitude officielle: celle de la firme Crypto pour des machines de chiffrage en 1971, celle de la maison Contraves pour des pièces de DCA d'une valeur de 20 mio Sfr en 1973, et enfin celles de Mowag pour des véhicules blindés et Bührle pour des canons anti-aériens en 1977.

Si l'ambassadeur Andres, en 1971, évoque une situation «largement normalisée», il n'oublie pas les difficultés sociales posées par la démobilisation et souligne que «le jeune monde des Etats africains ne connaît encore qu'un équilibre fragile». Quoi qu'il en soit, les nouvelles directives

44 *Ibid.*

45 Lettre de Moser à l'ambassade de Suisse à Lagos, 24.10.1975. AFS, E7110(A)1986/24/113. *Id.*, 21.1.1976. AFS, E7110(A)1987/20/107.

46 Lettre d'Andres à la Division du commerce, 16.3.1976. Lettre de Biéler au DPF, 23.11.1976. AFS, E7110(A)1987/20/107. Note de Jürg Iselin, François Nordmann, DPF, 11.11.1977. AFS, E7110(-) 1988/12/104.

suisses de 1972 ne considèrent pas les instruments de chiffrage comme du matériel de guerre, si bien que leur livraison s'effectue légalement.[47]

En 1973, le DPF considère que «le pays demeure gouverné par un régime militaire [...], les universités connaissent leur lot de troubles, et surtout, les rivalités ethniques ou tribales restent latentes». Un second motif de retenue reflète des préoccupations d'ordre plus commercial:

> [...] tant «l'affaire Bührle» au Nigéria – cause par excellence des restrictions actuelles – que le conflit du Biafra sont encore bien présents dans les esprits et par conséquent une levée de notre embargo «de facto» ne manquerait pas d'être largement exploitée par les milieux qui tendent à interdire toute exportation de notre matériel de guerre.

Pour ces deux raisons, le DPF s'oppose à la livraison de Contraves en précisant qu'une «partie importante de l'opinion publiqe suisse ne comprendrait pas que nous autorisions des exportations d'armes à ce pays après ce qui s'est produit il y a peu d'années».[48]

C'est en 1977 que l'attitude de la Confédération s'infléchit. Dans leurs télégrammes à l'ambassade à Lagos, le DPF et la Division du commerce prétendent que «Existence décret concernant interdiction exportation armes vers Nigéria nous a échappé». D'ailleurs, ils ne s'en soucient guère, sachant que ce type de véhicules blindés est couramment exporté vers d'autres pays africains. La Division du commerce demande donc à l'ambassade de transmettre un pli de la firme Mowag à son destinataire par voie postale ou «courrier anonyme sans mention de l'ambassade». Néanmoins, à Lagos, le chargé d'affaires Jean-Daniel Biéler se prononce sans équivoque pour un maintien de l'embargo et souligne, entre autres, la collaboration militaire entre son pays de résidence et l'Angola. Il lui paraît ainsi «hasardeux de penser» qu'une livraison d'armes ne puisse pas être réexportée.[49]

---

47 Lettres d'Andres au DPF, 30.7.1971 et du DPF au DMF, 20.11.1972. Décision du Conseil fédéral, 15.12.1972. AFS, E2001(E)1987/78/695.

48 Note du DPF, 20.12.1973. Lettre de Michael Gelzer, DPF, au DMF, 21.1.1974. AFS, E2001(E)1987/78/695.

49 Télégrammes du DPF et de Moser à l'ambassade de Suisse à Lagos, 4.5, 5.5.1977. Lettre de Biéler au DPF, 24.5.1977. AFS, E2001(E)-01(-)1991/17/993.

Dans un premier temps, le DPF semble adopter les réticences de Biéler, mais en décembre 1980, l'ambassadeur à Lagos Walter Rieser précise que la Guerre civile est terminée depuis dix ans et ajoute que depuis lors, «une relative stabilité politique règne dans ce pays». Il estime aussi que l'embargo de matériel de guerre appliqué à l'Afrique du Sud n'exercerait pas le rôle politique escompté auprès du Nigeria tant que ce dernier y est aussi soumis.[50] Cette évidence mise à part, la «relative stabilité» ici avancée renvoie probablement à la reprise de la croissance économique en 1979, après la chute des revenus pétroliers l'année précédente. Mais plutôt que de freiner la corruption, le gouvernement de la Seconde République ne renonce pas à développer le clientélisme afin d'asseoir son pouvoir. En 1980, les 220'000 grévistes sur une durée moyenne de onze jours donnent un indicateur, parmi d'autres, du mécontentement populaire.[51] Se basant sur les propos de Rieser, l'assentiment du DPF et l'avis du Département militaire qui ne mérite plus d'être expliqué, le Conseil fédéral autorise, en mars 1981, l'exportation au Nigeria de 100 pistolets et 450 fusils d'assaut fabriqués par Sig, 80 véhicules blindés du modèle Piranha de la maison Mowag, et 48 canons antiaériens Bührle accompagnés de 24 systèmes de guidage Skyguard.[52] La Seconde République est renversée en décembre 1983 et les militaires conserveront le pouvoir jusqu'en 1999.

La diplomatie suisse ne se contente pas de prendre position au coup par coup sur les affaires commerciales que nous venons de discuter. Elle n'ignore certes pas les contrats signés au Nigeria par des entreprises suisses – tels celui de Touristconsult pour la création d'une école hôtelière dans l'Etat Sud-Est en 1974, d'Electrowatt pour un projet d'irrigation, ou de Mobag pour l'extension de l'hôpital universitaire de Benin, tous deux en 1976.[53] Cependant, le chargé d'affaires Biéler précise que «la pénétra-

---

50 Lettre de Rieser au DPF, 8.12.1980. AFS, E2001(E)-01(-)1991/17/993.

51 Falola, Heaton, *op. cit.*, p. 205.

52 Sur l'attitude constante du DMF, voir chapitre VII.1. Proposition de Georges-André Chevallaz, directeur du DMF, au Conseil fédéral, 5.3.1981. Décision, 25.3.1981. Autorisations d'exportation de matériel de guerre, 1981. AFS, E2001(E)-01(-)1991/17/993.

53 Note de l'ambassade de Suisse à Lagos, 18.9.1974. Lettre de l'ambassade de Suisse à Lagos à la Division du commerce, 16.8.1976. Coupure de presse non-identifée sur le contrat de Mobag, 1976. AFS, E2200.168(-) 1991/79/10. Sur Electrowatt, voir aussi: *Daily Times*, 7.8.1976.

tion du marché nigérian implique une bonne connaissance des conditions et usages locaux», ce qu'il recommande d'acquérir par un séjour sur place. L'ambassadeur Rappard, à son tour, assure que «la conclusion d'un contrat au Nigéria ne peut résulter que de la présence physique des intéressés étrangers».[54] Pour assister les entreprises dans leurs premiers séjours et prises de contacts, le personnel de l'ambassade vient à être considéré comme insuffisant. En novembre 1976, Maschinenfabrik Rüti cherche à se renseigner auprès du délégué commercial qui n'existe pas, et un mois plus tard, la Division du commerce annonce que Nicolas von der Weid s'apprête à assumer cette fonction à l'ambassade à Lagos, avec une circonscription s'étendant au Ghana, à la Côte d'Ivoire et au Sénégal.[55]

Von der Weid propose à l'OSEC d'organiser conjointement le séjour d'une délégation commerciale suisse au Nigeria. En janvier 1979 a lieu une mission préparatoire, s'efforçant d'établir les premiers contacts avec les ministères et d'identifier les éventuels débouchés. Le voyage se déroule du 13 au 26 mai et s'adresse à tout entrepreneur intéressé par «les exportations de marchandises, la vente de savoir-faire ou une prise de participation à une firme nigériane». Treize compagnies suisses s'annoncent, puis sept se désistent, sans que l'on sache lesquelles. La première liste d'intéressés ne se limite pas aux petites entreprises ou néophytes de l'Afrique, mais inclut Oerlikon-Bührle, Sulzer et le négociant André & Cie; selon l'OSEC, un «échange fructueux d'idées» prend place entre ces deux groupes de participants et les nouveaux venus peuvent se rendre compte «des débouchés énormes offerts par ce marché, mais également [...] des difficultés considérables qu'il s'agit de surmonter dans ce pays». Bien que la délégation se concentre sur Lagos, elle se rend aussi à Kano, Enugu et Port Harcourt. Le seul résultat tangible du séjour se résume à une lettre d'intention de collaboration signée par deux entreprises suisses et un partenaire nigérian, en dépit des 390 rendez-vous concrétisés sur deux semaines. Une moitié

54 Lettre de Biéler à l'entreprise de construction Harald Trutmann, Niedergösgen, 14.10.1976. AFS, E2200.168(-)1991/79/10. Lettre de Rappard à la Division du commerce, 26.10.1976. AFS, E7110(A)1987/20/107.

55 Lettre de Maschinenfabrik Rüti à la Société suisse des constructeurs de machines, 11.11.1976. Lettre de Sulzer à l'ambassade de Suisse à Lagos, 27.12.1976. AFS, E2200.168(-)1991/79/10.

des participants juge les «possibilités d'affaires futures» médiocres, alors qu'elles apparaissent bonnes à l'autre moitié.[56]

«Cette firme est ici inconnue» sert de titre, en décembre 1979, à un article du magazine suisse *Bilanz*. Le journaliste Thomas Holec y met en évidence les obstacles que le Nigeria recèle pour un commerçant ou entrepreneur suisse; mais sur ce plan, les problèmes n'ont guère changé depuis la période coloniale, soient les risques de fraudes à partir de documents falsifiés par le client. De plus, Nestlé et Mobag témoignent de retards dans les paiements. L'article se termine sur le même ton que son préambule: Frédéric Schoellhammer de l'OSEC rappelle l'importance du Nigeria en tant que premier importateur africain de produits suisses, mais appelle à la prudence en déconseillant d'affranchir la correspondance avec de beaux timbres, trop tentants pour certains postiers nigérians qui seraient d'assidus collectionneurs. La parution de cet article, sept mois après le séjour de la délégation commerciale, prouve que l'intérêt des entreprises suisses pour le Nigeria ne faiblit pas.

Biéler remarque, suite à l'assassinat de Mohammed, que «le Nigéria demeure un pôle d'attractions pour les investisseurs et exportateurs étrangers toujours vibrant malgré les événements politiques».[57] Et à propos de l'intérêt de IVF Maschinenfabrik et du bureau d'architectes Suter & Suter pour le Nigeria, Moser de la Division du commerce cite un lien avec la récession en Suisse qui incite à rechercher de nouveaux contrats à l'étranger.[58] Son point de vue rejoint celui de son supérieur hiérarchique

56 Lettre de l'OSEC à von der Weid, 30.3.1978. AFS, E2001(E)1988/16/919. Lettre de von der Weid à l'OSEC, 30.10.1978. Circulaire de D. Piotet, OSEC, aux membres, 17.11.1978. AFS, E7110(-)1989/32/119. Rapport de l'OSEC, Lausanne, 12.6.1979. ACV, PP778/7/1. La liste des entreprises initialement annoncées vient de ce dernier document: Andre & Cie SA, Lausanne; Applied Research Laboratories SA, Ecublens; BBG Baumberger, Genève; Cerberus AG, Männedorf; Efimex SA, Genève; Gerige SA, Lausanne; Georg Fischer AG, Schaffhausen; Oederlin & Co AG, Baden; Werkzeugmaschinenfabrik Oerlikon-Bührle AG, Zurich; Romag Roehren & Maschinen AG, Düdingen; Schalcher & Partners, Zurich; Sibra Management SA, Fribourg; Gebrüder Sulzer AG, Winterthur. Du côté de l'OSEC, le directeur adjoint Michel de Schoulepnikov et le délégué pour le Nigeria Daniel Piotet sont du voyage.

57 Lettre de Biéler à la Division du commerce, 27.4.1976. AFS, E2200.168(-)1991/79/9.

58 Lettres de Moser à l'ambassade de Suisse à Lagos, 21.10, 5.11.1975. AFS, E2200.168(-)1991/79/10.

Paul Jolles, qui soutient la libéralisation des échanges comme premier remède contre la récession et appelle pour ceci à préserver «la capacité d'importation des pays en développement, qui représentent la plus grande demande potentielle».[59] De tels propos expliquent en partie la polémique qui entoure le voyage au Nigeria du conseiller fédéral Aubert.[60]

## 2. Profit croissant des investisseurs

Comment les principaux investisseurs suisses évoluent sous le boom pétrolier, quand sont aussi adoptées les lois de nigérianisation? Au-delà de cette question, il faut s'interroger sur le positionnement de l'ambassade, censée protéger les intérêts suisses.

### *Union Trading Company*

UTC augmente ses ventes au Nigeria de 150 mio Sfr constants en 1973 à 1.5 milliard en 1982.[61] Notamment grâce au lobby de la Chambre de commerce de Lagos, sa catégorie d'entreprises échappe au premier décret d'indigénisation, mais est forcée par le second, en 1976, à nigérianiser 60% de son capital.[62] L'intérêt industriel de UTC se manifeste à nouveau en 1970, avec l'intention de participer au financement d'une chaine de montage d'automobiles Fiat à Kano ou Kaduna, mais celle-ci ne voit pas le jour.[63]

---

59 Paul Jolles est directeur de la Division du commerce. «Die Schweiz im Spannungsfeld der Welthandels-, Währungs- und Rohstoffprobleme», discours à l'assemblée des délégués du Vorort, Lausanne, 12.9.1975. Paul Jolles: *Von der Handelspolitik zur Aussenwirtschaftspolitik. Ausgewählte Reden und Aufsätze.* Verlag Stämpfli & Cie, Bern 1983, p. 36.

60 Voir chapitre VIII.3.

61 Guex 1998, *art. cit.*, p. 163.

62 Dans les années 1960, la *Lagos Chamber of Commerce* est encore à majorité composée d'expatriés. Biersteker, *op. cit.*, pp. 107, 199.

63 Télégramme de Real au DPF, 22.10.1970. AFS, E2001(E)1980/83/540.

En 1976 est lancé le *Business Promotion Department*, qui vend notamment des pièces de moteur et du matériel de construction au prix de gros.[64] Mais en général, la Compagnie bâloise continue à miser sur les *department stores*: forte du succès de celui de Lagos Island ouvert en 1955 et agrandi en 1968, elle en place un autre à Apapa, puis un troisième à Surulere en 1973. Pour le premier commerce de ce type hors de la métropole, elle choisit Ibadan et plus précisément l'enceinte de Cocoa House – seule tour de la ville, comptant vingt-quatre étages, dans le quartier d'affaires Dugbe. Inauguré en 1973, il occasionne un investissement d'un million de Nairas. Un *department store* UTC est organisé en une section alimentaire et une autre pour le reste de la marchandise, répartie par départements dédiés, entre autres, aux vêtements, bijoux, jouets ou articles électroménagers. Y sont écoulés différents produits dont la firme détient l'exclusivité au Nigeria, tels les mixers Kenwood, les montres Oris et Pronto, les instruments de bureau Olympia.[65]

A Ibadan, la direction de l'établissement revient au Suisse Huber, ayant suivi des études commerciales et des cours dans le milieu bancaire avant de rejoindre UTC en 1963 et d'être nommé superviseur à Accra. Transféré l'année suivante à Lagos pour y diriger plusieurs sections, il participe à l'ouverture du premier *departement store* UTC au Liberia en 1968 et de retour à Lagos, est promu manager assistant. A la tête de la section alimentaire se trouve A. Schwitter, diplômé en pharmacie et au bénéfice d'une expérience d'analyste auprès de Ciba-Geigy en Suisse; la supervision de l'autre section est confiée à la Nigériane Adeola Shotade: au sortir de la *Girls' Grammar School* d'Abeokuta, elle obtient un diplôme de management dans la distribution au Royaume-Uni, puis entre au service de UTC à Lagos. A un échelon inférieur, le superviseur du département boucherie est un Nigérian formé en Suisse.[66] Les points de comparaison manquent pour évaluer la Compagnie bâloise dans le processus de nigérianisation du personnel, mais dans le *New Nigerian*[67], I.I. Nwagwu de l'Université de Zaria la félicite d'avoir nommé Ben Nwose manager du *department store* de Lagos, qui emploie une centaine de personnes. Cette

64 *Daily Times*, 2.8.1976.

65 *Daily Times*, 15.8.1973.

66 *Daily Times*, 14.8, 15.8.1973.

67 12.9.1970.

promotion, en 1970, couronne dix-sept ans de service et une année de formation auprès du distributeur Migros en Suisse et Nwagwu la distingue des positions de «managers signataires» que d'autres «firmes étrangères tentaculaires» réserveraient aux cadres nigérians.

Les méthodes publicitaires adoptées par UTC se démarquent de celles des grandes firmes britanniques, comme UAC, dont un encart publié en 1970 s'intitule *the LAND, the GROUP and the ROLE.* Ce slogan sous-entend que la compagnie définit ses activités selon les besoins du pays: en «soutenant l'éducation à tous les niveaux, le Groupe démontre sa foi en de meilleures opportunités pour tous». La suite de l'argumentaire met en évidence la formation de managers et s'inscrit sur un fond graphique empreint de symbolisme. Une communication si étudiée repose sur l'intention de se démarquer du rôle joué sous la période coloniale[68], ce dont UTC ne ressent pas le besoin. Ses annonces se caractérisent par leur sobriété: un logo en caractères gras, l'emplacement des filiales, la promotion d'une gamme de produits par leur image de catalogue.

Comme l'extension du *department store* de Lagos, l'ouverture de celui d'Ibadan donne lieu à un publireportage dans la presse quotidienne. Leur mise en page ne les distingue guère de quelconques articles de presse. En 1968 dans le *New Nigerian*, M.Olanipekun Alli titre «La confiance d'une compagnie dans le Nigeria» et en 1973, le *Daily Times* attribue à «un correspondant spécial» les quatre pages consacrées à UTC. Cependant, dans le second, l'assertion que la diligence du personnel permet de fidéliser le client à «nos produits» semble révéler une rédaction interne.

Avec moins d'ambition que UAC, la Compagnie bâloise ne prétend pas répondre aux besoins de la nation, mais à ceux de ses clients.[69] D'où une insistance sur la variété et la qualité des produits, la modernité des locaux et de leur équipement: ascenseur, tapis roulant, climatisation, etc.

---

68 Stephanie Decker: «Corporate Legitimacy and Advertising: British Companies and the Rhetoric of Development in West Africa, 1950-1970». In: *Business History Review*, n° 81, 2007, pp. 59-86.

69 Une exception est à signaler dans un mensuel tiré à 10'000 exemplaires: «Il y a 40 ans, nous commencions nos opérations au Nigeria. Ça a été dur, mais nous avons persévéré. Parce que nous avions une foi solide en ce pays que nous avions commencé à servir». *The People*, juillet 1972. Parution attachée à la lettre du chargé d'affaires à l'ambassade de Suisse à Lagos au DPF, 25.10.1972. AFS, E2001(E)1987/78/694.

Le *Daily Times* présente aussi les trois managers supérieurs d'Ibadan, avant de mettre l'accent sur la qualité du service:

> Les filles attrayantes dans leurs costumes roses bien taillés et les hommes dans leurs pantalons noirs de gentlemen, chemises blanches et nœuds papillons, créent une atmosphère agréable pour les achats. Les sourires radieux sur leurs visages et leur disposition à servir le client en font une précieuse ressource pour la compagnie. Ce n'est ainsi pas un miracle si la plupart des gens choisissent de faire leurs courses chez UTC [...]. On apprend au personnel à considérer le client comme le maître à satisfaire et à servir, plutôt qu'à ignorer.[70]

Ce n'est pas une survivance de mentalité coloniale ou un idéal de ségrégation raciale qui se cache entre les lignes: UTC doit aussi son succès à la clientèle nigériane. Il s'agit plus vraisemblablement de s'adresser à une élite sociale.

Dans les marges du publireportage de 1973, deux firmes suisses félicitent UTC pour son extension à Ibadan: Alumaco, qui en a construit les chambres froides et le transporteur Panalpina, exprimant sa fierté de «servir UTC autour du monde». Mis à part ce type de partenariat, l'ambassadeur Andres, en 1976, salue le fait que UTC permette non seulement à des produits suisses de pénétrer le marché nigérian, mais que grâce à son caractère suisse, elle exerce une promotion pour l'offre suisse en général et crée d'autres débouchés, y compris pour les services.[71] De tels propos sont éventuellement illustrés par la *UTC National Photographic Competition* de 1979, promettant au vainqueur un vol Swissair aller-retour pour Genève, mais avec une alternative en espèces, ce qui peut signifier la non-inclusion du logement.[72] Si la réputation de qualité laisse peu de place au doute, le soi-disant «caractère suisse» n'est pas définissable et participe peu à l'image de la firme auprès de sa clientèle.[73] Comme autre

70 *Daily Times*, 15.8.1973.

71 Lettre d'Andres au DPF, 8.3.1976. AFS, E2001(E)1988/16/918.

72 *Daily Times*, 7.1.1979.

73 Employée au dépôt de riz du *department store* à Ibadan dans les dernières années précédant la fermeture, au tournant du 21e siècle, Abu Binta se souvient d'un manager expatrié reclu dans son bureau, qu'elle estimait Italien, ou d'un quelconque pays d'Europe. Selon elle, UTC était connue pour vendre des produits de qualité, mais pas en tant que firme suisse. Entretien, Ibadan, 24.10.2009. La plupart des Nigérians de la classe moyenne-supérieure rencontrés s'en souviennent dans les mêmes termes, soit un magasin européen, éventuellement britannique, avec une offre de qualité.

exemple de partenariat suisse, UTC assiste trois entreprises de construction dans la formation de leur consortium et les introduit auprès du gouvernement.[74] De plus, on trouve du capital UTC dans le projet Nigalex d'Alusuisse.

*Alumaco*

Alumaco connaît également une décennie d'expansion. On compte une centaine d'employés en 1969, 507 en 1972 et 1'000 en 1975, dont dix Européens. Cette année-ci, le profit se chiffre à 93'145 N, puis se monte à 1'218'756 N en 1976, pour un chiffre d'affaires de 18.5 mio N. L'année suivante, le réseau se densifie: à la fabrique d'Apapa et les représentations de Kaduna et Enugu, s'ajoutent les branches de Lagos, Ibadan et Oke Ado.[75] Parmi les participations à des chantiers significatifs, il y a celui de l'usine de montage de voitures Volkswagen en 1975.[76]

Le décret d'indigénisation de 1972 amène Alumaco à céder 40% de ses parts à de nombreux actionnaires nigérians. En effet, alors que ce décret tend à provoquer des concentrations de capital entre les mains des plus grands entrepreneurs, Alumaco décide de morceler 135'000 N en 12'000 actions que se partagent, selon le *general manager* Andreas Tischhauser, «des citoyens moyens et des vendeuses de marché». Le transfert coïncide avec une émission de 50'000 actions de 1 N chacune.[77] Cette stratégie de dilution du pouvoir est adoptée par plus d'un tiers des multinationales touchées par l'indigénisation.[78]

La filiale d'Alusuisse Nigerian Aluminium Extrusions Limited [Nigalex] est incorporée en 1973 et inaugurée en 1975, quand elle emploie

74 Il s'agit de Stamm Bauunternehmung AG Building & Civil Engineering Contractors, SBM Spaltenstein Baubetriebstechnik und Management, BBG Basler Baugesellschaft & Stehelin & Vischer AG Building & Civil Engineering Contractors. Lettre de Biéler au *Ministry of Works and Housing*, 18.6.1976. AFS, E2200.168(-)1991/79/10.

75 Entretien téléphonique avec Andreas Tischhauser, *general manager* d'Alumaco 1969-1975, 21.12.2011. *Daily Times*, 2.8, 19.8.1977. *New Nigerian*, 12.9, 4.10.1977.

76 *Daily Times*, 21.3.1975.

77 Entretien Tischhauser. *New Nigerian*, 12.7.1972.

78 Biersteker, *op. cit.*, p. 230.

160 salariés à Lagos.[79] En 1977, ils sont près de 300, dont une dizaine envoyés de la grande fabrique Alusuisse de Chippis, en Suisse. A l'origine de ce projet se trouve l'ancien agent UTC John Wohnlich, qui avait déjà inspiré les débuts d'Alumaco, au conseil d'administration duquel il siège toujours. Partant d'une étude de marché en 1972, un terrain est acquis l'année suivante pour y placer une usine de profils en aluminium, jusqu'ici importés: une première en Afrique de l'Ouest. Il s'agit donc de ne plus se limiter à la production de vaisselle, mais de fabriquer aussi des éléments de construction, comme des montants de fenêtres, en pressant sur une matrice des billets[80] venus de Suisse ou d'Europe. Le résultat est un semi-produit que le client doit assembler. Nigalex écoule la majorité de sa production auprès de ses deux actionnaires majoritaires[81], soient Alumaco et UTC, fabriquant également des fenêtres. D'après le *general manager* Max Locher, il n'est alors pas difficile de prendre pied dans le marché nigérian, pour autant de «produire correctement». Il n'omet toutefois pas la facilité offerte par le gouvernement nigérian, qui favorise cette nouvelle indigénisation de la production par une élévation des tarifs douaniers.[82]

### *Panalpina*

En 1972, Panalpina emploie 1'900 personnes en Autriche – en conséquence d'une fusion en 1967, 635 au Nigeria, 460 en Allemagne, 389 en Suisse, 200 aux Etats-Unis, etc. Au Nigeria, le personnel atteint un pic de 1'386 en 1979.[83] Les bénéfices sont considérés comme «très réjouissants» en 1970, alors que la compagnie renforce ses infrastructures à Warri et Port Har-

79 Programme d'ouverture de Nigalex, 2.91975. AFS, E2200.168(-)1991/79/12.

80 Pièces d'aluminium rondes et compactes.

81 Les actionnaires sont: Alusuisse; UTC; Nigerian Industrial Development Bank Limited; National Insurance Corporation of Nigeria Limited; Great Nigeria Insurance Company Limited; International Finance Corporation, Washington et Société Internationale Financière pour les Investissements et le Développement en Afrique [SIFIDA], Luxembourg. Programme d'ouverture de Nigalex, 2.91975. AFS, E2200.168(-)1991/79/12.

82 Entretien téléphonique avec Max Locher, *general manager* Nigalex 1973-1977, 26.1. 2012.

83 Rapports annuels de Panalpina, 1970-1980. AES, Verkehr A131.

court; en 1973, son chiffre d'affaires dépasse 40 mio N.[84] La même année, elle transporte de Lagos à Bonny 48'000 tonnes d'oléoducs de la maison hollandaise Mannesmann.[85] La filiale de transport par avion ASB qui, dès 1973, assure des importations au Nigeria à partir de l'Europe, devient la branche la plus profitable du groupe Panalpina et dans un second temps, relie aussi le Nigeria aux Etats-Unis.[86]

Ces quelques chiffres montrent que l'indigénisation de 45 % du capital en 1972, puis de 15 % supplémentaires conformément au décret de 1976, ne constituent pas de grands obstacles. Une part inconnue des actions revient à l'entrepreneur de Kano Sanusi Dantata, ce que la presse annonce comme une étape de son plan pour devenir « Monsieur Transport n° 1 » au Nigeria, avec de grandes implications : « Panalpina est un des leaders mondiaux pour le clearing, l'envoi et le transport. Par sa transaction, A. S. Dantata a établi des connections de par le monde, et va faire connaître le Nigeria partout ».[87] Cependant, à un moment incertain, ses parts sont reprises par l'autre grand actionnaire nigérian de Panalpina, David Dafinone. A la tête d'une firme comptable, celui-ci devient sénateur en 1979 : ses partenaires suisses apprécient son rôle d'arbitrage dans les conflits de travail et la discrétion qu'il garde vis-à-vis de leurs activités en Afrique du Sud, où Panalpina est représentée sous le couvert de l'entreprise International Sales Promotions, enregistrée à Hong Kong. Les managers relient Lagos et Johannesburg via Zurich, et se font exempter du tampon à la douane ; des procédés que la publication commémorative qualifie de double jeu risqué au nom de la neutralité suisse.[88]

---

84 Le taux de change n'est pas connu, mais trois ans plus tard, 1 mio N. vaut 4 mio Sfr. Lettre de P. C. Hartwell à J. Daniel, 4.10.1976. CH AHN NES C1.5/3260 Nigeria 1974-1976.

85 Rapport annuel de Panalpina, 1970. AES, Verkehr A131. Lettre de Pierre Barraz, chargé d'affaires à l'ambassade de Suisse à Lagos, à la Division du commerce, 4.2.1974. AFS, E7110(A)1985/91/102. *Leventina. Revue d'Entreprise. Compagnie Suisse de Navigation SA, Panalpina Transports Mondiaux SA et maisons affiliées*, décembre 1973. AES, Zo 384.

86 Karl Lüönd : *Moving Forward. Das Panalpina Buch*. Panalpina Welttransport AG, Basel 2004, p. 40.

87 *New Nigerian*, 4.8.1972. Sur les entreprises de la famille Dantata, voir : Forrest 1994, *op. cit.*, pp. 205-209.

88 Lüönd, *op. cit.*, pp. 39-40.

Alors que le nombre de contrats au Nigeria explose, un retard dans les encaissements provoque un bilan négatif en 1976. La Direction réagit en nommant, deux ans plus tard, le fondateur d'ASB Gerhard Fischer à la tête de Panalpina Nigeria.[89] Cette branche restera profitable jusqu'en 2008, quand l'entreprise se retire du pays suite à la mise au jour par la justice étasunienne d'une corruption étendue, pratiquée principalement pour le compte du client Shell.[90]

### *L'ambassade de Suisse et la nigérianisation*

En anticipation du premier décret, l'ambassade expose les enjeux de la nigérianisation à la Division du commerce et souligne que l'idée remonte à plusieurs décennies. Plutôt que de semer la panique dans les milieux concernés, les mesures en gestation susciteraient une attitude «d'observation raisonnable». L'ambassade prévoit, avec raison, que le décret ne réponde pas aux espoirs des petits entrepreneurs nigérians souhaitant moins de monopoles, mais favorise les grands hommes d'affaires, qui aspireraient à une collaboration avec les multinationales occidentales.[91] En effet, les firmes levantines et indiennes apparaissent plus vulnérables, car actives dans des domaines jugés accessibles à des Nigérians moyennement formés. L'ambassadeur Andres ne s'inquiète pas du sort des petits entrepreneurs «de la région arabe et indienne», car «celui qui connaît le don de ces races de n'attribuer aux lois qu'une validité formelle, ne se fait pas d'illusion sur les conséquences matérielles». Pour inscrire l'indigénisation dans son contexte, il estime qu'au Nigeria, la volonté de développer l'économie existe, le potentiel nécessaire est disponible et les cercles décideurs sont conscients des obstacles à ce progrès.[92] En 1971, l'ambassade conclut avec l'espoir que:

89 *Id.*, p. 45

90 *Tagesanzeiger*, 14.9.2008. *Bloomberg News*, 11.5.2010, <bloomberg.com/news/2010-11-05/shell-bribes-among-culture-of-corruption-panalpina-admits.html>, consulté le 15.10.2012. *NZZ*, 6.11.2010.

91 Lettre de l'ambassade à Lagos à la Division du commerce, 14.1.1971. AFS, E2001(E) 1982/58/443.

92 Lettre d'Andres à la Division du commerce, 2.5.1973. AFS, E7110(A)1984/70/106.

> […] la *business community* internationale préfère l'action volontaire au rapport de force, et éteigne le feu dessous la casserole avant que le couvercle ne se soulève. Il y a au Nigeria beaucoup plus à gagner qu'à perdre, pour autant que le pays surmonte les dangers toujours menaçants d'une instabilité politique, sociale et économique. Les entreprises étrangères, très engagées dans la vie économique, en portent une part de responsabilité.[93]

De son bureau à Berne, le vice-directeur de la Division du commerce Emilio Moser ne partage que peu ce pragmatisme. Il assure ne pas comprendre comment le gouvernement nigérian peut concilier de telles mesures avec une volonté d'attirer du capital étranger et estime évident que «ces perspectives peu réjouissantes» ne peuvent tenter des investisseurs suisses. D'où sa requête de négocier un accord de protection des investissements. Mais après un sondage des diplomates étasuniens et européens dont aucun ne considère un tel accord, si ce n'est à propos de double imposition, l'ambassade craint de faire apparaître ce type de démarche comme une remise en cause de la politique à l'égard des investisseurs étrangers, «que [ses auteurs] estiment ouverte et favorable».[94] La dissonance de la réaction de Moser avec les rapports de l'ambassade peut grossièrement, au-delà de la *Realpolitik*, être mise sur le compte d'une école de pensée qualifiée par Biersteker de «conservatrice néoclassique réaliste», qui considère les entreprises étrangères comme essentielles au développement économique d'un pays, alors que les programmes d'indigénisation et tout exemple «d'interférence politique» relèveraient de l'erreur.[95] Cela dit, le dossier nigérian, avec toutes ses nuances, n'est pas forcément celui auquel Moser accorde le plus d'attention; rien que pour l'Afrique, il se dit plus préoccupé par le Zaire et la Tanzanie.[96]

Nous avons vu que l'impact de la nigérianisation sur UTC, Alumaco et Panalpina ne peut pas être jugé négatif pour elles. Par contre, l'ambassade s'inquiète du sort de la firme F. Steiner & Co Ltd[97], dont le

93 Lettre de l'ambassade à Lagos à la Division du commerce, 14.1.1971. AFS, E2001(E) 1982/58/443.

94 Lettre de Moser à l'ambassade à Lagos, 15.3.1974. Réponse, 5.4.1974. AFS, E7110(A) 1985/97/102.

95 Biersteker, *op. cit.*, p. 12.

96 Lettre de Moser à l'ambassade à Lagos, 15.3.1974. AFS, E7110(A)1985/97/102.

97 Voir chapitre II.2.

Suisse Zollinger a cédé deux tiers des parts au groupe nigérian Ibru en 1971. Ce dernier a promis de fournir les liquidités nécessaires à l'extension de l'entreprise, mais dans le processus de nigérianisation, il multiplie ses acquisitions de parts et l'engagement auprès de Steiner ne peut être tenu. En 1974, une facture de 900'000 Sfr du fournisseur suisse Wild Heerbrugg reste en suspens, mais Zollinger compte rétablir la situation grâce à de gros contrats récemment négociés, notamment pour des livraisons d'ascenseurs.[98] Cette prévision ne se concrétise vraisemblablement pas et le tiers restant des actions, qu'il détient encore, sera absorbé par Ibru.[99]

Le cas Steiner, du moins parmi les entreprises suisses, se révèle isolé. Selon l'ambassadeur Andres, l'indigénisation ne suffit pas à inquiéter les managers de multinationales postés au Nigeria. «Le plus souvent jeunes et ambitieux», ils seraient enthousiastes de démontrer leurs qualités professionnelles dans ce genre de cas et le «directeur d'une entreprise suisse leader dans sa branche» – peut-être Panalpina, aurait confié que même une nigérianisation totale n'ébranlerait ni l'activité de la filiale, ni le bilan de la centrale. Andres explique cette insouciance par l'ascendance d'une classe d'entrepreneurs locaux moins empreinte de chauvinisme que du modèle de l'homme d'affaires américain.[100] Or, les managers expatriés puisent plutôt leur sérénité dans leurs propres stratégies d'adaptation: le plus souvent, ils s'efforcent de choisir des partenaires nigérians peu intéressés à la direction de l'entreprise et rassasiables de dividendes.[101]

Ce climat de confiance se confirme par l'intérêt ou l'arrivée de nouveaux investisseurs suisses. En 1976, Kramer & Co AG prévoit de s'associer avec Dotun Okubanjo pour fonder une filiale de construction au Nigeria, alors qu'Astrada AG et G. Conti AG, dans le même but, s'allient pour la recherche d'un partenaire local disposé à acquérir 60% des actions. Cette année-ci, la firme Landis + Gyr signe avec le Gouvernement fédéral un contrat de 20 mio Sfr pour implanter une usine de compteurs électriques

98 Lettre d'Andres à la Division du commerce, 26.2.1974. AFS, E7110(A)1985/97/102.

99 Pour la liste des acquisitions du groupe Ibru dans les années 1970: Forrest 1994, *op. cit.*, p. 134.

100 Lettre d'Andres à la Division du commerce, 2.5.1973. AFS, E7110(A)1984/70/106.

101 Il s'agit de 83% des 200 entreprises sondées par Biersteker, *op. cit.*, p. 230.

d'une production annuelle de 200'000 appareils.[102] Le secteur pharmaceutique n'est pas en reste: la filiale de Ciba-Geigy, ouverte au cours de la décennie précédente, s'indigénise à 40% puis se rebaptise Swiss-Nigerian Chemical Company Ltd, tandis que Sandoz (Nigeria) Ltd s'établit en 1972 et envisage, avant de connaître les normes du décret qui la concernent, d'atteindre une participation indigène de 40%.[103] Puis, son succès repose en grande partie sur les ventes de la boisson Ovaltine, en concurrence avec certains produits Nestlé.

## 3. Le cas de Nestlé

«L'impression est défavorable: un pays difficile, mal organisé, plein de corruption, nationaliste, sale, [...]. Dans un tel environnement, nos investissements signifient un vrai risque».[104] Ces propos sont ceux d'un membre du secrétariat de direction de Nestlé, suite à sa visite de deux jours au Nigeria, en septembre 1978, et reposent sur des difficultés bien réelles: en janvier 1979, la société attend 82 mio Sfr de paiements. Ces arriérés se réduisent à 33.4 mio en mai, dont 25.3 mio de factures courantes: un solde que l'agent R. Ley garde espoir de voir réglé d'ici la fin de l'année. Au prix d'un «effort soutenu», le personnel du Nigeria serait parvenu à débloquer une situation grippée par certains banquiers et douaniers égarant des documents.[105]

Pourtant, en 1975, l'entreprise réalise dans ce pays un chiffre d'affaires de 200 mio Sfr pour un profit de 50 mio Sfr: un rapport plus avantageux que dix ans plus tôt, quand le profit représentait à peine plus d'un

---

102 Note de l'ambassade de Suisse à Lagos, 3.2.1976. Lettre de Rappard à la Division du commerce, 21.9.1976. Lettre de R. Leuenberger, Associated Companies for Civil Engineering and Buildings, Solothurn, à la Division du commerce, 22.11.1976. AFS, E2200.168(-)1991/79/10.

103 Lettre de Barraz à la Division du commerce, 4.2.1974. AFS, E7110(A)1985/91/102.

104 Rapport de visite au Nigeria, 11.-12.9.1978. Auteur non-identifié, 20.9.1978. CH AHN NES C1.5/3260 Nigeria.

105 Note de R. Ley, finances, à G.J. Gogniat, 18.5.1979. CH AHN NES C1.5/3260 Nigeria.

dixième du chiffre.[106] En mai 1977, on prévoit un chiffre de 262 mio Sfr pour l'année en cours, puis une augmentation des prix et un *Net Operating Profit* [NOP] de plus de 35% sur les produits culinaires. En 1978, le chiffre se monte à 282.6 mio Sfr pour un NOP de 62.8 mio Sfr.[107] Le poids de ces données concernant le Nigeria dans le bilan général du groupe Nestlé n'est pas mesurable; toutefois, nous savons qu'en 1984, 4.3% du chiffre sera réalisé sur le continent africain, 37.4% en Europe, 24.1% en Amérique du Nord, 16.9% en Asie, 15% en Amérique latine et Caraïbes, 2.4% en Océanie.[108]

Considérant les résultats au Nigeria, les cadres de Nestlé ressentent une impression moins défavorable que celle exprimée ci-dessus. En 1975, les prévisions se révèlent justement enthousiastes:

> La croissance réelle du volume d'affaires devrait dépasser 16% en moyenne pour ces trois prochaines années, et se compare donc très favorablement à la moyenne attendue pour le groupe Nestlé (6-8%). [...] En conclusion, le Nigeria devrait rester, dans les prochaines années, un des marchés les plus intéressants du groupe Nestlé, tant pour les opportunités que ce marché paraît offrir, que pour les marges bénéficiaires exceptionnelles générées.[109]

Après l'échec récent de la production d'extraits de viande[110], une usine d'emballage de cubes de bouillon Maggi est installée à Ilupeju en 1971, où elle produira aussi des boites de conserve. Le dispositif se complète par un centre de formation pour le personnel en 1980, puis l'usine d'Agbara inaugurée en 1982 et destinée à la fabrication de produits laitiers et de cubes Maggi. En même temps, un centre de distribution est ouvert à Otta. Ces trois facilités se situent à Lagos et dans sa périphérie, dans un rayon de 50 km.

---

106 «Il y a 10 ans, les marchés anglophones représentaient un chiffre d'affaires d'environ 20 mios avec un profit inférieur à 2 mios Sfr. Si nous condidérons plus particulièrement le Nigeria, le chiffre d'affaires a été de l'ordre de 5 mios et le profit d'environ 550'000 Sfr». Note à J. Daniel, 29.10.1975. CH AHN NES C1.5/3260 Nigeria.

107 Contrôle opérationnel zone 5, 1977-1980, *Long term plan*, 31.5.1977. Note du Comité du conseil, 6.3.1979. CH AHN NES C1.5/3260 Nigeria.

108 *Nestlé Gazette*, n° 3, juin 1987. CH AHN NES.

109 Note du Planning général, 21.10.1975. CH AHN NES C1.5/3260 Nigeria.

110 Voir: chapitre V.1.

Une nouvelle souscription doit financer une partie du chantier d'Agbara, estimé en 1977 à 76.8 mio Sfr.[111] Pour le reste, Nestlé engage des négociations avec l'International Finance Corporation, mais elles n'aboutissent pas; en tant qu'organisme de la Banque mondiale, l'IFC reçoit pour directive d'éviter les collaborations avec Nestlé, par peur d'être soumis «aux feux des activistes». Il est ici question de l'affaire du lait en poudre, sur laquelle nous reviendrons.[112] Les complexes d'Agbara et Otta seront surtout financés par un prêt à terme fixe de 54 mio N, octroyé en 1980 par un consortium de «sept grandes banques».[113]

*Nigérianisation maîtrisée*

La décision de produire davantage sur place n'est pas sans rapport avec la politique économique nigériane. Cela dit, en 1965, le directeur Jacques Paternot n'est pas amené à réagir à une quelconque mesure protectionniste, mais considère les objectifs de croissance atteignables à condition de fabriquer localement, comme le font les concurrents. Cette réflexion est à l'origine de la chaine d'emballage à Ilupeju, qui représente un investissement de 1.87 mio Sfr.[114]

Selon une loi antérieure au décret de 1972, Nestlé a dû céder 24% de son capital à des actionnaires nigérians; en 1973, cette part est portée à 40%. L'entreprise ne cherche ni à diffuser le plus largement possible son capital en offrant des dividendes extravagantes qui, dans certaines compagnies, dépassent 50%, ni à concentrer les actions entre les mains d'un ou deux alliés. Ainsi, elle ne s'expose pas aux critiques du gouvernement et applique le décret sans encombres. Une augmentation de capital,

---

111 Contrôle opérationnel zone 5, 1977-1980. *Long term plan*, 31.5.1977. CH AHN NES C1.5/3260 Nigeria.

112 Note de H. Thiemann à Fürer, C.L. Angst, A. Gabus, 10.12.1979. CH AHN NES C1.5/3260 Nigeria.

113 Bulletin Nestlé, n° 4, 1982. CH AHN NES.

114 Chiffre d'affaires visé pour 1966: 227'000 £, 1967: 330'000 £, 1968: 450'000 £, 1969: 540'000 £, 1970: 600'000 £. Lettre de Paternot à Enrico Bignami, administrateur délégué, 18.10.1965. Lettre de Joseph Rivollet, directeur, à Pierre Liotard-Vogt, administrateur délégué, 31.8.1970. CH AHN NES C1.5/3260 Nigeria.

en 1975, se répartit comme suit: 60% à Nestlé Holdings Ltd, 20% aux actionnaires existants – qui touchent 25% de dividendes, et 20% à de nouveaux actionnaires, ce qui porte leur nombre total à seize[115], puis à vingt-deux.[116] Si cette dispersion de capital apparaît au conseiller juridique A. Jost comme une opportunité de conserver les prérogatives de la holding, le gouvernement ne considère pas ceci comme une stratégie hostile; en effet, plusieurs personnalités nigérianes rappellent à Nestlé qu'à partir d'un certain chiffre d'affaires, il est d'usage de procéder à une souscription publique. Craignant une surcharge administrative et une perte de flexibilité, le directeur P.C. Hartwell souligne la possibilité de rester dans le privé même avec la participation d'une cinquantaine d'actionnaires, mais J. Daniel suggère de ne pas exclure une souscrition publique de 10% lors d'une prochaine augmentation de capital.[117]

Plus préoccupant pour les managers: le gouvernement considère Food Specialities Nigeria [FSN, nom de la filiale Nestlé] comme une entreprise importatrice, non productive, et lui impose une stricte limite du nombre d'expatriés. De plus, en 1976, les banques menaceraient de couper les facilités de caisse pour ce genre de compagnies. C'est à ce moment que P. Villard, de la direction régionale, estime «urgent et nécessaire de présenter aux autorités, le plus vite possible, une description globale de nos plans industriels [pour Agbara], sans attendre l'étude de faisabilité».[118]

Le second décret prévoit 60% de capital nigérian pour les entreprises importatrices et apporte une impulsion supplémentaire au projet d'Agbara. Avec raison, le conseiller juridique R. Nicole se demande jusqu'à

---

115 1. Nestlé's Holdings Ltd: 750'000 N, 2. Ado Ibrahim Investments & Properties Ltd: 175'000 N, 3. M.A. Onigbinde: 60'000 N, 4. S. Dankaro: 50'000 N, 5. Domino Stores Ltd: 35'000 N, 6. Ekwenibe & Sons Trading Co Ltd: 32'500 N, 7. Linkup Investments Ltd: 30'000 N, 8. United Food Distributors Ltd: 25'000 N, 9. I. Rabiu: 24'000 N, 10. Alhaji L. Popoola: 12'500 N, 11. Alhaji Sani Kabara: 12'500 N, 12. Alhaji A.A. Garba: 12'500 N, 13. Alhaji Isiaku Tailor: 10'000 N, 14. O. Osunkeye: 9'500 N, 15. Alhaji Sifiyano Madugu: 7'500, 16. Alhaji A.S. Mai Bargo [non disponible]. Rapport de visite de P. Morier-Genoud à Lagos, 29.4-2.5.1975. CH AHN NES C1.5/3260 Nigeria.

116 Communication interne de A. Jost, Département juridique, 6.2.1975. Lettre et de P.C. Hartwell à Daniel, 4.10.1976. CH AHN NES C1.5/3260 Nigeria.

117 Lettres de Jost à Daniel, 15.7, Hartwell à Daniel, 4.10, Daniel à Arthur Fürer, délégué du conseil d'administration Nestlé, 4.11.1976. CH AHN NES C1.5/3260 Nigeria.

118 Lettre de Villard à H. Schuler, 3.5.1976. CH AHN NES C1.5/3260 Nigeria.

quel point le ré-emballage de cubes Maggi à Ilupeju peut passer pour une activité industrielle.[119] Bien que le projet marque un pas dans ce sens, car il envisage la fabrication de produits laitiers, la Direction entend continuer à importer la pâte des cubes, ce qui lui assure la plupart du bénéfice. D'où l'idée de former deux sociétés indépendantes : une consacrée uniquement à la fabrication, donc autorisée à garder 60 % de capital étranger, et une autre à participation majoritairement nigériane, dédiée à l'importation, mais toujours hautement rentable pour la maison mère car absorbant sa pâte pour les cubes. Afin de satisfaire la demande croissante de celle-ci au Nigeria, deux lignes supplémentaires de production sont ouvertes à Kemptthal, en Suisse, et deux autres à Valladolid. L'activité prévue à l'usine d'Agbara, malgré tout, ne permet pas de la classer dans le *schedule III* du décret, soit parmi les firmes avec 40 % de capital nigérian. FSN reste l'unique filiale dans le pays et doit se résoudre à indigéniser 60 % de son capital.[120]

Face à la dégradation de la balance des paiements, en 1979, le gouvernement dresse une liste de produits considérés comme non-essentiels et interdits d'importation. Si les cubes Maggi n'y figurent pas, au contraire des soupes et pâtes alimentaires, le directeur Daniel voit leurs jours comptés. Dans le cas d'une interdiction, il suggère de promettre aux autorités une fabrication locale imminente pour la faire lever.[121]

En 1974, le chef de marché a établi « des relations personnelles au niveau des directeurs généraux des ministères, hommes qui souvent à la pratique ont même plus de poids que les ministres », et l'accès à la présidence semble ouvert. Malgré tout, les « Nigériens [sic] ont une très grande conscience de leur importance économique et par voie de conséquence politique. Ils sont sûrs dans les discussions ». Autrement dit, les autorités interdisent le prélèvement de *royalties* sur la base de nouveaux contrats et Nestlé ne peut en obtenir pour les ventes de cubes. La frustration subsiste quand Hartwell compare la situation nigériane à celles du Ghana et de la Côte d'Ivoire, où les négociations sont bien engagées, malgré les enjeux inférieurs.[122]

---

119 Lettre de Nicole à Daniel, 28.2.1977. CH AHN NES C1.5/3260 Nigeria.

120 Note de Daniel à Fürer, 16.6.1977. Lettres de R. de Siebenthal à Direction régionale I, 20.9.1977, de Daniel à Fürer, 2.12.1977. CH AHN NES C1.5/3260 Nigeria.

121 Lettre de Daniel à H. E. Schuler, 15.1.1979. CH AHN NES C1.5/3260 Nigeria.

122 Note de J. Rivollet à P. Liotard-Vogt, 7.6.1974. Lettre de Hartwell à Nicole, 7.12.1976. CH AHN NES C1.5/3260 Nigeria.

Il songe donc à un compromis sous forme de taxes de management, mais le gouvernement peine à accepter qu'une compagnie à capital indigène majoritaire soit dirigée de l'extérieur.[123] On considère ensuite l'adoption d'articles d'association, ce qui se révèlera incompatible avec le droit nigérian. Finalement, le Ministère des finances accepte un contrat d'assistance technique, selon lequel la filiale Nestec peut encaisser un montant pour l'installation et la mise en marche des machines à Agbara, puis prélever 3% du profit brut sur les produits Maggi, Milo, Cerelac, et enfin 3% du profit brut global de FSN. Cet arrangement, d'abord valable pour trois ans et renouvelable, est étendu à cinq ans sur la requête de Daniel, arguant de l'utilisation des matières premières locales et de l'économie de devises pour le Nigeria, qu'il estime à 800 mio Sfr sur dix ans.[124]

Outre ces tentatives d'endiguer les pertes de revenus, la centrale Nestlé observe avec attention les changements apportés au conseil de direction de FSN par l'indigénisation. La direction des compagnies étrangères, selon le Troisième plan national de développement, doit refléter l'actionnariat nigérian. Ainsi, en 1975, William Murray-Bruce et Isiyaku Rabiu rejoignent A. Ibrahim, O. Osunkeye, H.R. Scherrer, A. Stucki, P.C. Hartwell et E.M. Downing au conseil de direction. Une telle composition, soit une moitié de membres nigérians, dépasse les exigences du décret de 1972, mais doit être revue pour celui de 1976, qui amène à nommer six Nigérians pour quatre expatriés. En réaction à cette perte de majorité étrangère, Daniel propose de nommer un président – à choisir parmi les six Nigérians – qui agisse comme un *Nestlé man*; doté d'un vote décisif, celui-ci ferait toujours pencher la balance du côté expatrié.[125]

L'homme de la situation pourrait être Murray-Bruce, déjà actionnaire et membre du conseil de direction. Ayant débuté sa carrière en 1929 chez UAC, dont il acquiert un supermarché en 1964, ce Britannique-Nigérian est un client des premiers jours de la filiale Nestlé. Daniel le présente comme hautement respecté par les actionnaires et une grande partie du personnel, exempt de toute affiliation ou ambition politique, d'une «inté-

123 Lettres de Hartwell à Nicole, 7.12.1976, Daniel à Fürer, 2.12.1977. CH AHN NES C1.5/3260 Nigeria.

124 Lettres de Nicole à Hartwell, 27.1.1978, Daniel à Fürer, 14.7, 24.7, 27.7.1978. CH AHN NES C1.5/3260 Nigeria.

125 Lettre de Daniel à Fürer, 2.12.1977. CH AHN NES C1.5/3260 Nigeria.

grité personnelle» indubitable et d'une «intense loyauté» envers Nestlé.[126] Toutefois, l'expérience de United Bank for Africa[127] – établissement français indigénisé à 60% en 1977, apparaît aussi comme modèle possible. Son administrateur délégué Henry Joannier, d'origine française, explique que «l'UBA gère les affaires en s'appuyant sur le conseil d'administration», dirigé par Ndulagi, «une personne d'une certaine classe, sans implication politique, mais ayant ses entrées dans les ministères». Daniel le juge d'un «niveau bien meilleur» que Murray-Bruce et Joannier ne voit pas d'inconvénient à ce qu'il l'approche, mais la décision finale n'est pas connue.[128]

Autre inconnu: l'impact chiffré de l'indigénisation sur le personnel. Néanmoins, nous savons qu'en 1973, la centrale s'apprête à «appliquer le nouveau système de pensions suisse au Nigeria».[129] Les ouvriers d'Ilupeju forment un syndicat, initiative à laquelle Hartwell ne voit aucune raison de s'opposer, pour autant que la représentativité soit assurée. La conception qu'il en a peut sembler discutable: afin d'éviter qu'une «minorité vociférante» ne prenne le dessus, il conviendrait d'insister pour un soutien de 60% de l'ensemble du personnel.[130] Au niveau des cadres, en 1977, Witschi supervise les activités de FSN avec une équipe bicéphale: Odigbe responsable des ventes et Schlaepfer du marketing. Subordonnés à celui-ci, on trouve trois chefs de produits et une spécialiste en études de marché, tous nigérians mais aucun hausa, fait ressenti par la direction comme une lacune de compétences pour s'adresser à la clientèle du Nord.[131]

La gestion du personnel de FSN devient un enjeu qui intéresse personnellement l'administrateur-délégué de Nestlé Arthur Fürer. Son séjour à Lagos en août 1977 lui permet de mieux traiter la question. Il relève que la filiale ne peut employer plus de deux expatriés et que du côté nigérian, le manque de professionnalisme s'est aggravé, dû au nombre élevé d'offres d'emploi amené par le boom économique. D'où la décision de

> [...] prêter une assistance exceptionnelle au Nigeria pendant le temps nécessaire à l'engagement et à la formation des hommes locaux qui devraient compléter une

---

126 *Id.*, 15.6.1978. CH AHN NES C1.5/3260 Nigeria.

127 Voir: chapitre V.1 et Fry, *op. cit.*, pp. 220-222.

128 Lettre de Daniel à Fürer, 27.7.1978. CH AHN NES C1.5/3260 Nigeria.

129 Note à H. Schultess, 19.1.1973. CH AHN NES C1.5/3260 Nigeria.

130 Lettre de Hartwell à Downing, 15.12.1971. CH AHN NES C1.5/3260 Nigeria

131 Rapport de visite au Nigeria de F. Jolliet, 3.6.1977. CH AHN NES C1.5/3260 Nigeria.

> structure de commandement aujourd'hui trop légère pour faire face au volume de nos affaires.[132]

L'action débute par l'engagement d'un inspecteur – Pomroy, qui après avoir soumis son rapport, devient chef d'organisation à Lagos pour deux à trois ans, chargé «d'améliorer les circuits administratifs» et de former à ce poste un indigène. Trois autres spécialistes en organisation, logistique et gestion du personnel sont attendus, notamment pour former un chef de service du personnel. L'homme émergeant de cette restructuration est le directeur administratif Olusegun Osunkeye: envoyé en stage en Malaisie auprès d'une filiale «très bien organisée dans un pays en développement», il enchaine avec un séjour à la centrale à Vevey, puis deviendra directeur marketing de FSN en 1980, *managing director* en 1988 et président du conseil de direction en 1999.[133]

Selon une brochure Nestlé de 1979 sur le projet d'Agbara, la formation de personnel local répond à la nécessité de réduire les coûts liés aux expatriés et de pallier à la pénurie d'experts. Cette même publication affirme ainsi qu'au sujet de la formation et plus précisément de la nigérianisation, il n'y a pas d'incompatibilité entre les buts et aspirations du pays hôte, ses hommes d'affaires, administrateurs et travailleurs, et, d'un autre côté, ceux des partenaires étrangers.[134] Cela dit, les remaniements en ressources humaines ont été initiés dans une situation que le manager R. Décosterd juge

> [...] particulièrement difficile en raison de l'abandon du style paternaliste, de la vaste opération de mise en ordre générale des fonctions [...] et de la dégradation de la mentalité des Nigériens auxquels le pétrole monte à la tête comme le sang à d'autres.[135]

S'il fait état d'une insalubrité qui est «une des pires [qu'il aie] pu constater sur place en visitant cinq familles de [...] collaborateurs», la situation des expatriés le préoccupe davantage:

---

132 Lettre de Fürer à Daniel, 18.8.1977. CH AHN NES C1.5/3260 Nigeria.

133 *Ibid*. Voir, aussi: *Bulletin Nestlé* n° 4, 1982. CH AHN NES. Blog d'Olusegun Oladipo Osunkeye, note autobiographique postée le 2.10.2011. <olusegunoladipo.blogspot.com>, consulté le 30.10.2012.

134 *Fact Book on FSN Food Industry Project Agbara*, version mars 1979. CH AHN NES C1.5/3260 Nigeria.

135 Rapport de R. Décosterd, 7.5.1977. CH AHN NES C1.5/3260 Nigeria.

> Je rends hommage au courage et à l'état d'esprit remarquable de nos expatriés qui travaillent au Nigeria dans des conditions vraiment difficiles. La promiscuité sociale est beaucoup plus grande que dans les autres pays africains car il n'y a pas de quartiers ou d'endroits résidentiels réservés plus ou moins strictement aux Blancs. Il n'y a pas de club correct et convenable, on ne trouve même pas une piscine appropriée où se baigner. Le ravitaillement alimentaire est très difficile et on devrait trouver le moyen d'aider de temps en temps par des colis spéciaux depuis Vevey. Enfin, l'isolement culturel est très pesant. Il ne me semble pas correct d'attribuer le même *home leave* aux expatriés du Nigeria qu'à ceux des autres pays africains que j'ai déjà visités (Kenya et Côte d'Ivoire).[136]

Cette image de soldats au front est plus ou moins partagée par un autre manager, moins les accents racistes. Celui-ci rapporte que le Nigeria «figure parmi les rares pays où le travail pour notre groupe n'offre pas d'attraction, mais demande beaucoup d'énergie et de sacrifices». Il suggère donc une majoration salariale de 50% pour ces expatriés, car les conditions de vie seraient pires qu'en Arabie Saoudite, où ils obtiennent 20%.[137] Notons que les perceptions de ces deux managers se forment à partir de visites de moins d'une semaine. À un Européen, le Nigeria réserve certes un dépaysement marqué, entre autres, par la quasi-inexistence d'infrastructures publiques, mais suite à une période d'adaptation, beaucoup d'expatriés en viennent à apprécier un ou l'autre aspect de leur séjour. Max Locher, *general manager* de Nigalex, se souviendra d'une belle vie dans une belle maison, de parties de tennis et de bons contacts avec la colonie britannique.[138]

### *Circuits de distribution et réceptivité du consommateur*

FSN quadrille le marché en neuf régions et place un chef de vente dans chacune. Ces chefs distribuent la marchandise à 140 clients: parmi eux, les grossistes indigènes sont responsables de 70% du chiffre d'affaires, les grandes compagnies de commerce, telle John Holt, qui est la plus importante avec vingt filiales, de 20%, et les supermarchés de 5-7%. Ensuite,

---

136 *Ibid.*

137 Rapport de visite au Nigeria, 11-12.9.1978. Auteur non-identifié, 20.9.1978. CH AHN NES C1.5/3260 Nigeria.

138 Entretien M. Locher.

quarante «voyageurs» facilitent l'approvisionnement des stands de marché. En comptant ceux-ci et les vendeurs ambulants, on estime que les produits Nestlé s'écoulent au Nigeria à travers deux millions de points de vente. Une «task force» composée de huit groupes de travail se déplace dans des camions de la compagnie pour faire de la «mise en place» et des promotions.[139] Malgré un tel dispositif de distribution, restent des difficultés d'approvisionnement. Les clients commandent au jour le jour, sans constituer de réserves, augmentant les risques de rupture de stock. D'où la proposition du directeur Wenger d'importer une quantité généreuse, compte tenu des prévisions positives pour le marché nigérian. Face aux difficultés de transport interne, il imagine l'ouverture d'un dépôt dans le Nord, voire d'utiliser des trains spéciaux Lagos-Kaduna, et durant la congestion du port de Lagos entre avril 1975 et février 1976[140], Nestlé recourt à des embarcations de taille réduite, donc en mesure d'acoster. Il s'agit d'un arrangement avec les armateurs danois Thership A/S, pour quatre à cinq bateaux de 650 tonnes par mois avec clause d'exclusivité.[141]

Indiquée en préambule, l'amélioration substantielle du profit est à mettre en relation avec le choix de restreindre la gamme de produits, qui passe ainsi de 225 dans les années 1960 à 25 en 1975.[142] On décide, dans le même ordre d'idées, de concentrer le marketing sur trois produits: le cube de bouillon Maggi, le lait en poudre Nido et le substitut de viande à base de soja Metex.[143]

L'appareil marketing pour le lancement de Metex, en 1975, comprend des collaborateurs d'une diversité de langues suffisante pour opérer dans le Nord, un clip télévisé, une publicité radio, un communiqué de presse. Séjournant deux mois au Nigeria pour observer le lancement, C. Norris souligne, lui-aussi, l'effet positif du boom pétrolier sur le pouvoir d'achat, et poursuit:

---

139 Lettre d'Aloïs von Reding à Daniel, rapport de visite en Côte d'Ivoire et au Nigeria, 28.4-5.5.1976. CH AHN NES C1.5/3260 Nigeria.

140 Voir: p. 271. Falola, Heaton, *op. cit.*, p. 187.

141 Rapport de visite au Nigeria de R.D. Wenger, 30.5-8.6.1975. Lettre de F. Wolf, Transports AIM, à Daniel, 20.2.1976. CH AHN NES C1.5/3260 Nigeria.

142 Note à Daniel, 29.10.1975. CH AHN NES C1.5/3260 Nigeria.

143 Rapport de visite au Nigeria de R.D. Wenger, 30.5-8.6.1975. CH AHN NES C1.5/3260 Nigeria.

> [...] le caractère nigérian porte à l'acceptation d'un nouveau produit. Comme le mode de vie général est ennuyeux, toute nouveauté ou nouveau développement se répand rapidement, et les gens sont impatients d'y prendre part. Lors de l'introduction d'un nouveau produit majeur, ceci implique d'essayer quelque chose d'un peu différent et de croire ce qu'on entend du moment qu'il n'y a pas d'autre son de cloche. Aussi grâce à ce caractère désinhibé, le racisme inverse [sic] n'existe pas. On juge les produits selon leurs propres mérites plutôt que d'accepter seulement ceux qui s'adressent à la population blanche.[144]

Malgré ces conditions, Metex ne rencontre pas le succès espéré. Le slogan de lancement «Metex remplace la viande» incite le consommateur à le cuisiner comme de la viande, même s'il est composé de protéines végétales et devrait être apprêté différemment. De telles précisions peinent à passer et le slogan tend à être saisi littéralement, ce que Norris attribue à

> [...] un énorme écart de compréhension entre le niveau cycliste / *sampling girl* et le personnel de supervision. Cependant, peut-être à cause de l'illettrisme historique dans le pays, les Nigérians de tous niveaux éducatifs ont de très bonnes mémoires. Bien que ceux du premier groupe avaient une difficulté considérable à comprendre le message de vente Metex, il étaient capables de le mémoriser et de le répéter mot pour mot.[145]

Le reste de la documentation ne mentionne plus ce produit.

### *Produits laitiers*

La poudre de lait Nido connaît un autre sort: introduite au Nigeria en 1974, il s'en vend 5'027 tonnes deux ans plus tard et 11'500 en 1979. Son lancement a lieu lorsqu'un des principaux concurrents, le lait en poudre Peak de la coopérative hollandaise Friesland Campina, n'est «pas encore suffisamment distribué partout».[146] La boisson lactée Milo de Nestlé arrive en 1977 et rencontre un succès durable. Selon le manager M. R. Krafft, l'entrée réussie de Nido repose sur une très bonne promotion: dégustations, échantillons,

144 Lettre de Norris à Daniel, 25.9.1975. CH AHN NES C1.5/3260 Nigeria.

145 *Ibid.*

146 Rapport de visite au Nigeria de R.D. Wenger, 30.5-8.6.1975. CH AHN NES C1.5/3260 Nigeria.

démonstrations, distribution non seulement par les boutiques, mais aussi aux stands de marchés. Réfléchissant au concept publicitaire, il prône un message basé sur la valeur nutritive, l'apport à la croissance, afin d'encourager l'habitude de boire un verre de lait par jour. Ce thème trouve meilleur écho dans le Nord, où il existe une production locale, que dans le Sud; c'est pourquoi l'effort de marketing ne devrait pas se relâcher et développer des programmes de nutrition dans les écoles, ouvrir des bars à lait près des cafés et «éduquer des mères» dans les centres de santé.[147]

Nan et Lactogen sont aussi des marques de lait en poudre, mais spécialement conçues pour les nourrissons. Dans une gazette Nestlé de 1970, la rubrique *Les marchés se présentent* aborde les activités au Nigeria; une image montre une équipe de promotion avec vélos et camionnettes arborant les deux marques. Sur un autre cliché, le directeur Downing pose aux côtés de K. Onabolu, une des «nurses Nestlé», et on apprend que ces «‹ambassadrices de la diététique› [...] parcourent tout le pays, visit[ent] les hôpitaux, dispensaires, etc. Elles donnent des conseils aux mères sur la façon de soigner leurs bébés, de les alimenter correctement».[148] À Benin, en 1973, K. Onabolu et ses collègues du *Midwest* prennent part au congrès de l'Association nationale des infirmières, rassemblant 250 professionnelles auxquelles FSN offre le repas.[149]

L'emploi de «nurses» et la promotion auprès du corps médical comptent parmi les pratiques dénoncées par les organisations participant au débat sur le lait en poudre, à l'instar du Groupe de travail tiers-monde de Berne[150] et de l'association britannique War on Want, qui cite une étude conduite à Ibadan en 1973. Cette dernière rapporte que 70% des 400 mères interrogées qui recourent au biberon le font avant le quatrième mois, croyant la poudre plus énergétique que le lait maternel. 95% de celles combinant l'allaitement naturel avec le biberon disent avoir

147 Rapport de visite au Nigeria de M.R. Krafft, 20.4-26.4.1977, 14.6.1977. CH AHN NES C1.5/3260 Nigeria.

148 *Bulletin Nestlé*, n° 3, 1970. CH AHN NES.

149 *Annual conference of the Grand council of the professional association of trained nurses.* Rapport de visite de J. Mermoud au Ghana et Nigeria, 16-30.10.1973. CH AHN NES C1.5/3260 Nigeria.

150 Voir: Groupe de travail tiers monde de Berne: *Nestlé contre les bébés?* Traduit de l'Allemand par Patrick Démerin, Maspero, Paris 1978 [Rowohlt, Reinbek bei Hamburg 1976], pp. 139-148.

suivi les recommandations du personnel médical, auquel les «nurses» de l'industrie tendent à être assimilées. 38% se souviennent d'un message publicitaire et 12% de celui clamant que Lactogen rend les bébés plus forts.[151] La controverse du lait en poudre concerne les pays décolonisés en général, y compris l'Amérique latine, et n'implique pas seulement Nestlé. Résumé grossièrement, est mise en cause l'idée que ce produit nécessitant un revenu suffisant, une bonne hygiène et le suivi d'instructions écrites puisse être consommé sans danger dans des régions pauvres, peu alphabétisées et manquant d'eau potable. La Compagnie intente un procès aux auteurs de la brochure *Nestlé tue les bébés* de 1973; la procédure aboutit en 1976 à une amende symbolique des accusés, pour calomnie. Mais entre temps, la cause s'est diffusée dans les milieux tiers-mondistes et l'opinion publique, surtout en Suisse et aux Etats-Unis où s'engagent des boycotts, si bien que Nestlé retouche ses méthodes publicitaires en précisant, par exemple, que rien ne surpasse le lait maternel.[152]

Au Nigeria, Nestlé abandonne les annonces radio-diffusées pour les produits destinés aux nourrissons en 1974 et le gouvernement réglemente leur promotion.[153] La direction de l'entreprise, quatre ans plus tard, n'adresse de reproches qu'à ses concurrents. Après avoir constaté que «Nan, Lactogen et Cerelac se trouvent partout, même dans les petits magasins», un manager rapporte sa discussion avec

> [...] une nurse-infirmière de la société qui s'occupe de visites médicales montr[ant] que la concurrence n'applique pas le fameux code éthique dont elle se vente dans son pays d'origine. Ainsi, Abbott distribue des échantillons directement aux mères (Similac). Les vendeuses enlèvent aux mères le produit de la concurrence que la clinique ou le médecin leur ont donné et le remplacent par Similac. Le produit Letrama de Wander/Sandoz se vend par du personnel non qualifié et la télévision fait de la publicité pour ce produit.[154]

Sur ses propres pratiques, Nestlé mène quelques sondages en 1978. Il en ressort que selon les hauts fonctionnaires du Ministère de la santé à Lagos,

---

151 Andy Chetley: *The baby killer scandal*. War on Want, London 1979, pp. 38, 59.

152 Voir: Kalt, *op. cit.*, pp. 400-489.

153 Pas plus de précisions connues sur ce point. Chetley, *op. cit.*, p. 61.

154 Rapport de visite au Nigeria, 11-12.9.1978. Auteur non-identifié, 20.9.1978. CH AHN NES C1.5/3260 Nigeria.

le lait maternel ne suffit pas à couvrir les besoins nutritifs du bébé après quatre ou six mois. Aucune femme n'utiliserait de complément sans besoin ; par contre, certaines attendraient trop longtemps avant d'y recourir. D'après les propos recueillis par le manager Büsser, 80 % des lagosiennes allaitent pendant au moins deux mois et celles qui y renoncent ne le font pas sous influence de la publicité, mais « pour suivre la voisine ». Les cas de mauvais usage seraient rares, « grâce aux efforts du Ministère de la santé », mais le peu de fonds dont il dispose rendrait souhaitable d'intervenir dans les écoles, voire auprès des chefs de villages. Et le meilleur moyen de prévention, que « tout le monde mentionne spontanément », consisterait à fournir de l'eau potable.[155]

Bien que superficielles, ces observations sont rapportées comme un certificat de bonne conduite. Selon elles, le produit industriel constitue le seul complément alimentaire possible ; l'éventuelle alternative des ressources agricoles locales n'est pas digne de considération. Au sujet des femmes qui abandonnent l'allaitement maternel, dissocier le facteur publicitaire du mimétisme social ne relève pas forcément de la bonne foi. Enfin, mentionner subsidiairement la question de l'eau potable revient à minimiser le point se trouvant au centre-même de la controverse du lait en poudre. Est ainsi esquivée la question évoquée plus haut : peut-on se permettre de promouvoir aussi largement, dans un pays en développement, un produit nécessitant de si hautes conditions d'hygiène ? Les milieux tiers-mondistes estiment que non et parviennent à sensibiliser une partie de l'opinion publique. Mais au Nigeria, où une forte mortalité infantile a de nombreuses raisons systémiques, le seul facteur du lait en poudre préoccupe moins. Pour Nestlé, Nan et Lactogen restent de bons créneaux, toutefois pas aussi profitables que les assaisonnements.

### *Cubes Maggi*

Les cubes de bouillon Maggi font probablement leur entrée au Nigeria sous la période coloniale, parmi les cargaisons Nestlé envoyées régulièrement aux commerçants d'Afrique de l'Ouest à partir des années 1920. Dans un

155 Rapport de visite de Büsser à Lagos, 24-30.10.1978. CH AHN NES C1.5/3260 Nigeria.

second temps, FSN améliore les ventes en cherchant une plus grande visibilité sur les marchés de rue. Mais, selon une note interne,

> la raison essentielle du succès du cube au Nigeria date de la Guerre civile, période pendant laquelle de nombreux produits et en particulier la purée de tomates étaient interdits. Il en était de même pour les bouillons, mais nous avons passé outre en expédiant des dizaines de milliers de caisses sous appellation «condiments». Et c'est ainsi que le produit s'est implanté partout avec une rapidité exceptionnelle. Le mérite en revient à M. Hartwell, qui était à ce moment-là directeur au Nigeria, et qui avait accepté de courir les risques inhérents à cette action.[156]

En 1977, FSN prévoit une croissance annuelle de 20% du volume d'assaisonnements, dont le *Net Operating Profit* devrait représenter plus de 35% des ventes. Pour l'année suivante, les recettes du cube sont estimées à 2.28 mio Sfr[157] et son reconditionnement à Ilupeju occupe trois équipes d'ouvriers, sept jours par semaine. Il assure 46% des ventes totales et 71% du NOP total. On prévoit d'écouler 19'000 tonnes de cubes Maggi au Nigeria en 1979, puis 23'000 en 1985.[158]

Les moyens publicitaires habituels sont de mise et à partir d'un moment incertain, Maggi sponsorise des programmes culinaires télévisés, qui introduisent le cube comme «le secret» de la recette. En 1976 déjà, Daniel appelle à une meilleure individualisation de la marque, afin d'éviter qu'elle devienne générique du cube.[159] En effet, la firme étasunienne CPC s'apprête à lancer au Nigeria le cube de la marque allemande Knorr, distribué dès 1978 par John Holt. Si Daniel envisage toutes les mesures marketing nécessaires à «empêcher le succès de Knorr», la disposition de CPC à produire localement l'interpelle, pour le précédent que cela créerait auprès du gouvernement nigérian. De façon à encourager un accord d'assistance technique pour Agbara, les managers Nestlé songent à

---

156 Note à Daniel, 29.10.1975. CH AHN NES C1.5/3260 Nigeria.

157 855'000 N au taux de mai 1979, 1.5 mio N = 4 mio Sfr. Lettre de P. Messerli à H. Herzig, 28.5.1979. CH AHN NES C1.5/3260 Nigeria.

158 *Long term plan* 1977-1980. Contrôle opérationnel zone 5, 31.5.1977. Lettre de K. Fleischhacker, Assistance marketing zone 5, à Hartwell, 11.7.1978. Rapport de visite au Nigeria, 20.9.1978. Note du Comité du conseil, 6.3.1979. CH AHN NES C1.5/3260 Nigeria.

159 Lettre de Daniel à A.R. Von Reding, 14.1.1976. CH AHN NES C1.5/3260 Nigeria.

emboîter le pas et inclure la production de pâte à cubes dans la nouvelle fabrique.[160]

Mais avant la mise en service d'Agbara, les restrictions à l'importation inquiètent. Pour se protéger, Nestlé décide d'introduire des cubes «polyvalents». Daniel juge la valeur nutritionnelle d'un cube «pratiquement négligeable» et ne pense pas permis de l'utiliser comme argument publicitaire. Mais selon lui, l'ajout d'acides aminés et d'un «complexe vitaminique» devrait «inciter les Autorités à considérer que l'utilisation du cube Maggi polyvalent dans la cuisine quotidienne nigériane va dans la direction souhaitée en vue d'améliorer le régime alimentaire des consommateurs habituels».[161]

Il ne semble pas que ces mesures transitoires se révéleront nécessaires. Un atout du cube Maggi est de se présenter comme substitut à certains assaisonnements naturels dans les soupes locales et de faire gagner du temps dans leur préparation. Au Nigeria, Daniel estime une consommation de quarante cubes par année et par habitant.[162] Le succès sera aussi phénoménal dans le reste de l'Afrique de l'Ouest, notamment au Cameroun et en Côte d'Ivoire.[163]

160 Lettres de Daniel à C.L. Angst, 29.8.1977 et à H.E. Schuler, 15.1.1979. CH AHN NES C1.5/3260 Nigeria.

161 Note de Daniel à J. Mauron, 5.2.1979. CH AHN NES C1.5/3260 Nigeria.

162 *Ibid.*

163 Voir: Al Imfeld: «Magie und Macht des Maggiwürfels. Nestlé in Westafrika». In: WochenZeitung, Erklärung von Bern (Hg.): *Besichtigung der Hinterhöfe.* Rotpunktverlag, Zürich 1989, pp. 203-216. *L'Hebdo*, n° 19, 7.5.1986.

# Conclusion

## Bases économiques

Quelle que soit la conjoncture économique dans leur pays, sur la période étudiée, des commerçants ou diplomates suisses présentent les exportations en Afrique comme un besoin vital, malgré la taille réduite des échanges avec ce continent. Reconnue en 1944 par l'OSEC comme source de matières premières et débouchés commerciaux encore peu explorée, l'Afrique, et en particulier le Nigeria, dans les années 1960, offriront l'occasion à des entreprises suisses de redécouvrir leur vocation exportatrice à un moment où leur gouvernement adopte des mesures contre la surchauffe du marché intérieur. Enfin, suite au choc pétrolier de 1973, la Division du commerce établit un lien entre la reprise économique et la capacité d'absorption de produits suisses dans les pays décolonisés.

L'attractivité du Nigeria est le plus souvent exprimée à travers une surenchère de superlatifs: «pays promis au développement économique le plus rapide», «offrant des possibilités illimitées», ou encore «marché le plus intéressant d'Afrique». En 1960, le marché nigérian représente 40 mio de clients potentiels – nombre inégalé sur le Continent. Puis, le Nigeria parvient à ne pas éveiller la suspicion d'une sympathie communiste auprès des Suisses. Lors de l'accession à l'indépendance, les opportunités reposent sur la demande créée par les plans de développement et dans une moindre mesure, une volonté politique de diversifier les partenaires économiques. Dans les années 1970, les revenus du pétrole soutiennent la consommation au Nigeria, les échanges commerciaux avec la Suisse s'intensifient et le profit des investisseurs augmente.

Ces conjonctures, pas plus que l'image d'un pays très peuplé séduisant importateurs et investisseurs, ne suffisent à provoquer l'engagement de ces derniers. Nestlé, grâce à son envergure multinationale, peut s'appuyer sur un réseau humain et une expérience dont peu d'autres disposent; quant aux entreprises de taille plus réduite, l'entrée au Nigeria leur est le plus souvent garantie par un contact fortuit permettant d'éviter les pièges systémiques, soit un collaborateur, un partenaire, ou un membre de la famille y ayant travaillé. UTC doit le succès de son implantation surtout à son expérience en Côte de l'Or, puis, en tant que première arrivée, prend une place centrale dans le réseau des investisseurs suisses.

Passée la phase d'implantation, les entreprises suisses tendent à développer leur réseau au sein du gouvernement; s'il ne faut pas exagérer leur poids dans le lobby des multinationales au Nigeria, plusieurs se constituent un carnet d'adresses utile pour négocier des conditions d'affaires au niveau individuel. L'éventuel soutien gouvernemental peut se présenter sous forme de protections tarifaires en cas de fabrication locale ou, de la part de Berne, de garantie contre les risques à l'exportation. Le recours à la corruption, pratiquée le plus clairement par les fabricants de turbines au lendemain de l'indépendance, ne se laisse évidemment pas mesurer à cause de la discrétion qui l'entoure.

Pour exporter ou investir au Nigeria avec succès, une étroite coordination sur place se révèle essentielle. La différence d'environnement, d'organisation et de culture d'affaires par rapport à la Suisse rend une gestion à distance trop hasardeuse. Ce n'est pas un secret pour Nestlé qui prépare ses managers au terrain, puis maintient une correspondance suivie avec sa filiale, visitée à plusieurs reprises par des membres du Conseil de direction. Mais si leurs séjours reflètent un intérêt marqué pour le Nigeria, le travail des collaborateurs de la filiale reste l'élément le plus décisif pour la bonne marche des affaires. Le besoin d'une supervision de proximité explique aussi la tendance des investisseurs en général à s'appuyer sur l'expertise d'hommes de terrain. Ensuite, une disposition à adapter l'offre et les méthodes de travail à l'environnement, à réorienter les activités en fonction de la politique de nigérianisation, fait partie de la flexibilité nécessaire.

Le principal réseau de firmes suisses au Nigeria se tisse autour de UTC: par transferts de collaborateurs, projets communs ou investissements conjoints. De plus, la Compagnie bâloise écoule un assortiment de produits suisses, mais il semble exagéré d'évoquer un patriotisme d'affaires, sachant qu'elle commence à essaimer ses points de vente en vue de distribuer une teinture de fabrication allemande, préférée à la version suisse de Ciba, qui fait son entrée au Nigeria grâce au commerçant grec Tangalakis.

UTC, sous la période coloniale, se heurte à la concurrence de grandes firmes britanniques, mais ces dernières, plutôt que de vouloir étouffer la nouvelle venue, ne tardent pas à l'intégrer dans leur cartel ouest-européen luttant contre les marchands nigérians, syriens et libanais. Puis, à partir de l'indépendance, le gouvernement nigérian considère la Suisse comme un pays industrialisé parmi d'autres, donc potentiel investisseur et partenaire pour l'acquisition de savoir-faire, capable de stimuler la croissance économique. Concentrant son activité à Berne sur une recherche d'investisseurs, l'ambassadeur Clark confirme cette vue. En sens inverse, Nigeria Airways semble être le seul investisseur nigérian en Suisse, réciproque de la ligne Swissair Genève-Lagos. L'avalanche de visites ministérielles sous la Première République est en partie suscitée par l'intermédiaire de UTC qui maintient une étroite proximité avec les plus hautes sphères du gouvernement nigérian, mais s'explique aussi par la facilité géographique d'ajouter la Suisse à l'itinéraire d'un voyage en Europe.

## Diplomatie subsidiaire

L'image habituellement véhiculée par la propagande suisse se rapproche beaucoup de celle qu'adopte Ahmadu Bello, mais n'en est pas forcément à l'origine. Centre de gravité informel du pouvoir politique nigérian jusqu'à son assassinat en 1966, il précise que suite à un séminaire à Cambridge en 1955,

> [...] le voyage fut prolongé par un tour de certaines parties d'Europe, dans lesquelles nous [Bello et l'émir de Gwandu] avons parcouru plus de mille miles en voiture et traversé la Hollande, l'Allemagne de l'Ouest, l'Italie et la Suisse. Nous fûmes très bien reçus et traités dans tous ces pays, comme bien sûr en Angleterre, mais celui qui nous a fait meilleure impression fut la Suisse pour sa propreté et son air frais, la beauté du pays, et pour l'industrie et le courage d'un peuple si petit et isolé.[1]

Dans ce dernier pays, l'absence de suffrage féminin correspond à son approche littérale de l'islam et ne lui déplait pas non plus.

---

1 Ahmadu Bello: *My Life*. Cambridge University Press 1962, p. 174.

Une image tout aussi positive reflétant l'industrialisation du pays se retrouve dans les cercles gouvernementaux à Lagos, en dépit de remises en cause épisodiques du secret bancaire, face auxquelles les diplomates suisses tendent à opposer des attitudes dilatoires. Si cela motive l'ouverture d'une ambassade à Berne, des liens personnels n'y sont pas étrangers, comme ceux noués par le Nigérian Leibu à partir de ses études en Suisse, dans les années 1940. Et la proximité de Genève, où siègent les Nations Unies, permet de nommer un seul ambassadeur assumant deux fonctions.

Dans les années 1950, le poste de vice-consul de Suisse à Lagos, subordonné au consul à Accra, est occupé par des agents UTC. Le gouvernement suisse décide d'élever cette représentation en ambassade à partir de l'indépendance, mais sans trop se presser; l'ambassadeur n'entre en fonction que dix mois après les célébrations. Des collaborateurs UTC comptent parmi ses informateurs et constituent un relais avec les autorités locales, comme dans la prise de contact avec les leaders de la région Est.

De son pays de résidence dans les années 1960, l'ambassadeur Bucher s'en fait une image paternaliste, teintée de stéréotypes habituels envers l'Afrique[2], mais aussi d'une admiration particulière vouée au premier ministre Balewa. Si bien que lorsque les crises couvent ou éclatent, Bucher tend à les faire entrer dans de courtes parenthèses. Dans les années 1970, son successeur Andres exprime un racisme résiduel, mais dépeint avec justesse une situation où, malgré le boom pétrolier, les déséquilibres socio-économiques restent marqués. Ces perceptions n'ont pas d'incidence sur la défense des intérêts économiques, activité principale de l'ambassade. Et quand son chargé d'affaires Biéler se prononce contre les livraisons d'armes au Nigeria, en évoquant sa collaboration militaire avec des pays en guerre, la Division du commerce et le Département militaire suisses considèrent peu cet argument. Dans la correspondance écrite des diplomates suisses à Lagos, la corruption est très rarement thématisée; lorsque l'ambassadeur Bucher relève l'implication de ses compatriotes, il porte une accusation claire, mais ne qualifie le phénomène qu'à demi-mot et insiste sur la confidentialité de ses propos.

2 Cf.: Patrick Minder: *La Suisse coloniale. Les représentations de l'Afrique et des Africains en Suisse au temps des colonies (1880-1939)*. Peter Lang, Berne 2011.

Investisseurs et commerçants suisses ne sollicitent que rarement l'ambassade; leur attitude s'apparente à celle de leurs compatriotes planteurs et commerçants en Asie du Sud-Est avant 1930: ils s'installent là où des niches apparaissent et n'attendent pas d'assistance significative de leur gouvernement.[3] Cela dit, au Nigeria, c'est l'ambassade qui tend à entrer en contact avec la communauté d'affaires et qui s'efforce de rester au courant. Donc, si on admet un impérialisme suisse, il s'exerce ici à rebours de la colonisation britannique en Afrique de l'Ouest au 19e siècle, lorsque l'envoi de troupes, l'ouverture d'un consulat, ou l'établissement d'un protectorat résulte plus souvent d'une pression des milieux marchands que d'une diplomatie entreprenante. Face aux évolutions de la politique économique nigériane, les entreprises suisses pensent certes à se réorganiser, mais n'adressent pas pour autant des requêtes aux diplomates. Les demandes d'intervention proviennent essentiellement de la Division du commerce à Berne, le plus souvent par réflexe idéologique. Toutefois, l'ambassade s'applique à créer des facilités, comme le montrent la négociation de la ligne Swissair, le soutien à la Garantie contre les risques à l'exportation ou plus tard, l'engagement d'un conseiller commercial.

La Guerre civile suscite forcément l'exercice d'une diplomatie de temps de crise, passant notamment par l'élaboration de plans d'évacuation. Sur cette période, des événements appellent des réactions promptes et adroites des diplomates suisses: la détention d'August Lindt et la requête d'asile d'Ojukwu en sont les meilleurs exemples. D'autre part, les idéaux suisses traditionnels, tels la neutralité et les bons offices, leur inspirent une attitude plus entreprenante, comme de chercher à rallier d'autres nations à leurs plans de médiation. Il faut remarquer qu'au sein du gouvernement nigérian, la neutralité rencontre beaucoup de scepticisme. En effet, pour les autorités suisses, le défi majeur réside dans le soutien financier et diplomatique au CICR, dont l'intervention devient un enjeu politique complexe. Aussi bien le Conseil fédéral que l'ambassade à Lagos font bloc derrière cette organisation, qui compte également avec l'engagement de cadres d'entreprises suisses au Nigeria. L'ignorance qu'une trop lourde composante suisse risque de porter préjudice à cet organisme officiellement

3 Andreas Zangger: *Koloniale Schweiz. Ein Stück Globalgeschichte zwischen Europa und Südostasien (1860-1930)*. Transcript, Bielefeld 2011, pp. 441-442.

international, révèle un consensus confiant des autorités de ce pays autour de l'image à l'étranger de la neutralité qu'elles prétendent poursuivre. Ce type de conviction se voit ébranlé par l'expulsion du haut diplomate et coordinateur pour le CICR August Lindt – perçu par ses détracteurs nigérians comme l'agent suisse d'un comité entièrement suisse.

La Suisse des bons offices se faisait encombrante pour le gouvernement nigérian, à l'inverse du fournisseur d'armes et lieu de transactions pour fabricants étrangers qu'elle représente. Dans la relation bilatérale, c'est à ce moment que le Nigeria s'affirme le mieux en tant qu'acteur potentiel, et plus uniquement comme débouché commercial ou terre d'investissement. Sa guerre civile, à son insu et à travers la médiatisation du sort des victimes, marque une iruption des actualités africaines dans le quotidien populaire européen. L'opinion publique suisse appelle son gouvernement à s'engager davantage, alors que d'habitude, c'est en faveur d'une attitude abstentionniste et économe qu'elle s'exprime.

## Coopération parcimonieuse

Revenus du pétrole aidant, le gouvernement nigérian prévoit de diminuer petit à petit l'apport des fonds étrangers à ses plans de développement. Plusieurs déclarations provenant du sommet de l'Etat évoquent la levée des barrières douanières des pays industrialisés comme le meilleur moyen de participer au développement du Nigeria. Le slogan *trade, not aid* séduit donc des élites de ce pays tout comme une partie croissante de leurs homologues suisses. De chaque côté, la vision quantitative l'emporte, soit la conviction de l'existence d'un mode de développement unique, impliquant un retard nigérian mesurable en termes macro-économiques et devant être rattrapé. Cela dit, l'ensemble des requêtes adressées au gouvernement suisse témoignent de la conscience du déficit de savoir-faire. Les multinationales contribuent certes à la formation, mais en fonction de leurs besoins en personnel, alors que certains secteurs restent négligés. Lors de l'accession à l'indépendance, le taux de scolarisation demeure faible et les bases d'un enseignement universitaire et polytechnique sont à peine posées.

Sous forme de bourses ou d'expertises, la majorité des projets d'organisations privées ou du gouvernement suisses concerne la formation. Le Service de coopération technique, en contraste avec une initiative de la société civile argovienne dans un élan de solidarité envers les apprentis de la région Est, se révèle continuellement attentif aux enjeux politiques d'une contribution et précisément au danger de favoritisme dans une jeune nation fédérale et ethnicisée. Mais la principale cause de retenue réside dans les moyens financiers dérisoires du Service. L'option des bourses sur place apparaît donc attractive, car peu onéreuse, et permet de réaliser deux projets majeurs; par contre, le système nigérian de «coopération technique payée», qui n'occasionnerait pas de coûts significatifs pour la Suisse mais impliquerait une tâche de coordination de la part de la Coopération technique, est jugé par elle trop exigeant en personnel.

Même si le centre pour la formation de réparateurs de montres ne répond à aucune requête nigériane, ses dirigeants prennent et assument la responsabilité de trouver un emploi à chaque diplômé. Or, le fait que cette tâche se complique un peu plus chaque année montre la limite du besoin nigérian en professionnels de l'industrie du luxe. L'engagement de la Coopération technique dans ce projet, sur une dizaine d'années, donne un aperçu de l'efficacité du lobby horloger auprès de l'Administration suisse. Quant à l'appui inconditionnel de l'ambassadeur, il reflète son embarras de ne pas pouvoir annoncer d'autres contributions à ses interlocuteurs nigérians. Lorsque la Coopération technique retire son soutien, il peut constater un nouvel engagement, pour le centre de photogrammétrie. Ce projet-ci émane du gouvernement nigérian et de ses partenaires de l'UNECA; deux entreprises suisses en tirent profit, mais pas grâce à de l'aide liée: leurs produits jouissent d'une solide réputation auprès des cartographes nigérians. Contrairement au projet horloger, le centre de photogrammétrie est mis sur pied à un moment où le gouvernement suisse voit d'un moins mauvais œil la participation du secteur privé à l'aide au développement. On en tire un meilleur bilan, mais les industriels ne jouent qu'un rôle de partenaire, alors que la conception du projet repose sur des organes académiques et gouvernementaux.

## Une relation Nord-Sud peu spécifique

Espace d'expansion commerciale, puis fournisseur de pétrole, le Nigeria offre à la Suisse une opportunité de diversifier ses partenaires, donc d'accroître son indépendance, et réciproquement. Mais la faible imbrication économique Suisse-Nigeria n'empêche pas que des investisseurs, tels UTC ou Panalpina, choisissent le Nigeria comme point de concentration. Les forts liens économiques entre les deux pays – en comparaison de ceux que la Suisse tisse avec le reste de l'Afrique, coïncident avec une aide publique au développement minimaliste. Sur le plan politique, un intérêt nigérian pour le fédéralisme suisse émerge quelquefois, mais ne débouche pas sur une collaboration suivie au niveau gouvernemental. Cet intérêt périodique contraste avec l'indifférence face à l'image de neutralité suisse, comme le montre au mieux la période de Guerre civile. Là-dessus, l'attitude du gouvernement nigérian se distingue de celle du président ghanéen Nkrumah, ou de celle des acteurs de la Guerre d'Algérie.

La relation bilatérale se caractérise par son manque de spécificité: le Nigeria apparaît comme un débouché commercial pour la Suisse et celle-ci, dans l'autre sens, comme un investisseur et une source de savoir-faire capable de soutenir la croissance économique du Nigeria. La Suisse, dans son rapport au Nigeria, ne poursuit pas un *Alleingang* et ne peut prétendre être perçue comme un partenaire atypique.

Mis à part Steiner se faisant absorber par le groupe Ibru, presque toutes les firmes suisses tirent durablement un profit substantiel de leurs activités au Nigeria. Les investisseurs y créent des emplois, offrent des opportunités de formation et d'ascension sociale à travers le management et l'actionnariat. Ces apports apparaissent plus clairement à partir de la décolonisation, car dans les années 1930, UTC joint ses efforts à ceux d'autres européens pour «ne pas encourager» les entrepreneurs nigérians. Comment se présentent les conditions de travail des employés locaux? Ce sont des acteurs essentiels, mais cet ouvrage constitue une histoire d'en-haut et la question reste posée pour des recherches ultérieures. Les étudiants nigérians en Suisse forment un second groupe qui reste dans l'ombre du présent ouvrage.

Grâce aux profits réalisés au Nigeria, commerçants et investisseurs suisses contribuent - certes dans une moindre mesure, à l'économie de leur pays qui n'est pas insensible aux crises, mais assure aux citoyens un des plus hauts niveaux de vie de la planète. Par contre, en 1986, D.K. Fieldhouse inclut le cas nigérian pour appuyer sa thèse d'un «développement arrêté» en Afrique subsaharienne. En 1998, E.E. Osaghae qualifie le pays de «géant boiteux», en arguant que si beaucoup d'auteurs observent un déclin à partir de 1980, celui-ci ne s'est alors qu'accentué sous le poids croissant des dictatures, et remonte à une date antérieure.[4] Puis, Falola et Heaton closent leur livre de 2008 par l'image d'un groupe d'enfants aux larges sourires, flanquée de la légende «le futur du Nigeria»: il s'agit d'une des rares pages inspirant quelque optimisme au lecteur.[5] Le surprenant degré de régularité des élections nationales de 2011 et 2015 apporte un espoir plus concret, mais ô combien fragile. Tous ces auteurs insistent sur le problème majeur de la corruption, reposant sur des facteurs endogènes et exogènes. Plusieurs firmes suisses s'y sont prêtées, sans que leur survie ne dépende forcément de leurs affaires au Nigeria. Et à propos de la fuite de capitaux dont le montant surpasse l'aide et les investissements étrangers[6], les affaires Tarka et Abacha sont-elles les seules qui impliquent des banques suisses?

---

4 David K. Fieldhouse: *Black Africa 1945-1980. Economic Decolonization & Arrested Development.* Allen & Unwin, London 1986. Eghosa E. Osaghae: *Crippled Giant. Nigeria since Independence.* Hurst & Company, London 1998, p. 312.

5 Falola, Heaton, *op. cit.*, p. 278.

6 Voir: James K. Boyce, Léonce Ndikumana: *Capital Flight from Sub-Saharan Countries: Updated Estimates, 1970-2010.* University of Massachusetts, Political Economy Research Institute, October 2012. <www.peri.umass.edu/236/hash/d76a3192e770678316c1ab39712994be/publication/532/>. Consulté le 19.2.2013.

# Bibliographie

## Sources archivistiques

*Archives fédérales suisses, Berne*


Département politique, Division des affaires politiques
E2001(E) 1967/113 515
E2001(E) 1969/121 48
E2001(E) 1972/33 273, 346
E2001(E) 1976/17 104, 156, 539-540
E2001(E) 1978/84 886-888
E2001(E) 1980/83 188, 538-544
E2001(E) 1982/58 143, 441-443
E2001(E) 1987/78 694-697
E2001(E) 1988/16 915-919
E2001(E)-01 1991/17 990-995
Département politique, Division des organisations internationales
E2003-03(-) 1976/44 124, 194, 226, 291, 307
E2003-03(A) 1978/29 217
E2003-03(A) 1980/85 294-295
E2003-03(A) 1984/84 338, 372-386
E2003-03(A) 1988/15 403-420
E2003-03(A) 1990/3 392, 420
Département politique, Service de coopération technique
E2005(A) 1978/137 443, 445
E2005(A) 1980/82 206
E2005(A) 1983/18 298-299
E2005(A) 1985/101 274-275
E2005(A) 1991/16 322-323
Consulat à Accra
E2200.72 1000.678 2
E2200.72 1000/680 1
E2200.72 1971/23 1
E2200.72 1975/80 2
Agence consulaire, puis ambassade à Lagos
E2200.168(-) 1973/24 1-3
E2200.168(-) 1986/12 1-2, 8
E2200.168(-) 1991/79 1, 9-10
E2200.168(-) 1994/229 3, 21

Rapports et lettres politiques
E2300 1000/716 202
E2300-01 1973/156 4, 15, 25
E2300-01 1977/28 4, 12
E2300-01 1977/29 4, 14
E2300-01 1977/30 5, 14, 22
E2300-01 1988/91 4, 13, 22
Fonds personnel Friedrich Traugott Wahlen
E2807 1974/12 38
Ministère public
E4320(B) 1990/266 466
Département de l'économie publique, Division du commerce
E7110(-) 1967/32 1394
E7110(-) 1970/112 141
E7110(-) 1970/113 145
E7110(-) 1970/114 133
E7110(-) 1970/304 119
E7110(-) 1972/32 110
E7110(-) 1973/41 120
E7110(-) 1974/31 143
E7110(-) 1975/31 153
E7110(-) 1976/21 141
E7110(-) 1977/9 147
E7110(-) 1978/50 112
E7110(-) 1979/14 113
E7110(-) 1980/63 108
E7110(-) 1981/41 109
E7110(-) 1982/108 104
E7110(-) 1983/13 107
E7110(-) 1984/70 106
E7110(-) 1985/97 102
E7110(-) 1986/24 113
E7110(-) 1987/20 107
E7110(-) 1988/12 103-104
E7110(-) 1989/32 119
E7110(-) 1990/142 127
E7110(-) 1990/60 129-130
Office fédéral de l'air
E8150(A) 1974/16 141
E8150(A) 1981/120 41, 113
E8150(A) 1988/68 101, 150

*Archives de la Banque nationale suisse, Berne*

Procès-verbal du Comité de direction
161/2, 679/2, 978/12

*Archives du Canton de Vaud, Lausanne*

Office suisse d'expansion commerciale
PP778/2/32 Afrique de l'Ouest
PP778/3/23 Afrique de l'Ouest
PP778/3/17-19 Afrique de l'Ouest
PP778/5/17 Nigerian International Trade Fair
PP778/6/1 Nigeria-1978

*Archives du Canton d'Argovie, Aarau*

Grand Conseil
CH-000 051-7 RRB.1961/2179
CH-000 051-7 RRB.1962/55
CH-000 051-7 ZWA 1982.0001/0003

*Archives nationales du Nigeria, Ibadan*

Department of Commerce and Industry
DCI 1/9 C.9.940
DCI 1/1/4032/S.23
DCI 1/22/G252
DCI 1/29 TB/2943
Chief Secretariat Office
CSO V/I V/16A 54158/S.19, S.22
Presse
*Daily Times*, Lagos: 6-8.1960; 1-2.1961; 5-6.1962; 8, 10.1970; 1-2.1971; 1.1972; 8.1973; 8.1974; 3, 7.1975; 8.1976; 8.1977; 1-2.1978; 1.1979
*West African Pilot*, Lagos: 6, 9.1961; 5.1962; 6-8.1963; 7-9.1964; 7-9.1965; 9-10.1969; 6.1970
*Nigerian Morning Post*, Lagos: 10-12.1961; 5-6.1962; 7-9.1965
*The Punch*, Lagos: 1.1979. *Sunday Punch*: 5-12.1974.
*Daily Express*, Lagos: 5.1962; 7-9.1965
*New Nigerian*, Kaduna: 6.1967; 7-12.1968; 7-9.1969; 6.1970
*Nigerian Tribune*, Ibadan: 7-12.1965; 4-6.1969; 1-2.1971
*Daily Sketch*, Ibadan: 5.1965; 5.1966; 10-12.1970; 7-9.1975; 1-2, 5-6.1979

Certains titres de presse nigériane sont aussi conservés par des bibliothèques londoniennes, notamment la *British Library*.

*Nigerian Institute of International Affairs, Lagos*

Section de presse
International Conference on Federalism, 1976
Dossier « Switzerland »

*Archives nationales du Royaume-Uni, Kew*

Colonial Office
- CO 1039 Council of Ministers, Nigeria, 1952-1958
- CO 852 477/2 Import Control Nigeria 1944
- CO 852 525/4 WAPCB Status and Functions 1943

Foreign and Commonwealth Office
- FCO 26 299-302 Nigeria: Publicity and Propaganda: Biafra

Department of Technical Co-operation
- OD 6 686, 827 Directorate of Overseas Surveys [...] - Nigeria

*Archives Mission 21, Bâle*

Mission de Bâle
- PS2-G06-03 11587, 11590, 11593, 11596-11597

Union Trading Company
- PS1-D02-04 4857
- PS1-D02-05 4968
- PS1-E01-03 4290
- PS1-H04 4122
- PS1-H05-05 4212, 4515-4516, 4521-4525

*Archives Nestlé, Vevey*

Rapport annuel Nestlé 1961, 1963, 1965-1968
Bulletin Nestlé 3/1970, 4/1982
Nestlé Gazette, n° 3, juin 1987, n° 40, juin 1990
Secrétariat de direction
- C1.5/3200 West Africa
- C1.5/3221 West-Africa-Maggi
- C1.5/3260 Formation d'une société à N'Guru
- C1.5/3260 Nigeria 1966-1979
- C1.5/3265 Nofopro

*Archives économiques suisses, Bâle*

Panalpina
- Zo 384 Bulletin Panalpina
- Verkehr A 131 Panalpina, Statuten, Broschüren, Rapports annuels 1970-1980

Dossier de presse « Nigeria »

## Entretiens


Adeniji, Oluyemi, ambassadeur du Nigeria à Berne 1977-1981, Lagos, 15.10.2010.

Binta, Abu, employée UTC Ibadan, Ibadan, 24.10.2009.

Clark, Blessing Akporode, ambassadeur du Nigeria à Berne 1973-1977, Lagos, 12.5.2011.

Fingerhuth, Carl, architecte engagé pour l'extension d'Owerri 1976, 13.12.2012.

Frankl, Erdhart, *exploration manager* puis *deputy director* de Shell Nigeria 1959-1975, 21.12.2012.

Frech, Heinz W., concepteur du projet Alumaco pour Alusuisse, Soleure, 16.12.2011.

Locher, Max, *general manager* de Nigalex 1973-1977, 26.1.2012.

Molokwu, Michael, enseignant de mécanique à l'*Horology and Instrumentation Section* de Yabatech, en tout cas en 2002, Lagos, 12.11.2010.

Oloukoi, Joseph, directeur du Département de cartographie au Centre régional de Formations aux Techniques des levés Aérospatiaux, Ile-Ife, 4.11.2010.

Omotoye, Rufus Olatona, premier secrétaire de l'ambassade du Nigeria à Berne 1968-1970, Lagos, 5.10.2009.

Tischhauser, Andreas, *general manager* d'Alumaco 1969-1975, 21.12.2011.


Les entretiens avec Omotoye, Clark, Adeniji et Frech sont enregistrés. Des autres, moins approfondis, ne résultent que des notes. Quand le lieu n'est pas indiqué, il s'agit d'une conversation téléphonique.

## Sources publiées


AAVV: *Annuaire suisse du registre du commerce.* Orell-Füssli, Zürich.

AAVV: *Base de données Elites suisses XXe.* Université de Lausanne, Faculté des sciences sociales et politiques. <unil.ch/elitessuisses>.

AAVV: *Documents diplomatiques suisses.* <dodis.ch>.

AAVV: *Feuille fédérale, Bulletin officiel de l'Assemblée fédérale, Annuaire fédéral.* Publications du gouvernement fédéral suisse. <amtsdruckschriften.bar.admin.ch>.

AAVV: *Gazette de Lausanne, Journal de Genève*, <letempsarchives.ch>.

AAVV: *Nigeria Today & Tomorrow.* Ambassade du Nigeria à Berne, 1973-1975.

AAVV: *Wir Brückenbauer.* Magasins Migros, hebdomadaire, 11.1968-1.1969.

Akinyemi, A. Bolaji; Cole, P. Dele; Ofonagoro, Walter I. (ed.): *Readings on Federalism.* NIIA, Lagos 1979.

Aubert, Pierre: «Pour une politique étrangère plus active». In: Amnesty International Schweizer Sektion (éd.): *Menschenrechte im Spannungsfeld. Eine Herausforderung für die Schweiz.* Haupt, Bern 1978.

—: «Problèmes du petit Etat dans un monde de superpuissances». In: Daniel Frei (Hg.): *Machtpolitik in der heutigen Welt.* Schulthess, Zurich 1979, pp. 81-97.

—: *La politique étrangère suisse entre la continuité et l'innovation. Exposé de Monsieur Pierre Aubert, Conseiller fédéral, Chef du Département des Affaires étrangères, dans le cadre de la série «Schweizer Aussenpolitik in der Welt der 80er Jahre»*, Université de Bâle, 19.2.1981. Notes conservées par la Bibliothèque universitaire de Neuchâtel.

Awolowo, Obafemi: *Awo. The Autobiography of Chief Obafemi Awolowo.* Cambridge University Press 1960.
Baker, Raymond W.: «Marketing in Nigeria». In: *American Marketing Association*, vol. 29, n° 3, juillet 1965, pp. 40-48.
Bello, Ahmadu: *My Life.* Cambridge University Press 1962.
Chetley, Andy: *The baby killer scandal.* War on Want, London 1979.
Direction générale des douanes: *Statistique du commerce de la Suisse avec l'étranger*, 1945-1980.
Federal Government [Nigeria]: *The Role of the Federal Government in Promoting Industrial Development in Nigeria.* Government Printer, Lagos 1958.
Frech, Heinz W.: *Baumwolle, Stahl und Stolpersteine. 40 Jahre mit Volkart, Alusuisse und Von Roll.* Huber, Frauenfeld 2001.
Garba, Joe: *Diplomatic Soldiering.* Spectrum, Ibadan 1991 (1987).
Groupe de travail tiers monde de Berne: *Nestlé contre les bébés?* Traduit de l'Allemand par Patrick Démerin, Maspero, Paris 1978 [Rowohlt, Reinbek bei Hamburg 1976].
Herr, Jean: *Reflets du monde 1866-1966. Présence de Nestlé.* Lausanne 1966.
Jolles, Paul R.: *Von der Handelspolitik zur Aussenwirtschaftspolitik. Ausgewählte Reden und Aufsätze.* Verlag Stämpfli & Cie, Bern 1983.
Knoepfli, Adrian: *Im Zeichen der Sonne. Licht und Schatten über der Alusuisse 1930-2010.* Hier+Jetzt, Baden 2010.
Lindt, August R.: *Generale hungern nie. Geschichte einer Hilfsaktion in Afrika.* Bern 1983.
Lynn, Martin: «Nigeria». In: *British Documents on the End of Empire*, Series B, Vol. 7. The Stationery Office, London 2001.
Lüönd, Karl: *Moving Forward. Das Panalpina Buch.* Panalpina Welttransport AG, Basel 2004.
Peitrequin, Bernard: *70 ans de promotion du commerce extérieur.* 1997. [Il s'agit probablement de notes de discours pour un jubilé de l'OSEC].
Real, Fritz: «Die schweizerische technische Entwicklungshilfe». In: *Wirtschaftliche Mitteilungen*, Gesellschaft zur Förderung der schweizerischen Wirtschaft, Zürich, Mai 1960.
Simmen, Rolf: *Firmengeschichte Wild Heerbrugg-Leica AG.* [s.n.], 1993. SWA Basel.
Stopper, Edwin: «Problèmes politiques et économiques en rapport avec l'Afrique occidentale». In: *Revue économique et sociale.* Lausanne septembre 1960 (parution hors-série), pp. 109-147.
Sulzer, Alfred R.: *150 Jahre Sulzer, 1834-1984.* Sulzer, Winterthur 1984.
Union de banques suisses: *Ghana, Nigeria, Sierra Leone.* Zurich 1961.
Usman, Yusufu Bala: *For the Liberation of Nigeria.* New Beacon Books, London 1979.
Wanner, Gustaf Adolf: *Die Basler Handels-Gesellschaft AG 1859-1959.* Basler Handels-Gesellschaft, Basel 1959.
Waugh, Auberon; Cronjé, Suzanne: *Biafra: Britain's Shame.* Michael Joseph, London 1969.

## Documents audio-visuels

«Hungerstreik sorgt für Aufmerksamkeit», émission *Rundschau*, 3.7.1968. Télévision suisse alémanique. <www.wissen.sf.tv/Dossiers/Historisch/68er-Studentenproteste#!videos>, consulté le 6.3.2013.

Interviews et reportages sur la Guerre civile du Nigeria, émission *Carrefour*, 14.5, 10.7, 12.7, 19.8, 2.9.1968. Télévision suisse romande. <rts.ch/archives>.

*La lutte de Kaiser*, 23.8.1968. Télévision suisse romande. <rts.ch/archives>.

*Exterminer par la faim*, 6.9.1968. Télévision suisse romande. <rts.ch/archives>.

*L'engagement du CICR*, interview d'August Lindt, 20.12.1968. Télévision suisse romande. <rts.ch/archives>.

## Littérature secondaire

### *Histoire du Nigeria*

Abegunrin, Olayiwola: *Nigerian Foreign Policy under Military Rule 1966-1999*. Praeger, Westport 2003.

Ajayi, J.F. Ade: *Christian Missions in Nigeria 1841-1891*. Ibadan History Series, Longman, Londres 1965.

Akindele, R.A.; Bassey, E. Ate (eds.): *Nigeria's Economic Relations with the Major Developed Market-Economy Countries (1960-1985)*. NIIA, Lagos 1988.

Akinterinwa, Bola A.: *Nigeria and France, 1960-1995: the dilemma of thirty-five years of relationship*. Vantage, Ibadan 1999.

Akpoghomeh, Osi S.: «The development of air transportation in Nigeria». In: *Journal of Transport Geography*, n° 7, 1999, pp. 135-146.

Aluko, Olajide: *Essays on Nigerian Foreign Policy*. George Allen, London 1981.

Ayandele, E.A.: *Nigerian Historical Studies*. Frank Cass, Londres 1979.

Candotti, Marisa: «The Hausa Textile Industry: Origins and Development in the Precolonial Period». In: Anne Haour: *Being and becoming Hausa*. Brill, Leiden 2010, pp. 187-212.

Biersteker, Thomas J.: *Multinationals, the State, and Control of the Nigerian Economy*. Princeton 1987.

Decker, Stephanie: «Corporate Legitimacy and Advertising: British Companies and the Rhetoric of Development in West Africa, 1950-1970». In: *Business History Review*, n° 81, 2007, pp. 59-86.

Deutsch, Jan-Georg: *Educating the Middlemen: A Political and Economic History of Statutory Cocoa Marketing in Nigeria, 1936-1947*. Doctoral Thesis of Philosophy, SOAS, London 1990.

Durotoye, Adeolu: *Nigerian-German Relations. The Role of Political Culture*. Lit, Münster 2001.

Duyile, Dayo: *Information Ministers of Nigeria 1960-1991*. Ororo, Ibadan 1992.

Eicher, Carl K., Liedholm, Carl (ed.): *Growth and Development of the Nigerian Economy*. Michigan State University Press 1970.

Ekwe-Ekwe, Herbert: *The Biafra War. Nigeria and the Aftermath*. The Edwin Mellen Press, New York 1990.
Eminue, Okon Effiong: *The Nigerian Diplomatic Corps and Foreign Policy Processes 1966-1979*. Doctoral thesis in the Department of Political Science, University of Ibadan, 1982. Consérvée à la Bibliothèque Kenneth Dike, Université d'Ibadan.
Fadahunsi, Akin: *External Aid and National Development Plans*. NIIA, Lagos 1977.
Falola, Toyin (ed.): *Britain and Nigeria: Exploitation or Development?*. Zed Books, London 1987.
—; Heaton, Matthew M.: *A History of Nigeria*. University Press, Cambridge 2008.
—: *Development Planning and Decolonization in Nigeria*. University Press of Florida 1996.
— (ed.): *Nigeria in the Twentieeth Century*. Carolina Academic Press, Durham 2002.
—: *Economic Reforms and Modernization in Nigeria, 1945-1965*. The Kent State University Press, Kent 2004.
—: *Colonialism and Violence in Nigeria*. Indiana University Press, Indianapolis 2009.
—; Genova, Ann: *Historical Dictionary of Nigeria*. Scarecrow Press, Lanham 2009.
Filani, M.O.: «Air Transport Development and Traffic Trends». In: Toyin Falola; S.A. Olanrewaju (éd.): *Transport Systems in Nigeria*. Syracuse University, New York 1986, pp. 93-105.
Fry, Richard: *Bankers in West Africa. The Story of the Bank of British West Africa Limited*. Hutchinson, London 1976.
Fuglestad, Finn: «A Reconstitution of Hausa History before the Jihad». In: *The Journal of African History*, vol. 19, n° 3, 1978, pp. 319-339.
Forrest, Tom: *Politics and Economic Development in Nigeria*. Westview Press, Oxford 1993.
—: *The Advance of African Capital: the Growth of Nigerian Private Enterprise*. Edinburgh University Press, London 1994.
Hopkins, Antony G.: «Economic Imperialism in West Africa: Lagos 1880-92». *The Economic History Review*, New Series, vol. 21, n° 3, déc. 1968, pp. 580-606.
Ikime, Obaro (ed.): *Groundwork of Nigerian History*. Heinemann, Ibadan 1980.
Jung, Barbara: «L'image télévisuelle comme arme de guerre. Exemple de la guerre du Biafra, 1967-1970». In: *Bulletin de l'Institut Pierre Renouvin*, n° 26, Paris, automne 2007, pp. 49-63.
Khan, Sarah Ahmad: *Nigeria. The Political Economy of Oil*. Oxford 1994.
Lawal, Olakunle A.: «British Commercial Interests and the Decolonization Process in Nigeria, 1950-60». In: *African Economic History*, n° 22, 1994, pp. 93-110.
Martineau, Jean-Luc: «L'espace yoruba (fin XIX$^{e}$ siècle-1960). Oba, cités et processus de construction ethnique». In: *Journal des africanistes*, n° 74-1/2, 2004, pp. 125-157.
Miners, Norman J.: *The Nigerian Army 1956-1966*. Methuen, London 1971.
Northrup, David: «The Compatibility of the slave and Pam Oil Trades in the Bight of Biafra». In: *The Journal of African History*, vol. 17, n° 3, 1976, pp. 353-364.
Nwokeji, Ugo G.: «Politicization of Merchant Capital during Decolonization: European Business in Nigeria 1948-1951». In: Oyebade, Adebayo (ed.): *The Transformation of Nigeria. Essays in Honor of Toyin Falola*. Africa World Press, Trenton 2002.

Nwokedi, Emeka: «Le mythe d'un leadership nigérian dans les relations inter-africaines». In: *Études internationales*, vol. 22, n° 2, 1991, pp. 357-368.
Obiozor, George A.: *The Politics of Precarious Balancing: An Analysis of Contending Issues in Nigerian Domestic and Foreign Policy.* NIIA, Lagos 1994.
Offodile, Chris: *Dr. M.I. Okpara. A Biography.* Fourth Dimension Publishers, Enugu 1980.
Ogwu, U. Joy: *Nigeria's International Economic Relations: Dimensions of Dependence and Change.* NIIA, Lagos 1989.
Olukoju, Ayodeji: *The Liverpool of West Africa. The Dynamics and Impact of Maritime Trade in Lagos 1900-1950.* Africa World Press, Trenton 2004.
Onyeabo, Eze: *Nigeria-Biafra Conflict Social and Economic Background.* Basle 1971.
Onyuku, Wilfred Anene: *Colonial History and Foreign Relations of Nigeria until 1968.* Berlin 1980.
Osaghae, Eghosa E.: *Crippled Giant. Nigeria since Independence.* Hurst & Company, London 1998.
Oyewole, Anthony; Lucas, John: *Historical dictionary of Nigeria.* Scarecrow press, 2nd edition, African historical dictionaries 40, Lanham 2000.
Oyovbaire, Sam Egite: *Federalism in Nigeria: a study in the development of the Nigerian state.* St. Martin's Press, New York 1985.
Post, K.W.J.: *The Nigerian Federal Election of 1959. Politics and Administration in a Developing Political System.* Oxford University Press, London 1963.
Sargent, R.A.: «From A Redistribution To An Imperial Social Formation: Benin c. 1293-1536». In: *Canadian Journal of African Studies*, vol. 2, n° 3, 1986, pp. 402-427.
Simpson, E.S.: «Electricity Production in Nigeria». In: *Economic Geography*, vol. 45, n° 3, juillet 1969, pp. 239-257.
Smith, Robert: «The Lagos Consulate, 1851-1861: An Outline». In: *The Journal of African History*, vol. 15, n° 3, 1974, pp. 393-416.
St. Jorre [De], John: *The Nigerian Civil War.* Hodder and Stoughton. London 1972. [*The Brother's War: Biafra and Nigeria*, 2009, (2nd ed.)].
Stremlau, John J.: *The International Politics of the Nigerian Civil War 1967-1970.* Princeton University Press, Princeton 1977.
Swedor, Geneviève: *Nigeria et pétrole: Comment les particularités du fédéralisme nigérian entretiennent la crise du delta du Niger.* [Mémoire de licence], Lausanne 2005/2006.
Shaw, Timothy M.; Aluko, Olajide (éd.): *Nigerian foreign policy: alternative perceptions and projections.* Macmillan, London 1983.
Tibenderana, Peter Kazenga: «The Role of the British Administration in the Appointment of the Emirs of Northern Nigeria, 1903-1931: The Case of Sokoto Province». In: *The Journal of African History*, vol. 28, n° 2, 1987, pp. 231-257.
Tignor, Robert L.: «Political Corruption in Nigeria before Independence». In: *The Journal of Modern African Studies*, vol. 31, n°2, June 1993, pp. 175-202.
—: *Capitalism and Nationalism at the End of Empire: State and Business in Decolonizing Egypt, Nigeria, and Kenya 1945-1963.* Princeton University Press 1998.
Uche, Luke Uka: *Mass Media People and Politics in Nigeria.* Concept, New Delhi 1989.

Van den Bersselaar, Dmitri; Decker, Stephanie: «*No longer at Ease*: Corruption as an Institution in West Africa». In: *International Journal of Public Administration*, n° 34, 2011, pp. 741-752.

Winkler, Stephan: «Vischer, Sir Hanns (1876–1945)». In: Oxford Dictionary of National Biography, Oxford University Press, 2004 <www.oxforddnb.com/view/article/40720>, consulté le 19.8.2014.

*Histoire de la Suisse*

AAVV: *Dictionnaire historique de la Suisse*. Gilles Attinger, Hauterive 2002- <dhs.ch>.

AAVV: *Waffenplatz Schweiz*. Für das Leben produzieren (éd.), Bern 1983.

Altermatt, Claude: *Les débuts de la diplomatie professionnelle en Suisse (1848-1914)*. Éditions universitaires Fribourg 1990.

Altermatt, Urs: *Die Schweizer Bundesräte. Ein biographisches Lexikon*. Artemis & Winkler, Zürich; München 1992.

Ammann, Daniel: «Fluchtgelder. Die heilsame Wirkung von Skandalen». In: Peter Röthlisberger (Hg.): *Skandale: was die Schweiz in den letzten zwanzig Jahren bewegte*. Orell Füssli, Zürich 2005, pp. 99-103.

Bischof, Michael H.; Sibold, Noëmi; Kellerhals-Maeder, Andreas: *Südafrika im Spiegel der Schweizer Botschaft. Die politische Berichterstattung der Schweizer Botschaft in Südafrika während der Apartheidära 1952-1990*. Chronos, Bern 2006.

Boeglin, Philippe: *La coopération au développement entre la Suisse et le Burkina Faso: continuité en régime révolutionnaire (1983-1987)*. Université de Fribourg 2010. [Mémoire de licence en histoire contemporaine].

Bott, Sandra: *La Suisse et l'Afrique du Sud. 1945-1990: marché de l'or, finance et commerce durant l'apartheid*. Chronos, Zurich 2013.

—; David, Thomas; Lützelschwab, Claude; Schaufelbuehl, Janick Marina (éd.): *Suisse-Afrique (18e-20e siècles): De la traite des Noirs à la fin du régime de l'apartheid*. Lit, Münster 2005.

—; Guex, Sébastien; Etemad, Bouda: *Les relations économiques entre la Suisse et l'Afrique du Sud durant l'apartheid (1945-1990)*. Antipodes, Lausanne 2005.

Cano, Juan Manuel: *Le CICR face à l'Afrique à l'exemple de la mission Gonard (1962)*. [s. n.], Fribourg 2009 [Mémoire de Master].

Dah, Jonas N.: Jonas N. Dah: *Missionary motivations and methods: a critical examination of the Basel Mission in the Cameroon 1886-1914*, Bâle,1983.

David, Thomas; Etemad, Bouda; Lützelschwab, Claude; Trisconi, Michela (éd.): *Suisse-Tiers Monde. Des réseaux d'expansion aux formes de domination. Traverse, revue d'histoire*, 1998/2.

—; Mach, André: «Des élites administratives sous influence?». In: *La Cité*, n° 2, 30.9.2011, p. 7.

Debrunner, Hans Werner: *Schweizer im kolonialen Afrika*. Basel Afrika Bibliographien, Basel 1991.

Déclaration de Berne (éd.): *Swiss Trading SA. La Suisse, le négoce et la malédiction des matières premières*. Éditions d'en bas, Lausanne 2011.

De Dardel, Jean-Jacques: *La coopération au développement. Certitudes et interrogations.* IUED, Genève 1981.

Dieng, Alioune: *A l'ombre de la France: les relations entre le Sénégal et la Suisse au lendemain de l'indépendance (1960-1964).* Université de Neuchâtel 2008. [Mémoire de Master].

Dirlewanger, Dominique; Guex, Sebastien; Pordenone, Gian-Franco: *La politique commerciale de la Suisse de la Seconde Guerre mondiale à l'entrée au GATT (1945-1966).* Contributions suisses à l'histoire internationale, vol. 6. Chronos Verlag, Zürich 2004.

Franc, Andrea: *Wie die Schweiz zur Schokolade kam. Der Kakaohandel der Basler Handelsgesellschaft mit der Kolonie Goldküste (1893-1960).* Schwabe, Basel 2008.

Gianella, Tommaso Max Ercole: *La Suisse et le Rwanda: les débuts de la Coopération technique dans le cadre de l'aide au développement de 1960 à 1965.* Université de Fribourg 2002 [Mémoire de licence en histoire contemporaine].

Ginalski, Stéphanie: *La naissance du Service de coopération technique suisse et l'institutionnalisation de l'aide au développement (1960-1965).* [s.n.], Genève 2006. [Mémoire de diplôme].

Girschik, Katja; Ritschl, Albrecht; Welskopp, Thomas (Hg.): *Der Migros Kosmos. Zur Geschichte eines aussergewöhnlichen Schweizer Unternehmens.* Hier + Jetzt, Baden 2003.

Guex, Sebastien: «Le négoce suisse en Afrique subsaharienne: Le cas da la société Union Trading Company (1859-1918)». In: Bonin, Hubert; Cahen, Michel (dir.): *Négoce blanc en Afrique noire. L'évolution du commerce à longue distance en Afrique noire du 18e au 20e siècles.* Société française d'histoire d'outre-mer, décembre 2001, pp. 225-253.

Gygax, David: *La Swiss-South African Association (1956-2000). Un organe du capital helvétique en Afrique du Sud.* Aux sources du temps présent, Fribourg 2001.

Halbeisen, Patrick; Müller, Margrit; Veyrassat, Béatrice (Hg.): *Wirtschaftsgeschichte der Schweiz im 20. Jahrhundert.* Schwabe, Basel 2012.

Hentsch, Thierry: *Face au blocus. Histoire de l'intervention du Comité international de la Croix-Rouge dans le conflit du Nigéria, 1967-1970.* Genève 1973.

Holenstein, René: *Was kümmert uns die Dritte Welt: zur Geschichte der internationalen Solidarität in der Schweiz.* Chronos, Zürich 1988.

—: *Wer langsam geht, kommt weit. Ein halbes Jahrhundert Schweizer Entwicklungshilfe.* Chronos, Zürich 2010.

Imfeld, Al: «Magie und Macht des Maggiwürfels. Nestlé in Westafrika». In: Wochen-Zeitung, Erklärung von Bern (Hg.): *Besichtigung der Hinterhöfe.* Rotpunktverlag, Zürich 1989, pp. 203-216.

Kadelbach, Thomas: *Swiss made. Pro Helvetia et l'image de la Suisse à l'étranger (1945-1990).* Alphil, Neuchâtel 2013.

Kalt, Monica: *Tiersmondismus in der Schweiz der 1960er und 1970er Jahre. Von der Barmherzigkeit zur Solidarität.* Peter Lang, Bern 2010.

Kaufmann, Urban: *Auslandreisen der Schweizer Bundesräte 1919-1993: die Gewöhnung an das Aussergewöhnliche.* [s.n.], Fribourg 1996 [Mémoire de licence en histoire contemporaine].

Lenzin, René: *Afrika macht oder bricht einen Mann. Soziales Verhalten und politische Einschätzung einer Kolonialgesellschaft am Beispiel der Schweizer in Ghana (1945-1966).* Dissertation, Universität Zürich, Basler Afrika Bibliographien, Basel 1999.

Linder, Adolphe: *Die Schweizer in Mosambik, 1721-1990.* A. Linder, Rondebosch 1998.

Lützelschwab, Claude: *La Compagnie genevoise des Colonies suisses de Sétif (1853-1956). Un cas de colonisation privée en Algérie.* Peter Lang, Berne 2006.

Matzinger, Albert: *Die Anfänge der schweizerischen Entwicklungshilfe 1948-1961.* Haupt, Bern 1991.

Mäusli, Theo; Steigmeier, Andreas (éd.): *La radio et la télévision en Suisse. Histoire de la société de radiodiffusion et télévision SSR 1958-1983.* Hier+Jetzt, Baden 2006.

Minder, Patrick: *La Suisse coloniale. Les représentations de l'Afrique et des Africains en Suisse au temps des colonies (1880-1939).* Peter Lang, Berne 2011.

Moosmann, Reto: «Die Verwässerung des ‹generellen Ausfuhrverbots› im Dienste von Armee und Rüstungsindustrie: zur Kriegsmaterialausfuhrpolitik des Bundesrates in den 1950er und 60er Jahren». In: *Schweizerische Zeitschrift für Geschichte*, n° 6/2, 2006, pp. 152-167.

Moser, Sepp: *Die Swissair-Story.* Econ Verlag, Düsseldorf 1991.

Niggli, Peter: *A qui profite l'aide au développement? Controverses et nouvelles pistes.* Traduit de l'allemand par Michel Egger et Nadine Keim. Éditions d'en bas, Lausanne 2008.

Obrist, Urs: *Die heimliche Anerkennung Südvietnams durch die Schweiz.* Huber, Frauenfeld 2001.

Osafo, Ernest A.: *Der Beitrag der Basler Mission zur wirtschaftlichen Entwicklung Ghanas von 1828 bis zum Ersten Weltkrieg.* Dissertation, Universität zu Köln, Köln 1972.

Page, Steve: *La Suisse et le Ghana de Nkrumah. Une présence économique et diplomatique à l'épreuve de la décolonisation (1950-1970).* Editions universitaires européennes, Saarebruck 2010.

Pellaux, Jean-Marie: *L'affaire Pilatus. Les milieux engagés et la Suisse officielle face aux exportations d'armes (1978-1985).* Aux sources du temps présent, Fribourg 2008.

Perrenoud, Marc: «Les relations de la Suisse avec l'Afrique lors de la décolonisation et des débuts de la coopération au développement». In: *Revue internationale de politique de développement*, n° 1, 2010.

Purtschert, Patricia; Lüthi, Barbara; Falk, Francesca (Hg.): *Postkoloniale Schweiz. Formen und Folgen eines Kolonialismus ohne Kolonien.* Transcript, Bielefeld 2012.

Rosmus, Daniela: *Die Schweiz als Bühne. Staatsbesuche und politische Kultur 1848-1990.* Chronos, Zürich 1994.

Riklin, Alois; Haug, Hans; Probst, Raymond (Hg.): *Neues Handbuch der schweizerischen Aussenpolitik.* Haupt, Bern 1992.

Schümperli, Catherine: *La politique suisse de solidarité internationale. De la coopération au développement global.* Presses polytechniques et universitaires romandes, Lausanne 2007.

Schuwey, Jérôme: *La Suisse et la Guinée de Sekou Touré. Les enjeux de la Coopération technique au lendemain de l'indépendance (1958-1974).* Université de Fribourg 2005 [Mémoire de Licence en histoire contemporaine].

Schweizerische Nationalkommission Justitia et Pax (Hg.): *Schweizerische Entwicklungszusammenarbeit und wirtschaftliche Eigeninteressen*. IMBA Verlag, Bern 1989.

Strehle, Res: *Die Bührle Saga: Festschrift zum 65. Geburtstag des letzten aktiven Familiensprosses in einer weltberühmten Waffenschmiede*. Aktualisierte und erweiterte Neuauflage, Limmat Verlag, Zürich 1986.

Tanner, Albert: *Das Schiffchen fliegt, die Maschine rauscht. Weber, Sticker und Fabrikanten in der Ostschweiz*. Unionsverlag, Zürich 1985.

Van der Lann, H. Laurens: «A Swiss family Firm in West Africa: A. Brunnschweiler & Co., 1929-1959». In: *African Economic History*, No. 12, Business Empires in Equatorial Africa (1983), pp. 287-297.

Von Schröder, Urs: *Swissair 1931-2002: Aufstieg, Glanz und Ende einer Airline*. Huber, Frauenfeld 2002.

Veyrassat, Béatrice: *Réseaux d'affaires internationaux, émigrations et exportations en Amérique latine au XIXe siècle. Le commerce suisse aux Amériques*. Droz, Genève 1993.

Werner, Catrina: *BBC: Glanz, Krise, Fusion 1891-1991. Von Brown Bovery zu ABB*. Orell Füssli, Zurich 1991.

Wirz, Albert: «Die humanitäre Schweiz im Spannungsfeld zwischen Philanthropie und kolonialismus: Gustave Moynier, Afrika und das IKRK». In: *Traverse*, 1998/2.

Zangger, Andreas: *Koloniale Schweiz. Ein Stück Globalgeschichte zwischen Europa und Südostasien (1860-1930)*. Transcript, Bielefeld 2011.

Zürcher, Lukas: *Die Schweiz in Ruanda. Mission, Entwicklungshilfe und nationale Selbstbestätigung*. Chronos, Zurich 2014.

*Histoire des relations internationales*

Ba Konaré, Adame (dir.): *Petit précis de remise à niveau sur l'histoire africaine à l'usage du président Sarkozy*. La Découverte, Paris 2008.

Darwin, John: *The End of Empire. The Historical Debate*. Basil Blackwell, Oxford 1991.

—: *The Empire Project. The Rise and Fall of the British World-System 1830-1970*. Cambridge University Press, Cambridge 2009.

Desgrandchamps, Marie-Luce: *Les Etats-Unis et la crise du Biafra 1966-1970*. [s.n.], Paris 2008 [Mémoire de Master].

Engel, Ulf: *Die Afrikapolitik der Bundesrepublik Deutschland 1949-1999. Rollen und Identitäten*. Lit, Hamburg 2000.

Etemad, Bouda: «La structure géographique du commerce extérieur de l'Afrique subsaharienne au 20e siècle». In: Bonin, Hubert; Cahen, Michel (dir.): *Négoce blanc en Afrique noire. L'évolution du commerce à longue distance en Afrique noire du 18e au 20e siècles*. Société française d'histoire d'outre-mer, décembre 2001.

Fieldhouse, David K.: *Black Africa 1945-1980. Economic Decolonization & Arrested Development*. Allen & Unwin, London 1986.

—: *Merchant Capital and Economic Decolonization. The United Africa Company 1929-1987*. Clarendon Press, Oxford 1994.

Frank, Robert (dir.): *Images et imaginaire dans les relations internationales depuis 1938.* Les cahiers de l'Institut d'hisoire du temps présent, n° 28, juin 1994.
—: *Pour l'histoire des relations internationales.* PUF, Paris 2012
Havinden, Michael; Meredith, David: *Colonialism and Development. Britain and its tropical colonies, 1850-1960.* Routledge, London 1993.
Hyam, Ronald: *Britain's Imperial Century, 1815-1914. A Study of Empire and Expansion.* Third Edition, Palgrave, Cambridge 2002.
Keohane, Robert O.; Nye, Joseph S.: *Power and Interdependence.* Third Edition, Longman, New York 2001.
Prudhomme, Claude: *Missions chrétiennes et colonisation.* Cerf, Paris 2004.
Riddell, Roger R.: *Does Foreign Aid Really Work?* Oxford University Press, Oxford 2007.
Stockwell, Sarah: *The Business of Decolonization. British Business Strategies in the Gold Coast.* Oxford University Press, Oxford 2000.

# Index

FSC
www.fsc.org
MIX
Papier | Fördert
gute Waldnutzung
FSC® C083411

Kolibri 360 GmbH
Ferdinand-Jühlke-Straße 7
99095 Erfurt, Deutschland
produktsicherheit@kolibri360.de